新·课·标

小学语文统编教材教学原理

汪潮 著

水西·书系

山西出版传媒集团 山西教育出版社

图书在版编目（CIP）数据

小学语文统编教材教学原理 / 汪潮著. -- 太原：山西教育出版社, 2023.4（2023.8重印）

ISBN 978-7-5703-3215-1

Ⅰ. ①小… Ⅱ. ①汪… Ⅲ. ①小学语文课—教学研究 Ⅳ. ①G623.202

中国国家版本馆CIP数据核字(2023)第060700号

小学语文统编教材教学原理

XiAOXUE YUWEN TONGBIAN JIAOCAI JIAOXUE YUANLI

责任编辑　李龙飞
复　　审　刘继安
终　　审　康　健
封面设计　陈　晓
内文设计　崔文娟
印装监制　蔡　洁

出版发行　山西出版传媒集团・山西教育出版社
（太原市水西门街馒头巷7号　电话：0351-4729801　邮编：030002）
印　　装　山西聚德汇印务有限公司
开　　本　787mm×1092mm　1/16
印　　张　25
字　　数　403千字
版　　次　2023年6月第1版　2023年8月第2次印刷
书　　号　ISBN 978-7-5703-3215-1
定　　价　96.00元

序

我认识浙江外国语学院汪潮教授近30年了。他对小学语文聚精会神，静心思索，有大量的研究，有深刻的观点，也有众多著述。他的成果曾两次获教育部优秀成果奖。他是目前中国小学语文研究的重要代表人物。

他撰写的《小学语文统编教材教学原理》这本书，不同凡响，内容丰富而深刻，时间及时而应需，因而有其非常意义。

这是一本应景之作。这本书是在全国各小学全面使用统编教材之背景下写的。统编教材是我国第一套由教育部组织编写的小学语文教材。这套教材体现了国家意志，它举全国之力，集专家、名师之大成，有它的特殊理念、内容和要求，需要我们用心理解和领会。

这是一本应需之作。这本书是在全国小学语文教师全部使用统编教材之时写成的。使用统编教材是一个时代机遇，也是一次极大的考验。小学语文教师不仅急需统编教材的文本解读、教学设计和课堂执行样式，也急需对统编教材教学指导的理念和原理。汪教授的这本书是国内最早系统阐述统编教材教学原理的一本好书。

这是一本应急之作。这本书是2022年语文新课标正式公布之始和全国上下防控疫情的紧急时期写成的。2020~2022年全世界人民防控疫情，其情其景前所未有。为了解读新课标，为了培训语文教师，汪教授特事特办，或网上讲学，或宅家撰稿。这本书就是应急而为，应急而作，应急而写。可以说，这是目前语文教学刚需的“急就篇”和及时雨。

特此，我慎重向大家推荐这本好书。相信你读一读，一定启发颇多，收获颇丰。

中国教育科学院　张田若（现年 98 岁）

2022 年 7 月 3 日于常州

前　言

从 2016 年秋季开始，中国的大部分小学开始使用教育部组织编写、北京大学中文系温儒敏教授任总主编的义务教育教科书《小学语文》，简称“统编教材”。从 2019 年秋季开始，全国各地所有小学均使用这套教材。2022 年 4 月 21 日上午 10 点，教育部公布了《义务教育课程方案》《义务教育语文课程标准》等。为了遵循 2022 年版语文新课标的精神使用统编教材，2022 年 4 月我即着手拟定《新课标与小学语文统编教材教学辅导丛书》的出版计划，《小学语文统编教材教学原理》是其中的第一本。

问　道

先说说我对这本书的框架构思。学生的核心素养是当前和今后指导小学语文教学的指导方向。基于学生核心素养的理念，我曾提出小学语文教师必须具备课堂教学的三种核心能力：课标解读力、教学设计力和课堂执行力。本书就是按照这个思路展开的。全书分三大部分，每部分六章，共十八章。具体如下：

第一部分为“课标解读”，下设六章，依次为：第一章　顶层设想、第二章　课程育人、第三章　课程文化、第四章　课程内容、第五章　学习任务群、第六章　教学研究。

第二部分为“教学设计”，下设六章，依次为：第七章　教材特色、第八章　单元组文、第九章　精读课文、第十章　略读课文、第十一章　多样阅读、第十二章　作业设计。

第三部分为“课堂执行”，下设六章，依次为：第十三章　特殊栏目、第十四章　语文思维、第十五章　语文实践、第十六章　语文梳理、第十七章　项目学习、第十八章　课堂展评。

问　事

再谈谈我对课标、统编教材教学的一些问事。课标、统编教材的编写者集语文专家、教授、大师、名师于一体，理念超前，思维创新，特色鲜明。执教统编教材的一线教师，也需要新的教学智慧、教学勇气和教学思路。从课堂教学出发，我叩问了以下六个为什么，以此构建本书的主体内容。

◎为什么教？这是源头的根本问题。它既是教学的基本出发点，也是教学的价值判断之所在。只有清晰地解读和把握这个重要问题，才能明确小学语文教学实施行为和前进方向。

◎由谁教？用传统的思维回答这个问题，当然是语文教师。其实，当今的小学语文需要构建“学本课堂”，充分发挥学生的主体作用。从“教师的教”转向“学生的学”，从“教材”转向“学材”，从“教具”转向“学具”，是小学语文课堂教学的一个重点转移。

◎教什么？语文课程和教材内容上至天文，下至地理，包罗万象。不能全盘兼教，不可平均用力。学生语文核心素养的提出，为教学内容的确定寻找到了一条路径。新课标把小学生的核心素养规定为：文化自信、语言运用、思维发展和审美创造。

◎怎样教？语文教学是科学，又是艺术，但首先是科学，其次才是艺术。应该遵照语文学理进行教学设计和实施。而且，不同学段、不同语文学习任务群、不同课型、不同执教者，其教学的途径和方式都应是不同的。

◎教得怎么样？这是课堂教学的评价问题。课堂教学的评价一切为了学生的发展和语文课堂的改进。语文课堂教学的评价应该有一个基本的指标，但它又是个性的、多元的、变化的，呈现的是进行时态。

◎今后怎么教？方向比努力更重要。小学语文教师要用“三只眼睛”看课堂：一只眼睛看自己的所做，一只眼睛看别人的所为，第三只眼睛看新课标的方向指引。既脚踏实地，又仰望星空，理想也！

问　津

再聊聊撰写本书的某些尝试。“问津”一词的本意是“探询渡口”，现引申为探索处事途径，尝试一些做法。我在本书中有三个尝试，与大家分享：

1. 尝试课标解读。这是一本专著，是基于 2022 年版语文课标精神，专门为使用统编教材而写的教学辅导用书。全面而深入地解读课标、统编教材是一项重要的基础性工作。很长时间，我手捧新课标和 12 册统编教材，爱不释手。或是粗略翻阅，或是细心拜读。我努力潜心会文，用心悟理。课标和教材博大精深，解读无数无尽。我的能力有限，但是，虽不能至，心向往之。本书收录了我对新课标六个专题的解读，本书中提到的例证、教学设计、课堂实录均是统编教材上的课文，也都注明了册次和课题。

如果你有更大的兴趣，建议看看我主编的《小学语文部编教材文本解读及学习设计》（12 册，福建教育出版社，2017~2020 分期出版）和《小学语文教材研读》（华东师范大学出版社，2015 年）。

2. 尝试学理分析。小学语文教学历来人云亦云，意见纷呈，莫衷一是。很多问题和争议是由于缺乏学理造成的。使用统编教材大概也会有这种情形。我在思忖：如果我们立足于学理，遵循事物发展的原理和真理，那么语文教学就会变得理所当然而理直气壮。“有理走遍天下”，相信这会成为一个共识。正是出于这样的考量，促使我下决心动笔写这本书。本书尝试用较大篇幅从字理、语理、文理、学理、管理角度思考新课标、统编教材和语文教学现象。

如果你有更大的需求，可以看看我的专著《语文学理》（浙江大学出版社，2013 年）一书。

3. 尝试教例点评。教例是语文教学原理联系语文教学实践的一个平台或一座桥梁。通过教例，可以使语文教学原理更直观地展现出来。本书引用了多个统编教材课文的教学设计或实录，都是我的弟子近年执教的，我都做了较翔实的点评和总评。这些评论，只是我的一面之词，一家之言，只供大家参考和讨论。

如果你有更大的愿望，不妨看看我的《评课录——汪潮教授评点语文课》（中国人民大学出版社，2018 年）一书。

交流是一种生产力！我写此书为的是与大家分享，希望能在一定程度上更快、更顺、更好地引导语文教师从课标走向课堂，使新课标精神落地，以不断推动统编教材的编写、使用和评价。是为心愿也！

汪 潮

2022 年 7 月 1 日

于千岛湖水巢

目 录

第二部分 教学设计

第三部分　课堂执行

第一部分　课标解读

2022 年 4 月 21 日上午 10 时，2022 年版《义务教育语文课程标准》（以下简称：2022 年版语文课标）正式公布，这是义务教育阶段语文教育界的一个标志性事件。课程是语文教育的心脏，课程标准是语文课程的核心。课程标准是语文课程的出发点，又是语文课程实施的调节者，也是语文课程评价的重要依据。它贯穿语文课程的整个过程和各个环节，对语文课程建设和语文教学改革起着重要的导向作用。

第一章　顶层设想

内容提要

2022 年版语文课标的文本框架分六个板块：课程性质、课程理念、课程目标、课程内容、学业质量、课程实施。与 2011 年版语文课标相比较，全新的内容有课程目标中的“学生核心素养”、课程内容中的“语文学习任务群”“语文学业质量”“教学研究”和“教师培训”等。

基于顶层思维，本章对 2022 年版语文课标中的“学生核心素养”“语文学习任务群”“语文学业质量”这三个最新思想与顶层设计进行初步解读，为语文课程的实施提供一些学理支持。

一、学生核心素养

关于学生核心素养的规定，是本次课程标准修订的一个重大突破。

1. 学生核心素养的价值观。2022 年版语文课标在“课程性质”中明确指出“语文课程致力于全体学生核心素养的形成与发展”。这是对语文课程性质的重大调整，对此分解如下：

（1）“致力于”。这是对“学生核心素养”极其重视程度的一种确认。不同于“可有可无”，也不只是“关注考虑”。“致力于”是最高级的、较精准的表达，要求集中精力、专心致志、全力以赴地培养学生的核心素养。

（2）“全体学生”。义务教育阶段的语文课程要面向全体学生，促进所有学生，无论是优秀生、中等生还是后进生都不断形成与发展核心素养。这是生本思想、全面发展思想和分层思想的具体反映。

（3）“形成与发展”。基于过程意识，对学生核心素养的形成和发展进行动态的考察。这说明培养学生核心素养的过程性、阶段性和发展性。

2. 学生核心素养的综合观。2022 年版语文课标指出：“核心素养是学生通过课程学习逐步形成的正确价值观、必备品格和关键能力，是课程育人价值的集中体现。”又进一步提出：“义务教育语文课程培养的核心素养，是学生在积极的语文实践活动中积累、建构并在真实的语言运用情境中表现出来的，是文化自信和语言运用、思维能力、审美创造的综合体现。”

2022 年版语文课标还提出：“核心素养的四个方面是一个整体。语言是重要的交际工具和思维工具，语言发展的过程也是思维发展的过程，二者相互促进。语言文字及作品是重要的审美对象，语言学习与运用也是培养审美能力和提升审美品位的重要途径。语言文字既是文化的载体，又是文化的重要组成部分，学习语言文字的过程也是学生文化积淀与发展的过程。在语文课程中，学生的思维能力、审美创造、文化自信都以语言运用为基础，并在学生个体语言经验发展过程中得以实现。”这些思想体现的课程顶层设计思路是：

（1）以文化自信为核心的文化传承。2022 年版语文课标把“文化自信”排在四大核心素养的首位，足见其重要性。2022 年版语文课标关注的关键词有：文化自信、中华文化、中华优秀传统文化、革命文化、社会主义先进文化、当代文化生活、文化视野、文化底蕴等。

（2）以语言运用为核心的语言建构。2022 年版语文课标中使用的关键词有：丰富的语言实践，积累、梳理和整合，良好语感，国家通用语言文字，个体语言经验，运用语言文字的意识和能力，具体语言情境，语言文字的丰富内涵等。

（3）以思维能力为核心的思维发展。2022 年版语文课标涉及的关键词有：联想想象、分析比较、归纳判断、直觉思维、形象思维、逻辑思维、辩证思维和创造思维、思维的敏捷性、思维的灵活性、思维的深刻性、思维的独创性、思维的批判性、崇尚真知、探索创新、积极思考等。

（4）以审美创造为核心的审美能力。2022 年版语文课标中出现的关键词有：审美经验、感受美、发现美、表现美、创造美、高雅情趣、审美意识、审美观念等。

对此，再做三点“体现性”说明：第一，学生核心素养是一种对应于社会主义核心价值观的价值体现。它既是学校课程致力的素养型课程目标体系，也是学生正确价值观所追求的方向。第二，学生核心素养是学生“正确价值观”“必备品格”和“关键能力”的具体体现。它不单是以前所指的知识或能力或品格，而是德才兼备相融合的。第三，学生核心素养是四个核心元素的综合体现。它构建起一个以语言运用为中心的集思维能力、审美创造和文化自信于一体的有机共同体。

3. 学生核心素养的实践观。2022 年版语文课标在“课程理念”中提出实践性要求：“义务教育语文课程……以促进学生核心素养发展为目的，以识字与写字、阅读与鉴赏、表达与交流、梳理与探究等语文实践活动为主线，综合构建素养型课程目标体系。”

2022 年版语文课标在“课程性质”中提出具体实践方案：“语文课程应引导学生热爱国家通用语言文字，在真实的语言运用情境中，通过积极的语言实践，积累语言经验，体会语言文字的特点和运用规律，培养语言文字运用能力；同时，发展思维能力，提升思维品质，形成自觉的审美意识，培养高雅的审美情趣，积淀丰厚的文化底蕴，继承和弘扬中华优秀传统文化、革命文化、社会主义先进文化，增强对习近平新时代中国特色社会主义思想的理解和认识，全面提升核心素养。”

对此进行三个方面的解读：

（1）语文课程以学生的核心素养为纲。纲领、总纲、大纲是一种概括性、全局性和高位的要求。“提纲挈领”“纲举目张”都说明了“纲”的全局观念和指导作用。

（2）语文课程以语言实践活动为主线。这里有三个关键词很重要：通用语言文字、真实的语言运用情境、积极的语言实践。2022 年版语文课标明确提出语文实践活动主要有四种类型：识字与写字、阅读与鉴赏、表达与交流、梳理与探究。

（3）语文课程以构建“素养型课程体系”为目标。目标是一种标的，一种导向，也是一种归宿。原有的知识型、能力型教学体系已经不能适应现代教育发展的要求。“素养型课程体系”目标有两个基本要点：一是基于课程思想的，二是基于核心素养思想的。

二、语文学习任务群

关于语文学习任务群的规定，是本次课程标准修订的一个重要事件。

2022 年版语文课标在“内容组织与呈现方式”中首次提出：“义务教育语文课程内容主要以学习任务群组织与呈现。”在“课程理念”中明确提出：“义务教育语文课程结构遵循学生身心发展规律和核心素养形成的内在逻辑，以生活为基础，以语文实践活动为主线，以学习主题为引领，以学习任务为载体，整合学习内容、情境、方法和资源等要素，设计语文学习任务群。”语文学习任务群由相互关联的系列学习任务组成，共同指向学生的核心素养发展，具有情境性、实践性、综合性。义务教育阶段设置六个语文学习任务群：“义务教育语文课程按照内容整合程度不断提升，分三个层面设置学习任务群，其中第一层设‘语言文字积累与梳理’1 个基础型学习任务群，第二层设‘实用性阅读与交流’‘文学阅读与创意表达’‘思辨性阅读与表达’3 个发展型学习任务群，第三层设‘整本书阅读’‘跨学科学习’2 个拓展型学习任务群。根据学段特点，学习任务群安排可有所侧重。”

1. 语文学习的任务。“语文学习任务”由三个含义组成：与语文相关的、与学习相联的、与任务相合的。

（1）与语文相关的。学习任务群基本覆盖历来语文课程所包含的古今实用类、文学类、论述类等基本语篇类型，关注语言文字运用的新现象和跨媒介运用的新特点。

“语文学习任务”是专指语文学科的，要符合语文课程和语文教学的本质要求。从性质上看，“语文课程是一门学习国家通用语言文字运用的综合性、实践性课程”。从体系上看，语文课程是以语言运用为中心形成的语言文字、语言文章、语言文学、语言文化相互促进的一个体系。所以，基于语文的“任务”，指的是学生在语文学习过程中为达成语文课程目标在多样的语言运用情境中开展的语言实践活动。这个任务主要涉及三大类：基本语篇、语用新现象和跨媒介学习。

学习任务群要充分体现语文课程的综合性、实践性，引领教学方式变革，追求语言、知识、技能和思想情感、文化修养等多方面、多层次发展的综合效应，追求课程内容、学生生活、语文实践之间的协调和融通，而不是知识点、能力点的简单线性排列，不是学科知识的逐点解析和学科技能的逐项训练。这里的两个“不是”特别值得关注和研究。

（2）与学习相联的。2022 年版语文课标在“教学建议”中明确提出：“根据学生需求提供学习支持，引导学生在完成任务、解决问题的过程中积累语文学习经验，发展未来学习和生活所需的基本素养。”

“语文学习任务”主要面向学生的学习，而不是教师的讲授。这是基于学生认知、实践而提出的一个概念。提出“语文学习任务”要符合学生的身心发展特点和语文学习规律，充分体现语文的内在学理。所以，在学习中任务驱动很重要。任务驱动指在学习的过程中，学生在教师的帮助下，紧紧围绕一个共同的任务活动中心，在强烈的问题动机的驱动下，通过对学习资源的积极主动应用，通过个性化探索和互动合作，进行创造性学习。

（3）与任务相合的。六个学习任务群与学生核心素养四个方面之间存在多重对应关系，同时各自又具有特定的育人功能，在发展学生的正确价值观、必备品格、和语文关键能力等方面各有侧重。

“语文学习任务”主要指向学生的核心素养，是核心素养的下属概念。在语文教学三个层次的逻辑体系即：学生核心素养→语文学习任务→语文学习要素中，“语文学习任务”处在三者之间，起着承上启下的作用：

基于上位的思考，“语文学习任务”着眼于学生核心素养。以学生的语言运用为核心，并最大化地包含思维、审美、文化等各方面内容。“语文学习任务群”包含语言文字的任务、思维的任务、审美的任务和文化方面的任务。这就改变了惯常教学结构的线性和平板，以及教学思维的点状化、割裂化。学习任务群的排列也呈现了不同的层次、深度和广度，群与群之间都有重合的部分，又有延伸和提高的内容。

基于下位的思考，“语文学习任务”又对每个单元的“语文学习要素”给予指导和统领。“语文学习要素”主要从学习习惯、学习策略、阅读和习作四个方面提出学习的具体要求，它是服务于“语文学习任务”的。

所以，语文教学要有“任务”意识，善于将学习内容变成学习要素，并上升到学习任务。每个任务就是一个学习项目，同一主题、互相联结的多个学习项目有机融合在一起就构成任务群。所以说，学习任务群是由若干学习项目组成的。而且，“学习任务群的安排注重整体规划，根据学段特征，突出不同学段学生核心素养发展的需求，体现连贯性和适应性。”

2. 语文学习的情境。语文学习任务群教学需要创设情境，语文实践活动只有在情境中才得以展开。课标中出现“情境”一词共 46 次。语文学习任务群中的“情境”指的是课堂教学内容涉及的语境。主要包括语文认知、个人体验和社会生活三类情境。它的基本要求是：

（1）大情境。语文学习任务群中的情境不是以前我们使用的小情境，如用一幅画、一首歌激发学生的学习兴趣。它是一种大情境，是一个从头到尾贯穿整个单元任务群学习的大情境。大情境、大背景、大任务，能创设宽泛的学习环境，有利于促进学生的丰富想象和发散思维。这犹如在大海里“抛锚”的方法，把大船停泊在宽阔的大海之中。

教材是最重要的学习资源，但教材的容量是有限的。义务教育统编语文教材通过“教读—自读—课外阅读”建构“三位一体”的教学体系，以“1+X”（讲一篇课文，附加若干篇泛读或者课外阅读的文章）的方式扩大学生的阅读量。这就需要努力构建语文阅读的大情境。

（2）真实情境。“语文学习情境源于生活中语言文字运用的真实需求，服务于解决现实生活的真实问题。”所谓“真实”，指的是学习情境对学生而言是真实的，是他们在继续学习和今后生活中能够遇到的，也就是能引起他们联想，积累必要的资源，丰富语言文字运用的经验。

要注意的误区是：认为真实情境就是要布置一个与主题或课文相关的外部环境。如讲《黄山奇石》就要上黄山，讲《富饶的西沙群岛》就要下海……当然不是这个意思。其实，真实情境贯穿每一个学习环节，开始确实是由老师领进门的，之后，就在师生互动的过程中步步推进，每一步都是真实的，每一步都在提升。我们必须让语文学习在课堂里真实发生、发展。

（3）语文情境。语文课上语文的东西才是最好的。语文学习任务群中的“情境”是指将语文知识放置于真实的语言世界中，促进语文知识与应用情境之间产生本质性的联系。同时，还要将语文知识与学生已有的知识储备结合，促进学生完善语文知识网络，不断提升语文学习的关键能力。

语文教师都具备创设语文教学情境的意识，但是，如何使情境具有语文气息，尚要努力。特别是统编语文教材三至六年级上册的 4 个阅读策略单元和下册的 4 个“综合性学习”单元和项目，更有必要加强对创设语文情境和语文元素的思考和落实。

3. 语文学习的实践。提高学生语文核心素养的根本途径是语文实践。我们曾先后使用过“语文实践活动”“语文实践”“语文活动”这些概念，目的是回应和强化语文课程的“实践性”性质。

（1）语文实践的内涵。关于“语文实践”的表述是：通过识字与写字、阅读与鉴赏、表达与交流、梳理与探究等语文实践，积累言语经验，把握语文运用的规律，学会语文运用的方法，有效地提高语文能力，并在学习语言文字运用的过程中促进方法、习惯及情感、态度与价值观的综合发展。

识字与写字、阅读与鉴赏、表达与交流、梳理与探究，并不等同于常说的听说读写，可以说是听说读写在核心素养时代的升级版。每个任务群学习，都离不开这四种语文实践，或者是单独使用某一种方式，或者是四种方式的灵活运用、综合运用。统领这些的是学习任务。

（2）语文实践的场所。实施语文学习任务群的途径主要在课内。如果这个问题解决不好，学习任务群就会对教学造成影响，学生不好好读书，都去参与活动了。学习任务群要用学生感兴趣的话题和有意义的讨论解决学生不喜欢读书的问题，不能因迁就学生不喜欢读书而去开展与语文关系不大的课外活动。如果每一个任务群都以课外活动为主，不但老师的教学无法正常开展，而且会冲击到其他课程，影响整个教学的全面运转。那种把学习任务群中的实践活动泛化的理解是不妥当的。

（3）语文实践的主体。语文学习任务群中的“任务”这个词，特别强调学生积极的语文实践活动。这种积极的实践活动最重要的价值就是确立了学生的主体地位。这种对主体性的唤醒、塑造，本身也是学生精神成长中本质的东西。学习任务群中的“任务”这个词，特别强调学生的自主、合作、探究性学习，强调开放的语文实践。

在六个任务群的设计中都根据每一个任务群的特点与学习需求，较为合理地将四类学习活动安排在特定的情境与任务之中，不再按照阅读、习作、口语交际分线、分点安排。这并不是课程标准的疏忽，而是一种追求：学习任务群以自主、合作、探究性学习为主要学习方式，凸显学生学习语文的根本途径。学习任务群的设计，旨在引领语文教学改革，力求改变教师大量讲解分析的教学模式。

语文学习任务群以学生的语文实践为主线，这就从教学内容设计走向了教学行为设计与教学内容设计的结合，而且是以行为设计为主线牵动内容设计的变革。

三、语文学业质量

关于语文学业质量考评，是本次课程标准修订的一个重点进展。

1. 语文学业质量的内涵。2022 年版语文课标提出：“学业质量是学生在完成课程阶段性学习后的学业成就表现，反映核心素养要求。语文课程学业质量标准是以核心素养为主要维度，结合课程内容，对学生语文学业成就具体表现特征的整体刻画。依据义务教育四个学段，按照日常生活、文学体验、跨学科学习三类语言文字运用情境，整合识字与写字、阅读与鉴赏、表达与交流、梳理与探究等语文实践活动，描述学生语文学业成就的关键表现，体现学段结束时学生核心素养应达到的水平。”可见，学业质量是一个表现性概念，体现的是一种表现性学习的水平。

（1）学业质量是一种学业成就的阶段性表现。学业质量水平，又称成就标准、表现标准或表现水平，是描述学生在语文学科或学习领域的学业成就或精熟度水平的系统。一般反映的是在单元、主题学习后的阶段性学习效果和水平。

（2）学业质量是一种核心素养的具体性表现。语文学业质量标准以语文课程核心素养为主要维度，是核心素养条件下的具体性表现，体现的是一种素养质量观，而不是单纯的知识、技能的掌握水平，不以确定性解题过程和标准答案为标志。这不同于美国教育家布鲁姆教育目标框架下的学业质量，主要以学科知识点为纲，以知识的识记、理解、应用为质量水平，反映的是一种知识质量观。

（3）学业质量是一种语言运用的关键性表现。语文学业质量以语言运用为核心，按照日常生活、文学体验、跨学科学习三类语言文字运用情境，描述学生语文学习在语言学习和运用上与核心素养有关的关键表现。

所以，语文教学要全方位理解学业质量标准，明晰其与课程内容标准的关系，解析学业质量标准文本，以洞悉学生学业质量表现要点。同时，要从任务设计与评价反馈方式角度入手，在学业质量标准与考试评价、日常教学间建立有效关联。在课堂的互动中，语文教师要深入分析学生的学习表现，从知识基础、认知过程、思维方式、态度情感等方面判断其表现质量及影响因素，及时做出有针对性的指导。

2. 语文学业水平考试。2022 年版语文课标明确提出：“学业水平考试的目的主要是通过学生的学业质量表现检验学生在义务教育阶段结束时核心素养的发展水平，为高一级学校招生录取提供依据，为评价区域和学校教学质量、改进教学提供参考。”2022 年版语文课标对学业水平考试进行了较详细的说明：

（1）命题原则。提出三个命题原则：一是坚持素养立意；二是依标命题；三是坚持科学规范。明确提出了命题的总体方向：“以核心素养为考查目标，通过识字与写字、阅读与鉴赏、表达与交流、梳理与探究等语文实践活动，全面考查学生核心素养的发展水平。”可见，2022 年版语文课标强调了考试命题与核心素养之间的关系，而不只是知识、技能的掌握程度。

（2）命题规划。重点提出三个观点：一是“重视命题规划，明确学业水平考试命题的目标要求，规定内容范围与水平标准”。二是“系统设计考试形式，一般采用纸笔测试，有条件的地区可以考虑逐步引入基于信息技术的考试形式”。三是“科学设计试卷结构，明确规定主观性和客观性试题的比例，倡导设计基于情境的探究性、开放性、综合性试题”。

（3）命题要求。对语文考试命题提出了较为详细的要求。这里择其要点如下：

命题要以情境为载体。“考试命题应以情境为载体，依据学生在真实情境下解决问题的过程和结果评定其素养水平。命题情境可以从日常生活、文学体验、跨学科学习等角度设置。”

命题要设计多样的任务。“命题应贴近学生生活经验和情感体验，抓住社会生活中常见但又值得深思的真实场景，创设新颖、有趣、内涵丰富的情境，设计多样的问题或任务，激发学生内在动机和探究欲望。”

命题要精心选取材料。“命题材料的选取要具有时代性、典型性和多样性，充分体现语文课程特点。命题材料要能够体现问题或任务的对象、目的与要求，能够启发学生调动既有知识和资源解决问题、完成任务，能够为学生解决问题、完成任务提供背景材料或知识支架。”

命题要采用多种题型。“根据语文实践活动的不同类型，问题或任务设计可以侧重阅读与鉴赏、表达与交流、梳理与探究中的某一方面，也可以设置综合型题目，让学生在复杂情境中充分展示核心素养的发展水平。”

3. 语文学业质量评价。2022 年版语文课标在“课程理念”中提出：“倡导课程评价的过程性和整体性，重视评价的导向作用。”语文学业质量评价要特别重视的三个评价思想是：

（1）综合性评价。“义务教育语文课程评价要有利于促进学生学习，改进教师教学，全面落实语文课程目标。课程评价应准确反映学生的语文学习水平和学习状况，注重考察学生的语言文字运用能力、思维过程、审美情趣和价值立场，关注学生学习过程和学习进步。根据不同年龄学生的学习特点和不同学段的学习目标，选用恰当的评价方式，抓住关键，突出重点，加强语文课程评价的整体性和综合性。注重评价主体的多元与互动，以及多种评价方式的综合运用，充分利用现代信息技术促进评价方式的变革。”这里，从评价目标、评价内容、评价对象、评价方式、评价主体等方面提出了顶层的、整体的、综合性的要求。

（2）过程性评价。语文课程评价包括过程性评价和终结性评价。过程性评价贯串语文学习全过程，终结性评价包括学业水平考试和过程性评价的综合结果。

“过程性评价重点考察学生在语文学习过程中表现出来的学习态度、参与程度和核心素养的发展水平，应依据各学段的学习内容和学业质量标准，广泛收集课堂关键表现、典型作业和阶段性测试等数据，体现多元主体、多种方式的特点。”为此，2022 年版语文课标提出了过程性评价的四个原则要求。其中较有新意的是：“引导学生开展自我评价和相互评价”“重视增值评价”“倡导学科融会”“注重校内外评价的结合”等等。

“课堂教学评价是过程性评价的主渠道。教师应树立教—学—评一体化意识，科学选择评价方式，合理使用评价工具，妥善运用评价语言，注重鼓励学生，激发学习积极性。”2022 年版语文课标第一次提出“教—学—评一体化意识”，吸取了当前语文教学研究的最新成果。还明确提出：“课堂互动中，教师要关注学生知识基础、认知过程、思维方式、态度情感等方面的表现，深入分析这些表现及其影响因素，及时给予有针对性的指导。”这就指明了课堂教学过程评价的主要内容。

2022 年版语文课标还对“作业评价”提出了卓有成效的建议，诸如：作业设计是作业评价的关键，要合理安排不同类型作业的比例，增加作业的可选择性，关注社会发展中的热点问题，设计主题考察、跨媒介创意表达作业，加强综合性、探究性和开放性，严格控制作业数量，尊重学生的个性差异，对作业进行跟踪评价，梳理学生作业发展变化的轨迹等。

（3）阶段性评价。2022 年版课标指出：“阶段性评价是在教学关键节点开展的过程性评价，旨在考察班级整体学习情况和学生阶段性学习质量，是回顾、反思和改进教学的重要依据。”这里提出的“节点”非常重要，是评价时机的确定。“教学关键节点”是指一个单元教学之后、一项主题活动之后、一次习作练习之后等等。

对阶段性评价提出了具体要求：秉持素养立意，紧密结合学段的课程内容，依据六个学习任务群的学习内容，关注学习任务群的进阶关系和横向联系，合理设计评价工具。阶段性评价可以根据不同情况灵活选用评价手段，可以采取纸笔形式，也可以设计综合的学习任务，如诵读、演讲、书写展示、读书交流、戏剧表演、调查访谈等。纸笔测试要注意与日常教学的融合，增强测评题目的科学性、多样性，发挥阶段性评价的诊断、调节功能，避免消极影响和干扰日常教学；非纸笔测试要整体设计测评内容，科学制订评价标准，合理规划实施时间，并对学生个体做出及时反馈和有效指导。

2022年版语文课标还专门提出要关注整本书阅读和跨学科学习的阶段性评价，采用读书笔记、读书报告会、读书分享会等评价方式引导学生高质量完成整本书的阅读；可通过观察报告、实验报告、研究报告等，评价学生跨学科学习的阶段性成果。

重点研讨

1. 如何把握学生核心素养四个内容的整体关系？
2. 如何梳理六个语文学习任务群的相互关系？
3. 如何理解学业质量三种表现的逻辑关系？

第二章　课程育人

内容提要

习近平总书记多次强调，课程教材要发挥培根铸魂、启智增慧的作用。2022 年版语文课标根据习近平总书记的指示精神对“语文课程育人功能”进行了多层次、多方位的阐述，为语文课程和语文教学指明了方向。

2022 年版语文课标明确提出“语文课程育人功能”，并积极推动育人方式变革，落实立德树人根本任务。本章从坚持立德树人、树立正确“三观”、立足核心素养、增强文化自信四个方面解读语文课程育人功能的基本思想。

一、坚持立德树人

根据党中央、国务院有关指示，响应《中华优秀传统文化进中小学课程教材指南》《革命传统进中小学课程教材指南》等重要文件精神，此次课标的修订，继承了语文课程“文以载道”“以文化人”的传统，努力探索从根本上落实立德树人的育人功能和任务。这样课程定位就高了，视野也更开阔了，便于取法乎上，得乎其中。国家课程方案和语文课程标准是一种国家愿望，是课程育人的总体设计，首要的是目中有人。2022 年版语文课标在前言中就指出：“义务教育课程规定了教育目标、教育内容和教学基本要求，体现国家意志，在立德树人中发挥着关键作用。”在“课程理念”中又强调：“义务教育语文课程围绕立德树人根本任务，充分发挥其独特的育人功能和奠基作用。”

1. 语文课程育人的蓝图。在“前言”中提出：“随着义务教育全面普及，教育需求从‘有学上’转向‘上好学’，必须进一步明确‘培养什么人、怎样培养人、为谁培养人’，优化学校育人蓝图。”

（1）培养什么人。在 2022 年版语文课标中曾先后三次提到习近平总书记的“三有”要求。“全面落实习近平总书记关于培养担当民族复兴大任时代新人的要求，结合义务教育性质及课程定位，从有理想、有本领、有担当三个方面，明确义务教育阶段时代新人培养的具体要求。”这是确定“培养什么人”的总的出发点。还从落实的角度进一步提出：“认真学习领会习近平总书记关于教育的重要论述，全面落实有理想、有本领、有担当的时代新人培养要求。”明确提出“培育一代又一代有理想、有本领、有担当的时代新人”。

从总体要求看，就是要培养学生全面发展。“引导学生明确人生发展方向，成长为德智体美劳全面发展的社会主义建设者和接班人。”可见，语文课程育人的目的是“社会主义建设者和接班人”，其基本内涵是“德智体美劳全面发展”。

从具体要求看，就是要立足学生核心素养发展。所以，“课程理念”的第一条就是：“立足学生核心素养发展，充分发挥语文课程育人功能。”

（2）怎样培养人。认真解读后发现，2022年版语文课标主要从三个方面提出培养人的路径：一是“育人立意”。在“教学建议”中提出：“把立德树人作为语文教学的根本任务，清晰、明确地体现教学目标的育人立意。”二是“德育为先”。明确要求：“坚持德育为先，提升智育水平，加强体育美育，落实劳动教育。”三是“细化育人目标”。提出具体操作性要求：“细化育人目标，明确实施要求，增强课程指导性和可操作性。”

（3）为谁培养人。在“课程性质”中提出：“语文课程在推广普及国家通用语言文字、增强凝聚力、铸牢中华民族共同体意识，建立文化自信、培育时代新人，实现中华民族伟大复兴等方面具有不可替代的优势。”又建议“将社会主义先进文化、革命文化、中华优秀传统文化、国家安全、生命安全与健康等重大主题教育有机融入课程，增强课程思想性”。可见，语文课程的育人为的是社会主义、为的是国家安全，为的是实现中华民族伟大复兴等。把语文课程上升到中华民族伟大复兴的高度上认识，这是前所未有的。

2. 语文课程育人的落实。2022年版语文课标“强化了课程育人导向”。立德树人，在语文课中不是贴上标签、过分教化，而是熏陶化育、润物无声，但要落地有声。在“课程性质”中指出：“为培养学生求真创新的精神、实践能力和合作交流能力，促进德智体美劳全面发展及学生的终身发展打下基础。”在“教学建议”中提出：“创造性地开展语文教学，充分发挥语文学科独特的育人功能。”

（1）在课程目标中落实。在课程总目标的九条中，第一条是“在语文学习过程中，培养爱国主义、集体主义、社会主义思想道德，逐步形成正确的世界观、人生观、价值观”。这便是关于育人导向的要求，起统领作用。在四个学段具体教学目标的结束部分，都有一段文字标示，提示着这一学段育人导向的重点要求。这个要求在课标中有详细具体的说明，这里不再赘述。

（2）在课程内容中落实。明确要求“设计课程内容，增强内容与育人目标的联系”。在课标“课程内容”部分，把语文课程内容的主题和载体形式概括为六个方面，即中华优秀传统文化、革命文化、社会主义先进文化、世界文明优秀成果、科技进步、日常生活特别是儿童生活等方面的主题，也突出和强化了语文课程育人导向的功能。

（3）在学习任务群中落实。六大语文学习任务群都与育人密切联系，都有育人的基本要求。特别是在“跨学科学习”中强调要：“充分发挥跨学科学习的整体育人优势，增强跨学科学习的计划性和目标意识。”

（4）在教学过程中落实。语文教学过程和各个环节是落实语文课程育人功能的主战场，应努力“追求语言、知识、技能和思想情感、文化修养等多方面、多层次发展的综合效应”。

（5）在教材编写中落实。“教材编写要以马克思主义为指导，坚持立德树人，体现社会主义核心价值观。”“教材选文要体现正确的政治导向和价值取向。”这为教材编写育人功能的落实指明了方向。

（6）在课程资源中落实。第一次明确提出要“充分发挥课程资源的育人功能”“课程资源的开发与利用应坚持正确的政治导向，把贯彻落实社会主义核心价值观、促进学生身心健康发展作为首要原则”。

二、树立正确“三观”

义务教育阶段是学生形成正确的世界观、人生观、价值观的重要阶段，世界各国都非常重视“三观”教育，中国也不例外。为此，在2022年版语文课标中先后四次明确表述“三观”思想。在“课程性质”中明确指出：“增强对习近平新时代中国特色社会主义思想的理解和认识。”树立正确“三观”的思想，体现在语文课标的整个过程，特分解如下：

1. 课程性质。明确指出：语文课程“为学生形成正确的世界观、人生观、价值观，形成良好个性和健全人格打下基础”。这里提出了语文课程与“三观”的正确要求和基础关系，体现了义务教育阶段语文课程的基础性质。

2. 课程理念。提出：“促进知识与能力、过程与方法、情感态度与价值观的整体发展。”这里提出了语文课程与“三观”的整体要求和各方面的整合关系。“三观”不是孤立的，而是内外联系的。只有这样，才能真正落实“三观”的要求。

3. 课程目标。在“总目标”中提出了实践要求：“在语文学习过程中，培养爱国主义、集体主义、社会主义思想道德，逐步形成正确的世界观、人生观、价值观。”把“三观”与“爱国主义、集体主义、社会主义思想道德”联系在一起。

4. 教学建议。“引导学生在学习语言文字运用的过程中，逐步树立正确的世界观、人生观、价值观。”这是提出了树立正确“三观”的语文课程特殊途径要求，要以语言文字运用作为主要手段。这也是落实语文课程工具性与人文性统一的具体体现。

5. 教材编写。“要有助于学生铸牢中华民族共同体意识，增强中华民族自尊心、爱国情感、集体意识和文化自信，形成正确的世界观、人生观、价值观。”这又提出了教材落实“三观”的具体内容和要求。

三、立足核心素养

这次课标修订把散落、隐含在原来课标里那些培养人的部分凝聚起来、提炼出来，形成了一个前提性的顶层思路：核心素养导向。2022 年版语文课标关于核心素养目标体系的构建，是语文课程育人功能的重要的、集中的、经典的体视。在“前言”中明确指出：语文课程要“聚焦中国学生发展核心素养，培养学生适应未来发展的正确价值观、必备品格和关键能力”。在“课程性质”中强调：“语文课程致力于全体学生核心素养的形成与发展，为学生学好其他课程打下基础。”

1. 课程目标的核心素养转向。这次课标提到核心素养的时候，既不用“学科核心素养”（《高中语文课程标准》的表述），也不说“课程核心素养”（课标修订初稿的表述），而是用“学生核心素养”。这是最为精准的，也是语文课程育人功能的最好体现。以前的三维目标主要是指向知识、学科，而现在是指向学生的发展，而且直指学生的核心素养。“各课程标准基于义务教育培养目标，将党的教育方针具体化细化为本课程应着力培养的核心素养，体现正确价值观、必备品格和关键能力的培养要求。”

2. 课程内容的核心素养方向。“学习任务群的安排注重整体规划，根据学段特征，突出不同学段学生核心素养发展的需求，体现连贯性和适应性。”可见，课程内容与核心素养的关系为：核心素养是课程内容的上位概念，应基于核心素养的方向选择和确定课程内容，在核心素养的指导下设计和安排学习任务群。

课程资源的使用也“要从核心素养形成和发展的内在规律出发，紧密结合语文教材内容，选择有利于组织和实施综合性语文实践活动的优质资源，构建开放多元的教学资源体系”，并明确指出：“课程资源的使用要以促进学生核心素养发展为目的，多角度挖掘其育人价值，与课程内容形成有机联系，促进课程目标全面达成。”这样的阐述和要求是极其深入的。

3. 课程实施的核心素养面向。2022年版语文课标对课程实施过程中学生核心素养的培养提出具体要求。例如：“受到优秀作品的感染和激励，向往和追求美好的理想。”“增强社会责任意识”“感悟革命英雄、模范人物的爱国主义情怀和高尚品质，激发向英雄模范学习的意愿和行动，培养对中国共产党和中华人民共和国的朴素情感，增强民族自豪感。”“感受语言文字的丰富内涵，对国家通用语言文字具有深厚感情。”“强调内容的典范性，精选文质兼美的作品，重视对学生思想情感的熏陶感染作用。”这里的“美好理想”“社会责任意识”“民族自豪感”“对国家通用语言文字具有深厚感情”等，都是面向学生核心素养的。

4. 学业质量的核心素养指向。学业质量，从总目标到学段目标，到各个内容的学业要求，到学业质量标准，再到后面的教学评价建议，是一脉相承的，而且都是指向核心素养的。

（1）学业质量是一种核心素养的质量。“学业质量是学生在完成课程阶段性学习后的学业成就表现，反映核心素养要求。语文课程学业质量标准是以核心素养为主要维度，结合课程内容，对学生语文学业成就具体表现特征的整体刻画。”

（2）学业质量是一种核心素养的水平。“依据义务教育四个学段，按照日常生活、文学体验、跨学科学习三类语言文字运用情境，整合识字与写字、阅读与鉴赏、表达与交流、梳理与探究等语文实践活动，描述学生语文学业成就的关键表现，体现学段结束时学生核心素养应达到的水平。”

从小学这个学段来看，学业质量测评首先是有情境的，其是日常生活的，还是文化文学体验，或跨学科学习。确定了情境之后，再结合相应的语文实践活动：是识字与写字还是阅读与鉴赏等。然后结合这两个部分来描述语文学业成就的关键表现。最后，用这样的关键表现来综合反映学生核心素养的水平。

（3）学业质量是一种评价核心素养的依据。“四个学段的语文课程学业质量标准之间相互衔接，体现学生核心素养发展的进阶，为核心素养评价提供基本依据。”还在评价建议里提出：“评分标准有效反映学生核心素养发展水平”的要求。

四、增强文化自信

2022年版语文课标规定的学生核心素养有四个内涵，第一个便是“文化自信”。“文化自信是指学生认同中华文化，对中华文化的生命力有坚定信心。通过语文学习，热爱国家通用语言文字，热爱中华文化，继承和弘扬中华优秀传统文化、革命文化、社会主义先进文化，关注和参与当代文化生活，初步了解和借鉴人类文明优秀成果，具有比较开阔的文化视野和一定的文化底蕴。”此中有四组动词：认同与热爱、继承和弘扬、关注和参与、了解和借鉴，以具体落实文化的要求。这就构建了以文化人的新格局。

1. 认识中华文化的丰厚博大。在“课程理念”中指出：“重视价值取向，突出社会主义先进文化、革命文化、中华优秀传统文化。”课标总目标第二条是：“认识中华文化的丰厚博大，汲取智慧，弘扬社会主义先进文化、革命文化、中华优秀传统文化，建立文化自信。”

课标提出具体要求：注重了解中华优秀传统文化的源远流长、丰富多彩，提升自身中华优秀传统文化修养；感受先贤志士的人格魅力，感悟老一辈无产阶级革命家的英雄气概、优良作风和高尚品质，体会捍卫民族尊严、维护国家利益和世界和平的伟大精神。

围绕创造性转化和创新性发展要求，确定中华优秀传统文化内容主题。注重弘扬讲仁爱、重民本、守诚信、崇正义、尚和合、求大同等核心思想理念；弘扬有利于促进社会和谐、鼓励人们向上向善的中华人文精神；弘扬自强不息、敬业乐群、扶危济困、见义勇为、孝老爱亲等中华传统美德。“初步认识中华优秀传统文化蕴含的思想和智慧”“注重引导学生关注中华优秀传统文化在日常生活中的表现，初步感受中华优秀传统文化的重要价值。”

围绕伟大建党精神，确定革命文化内容主题。注重反映理想信念、爱国情怀、艰苦奋斗、无私奉献、顽强斗争和英勇无畏等革命传统。

围绕社会主义核心价值观，确定社会主义先进文化内容主题。突出爱党、爱国、爱社会主义相统一。

当然，也要“感受多样文化，吸收人类优秀文化的精华”。

在“教学建议”中提出：“体认和传承中华优秀传统文化、革命文化、社会主义先进文化，积淀深厚的文化底蕴，增强文化自信。”

在“教材编写”中也提出：“坚持立德树人，体现社会主义核心价值观”，“要高度重视继承和弘扬中华优秀传统文化、革命文化、社会主义先进文化，赓续红色血脉，自觉维护国家统一和民族团结，理解和尊重多样文化。”教材选文要“富有文化内涵和时代气息”。

甚至在“考试命题”中都应“强调参与当代文化生活，关注学生对社会主义先进文化、革命文化、中华优秀传统文化的体认”。

当然，我们在对待传统文化的问题上，还是要坚持历史唯物主义和辩证唯物主义的立场，挖掘优秀的成分，抛弃那些腐朽的、不符合社会主义核心价值观的内容，古为今用，为我所用。

2. 感受汉字的文化内涵。“语言文字是人类社会最重要的交际工具和信息载体，是人类文化的重要组成部分。”语言文字本身是文化，它又传承文化、表现文化和发展文化。语文课程要指导学生“热爱国家通用语言文字，感受语言文字及作品的独特价值”，并进一步指出要“注重感悟国家通用语言文字的文化内涵”“初步感受汉字的文化内涵”。

2022 年版语文课标提出：“引导学生在识字、写字、语言积累中感受中华文化的魅力，激发热爱中华文化的情感。”学习语言文字的过程，也是文化积淀的过程。要把语文学习和文化自信有机结合起来，体现语文课程通过语言文化、汉字文化育人的特点。

重点研讨

1. 为什么提出语文课程育人的蓝图？
2. 为什么说语文课程是“三观”的基础？
3. 为什么语文课程目标要进行核心素养转向？
4. 为什么强调语文课程的文化自信？

第三章 课程文化

内容提要

2022 年版语文课标全文大约 47130 字。除五个附录外，正文共有 36036 字。全文前后出现“文化词汇”30 个（附后），出现频率 115 次。这充分说明了“文化”在 2022 年版语文课标中极其重要的地位。对语文课程进行文化内容的确定、文化体系的建构、文化生成过程的探讨是非常必要而及时的。

翻开 2022 年版语文课标“课程性质”，开篇第一句话就是：“语言文字是人类社会最重要的交际工具和信息载体，是人类文化的重要组成部分。”所以，要从文化角度审视语文，用文化的眼光解读语文课程。

一、文化内容的确定

作为一种文化的构成，语文只能活在“文化”之中，语文是文化的存在形式。语文课程不能停留在“语言”层面，必须透过“语言”，进入“文化”的层次，在语文世界中探索和建构起一个文化世界。根据语文的文化特性，2022 年版语文课标提出要理解和传承“人类文化”“古今中外优秀文化成果”“文化遗产”等，并明确规定语文课程中必须有以下主要文化类型：

（一）人类优秀文化

1. 中华优秀传统文化。2022 年版语文课标全文 26 次提到“中华优秀传统文化”一词，这是新课标最为关注的文化样式。

2022 年版语文课标在“课程内容”中明确提出：“围绕创造性转化和创新性发展要求，确定中华优秀传统文化内容主题，注重弘扬讲仁爱、重民本、守诚信、崇正义、尚和合、求大同等核心思想理念；弘扬有利于促进社会和谐、鼓励人们向上向善的中华人文精神；弘扬自强不息、敬业乐群、扶危济困、见义勇为、孝老爱亲等中华传统美德。”可见，主要从核心思想理念、中华人文精神和中华传统美德三个角度提出“中华优秀传统文化”的内容主题。较有新意的是“核心思想理念”的有关内容。

主要载体为汉字、书法，成语、格言警句，神话传说、寓言故事、历史故事、民间故事、中华民族团结一家亲的故事，古代诗词、古代散文、古典小说，古代文化常识、传统节日、风俗习惯等。

2. 革命文化。2022年版语文课标全文14次提到“革命文化”一词。主题内容是：“围绕伟大建党精神，确定革命文化内容主题，注重反映理想信念、爱国情怀、艰苦奋斗、无私奉献、顽强斗争和英勇无畏等革命传统。”较之前有新意的课程内容是：伟大建党精神、理想信念等的有关内容。

主要载体为老一辈无产阶级革命家和革命英雄人物的代表性作品及反映他们生平事迹的传记、故事等作品，反映党领导人民革命的伟大历程和重要事件的作品，有关革命传统人物、事件、节日、纪念日活动等方面的作品，阐发革命精神的作品，革命圣地、革命旧址和革命文物等。

3. 社会主义先进文化。主题内容是：“围绕社会主义核心价值观，确定社会主义先进文化内容主题，突出爱党、爱国、爱社会主义相统一。”其核心是社会主义核心价值观。

主要载体为反映社会主义建设事业中取得的重大成就、涌现出来的模范人物与先进事迹的作品；反映当代中国从站起来、富起来到强起来的奋斗历程和重大事件，以及体现中国式现代化新道路和人类文明新形态的相关作品；反映和谐互助、共同富裕、改革创新、劳动创造美好生活等方面的作品。

在突出上述主题的同时，还应选择反映世界文明优秀成果、科技进步、日常生活特别是儿童生活等方面的主题。主要载体为外国文学名著、科普科幻作品、实用性文章、中外优秀儿童文学作品等。这里反映了两个重要意识：一是要引导学生学习人类文明优秀成果，汲取优秀外国作品中的丰富营养，提高文化修养，在中外文明互鉴中开阔视野，培养人类命运共同体意识。二是引导学生学习日常生活必需的语言文字运用知识和能力，学会文明地交流和沟通，逐步适应、积极参与社会生活，增进对社会、自然、科学的认识，激发对生活的热爱，增强服务社会、报效祖国的责任意识。

2022年版语文课标还对课程内容主题的实施提出两个具体操作建议：一是“各类主题的主要载体还应包括口头和书面交流与沟通、跨媒介阅读与表达等语文实践活动”，二是“根据不同学段特点，统筹安排各类主题的相关学习内容。体现中华优秀传统文化、革命文化、社会主义先进文化的作品，应占60%~70%；反映科技、自然、生活等方面的应用、说明、记叙类作品，以及外国优秀文化作品，占30%~40%”。

2022年版语文课标还提出“多样文化”问题。在经济全球化进程中，世界各民族的文化之间是多元并存和共同繁荣发展的过程。世界文化的统一性与民族文化的多样性是相辅相成的。在文化视野不断开阔的条件下，只给学生一种文化的教育既不明智，又不合时宜。语文教育中引入多元异质文化，学习各民族多样文化和外国优秀文化，有助于拓宽学生的文化视野，提高学生的文化分辨力，避免学生对流行文化的盲目追从。语文教育还应密切联系社会文化生活，及时反映当代社会的文化成果，吸取当代文化生活的精华，以满足学生敏锐的文化需要。

（二）语文本体文化

2022年版语文课标中有“文化现象”“中华文化意向”“文化载体”等概念，说明关注承载文化的载体的必要性。语文，从本质上说就是人的心灵之声、生命之声，是人的意识、情感、思想的直接表达，是人的追求、判断、思维的直接体现。语文世界，不仅仅是语言符号，它还有鲜活的生活画面、跃动的情感与文化。所以，语文教学并非只是单纯的语言技巧的教学，不能仅仅关注语言技能的培养，还要注重感悟和体验语文的文化内蕴和它所包含的本体文化精神。语文所包蕴的本体文化，包括汉字、拼音、汉语、修辞、文体、语序等方面所体现的文化。

以语序为例加以说明，西方语言是“空间构造型”，汉语是“时间构造型”。前者是理性分析语序，后者是取法自然语序。对一个句子做英汉比较：

英语：I came to Hangzhou from Qiandaohu through Tonglu by greyhound bus.

汉语：我从千岛湖坐长途汽车经过桐庐到达杭州。

英语的语法结构是建立在理性分析之上的，显示的是重要性优先原则。首先用came确定说话的基点是在Hangzhou，然后确定到达地也是Hangzhou，再说出发地，再后是经过地，最后才是交通工具。汉语则是一种自然事实发生的先后次序，出发地是千岛湖，在出发地坐上长途汽车，然后坐着长途汽车经过桐庐，最后坐着长途汽车到了杭州。

汉语和傣语的语序也不同。例如，汉语“一本书”“高高地举起来”，而傣语则是“书本一”“举起来高高地”。所以，汉语把修饰语排列在中心语前，表明了汉民族重情态的思维特点，而把语言的严格的逻辑关系放在第二位。这是一种“悟性”文化的特征。而傣语呈现的是印欧语法结构的“智性”特质。

（三）教学文化

从本质上说，语文教学是一种与文化对话的活动，是与语文内在的文化意蕴进行的交流与沟通。这种对话、交流和沟通的活动，是一个文化接受、传承和创新的过程。因此，语文教学的过程有助于学生涵养文化精神，丰富文化底蕴，增长文化智慧。实际上，语文学习就是学习文化，学习民族文化思想，构建自我的文化情感和心灵世界。

1. 教师与学生的对话。作为平等的文化主体，教师和学生是一种“你—我”的对话关系。在相互交往中产生交互作用，达到沟通和融合，在自然和谐中实现共同的成长和发展。师生之间的对话，是一种语言理解，双方在语言的世界里敞开自己的胸怀，在语言的融合中拓宽自己的视野，在语言的沟通中提升自己的精神境界。

2. 教师与文本的对话。教师对文本的选择、处理、加工、改造都是在个人经验阅历、文化视野范围内进行的。教师的文化素养直接影响教师选择、处理文本的价值判断。教师处理文本的过程是教师与文本对话交流、共同建构的过程。对文本的处理，不是把文本当作单纯的知识客体来进行理性分析，而是要将自己融入文本之中，并与文本进行对话交流。这种对话实际是主体之间的对话，通过对话，教师的情感和文本的情感互相呼应，教师的视界与文本的视界彼此融合。

3. 学生与文本的对话。客观的文本只是潜在的文化，它并不必然地促进学生的发展，只有学生具备与文本进行对话的能力时，文本才会对学生产生影响。学生是独立自主的文化活动主体，文本是独立的精神主体，二者之间是一种主动的、平等的、积极的对话交流、双向建构关系。文本向学生敞开，在与学生对话的过程中获得新生。学生也在对文本的解读和阐释中，受到文本的启发，丰富了知识经验，提升了文化境界。经过对话，文本和学生都得到了发展，已不再是原本意义上的文本和学生了。

二、文化体系的建构

2022 年版语文课标提出的与文化修养有关的重要词汇有：文化体验、文化积淀、文化自信、文化内涵、文化底蕴、文化传承、文化修养、文化视野等。这些文化观念的输入，将促进文化意识和理念的逐步形成，拓展语文课程的视野，从而对语文教育的一些基本命题进行重新审视。

1. 语文教育的目标：从“自然人”到“文化人”。“文化人”是具有自觉的文化意识、完备的文化行为能力的文化传承者。由于文化概念内涵的丰富性，所以作为文化传承的学生要比作为社会“建设者”和“接班人”的学生有更多的发展空间和可能。

例如，学生文化精神的培养。文化精神是由民族文化意识、时代文化精神和个体潜在的文化体验交织形成的。这种表层结构是指在特定时代文化中的非理性的感性色彩较为强烈的某种意向、时尚或趣味的层面。其主要构成要素是情感、意志、风俗、风尚、习惯、情趣等。个体文化精神通常是由一个主要因素和其他因素融汇构成的复合整体。当前语文教育改革中的许多观点、实验，如开放学习、项目学习、合作学习、体验学习等，就是对改革开放时代文化精神与社会文化风尚的自觉把握，也是语文教育感应时代大潮、紧跟时代文化风尚、适应时代发展趋向的自觉行为。显然，这绝对不是“赶时髦”“凑热闹”，而是当代文化精神、社会文化风尚转化为个体的文化意识和自觉行为。

2. 语文教育的功能：从“语言功能”到“文化功能”。语言，包括口头语言和书面语言。口头语言是听觉符号系统，书面语言是视觉符号系统，语音是口头语言和书面语言联系的唯一纽带。语言是文化的载体，而文化是语言的基座。所以，汉语、汉字、汉文化之间具有不可分割的密切联系。

可以认为，语文是以语言为根本的包含文字、文学、文章、文化等多元素构成的一个综合体。传统的语言功能是有意义的，但视角小，有局限性。用文化的观念解读语文教育的功能，就不仅具有“语言功能”，而且使语文教育的全部价值与整个文化发展联系起来。语文是一种文化的存在，学习语文实际上就是学习文化。相对于语文教育的语言功能，文化功能的品质是更为深入的，这使语文教育的价值获得了最广泛的社会意义。

3. 语文教育的过程：从“知识过程”到“文化过程”。语文教育的过程不仅仅是一个传授知识、培养技能的过程，而且是一个文化过程：把语文教育看作是人的一种文化活动、文化行为，是有意识地在专门的文化传递中对文化内容的选择和接受，对文化价值的体验和判断，对文化精神的理解和阐释。在这个过程中实现了文化的传递、保存和发展，而学生则获得了有价值的文化知识，丰富了自身的文化情感体验，完善了自身的文化价值观念，培养了文化创造能力。这样，语文教育因为与人的文化生命活动实现了同构，成为学生的文化生命活动的一部分，成为学生的一种生活方式。

语文文化是一种渗透过程。文化是一种营养、一种血液，随着语文教育过程的开拓与深入，它会滋润学生的灵魂，涵养学生的情怀，唤醒学生生命的觉悟，提升学生的人生境界。从根本上说，语文教育的文化过程是阳光雨露、春风化雨、润物无声的渗透过程。

例如，汉语是字根文化，从一个字可以生发出很多与这个字有一定关系的词语来。如“牛”可以组成很多词，如黄牛、白牛、黑牛、花牛、大牛、小牛、牛毛、牛皮、牛肉、牛骨头，可以引申出“牵牛鼻子”，还可生发出“老黄牛精神”。前者是一种方法论，后者是一种精神境界。这就是中文独有的特点：在字根上以不同组合进行表达。而在英语里则不同，牛是一个词，大牛是另一个词，小牛、花牛、黑牛也都是一个词。

文化渗透最典型的是借助隐性课程。隐性课程主要开发学生周围环境中一切可以利用、有教育性的因素，通过“润物细无声”的方式对学生进行文化熏陶、文化浸润，在不知不觉中对学生产生文化影响。隐性课程的内容广泛，如校园文化、自然环境、人文景观、人际关系等。统编语文教材，印有中国山水画、中国文化标识、名人大家肖像、中国书法作品等，留给学生的是文化滋养和精神的陶冶。

4. 语文教育的内容：从“游离文化”到“文化内涵”。我们常说，母语是生命的摇篮，一个人的思维水平、文化素养是通过母语的习得发展起来的。汉语是民族文化的地质层，积淀着民族文化的精粹。汉语负载着民族的思想和感情，饱蕴着独属于汉民族的精神和智慧。语文在培养学生的人文精神和文化素养上有着其他学科不可替代的优势。因此，语文教育必须引导学生认识中华文化的丰厚博大，吸收民族文化智慧，把语文教育过程自然看作是体认民族文化内涵的过程。

语言和文化的关系是多方位的，语言的每一部分都会在不同的方面与文化发生关系，从而体现出各个部分的文化意义。如字、词、句、段、篇、语音、语法等都与特定文化有联系。例如，古代天文“天河”两边有牛郎、织女星群，在漫长的历史发展中由此词语演化了动人的爱情故事，形成了太行山脉的山西省和顺县“中国牛郎织女文化之乡”，当地现有 30 多处与此故事情节有关的名称，并长久保持男耕女织的风俗习惯。这就是由词语引发的文化现象。所以，语文教育的内容要突出文化特征和文化功能，注重对语言各部分文化功能的开发和利用，使语文教材成为学生学习民族文化、理解多元文化、吸收中华民族和其他民族文化智慧的发展平台。所以，语文教育要有利于学生体悟语文的文化内涵和文化精神，使学生通过语文学习，得到心灵的唤醒和人格的建构。

5. 语文教育的背景：从“教材文本”到“文化交流”。在很大程度上，语言是文化交流的媒介，语言在文化交流中具有重要作用。例如，外来词是两种文化交流的结晶，也是两种语言文化融合的结果。所以，从外来词可以看出两个民族之间的文化交流情况。英语中大约有 40%~50% 是法语外来词。在汉语里，葡萄、石榴、狮子等词是从西域借入的，佛、菩萨、罗汉、比丘等词来自佛教的梵语，咖啡、引擎、沙发等词来自西方。这些外来词与民族、国家之间的文化交流是分不开的。语言的交流，促进了文化的互补与互动，构建了文化全球化的蓝图和轨迹。

三、文化生成的过程

从文化的视野思考语文教育，可以发现这是一个由文化背景、文化图像、文化情趣、文化意蕴构成的丰富多彩的文化世界。在语文教育中，感受的是语文教育的文化气息，触摸的是语文教育的文化脉搏，感动的是语文教育的文化情怀。所以说，语文是文化的载体，是文化构成的重要部分。语文教育的显著特点是，它是一种文化传递过程，是一种文化的生成和创造过程。正如 2022 年版语文课标中提出的“文化活动”“文化建设”的高要求。

1. 课程的文化气质。气质的本意是指一个人高级神经活动在人的行为上的表现。一个民族有自己独特的文化气质，语言更是具有鲜明的民族特征。语言的文化气质指的是一种语言在交际过程中使书写者和阅读者（或说话人和听话人）在心理上得到的某种感受。语文课程的文化气质主要通过汉字和汉语的文化气质表现出来。

（1）汉字的文化气质。汉字有其特殊的构造方式和结构特征，其中蕴涵着丰富的文化意蕴和文化资源。汉字形体结构的每一个笔画、一个线条、一个撇或一个点，往往都有其特定的文化涵义。汉字与文化的同构性主要表现在四个方面：汉字是表意性、表情性、象形性、审美性文字，所以，一个汉字往往就是一个特定的意义世界、情感世界、形象世界和审美世界。“男”字是由“田”和“力”组成的，男耕女织是中国传统文化，在田地里劳动的劳力就是“男”了。可见，汉字真切地保存了中华民族文化的原生态，真可谓“字里乾坤”。

一个民族的文化审美和文化心理，会作用于文字的形体结构和书写特征，而文字的形体和书写特征，也给书写者以独特的审美感受。这就是文字的文化气质。文字的文化气质是通过文字书写者书写时的自我感受和阅读者对文字的视觉印象体现出来的。汉字的形体结构是方块形态、平衡对称。虽然汉字造型、笔画、线条变化繁多，但整个汉字的形体是整齐对称的，全字的重心位于方块的对角线交点上，显得端正典雅。方正平衡，是汉民族文化心理的一种价值取向，也是汉字的文化气质。中国汉族文化中就有“敬惜字纸”“字通神”的传统习俗，对文字有一种崇拜心理和神秘感，最典型的是双喜字和倒福字。又如对“九”“七”“十二”“三十六”“七十二”“三百六十”等字、数的神秘感。

（2）汉语的文化气质。文化气质是一种很难定量、定性分类的语言特征。世界上有多少种语言，就有多少种文化气质，甚至一种语言的几种方言，也具有不同的文化气质。

根据国外已有的研究，语言有五种文化气质：强悍型、庄重型、敦实型、活泼型、娇柔型。对照中国民族语言，分别是蒙古语、纳西语、藏语、维吾尔语、傣语。从我国的方言来看，东北话强悍，北京话庄重，山西话敦实，广州话活泼，苏州话娇柔。当然，这只是从总体倾向来说的，纯粹的分门别类还有待研究。

语言文化气质的形成一方面是受周围环境的感染，另一方面是受语言结构各因素综合作用。前者主要是地理环境，如北方蒙古族牧民与苏杭人民，由于自然环境不同，也就形成了不同的语言气质特征。后者主要是语音、词汇、语法、语义等语言要素综合形成。如北京话的庄重，是由于音节构成长，鼻尾音和复合元音多，无浊辅音和塞音尾，词汇以双音节单词占优势，语速慢，说话又较为从容，故显得较为庄重。而苏州话浊辅音多，单元音音节丰富，有入声尾，声调起伏大，一般音频较高，语速较快，故显得娇柔细润。

西方语言如英语是“形合”语言，而汉语是“意合”语言。所以，汉语能根据上下文的语境去意会和补充语句的整体内容。汉语的意合特点与中国人传统的整体性思维有密切关系。从《易经》的八卦思维开始，以及老子、庄子的混沌思维和两宋道学的太极思维，都是一种天、地、人合一的整体思想。

2. 课文的文化资源。语文教材中的篇篇课文都蕴含着丰富多彩的文化内容，无不富有人文精神，包括人性的激情、人品的精华、人类的亲疏、人情的意蕴、人世的沧桑、人生的价值。教材中的课文，反映了作者的生命，搏动着作者的心灵，蕴含着丰富的人类文化精髓。

（1）课文描写了文化沉积的“物”。语文课文有中国特色的《对韵歌》（一年级上册）、《姓氏歌》（一年级下册）、《拍手歌》（二年级上册）、《遨游汉字王国》（五年级下册）、《腊八粥》（六年级下册）、《藏戏》（六年级下册），有世界上古老的《纸的发明》（三年级下册）、《赵州桥》（三年级下册）、《金字塔》（五年级下册），有令人惊叹的《观潮》（四年级上册）、有雄伟壮丽的《故宫博物院》（六年级上册）、《只有一个地球》（六年级上册），还有现代文化色彩的《太空生活趣事多》（二年级下册）、《宇宙的另一边》（三年级下册）、《呼风唤雨的世纪》（四年级上册）、《纳米技术就在我们身边》（四年级下册）等。

（2）课文记叙了有文化色彩的“事”。如《吃水不忘挖井人》（一年级下册）、《曹冲称象》（二年级上册）、《坐井观天》（二年级上册）、《狐假虎威》（二年级上册）、《蜘蛛开店》（二年级下册）、《总也倒不了的老屋》（三年级上册）、《司马光》（三年级上册）、《守株待兔》（三年级下册）、《扁鹊治病》（四年级上册）、《圆明园的毁灭》（五年级上册）、《“精彩极了”和“糟糕透了”》（五年级上册）、《刷子李》（五年级下册）、《杨氏之子》（五年级下册）、《我的伯父鲁迅先生》（六年级上册）、《鲁滨逊漂流记》（六年级下册）、《十六年前的回忆》（六年级下册），都有浓浓的文化味。尤其是中外文学经典，集语言学、美学、哲学于一体，是民族人文精神的神奇之所在，是人文素养长效的增养剂。

（3）课文歌颂了人格魅力的“人”。如英雄人物有：雷锋、司马光、白求恩、西门豹、黄继光、狼牙山五壮士。神话里的人物也值得称赞，如盘古、精卫、女娲、普罗米修斯等。革命家主要有：朱德、周恩来、邓小平、孙中山、毛泽东、方志敏。

（4）课文揭示了哲学启蒙的“理”。语文教学要根据课文的内容，通俗地揭示其中所包含的哲学思想，使学生受到辩证唯物主义的启蒙教育。①普遍联系。例如，《乌鸦喝水》（一年级上册）揭示了乌鸦、水和石子的关系。这包含了这样一个道理：事物之间普遍存在着相互联系的关系。《跳水》（五年级下册）更是一篇反映人物、猴子之间普遍联系的好文章。②运动变化。例如，《我是什么》（二年级上册）描述了水的多种变化形态；《小蝌蚪找妈妈》（二年级上册）揭示了青蛙由小到大的变化过程；《揠苗助长》（二年级下册）说明了如果不按客观规律办事，机械呆板地处理问题，就只能事与愿违，达不到预期的目的。③实践检验。《小马过河》（二年级下册）说明做任何事情都不能道听途说，人云亦云，而要勇于实践，亲身体验。

3. 课堂的文化感悟。语言不仅仅是工具，而且还是人的生命活动、心灵活动。人在语言中生活，在语言中思考，在语言中沟通，在语言中提升。特别是汉语，它是一种意合性语言，呈现一种以形示意的文化形态，可以在语言的积累和感悟中领会课文的文化底蕴。

（1）在语言积累中丰富文化知识。语言中有人文底蕴，精彩语言中的人文底蕴更为丰富。在语文教学中，对精彩的语言现象必须让学生多读、多背、多写，让学生在积累语言中培养人文意识。如《落花生》（五年级上册）、《搭石》（五年级上册）、《梅花魂》（五年级下册）、《为人民服务》（六年级下册）等课文的朗读和背诵，既能积累借物喻理的语言表达，又能丰富人生哲理。

（2）在语言感悟中弘扬文化精神。语文中的文化底蕴，是蕴含在字里行间的。这些意蕴要用心去感悟，感受语言背后的形象，进而穿透形象去领略其背后之意义。例如，《开国大典》（六年级上册）中有一段话："这庄严的宣告，这雄伟的声音，使全场三十万人一齐欢呼起来。这庄严的宣告，这雄伟的声音，经过无线电广播，传到长城内外，传到大江南北，使全中国人民的心一齐欢跃起来。"课文连用几个排比，不只是说明这声音传到中国各地，更重要的是其中深藏的"中国人民从此站起来了"的民族自豪感。又如《将相和》（五年级上册）、《草船借箭》（五年级下册）、《田忌赛马》（五年级下册）等课文通过对语言的感悟，学生能体会出人生智慧。随着语言的积累，学生能逐步形成强烈的人文意识。人文精神是渐进的、沉淀的。

（3）在语言品读中体会文化意蕴。良好的朗读，不仅可以帮助学生加深对课文内容的理解，领会文章表达的思想感情，而且可以再现作品形象，使学生与作者之间产生情感、理念上的共鸣。例如，《金色的鱼钩》（六年级上册）有一段描写红军长征途中老班长病危时一个战士去钓鱼时的情形："我蹲在水边，心里不停地念叨：'鱼啊！快些来吧！这是挽救一个革命战士的生命啊！'可是，等了好久，还不见鱼上钩。……"简短的话语连用了三个感叹号：第一个感叹号是对鱼的期待，第二个感叹号是对鱼的急求，第三个感叹号是对生命的呼喊。三个标点符号，蕴含着战士与老班长难分难舍的感情，展现了令人感动的场面。通过朗读引导学生理解标点符号的含蓄之意后，还可反复品读，进入意境。第一个感叹号要读得短促，表示期待的心情；对第二个感叹号要降低语调，拉长语气，有请求和急切之情；最后一个感叹号要读得重些，表达对战友的热爱和生命的祈求。在反复品读中，学生自然会体会到战士与老班长之间的鱼水之情。

其他课文，如《荷花》（三年级下册）、《乡下人家》（四年级下册）、《少年中国说》（五年级上册）、《鸟的天堂》（五年级上册）、《清贫》（五年级下册）、《七律·长征》（六年级上册）、《月光曲》（六年级上册）等都是以品读感悟文化内涵的好文章，值得特别关注。

重点研讨

1. 画出语文课程的文化图谱。
2. 表述语文目标的文化功能。
3. 梳理语文教材的文化资源。

第四章　课程内容

内容提要

在以往的语文教学大纲和语文课程标准中，没有关于“课程内容”的专门规定和专题表述。2022 年版语文课标中专列章节“课程内容”，分“主题与载体形式”“内容组织与呈现方式”两部分进行了条目式表述，使“课程内容”获得了应有的地位和重视。所以，对课程内容概念的理解、内容的选择、主题的确定是十分必要的。

2022 年版语文课标中专列章节“课程内容”，这在我国是首次。这是新的语文课程标准的一个重大突破，值得特别关注和研究。本章从课程内容的含义及地位、课程内容的选择及安排、课程内容主题及载体三个方面加以说明。

一、课程内容的含义及地位

语文是一个大概念，它是由语文目标、内容、策略、评价等要素组成的。其中语文内容又是一个大系统，包括课程内容、教材内容和教学内容。分述如下：

1. 课程内容是课程层面的概念，指的是为了达到语文核心素养和语文课程目标而选择的知识、技能、策略、态度、价值观等的总和。它在课程标准中有明确的规定和表述，具有法定的地位。从教师教的角度，它回答的是“教什么”的问题；从学生学的角度，它是对“学什么”的规定。

2. 教材内容是教材层面的概念，指的是有效地传递、体现语文课程内容和承载语文课程价值的特选的一篇一篇的课文和教材。它回答的是“用什么来教”。对教材内容的确定，主要是教材编写者的任务。

其实，只有课程内容“教材化”是不够的，教材内容还须“教学化”。教材内容不是素材的堆积，而必须经过方法化处理。这种“教学化”实质上是让教材“心理化”，即遵从学生学习活动的心理逻辑，使教材更具“可教学性”。

3. 教学内容是教学层面的概念，是指在语文教学过程中向学生呈现和传递的一切材料和信息。它不局限于语文课程内容和教材内容，具有一定的开放性和动态性，是教师根据具体的语文教学目标和语文教学情景对语文教材内容进行语文教学法处理的种种情形。

2022 年版课标在“课程实施”中明确提出：“体现语文学习任务群特点，整体规划学习内容。”这要求把学习任务群的目标、学习内容和教学提示充分体现在学习任务和活动情境中，将课程内容有效转化为教材内容和学习活动。

语文教学内容固然体现着教师教学的个性化和创造性，但追求特色和个性也必须以“标准”为前提。因此，一篇课文的教学内容无论怎样千变万化，都离不开语文课程标准中“课程内容”的基本规定，同时语文教学内容的确定还要尊重教材编写者对课文内容的设计和安排意图。

二、课程内容的选择及安排

2022 年版课标在前言中对“优化课程内容结构”做了重点修订说明，明确提出：“以习近平新时代中国特色社会主义思想为统领，基于核心素养发展要求，遴选重要观念、主题内容和基础知识，设计课程内容，增强内容与育人目标的联系，优化内容组织形式。设立跨学科主题学习活动，加强学科间相互关联，带动课程综合化实施，强化实践性要求。”这是对课程内容的指导思想、原则要求、基本结构、重点内容等的一个重要表达。简洁地表述就是要以语文课程核心素养为纲，依据义务教育语文课程育人目标，优化选择和安排语文课程内容。这里，说明了语文课程核心素养、语文课程目标和语文课程内容之间的关系，即三者是“三位概念”，分别是上位概念、中位概念和下位概念。所以，要对语文课程内容进行合理的选择及安排，需要科学地解读语文课程核心素养和语文课程目标，这是一个前提和总纲。

1. 根据 2022 年版语文课标的精神，语文课程内容选择和安排的总体方向是：坚持以文化人。2022 年版语文课标在“前言”中提出修订的第一条原则“坚持目标导向”，明确提出：“……将社会主义先进文化、革命文化、中华优秀传统文化、国家安全、生命安全与健康等重大主题教育有机融入课程，增强课程思想性。”具体解读如下：

（1）语文的育人功能。2022 年版语文课标在“课程理念”第一条就指出：“立足学生核心素养发展，充分发挥语文课程育人功能。”学生的核心素养是语文课程育人价值的集中体现。可以认为：语文课程的目标是培育人，是促进学生核心素养的全员发展、全面发展、全程发展和可持续性发展。语文课程内容应充分体现语文的这一育人功能。2022 年版语文课标还进一步提出要引领语文育人方式的变革。

（2）语文的立德树人。语文课程内容要对学生思想情感起熏陶感染作用，体现课程内容的价值取向。“义务教育语文课程围绕立德树人根本任务，充分发挥其独特的育人功能和奠基作用……综合构建素养型课程目标体系。”语文教师要把立德树人作为语文教学的根本任务，引导学生树立正确的世界观、人生观、价值观。所以，语文课程内容要有利于立德树人根本任务的完成，有利于学生德智体美劳的全面发展，有利于语文素养型课程目标体系的构建。

（3）语文的以文化人。2022 年版语文课标正文的首句就指出：“语言文字是人类社会最重要的交际工具和信息载体，是人类文化的重要组成部分。”并把“文化自信”放在四大核心素养的首位：“文化自信是指学生认同中华文化，对中华文化的生命力有坚定信心。通过语文学习，热爱国家通用语言文字，热爱中华文化，继承和弘扬中华优秀传统文化、革命文化、社会主义先进文化，关注和参与当代文化生活，初步了解和借鉴人类文明优秀成果，具有比较开阔的文化视野和一定的文化底蕴。”语言文字既是文化的载体，又是文化的重要组成部分，学习语言文字的过程也是文化获得的过程。语文教学还应感受多样文化，吸收人类优秀文化的精华。语文课程在培育时代新人、增强中华民族文化认同感、增强凝聚力和创造力、建立文化自信等方面具有不可替代的优势。2022 年版语文课标在阐述课程内容时特别关注“中华文化”，把文化提到了至高无上的地位，这在历来的语文教学大纲或语文课程标准中是少见的。

2. 加强语文基础。从课程性质看，2022 年版语文课标明确指出：“语文课程致力于全体学生核心素养的形成与发展，为学生学好其他课程打下基础；为学生形成正确的世界观、人生观、价值观，形成良好个性和健全人格打下基础；为培养学生求真创新的精神、实践能力和合作交流能力，促进德智体美劳全面发展和学生的终身发展打下基础。”这三个“基础”是由义务教育阶段语文课程的性质决定的，是对语文课程功能定位的一种精准表达。

以课程内容看，2022 年版语文课标在“课程理念”中明确指出：“面向全体学生，突出基础性。”在“教材编写建议”中也提出“教材编写要充分体现义务教育语文学习的基础性、阶段性特征……”所以，要突出义务教育语文课程的基础性，注重培养学生良好的语文学习习惯，引导学生在学习语言文字运用的过程中，掌握适应社会生活和终身发展需要的语文知识和关键能力。

（1）语文的学习习惯。在课程总目标中指出：“初步掌握基本的语文学习方法，养成良好的学习习惯。”在新课标中多次提到语文学习的兴趣和习惯：“引导学生注重积累，勤于思考，乐于实践，勇于探索，养成良好的学习习惯。”“倡导少做题、多读书、好读书、读好书、读整本书，注重阅读引导，培养读书兴趣，提高读书品位。”

2022 年版语文课标还特别提出第一学段要培养学生“努力养成良好的写字习惯”“养成爱护图书的习惯”“养成说普通话的习惯”等。关于整本书阅读也提出：“以整本书阅读兴趣、阅读习惯的培养为基础，让学生逐渐建构不同类型整本书阅读经验。”

（2）语文的基础知识。中国的语文课程内容和方法历来以关注基础知识和基本技能为特色，应继承和发扬这一优势。2022 年版语文课标多次提到义务教育语文课程的基础性和奠基作用，培养学生未来学习、生活和发展所需的基本素养。语文核心素养的培养离不开扎实的语文基础知识。“语文基础知识”应该成为语文课程内容的重要组成部分。

（3）语文的关键能力。基于核心素养的语文课程体系特别关注语文的关键能力，促使语文课程目标和课程内容努力从知识向能力转变。“应整合关键的语文知识和语文能力，体现运用语文解决典型问题的过程和方法。”还要充分发挥现代信息技术的支持作用，拓展语文学习空间，提升学生的语文学习能力。这要求对语文课程中的“语文关键能力”进行要素梳理，并做出学理上的解释。

3. 深化课程内容结构改革。2022 年版语文课标提出：“义务教育语文课程结构遵循学生身心发展规律和核心素养形成的内在逻辑，以生活为基础，以语文实践活动为主线，以学习主题为引领，以学习任务为载体，整合学习内容、情境、方法和资源等要素，设计语文学习任务群。”“义务教育语文课程实施从学生语文生活实际出发，创设丰富多样的学习情境，设计富有挑战性的学习任务。”特别要注意的是：语文学习任务群追求课程内容、学生生活、语文实践之间的协调和融通，而不是知识点、能力点的简单线性排列，不是学科知识的逐点解析和学科技能的逐项训练。

（1）以学生生活为基础。在“教学建议”中指出：“语文学习情境源于生活中语言文字运用的真实需求，服务于解决现实生活的真实问题。”“建立语文学习、社会生活和学生经验之间的关联。”要善于激活语文学习与学生真实生活、经验世界之间的联系，努力将语文学习置于多样的日常生活场景和实践活动中。所谓“日常生活场景”指向真实具体的社会生活，关注学生在生活场景中的语言实践活动，凸显语言交际活动的对象、目的和表述方式。在“评价建议”中还要求：“关注学生在家庭生活和社会生活中的语言发展情况。”

（2）以语文实践为线索。语文课程核心素养是学生在积极的语文实践活动中积累、建构并在真实的语言运用情境中表现出来的。要设计基于大任务、大单元、真实情境的语文实践活动，引导学生在运用语言文字的过程中学习语文，学会学习。新课标明确语文实践的四个基本路径：识字与写字、阅读与鉴赏、表达与交流、梳理与探究。

语文教师应充分认识语文课程是学生学习语言文字运用的课程，学习资源与实践机会无时不有、无处不在。实践出真知，要立足于语文实践学习语文。

（3）以学习任务为载体。关于课程内容组织与呈现方法 2022 年版语文课标提倡基于任务驱动的语文课程内容建构，即“语文学习任务群”。

在“课程理念”中指出：“义务教育语文课程结构遵循学生身心发展规律和核心素养形成的内在逻辑，以生活为基础，以语文实践活动为主线，以学习主题为引领，以学习任务为载体，整合学习内容、情境、方法和资源等要素，设计语文学习任务群。学习任务群的安排注重整体规划，根据学段特征，突出不同学段学生核心素养发展的需求，体现连贯性和适应性。”这是对语文学习任务群的总体要求。

在“课程内容”中提出：“义务教育语文课程内容主要以学习任务群组织与呈现。设计语文学习任务，要围绕特定学习主题，确定具有内在逻辑关联的语文实践活动。语文学习任务群由相互关联的系列学习任务组成，共同指向学生的核心素养发展，具有情境性、实践性、综合性。”这是对语文学习任务群的结构要求。

还进一步提出：“义务教育语文课程按照内容整合程度不断提升，分三个层面设置学习任务群，其中第一层设‘语言文字积累与梳理’1 个基础型学习任务群，第二层设‘实用性阅读与交流’‘文学阅读与创意表达’‘思辨性阅读与表达’3 个发展型学习任务群，第三层设‘整本书阅读’‘跨学科学习’2 个拓展型学习任务群。根据学段特点，学习任务群安排可有所侧重。”这是对语文学习任务群的操作要求。

语文学习任务群（课标呈现的样式）
▲学习任务群主旨
▲学习内容
第一学段
第二学段
第三学段
▲教学提示

三、课程内容的主题及载体

根据课标精神，语文课程内容重点突出中华优秀传统文化、革命文化、社会主义先进文化，同时还包括外国优秀文化，以及反映日常生活、科学技术等方面的作品和语文常识。可见，语文课程内容的三个领域是：一是中华优秀传统文化、革命文化、社会主义先进文化，还包括外国优秀文化。这是语文课程内容的重点。二是反映日常生活、科学技术等方面的作品。三是语文常识。

2022年版语文课标从“主题与载体形式”与“内容组织与呈现方式”两个方面具体介绍了语文课程内容。这体现了语文的主题思想、组织意识和路径策略。根据小学特点，择其重点，介绍课程主题和载体要点如下：

1. 中华优秀传统文化。主题内容包括三个方向：一是核心思想理念。如讲仁爱、重民本、守诚信、崇正义、尚和合、求大同等。二是中华人文精神。如促进社会和谐、鼓励人们向上向善等。三是中华传统美德。如自强不息、敬业乐群、扶危济困、见义勇为、孝老爱亲等。主要载体为：汉字、书法，成语、格言警句，神话传说、寓言故事、历史故事、民间故事、中华民族团结一家亲的故事，古代诗词、古代散文、古典小说，古代文化常识、传统节日、风俗习惯等。较之前课标有新意的课程内容是“核心思想理念”。

2. 革命文化。主题内容是：围绕伟大建党精神，确定革命文化内容主题，注重反映理想信念、爱国情怀、艰苦奋斗、无私奉献、顽强斗争和英勇无畏等革命传统。所以，语文课程与教学要引导学生深刻体会革命精神、深入感受爱国主义精神，学习英雄模范的高尚精神，树立正确的世界观、人生观、价值观。主要载体为：老一辈无产阶级革命家和革命英雄人物的代表性作品及反映他们生平事迹的传记、故事等作品，反映党领导人民革命的伟大历程和重要事件的作品，有关革命传统人物、事件、节日、纪念日活动等方面的作品，阐发革命精神的作品，革命圣地、革命旧址和革命文物等。较之前有新意的课程内容是：建党精神、理想信念、革命传统等。

3. 社会主义先进文化。主题内容是：围绕社会主义核心价值观，确定社会主义先进文化内容主题，突出爱党、爱国、爱社会主义相统一。其主要载体为：反映社会主义建设事业中取得的重大成就、涌现出来的模范人物与先进事迹的作品；反映当代中国从站起来、富起来到强起来的奋斗历程和重大事件，以及体现中国式现代化新道路和人类文明新形态的相关作品；反映和谐互助、共同富裕、改革创新、劳动创造美好生活等方面的作品。较之前有新意的课程内容是：社会主义核心价值观，爱党、爱国、爱社会主义相统一，反映当代中国从站起来、富起来到强起来的奋斗历程和重大事件，体现中国式现代化新道路和人类文明新形态等。

在突出上述主题的同时，还应选择反映世界文明优秀成果、科技进步、日常生活特别是儿童生活等方面的主题。主要载体为外国文学名著、科普科幻作品、实用性文章、中外优秀儿童文学作品等。这里反映了两个重要意识：一是要引导学生学习人类文明优秀成果，汲取优秀外国作品中的丰富营养，提高文化修养，在中外文明互鉴中开阔视野，培养人类命运共同体意识。二是引导学生学习日常生活必需的语言文字运用知识和能力，学会文明地交流和沟通，逐步适应、积极参与社会生活，增进对社会、自然、科学的认识，激发对生活的热爱，增强服务社会、报效祖国的责任意识。

2022 年版语文课标还对课程内容主题的实施提出两个具体操作建议：一是“各类主题的主要载体还应包括口头和书面交流与沟通、跨媒介阅读与表达等语文实践活动”。二是“根据不同学段特点，统筹安排各类主题的相关学习内容。体现中华优秀传统文化、革命文化、社会主义先进文化的作品，应占 60%~70%；反映科技、自然、生活等方面的应用、说明、记叙类作品，以及外国优秀文化作品，占 30%~40%”。

还应关注 2022 年版语文课标关于课程内容的三个重要问题：

第一，语文课程内容的分配率。各类语文课程内容应根据不同学段的特点，合理安排。以小学语文为例，应以学习汉字、汉语拼音、词汇、文化名言等基本语言文字材料、典范白话文作品、短小浅近的古代诗词为主，外国作品为辅。一般认为外国作品约占 10%。在典范白话文作品中，革命文化和社会主义先进文化的作品应占一定比例，第一学段占 30% 以上，第二学段占 40% 以上，第三学段应占 50%

以上。

第二，语文课程内容的时代感。“义务教育语文课程突出内容的时代性，充分吸收语言、文学研究新成果，关注数字时代语言生活的新发展，体现学习资源的新变化。”要努力构建线下、线上课程内容一体化运行体系。语文教学还要整合区域和地方特色资源，设计具有学校特色、区域特色的语文拓展性课程或语文实践活动，增进语文课程内容的丰富性和时效感。

第三，语文课程内容的典范性。2022 年版语文课标提出了“精选文质兼美的作品”的要求。所以，语文课程内容要立足学生实际，注重遴选典范的现代白话文和古代文言经典作品，以文质兼美、堪为典范为选择标准，体现课程内容在语言示范和文化传承方面的作用，充分发挥其促进学生发展的价值。

重点研讨

1. 课程内容、教材内容和教学内容三者之间的关系。
2. 核心素养、课程目标和课程内容三者之间的关系。
3. 中华优秀传统文化、革命文化和社会主义先进文化三个主题之间的关系。

第五章 学习任务群

内容提要

2022 年版语文课标第一次提出“语文学习任务群”的概念，并明确提出语文“六大学习任务群”：语言文字积累和梳理、实用性阅读与交流、文学阅读与创意表达、思辨性阅读与表达、整本书阅读、跨学科学习。这将使语文课程和教学的整体理念和结构体系发生重大变化。

以前语文教学在不同程度上尝试过“整体教学”“综合性活动”“主题教学”“任务驱动”“大单元教学”“群文阅读”“互文阅读”“整本书阅读”等，其中的很多做法和学习任务群有相似之处，但是，语文学习任务群是它们的升级版。

一、学习任务群的含义

先看 2001 年的课改，当时特别明确地提出改变学习方式，从接受学习转向自主、合作、探究学习。但是，因为没有关注和改变课程内容，单纯强调学习方式转变就只能是表面的、浅层的。由此，课程内容的变革势在必行。

2001 年的语文课标没有课程内容的概念，分识字与写字、阅读、写话与习作、口语交际、综合性学习五个内容领域表述学段教学目标。

2011 年的语文课标采用的是“课程目标与内容”的形式，在学段目标下，分上述五个内容领域呈现学习内容，也没有专门的“课程内容”表述。

2022 年版语文课标首次精心设置了“课程内容”板块，从“主题与载体形式”“内容组织与呈现方式”两个方面进行了阐述。前者主要是三个主题：中华优秀传统文化、革命文化和社会主义先进文化，后者采用“语文学习任务群”的呈现方式。可见，语文学习任务群借助了“神经元”“芯片”“短信群”的原理和技术，对课程内容进行了更为上位的组织，形成了具有一定结构层次的组合体。它是一个课程意义上的、结构化的、支架式的逻辑学概念。提出“语文学习任务群”的本质意义是促进建构语文课程内容、教学内容的结构化样态。

基于大概念思想，可以构建一个完整的语文课程体系：课程目标（学生的核心素养）→课程内容（文化主题、语文学习任务群）→课程实施（语文实践）→课程评价（学业质量标准）。这反映了新课标的顶层设计、基本思路和关键词。由此可见，作为课程内容组织方式的“语文学习任务群”的地位和作用。

2022年版语文课标关于“语文学习任务群”有三段经典阐述：

语文学习任务群的依据。“义务教育语文课程结构遵循学生身心发展规律和核心素养形成的内在逻辑，以生活为基础，以语文实践活动为主线，以学习主题为引领，以学习任务为载体，整合学习内容、情境、方法和资源等要素，设计语文学习任务群。学习任务群的安排注重整体规划，根据学段特征，突出不同学段学生核心素养发展的需求，体现连贯性和适应性。”可见，其依据主要是：学生身心发展规律、核心素养形成的内在逻辑、生活、语文实践活动、学习主题、整体规划、适应不同学段特征等等。

语文学习任务群的特点。“义务教育语文课程内容主要以学习任务群组织与呈现。设计语文学习任务，要围绕特定学习主题，确定具有内在逻辑关联的语文实践活动。语文学习任务群由相互关联的系列学习任务组成，共同指向学生的核心素养发展，具有情境性、实践性、综合性。”可见，其主要特点是情境性、实践性和综合性。

语文学习任务群的层次。“义务教育语文课程按照内容整合程度不断提升，分三个层面设置学习任务群，其中第一层设‘语言文字积累与梳理’1个基础型学习任务群，第二层设‘实用性阅读与交流’‘文学阅读与创意表达’‘思辨性阅读与表达’3个发展型学习任务群，第三层设‘整本书阅读’‘跨学科学习’2个拓展型学习任务群。根据学段特点，学习任务群安排可有所侧重。”这就构建了一个较完整的课程内容结构体系。为了更好地表述，将其排列如下：

语文学习任务群的“金字塔”式结构

6 跨学科学习

5 整本书阅读

【拓展型学习任务群】

4 思辨性阅读与表达

3 文学阅读与创意表达

2 实用性阅读与交流

【发展型学习任务群】

1 语言文字积累与梳理

【基础型学习任务群】

可见，语文学习任务群不只是一个靓丽的新概念，不单纯是以前关于学习内容的“双基”（知识、技能）规定，也不是关于课程内容的“三维”（知识与能力、过程与方法、情感态度价值观）要求，而是融合语文基础知识、不同文体意识、综合性语文实践的系统链接，是建构新的语文课程内容、培养学生核心素养的“群”的组织形式。现对语文学习任务群的内在要素分述如下：

1. 语文学习任务。“语文学习任务群”的关键词是“任务”。从“学习内容”到“学习任务”，虽然一词之差，却是语文学习在本体定位上从“知识—文本”向“语言实践活动”转化的重要标志。所以，有必要说说“任务”的含义，它是指定要去担任和完成的一件工作或事情。“任”是“担任或负担”，有责任的意思。“务”是“事务、务实”，有具体的驱动要求。“语文学习任务”由三个含义组成：与语文相关的、与学习相联的、与任务相合的。

所以，语文教学要有“任务”意识，善于将学习内容变成学习要素，并上升到学习任务。每个任务就是一个学习项目，同一主题、互相联结的多个学习项目有机融合在一起就构成任务群。所以说，学习任务群是由若干学习项目组成的。

2. 语文学习项目。项目学习，也常被译为“项目化学习”“项目式学习”“基于项目的学习”等，虽然用词有差异，但均源于 Project-Based Learning（简称 PBL）。项目学习是一种围绕项目展开的探究性学习模式，项目是复杂的任务，学习者为了完成项目目标，需要展开调查、参与设计、解决问题、制定决策，最终以陈述或交付实际产品的方式结束项目。

基于任务群的学习实际上是一种以项目学习为基础的语言实践活动。语文项目学习应以课程标准为依据，基于语文核心概念统整学习内容，设计与学生现实生活相关联的问题情境和挑战性任务，引导学生选择和利用最优化的学习资源及混合式学习环境，开展以识字与写字、阅读与鉴赏、表达与交流、梳理与探究等为重点的语文实践活动，在解决问题的过程中，获得可迁移的语文概念性知识的深层次理解，从而提升学生的语文核心素养。语文项目学习的三个着力点是：

（1）项目的核心概念。在项目学习中，对语文课程标准不能仅做内容分解、细化工作，还要理解知识与知识之间的关系，从语文对人类社会的独特贡献上整体理解其关键概念和关键能力。选择开发的项目单元应能体现语文学科的核心概念和核心思维，让学生在大量信息的实际收集中获得学科观念和学科思维方法，激发学生深度参与语文学习活动，促进学生语文核心素养的发展。

（2）项目的导向产品。项目学习最终要形成公开有质量的成果。这些成果涉及对概念、情境中的背景知识、限制条件的综合分析、推理、再设计与创造过程。项目式学习的特征之一是“以产品为导向”，这里的产品可以是一份报告，也可以是一件实物，是能体现学生学习成果的任何产品，教师需要思考的是最终要学生呈现什么样的产品，需要指出的是，以产品为导向，并不意味着学生只是要做一个产品，他们同时需要明确产品背后要达成的目标是什么，以及为什么要以这种形式制作产品，同时教师可以通过学生呈现的项目成果等来判断学生在项目学习中对知识、概念的掌握情况以及思维能力、创造能力的发展状况。

（3）项目的真实问题。真实性是项目学习的一个重要特征。真实项目是指学生解决这个问题的思路可以迁移到现实生活中。即使在一个虚构的情境中学生也能体验到真实，学生在其中的思考方式和解决问题的方式是与真实情境相类似的。项目学习更强调这种思维的真实。只有在真实情境下运用某种或多种知识完成特定的任务，才能评估关键能力、必备品格与价值观念。

3. 语文学习共同体。语文生活基本都是多文本、多情境、多样化的，是高度整合的。整合既是语文学习的目标，也是语文学习的方法与途径。所以，当今的语文教学朝着整合发展。语文学习任务群既不是语文知识的系统，也不是语文能力的罗列，而是一个综合了文化、语言、思维、审美等多个维度的命运共同体。语文学习任务群追求语文多方面、多层次目标发展的综合效应，而不是语文知识逐“点”解析、语文技能逐项训练的简单线性排列和连接。

（1）共同的主题。任务群一般采用专题的形式，根据每个任务群的不同侧重点选择和设计相关的专题让学生研讨。同时，在学习任务群的基础上又形成专题。每个任务群有自己的主题，但是每个任务群又是有关联的。在多个学习任务群的基础上，梳理、整合它们之间的共同要素，可以形成更深、更广，涉及内容更全面的新的专题。所以，学习任务群需要多篇文章，但并不是单篇文章的简单相加。

过去语文教学采用实用类、文学类、论述类三类文体教学。现在大致对应的是：“实用性阅读与交流”“文学阅读与创意表达”“思辨性阅读与表达”。为什么没有直接从文体角度命名学习任务群呢？并不是要取消文体，而是辨清文体是选择阅读方法的必要条件。这三个学习任务群要引导学生达到的目标分别是：“满足家庭生活、学校生活、社会生活交流沟通”“提高审美品位”“培养理性思维和理性精神”。这是学科核心素养在学习任务群中的目标分解，文体学习要为这一目标服务。基于

"语文学习任务群"的学习，已经超越文体。既紧扣文体的特点，又指向素养的问题解决，丰富了学生语文学习的体验，也丰富了学生的精神世界。

（2）共同的内容。语文学习任务群的设计是指向某类或某几类相关内容的系统的、关联的探讨，它不局限于某一篇或某几篇课文。所以要摆脱"一课一篇"的模式。过去那种注重"字词句篇语逻修文"之类的知识，注重各种能力的单一训练的做法已不再适合当前的课程要求。

所以，在"语文学习任务群"里，要处理好"群"和"文"的关系。一是要从群出发，整体把握要完成的任务，从群走向文，再经过文的理解，再回到群。实际上这也是个椭圆。群的意识要加强，但是不放弃对单篇以及某个组块的文本的阅读理解。要注意的是：学习任务群并不一定都是多篇的"群"教学，而是强调根据任务来选择相应的资源。选择资源要特别强调它们之间的联系，注意它们与任务、目标的关系。二是要有机整合，识字与写字、阅读与鉴赏、表达与交流、梳理与探究这四种语言实践活动是有机整合的，不能被割裂。任务群之间也是可以整合的。任务群之间可能有边界，但是这种边界应该被模糊。三是课内课外应当融通，应该向生活本身打开，回归生活，参与生活，创造生活，引导学生走向高品质的语文生活。

（3）共同的生态。基于学习任务群的教学设计，要能重建学生整合式的语文学习生态，将不同类型的文本、不同的学习方式引入教学，实现生态的整体优化发展。在"语文学习任务群"里，识字与写字、阅读与鉴赏、表达与交流、梳理与探究，是最基本的语文学习活动，反映在字词句段篇（语文知识）、听说读写（语文能力）等表现性的行为上，作为最常见的语文学习方式，它们是密不可分的整体，不是单一的技能训练，也不是简单地从主题内容层面上贴标签式地呼应，而是根据单元需要有意设计的结果。例如，在学习的不同阶段，与阅读教学紧密结合，设置不同类型的表达与交流任务，凭借丰富的情境、各种路径、多种活动，通过不同形式的口语、书面语合情合理地表达出来，形成丰富多样的过程性学习成果。要真正实现语文教学的三个命运共同体：语文学科内各因素的共同体、语文与其他学科的共同体、语文学科内外整体优化的共同体。

二、学习任务群的主旨

2022 年版语文课标勇敢地直指"双减"。如果课程内容细碎而零散，每一个知识点都要学，就不能"双减"。如果能从内容上进行组合，学习最核心的东西，学生就能举一反三，学会迁移。所以，一个语文学习任务群就是一个组合，一种迁移样式。

> 【基础型学习任务群】
>
> 语言文字积累与梳理
>
> 学习任务群主旨：……
>
> 【学习内容】
>
> 第一学段（1~2 年级）
>
> （1）……
>
> （2）……
>
> （3）……
>
> 第二学段（3~4 年级）
>
> 第三学段（5~6 年级）
>
> 第四学段（7~9 年级）
>
> 【教学提示】
>
> （1）……
>
> （2）……
>
> （3）……

由上面结构可见，每一个语文学习任务群都有目标要求、内容要求和教学提示。下面基于 2022 年版语文课标的精神，对六个语文学习任务群的目标要求（主旨和要点）进行梳理和解读。

1. 语言文字积累与梳理："本学习任务群旨在引导学生在语文实践活动中，积累语言材料和语言经验，形成良好语感；通过观察、分析、整理，发现汉字的构字组词特点，掌握语言文字运用规范，感受汉字的文化内涵，奠定语文基础。"

主旨：语文基础。

要点 1：积累语言材料和语言经验，形成良好语感。

要点 2：发现汉字的构字组词特点，掌握语言文字运用规范。

要点 3：感受汉字的文化内涵。

2. 实用性阅读与交流：“本学习任务群旨在引导学生在语文实践活动中，通过倾听、阅读、观察，获取、整合有价值的信息，根据具体交际情境和交流对象，清楚得体表达，有效传递信息，满足家庭生活、学校生活、社会生活交流沟通需要。”

主旨：信息沟通。

要点 1：倾听、阅读、观察，获取、整合有价值的信息。

要点 2：根据具体交际情境和交流对象，清楚得体表达，有效传递信息。

要点 3：满足家庭生活、学校生活、社会生活交流沟通需要。

3. 文学阅读与创意表达：“本学习任务群旨在引导学生在语文实践活动中，通过整体感知、联想想象，感受文学语言和形象的独特魅力，获得个性化的审美体验；了解文学作品的基本特点，欣赏和评价语言文字作品，提高审美品位；观察、感受自然与社会，表达自己独特的体验与思考，尝试创作文学作品。”

主旨：作品审美。

要点 1：感受文学语言和形象的独特魅力，获得个性化的审美体验。

要点 2：了解文学作品的基本特点，欣赏和评价语言文字作品，提高审美品位。

要点 3：表达自己独特的体验与思考，尝试创作文学作品。

4. 思辨性阅读与表达：“本学习任务群旨在引导学生在语文实践活动中，通过阅读、比较、推断、质疑、讨论等方式，梳理观点、事实与材料及其关系；辨析态度与立场，辨别是非、善恶、美丑，保持好奇心和求知欲，养成勤学好问的习惯；负责任、有中心、有条理、重证据地表达，培养理性思维和理性精神。”

主旨：理性思维。

要点 1：梳理观点、事实与材料及其关系。

要点 2：辨析态度与立场，辨别是非、善恶、美丑。

要点 3：负责任、有中心、有条理、重证据地表达。

5. 整本书阅读：“本学习任务群旨在引导学生在语文实践活动中，根据阅读目的和兴趣选择合适的图书，制订阅读计划，综合运用多种方法阅读整本书；借助多种方式分享阅读心得，交流研讨阅读中的问题，积累整本书阅读经验，养成良好阅读习惯，提高整体认知能力，丰富精神世界。”

主旨：整体认知。

要点 1：选择合适的图书，制订阅读计划。

要点 2：综合运用多种方法阅读整本书。

要点 3：借助多种方式分享阅读心得。

6. 跨学科学习："本学习任务群旨在引导学生在语文实践活动中，联结课堂内外、学校内外，拓宽语文学习和运用领域；围绕学科学习、社会生活中有意义的话题，开展阅读、梳理、探究、交流等活动；在综合运用多学科知识发现问题、分析问题、解决问题的过程中，提高语言文字运用能力。"

主旨：综合运用。

要点 1：拓宽语文学习和运用领域。

要点 2：围绕学科学习、社会生活中有意义的话题，开展阅读、梳理、探究、交流等活动。

要点 3：提高语言文字运用能力。

特别值得注意的是：所有的学习任务群都必须符合三个必要条件：一是直接指向学生的核心素养。二是引导学生在语文实践活动中完成。三是协调不同学习任务群之间的纵横关联。"关注不同学习任务群之间的内在联系，以及同一学习任务群在不同学段的连续性和差异性；关注不同地区学校和学生的差异，合理安排学习内容……"（课标中"教学建议"）。"体现同一个学习任务群在不同学段的纵向发展过程与进阶。要根据六个学习任务群的特点，通过目标取向、文本选择、学习实践活动方式等体现不同学习任务群的特色；也可设置关联性的学习内容，实现同一学段不同学习任务群内容的整合"（课标中"教材编写建议"）。

三、学习任务群的特点

1. 语文学习的情境性。学习是情境化的实践，知识的获得是学生与情境互动的结果。语文学习任务群教学需要创设情境，语文实践活动只有在情境中才得以展开。2022 年版语文课标中出现"情境"一词共 46 次。语文学习任务群中的"情境"指的是课堂教学内容涉及的语境，主要包括语文认知、个人体验和社会生活三类情境。

在语文学习任务群中落实语文知识教学需要进行"情境化"包装，即建构真实的语言运用情境，增强语文知识学习与学生经验的主体相关性。用语文的意识思考和处理语文教学的具体情境问题，这才是上策。

2. 语文学习的结构性。由于语文学习任务群内容丰富，层次众多，需要进行结构性设计和实施。这里的"结构性"主要有两层意思。一是要体现语文关键能力的螺旋上升和发展梯度，使语文知识和能力呈现相辅相成、层层递进的关系。二是要体现学生语文学习的认知水平和心理规律，使学习活动符合学理要求。结构化的语文学习活动最大的优势就是能够引导学生有序开展语言学习活动。

（1）语文知识的结构。语文学习任务群要将每一个重要的语文知识和训练点巧妙地安排在每一个年级当中，逐层递进，螺旋上升。例如：针对“查阅资料”的学习任务，统编版语文教材在各个年级做了具体安排：三年级下册介绍熊猫，初步查找资料；四年级上册第七单元，查找资料了解近代史，理解“中华不振”；四年级下册第三单元，“根据需要搜集资料，初步学习整理资料的方法”；五年级上册第四单元，“结合查找的资料，体会课文表达的思想感情”；六年级下册第四单元“查阅相关资料，加深对课文的理解”，第六单元“学习整理资料”。

（2）学生学习的结构。围绕学习任务群结构化地呈现学习环节，从简单到复杂、从具体到概括、从形象到抽象，逐步提升学习能力。

例如，“跨学科学习”教学，从该学习任务群学习目标和内容出发，可以设计“跨媒介信息运用”专题，按照“理解媒介功能、获取多种信息、处理重要信息、应用关键信息”这一内在逻辑，整合前面提及的各种学习要素来组织学习活动。可以结合日常生活中的电视、网络、纸质媒介样例和学生生活体验，理解常见媒介对语言学习的正面和负面影响。

又如，围绕“老龄化社会”这一话题，安排四个学习环节：①阅读。阅读不同媒介的多样化材料，筛选相关信息，了解老龄化社会的整体情况。②访谈。拟定访谈提纲，访谈社区工作人员和老人群体。③写建议书。为自己所在社区写一份应对养老问题的建议书。④交流。在班级分享自己的建议。这些学习活动包含着比较紧密的逻辑链条，围绕学习任务群结构化地呈现学习环节，初步培养学生的媒介理解和辨别、信息概括和提取、信息搜集和整合，以及运用信息阐释观点和交流研讨等语文关键能力。

（3）教师教学的结构。语文学习任务群的教学过程是学生语言经验重构的过程，需要教师为学生提供多个层面、多种类型的学习支持。例如，学习活动的组织和推进，学习方法的点拨和归纳，学习问题的澄清和解答，学习资源的选择和使用，学习思维的疏导和融通……其中，学习思维的支持最为关键。美国教育家布鲁纳在20世纪50年代提出“支架式教学”，倡导教师为学生提供学习支架，强调基于“学生中心”的师生、生生之间的意义建构。

从语文学习任务群的实施过程而言，教师提供的学习支架可以包括图表、范例、问题、资源、建议等多种样态。为了更为便捷地统筹这些学习支架，建议教师根据每个学习任务群的特点量身打造一套“学历案”。学历案是用来记录学生语文学习经历的方案，它与“学案”有所不同，贯穿于语文学习任务群教学的全过程。

例如，教师教学《西游记》整本书阅读，可以和学生一起设计“阅读规划”“阅读资源包”“人物性格表”“结构思维导图”“核心人物评析”“精彩情节鉴赏”“小组成果展示海报”等一系列学习任务单，把相关的学习资源、学习方法都融入其中。这一套任务单就可以看作是学生阅读《西游记》的学历案。通过考查阅读过程中每个学生的学历案完成情况，教师能够发现学生存在的个性化问题，及时与学生沟通交流，了解其学习思维状态，随时提供针对性的指导。阅读全书之后收回的学历案，也能够真实、全面地展示学生的学业表现，可以作为整本书阅读评价的实证依据。

3. 语文学习的实践性。提高学生语文核心素养的根本途径是语文实践。2022年版语文课标使用了多个与实践有关的概念：“社会实践”“学科实践”“语文实践”“语言实践”，从不同的角度回应和强化语文课程的“实践性”性质。

在六个任务群的设计中都根据每一个任务群的特点与学习需求，较为合理地将四类学习活动安排在特定的情境与任务中，不再按照识字写字、口语交际、阅读、习作、综合性学习的板块分线、分点安排。

语文学习任务群是一种生本教育，突出学生的主体地位和作用，突出学生的经历和经验，突出学生的语言实践和能力。北师大王宁教授就曾提出：“学习任务群的本质是学生自主学习。是不是以学生为主体，有没有学生学习的真实情境，这是衡量学习任务群实施是否到位的首要标准。”“学习任务群的设计要从学生的所思所想出发，在学生的能思能想范围内，达到学生的应思应想。”这里关于学生基础、学生水平的思考和观点，其深刻的学理依据是“最近发展区”理论。

语文学习任务群以学生的语文实践为主线，这就从教学内容设计走向了教学行为设计与教学内容设计的结合，而且是以行为设计为主线牵动内容设计的变革。“语文学习任务群”是学生在教科书和教师引领下的自主的语言文字运用实践，活动内容直指学习语言文字运用的任务和语文核心素养。

四、学习任务群的运用

1. 用“学生核心素养”指引学习任务群的教学方向。语文学习任务群是核心素养时代的产物，是素养型目标的课程组织形式和教学方式。以学生核心素养为纲设计语文学习。这不仅体现了时代发展带来语文教学改革发展的大趋势，也体现了祖国语文教育传统与语文教育改革发展的内在要求。

（1）“学生核心素养”是一个导向。语文任务群以核心素养为纲，不再是知识能力本位，单元内部各项以及各项的价值取向发生了很大的变化。现在设计考虑的单元各项是根据核心素养设定单元目标，以及从目标出发设计的学习内容（文本只是学习内容之一）、学习情境、学习任务与活动、评价与反思，而且各项是统筹设计。很显然，核心素养为纲使语文教学的各个要素进行了很好的整合。

（2）“学生核心素养”是一个整体。对此，2022 年版语文课标进行了很详细的阐述：“核心素养的四个方面是一个整体。语言是重要的交际工具和思维工具，语言发展的过程也是思维发展的过程，二者相互促进。语言文字及作品是重要的审美对象，语言学习与运用也是培养审美能力和提升审美品位的重要途径。语言文字既是文化的载体，又是文化的重要组成部分，学习语言文字的过程也是学生文化积淀与发展的过程。在语文课程中，学生的思维能力、审美创造、文化自信都以语言运用为基础，并在学生个体语言经验发展过程中得以实现。”

（3）“学生核心素养”是一种统筹。不同学习任务群具有相对独立性，在学习内容和培养目标上又存在融通交错的关系。不要孤立看待单个学习任务群，也不要在学习内容和学习方法上做简单重复，要通过整合任务群核心内容互相渗透、互相支撑的功效，合理处理好任务群学习广度和深度的关系。

六个任务群也不是与四个方面的核心素养一一对应的。要对每一个学习任务群的价值、功能、追求有清晰的表述。每一个学习项目也可能着重指向核心素养的某一个方面，但是绝不可能只是关注这一个方面。

所以，要提高“统筹”能力，恰当处理不同任务群之间的关系，使其互相渗透、互相支撑，共同指向学生核心素养的培养。

2. 用“语文学习任务群”统摄语文教学过程。“语文学习任务群”传达的是一种“联系”意识，是一种“群状”的学习，要用任务群的整体目标统摄不同的学习内容和学习活动。其过程是复杂而漫长的，需要精心设计。一般的设计程序是：提出任务群→设定项目目标→设计主问题→提供关键素材→创设学习情境→组建学习团队→展开项目学习→形成学习产品→安排分享活动。下面对设计方向、结构形式和内容要素做些说明。

（1）“语文学习任务群”的设计方向。学习任务群的设计着眼于培养语言文字运用基础能力，充分顾及问题导向、跨文化、自主合作、个性化、创造性等因素，并关注语言文字运用的新现象和跨媒介运用的新特点。

语文教学设计需要按照学习任务群的总体要求，引导学生广泛而深度参与学习。例如，“实用性阅读与交流”，可以针对人工智能热点，从“人工智能未来社会发展的影响”主题切入，设置“人工智能将会使哪些职业消失”的调查研究这一任务情境，引入介绍人工智能、讨论人工智能的科普类文章，通过阅读、访谈、资料搜集与分析、研讨，完成调查报告等实用类文本的撰写。这时，我们会发现，所谓“实用”，既是在问题解决的过程中，通过不同的阅读策略学习、掌握各类实用文体，更是教师和学生一起，用“语文”的方式参与社会生活。

（2）“语文学习任务群”的结构形式。以每个学习任务群为设计单元，细化任务群的目标要求，形成若干学习项目，并依据项目内容，设计阅读专题，再依据每个专题，设计阅读议题，形成“任务群→项目→专题→议题”这样一个塔形结构。

“语文学习任务群”结构形式表

<table>
<tr><th>任务群目标内容</th><th>项目</th><th>专题</th><th>议题</th></tr>
<tr><td rowspan="9">目标内容1
……
目标内容x</td><td rowspan="6">项目1</td><td rowspan="3">专题1</td><td>议题1</td></tr>
<tr><td>议题2</td></tr>
<tr><td>议题3</td></tr>
<tr><td rowspan="3">专题2</td><td>议题1</td></tr>
<tr><td>议题2</td></tr>
<tr><td>议题3</td></tr>
<tr><td>项目2</td><td>专题x</td><td>议题x</td></tr>
<tr><td>项目3</td><td>……</td><td>……</td></tr>
<tr><td>项目x</td><td>……</td><td>……</td></tr>
</table>

在“学习任务群”教学中，任务既是教学的起点，通过情境、目标、活动等引导学生的学习行为；又是教学的终点，通过过程、结果、评价等检验学生的学习目标达成。

（3）“语文学习任务群”的内容要素。一般说来，教学设计的要素包括对目标、内容、方法、过程、评价的设计。基于学习任务群的教学设计，这些要素没有变，但内涵都在发生变化。语文教学的目标不是文本和知识。文本的内容包罗万象，教学内容并不一定等于课文内容，语文也不是学科本体就能覆盖全部知识内容的学科，设计教学目标，出发点应是学生的核心素养。教学内容，以往较多考虑单篇文章，现在是教一组文章，引入整本书呼应教材等等。除了六个学习任务群，统编教材每学期一次的“快乐读书吧”栏目就是设计语文学习任务群的好时机。

3. 用“语文学习项目”作为语文教学的载体。任何一种任务群的设计都可以以学习项目为载体。根据研究，一个完整的语文项目学习的设计要点如下：

（1）确定项目主题与教学目标。语文项目学习的名称和主题应该来源于学生的学习和生活实际，可从学生个体、家庭、社区、地区、国家等面临的实际问题中选择、确立，以此吸引学生参与到项目学习过程中。

教学目标的确立是语文项目学习设计的首要环节。教学目标的确立应基于课程标准。2022 年版语文课标不仅明确了语文课程总目标，而且明确了六个学习任务群的主旨、学习内容和教学提示，这为语文项目学习开发过程中教学目标的确立带来了便利。教师要做的是将课程总目标、学习任务群的目标通过一定的技术手段，转化为某一个项目学习的教学目标。

教学目标指向核心素养的培养，必然是多个维度的。学习任务群与核心素养之间不是一对一的关系，而是整体对应关系。而且，六个学习任务群之间是彼此独立又相互联系的。六个学习任务群是渗透到四个学段的，每个学段都要完成相应的六个学习任务群的要求。如“语言文字积累与梳理”在小学不同学段有不同的要求。在第一学段要求认识常用字，初步体会汉字结构的主要特点，尝试发现汉字的一些规律，初步学习分类整理课内外认识的字，在生活中主动识字，发展独立识字能力，养成自主积累的习惯。第二学段要求在真实的语言文字运用情境中独立识字与写字，初步梳理常用汉字形、音、义之间的联系。丰富自己的语汇，分类整理、交流。在语言积累和运用过程中，体会同义词、反义词等词语的作用，发现、感受语言的表现力和创造力。第三学段要求主动通过多种方式独立识字，按照汉字字形结构等规律梳理学过的汉字。丰富自己的词语积累，注意词语的感情色彩。分主题梳理自己积累的语言材料，并尝试运用到日常读写活动中，增强表达效果。

从语言文字“梳理”的要求看，第一学段是“初步学习分类整理课内外认识的字”，第二学段是“初步梳理常用汉字形、音、义之间的联系”，第三学段是“按照汉字字形结构等规律梳理学过的汉字，分主题梳理自己积累的语言材料”。可见，这是一个分层进阶、逐步提升的过程。

（2）创建问题情境与挑战性任务。在语文项目学习的开发和设计中要基于教学目标，精心创设情境。学生在日常学习生活中会遇到很多情境，如升旗仪式、外出春游、去图书馆看书等，但这些都是自然情境，并不是语文项目学习所指的。语文项目学习的情境是被计划好的，没有自然情境中的很多干扰信息，是教师基于目标建构的情境，向学生呈现学习需要的信息和背景，必须为语文教学服务，使学生处在愤悱状态，从而尽可能地产生理想的学习效果。项目学习以真实情境的问题解决为任务，学习者超越学科界限理解和识别问题的本质，应用多学科知识和不同技能解决问题。

当然，仅有情境还不够，还要在情境中创建问题。情境和问题是两个互为补充的概念，构成问题情境。

2022 年版语文课标在“课程理念”中明确要求：“创设丰富多样的学习情境，设计富有挑战性的学习任务。”在一个以目标为导向的问题情境中，必然伴随着挑战性任务。学生面对问题情境和挑战性任务，往往会成为积极的参与者，和同学信心满满地寻求合适的方法，共同去解决问题，完成任务。在此过程中，既调动了认知，又调动了情感，培养的是高阶思维和创造能力。

例如，在教学六年级上册《只有一个地球》这一课时，教师没有多讲，而是给出三个问题：①我们生活的地球是怎样的？②人类的哪些行为是对地球毁灭性的破坏？③怎样保护地球？让学生自主选择感兴趣的一个问题与有相同兴趣的同学组成学习小组，一起查找搜集有关资料，加工整理信息，形成自己的观点，小组汇总，再全班交流。这种设计，就是一种项目制学习。有主题，有目标，有情境，也有任务。这里的问题就是一种任务。

（3）提供丰富的语文学习路径。在语文项目学习中，教师要为学生提供尽可能丰富的语文学习路径。首先是文本路径，包括口头材料、书面材料和视觉材料。其次是信息技术路径，包括多媒体技术、网络技术、移动学习技术与传统媒体技术等。

某些软件可支持学生开展语文探究活动，思维导图等可视化工具可帮助学生深度阅读或列出写作提纲，学生还可利用多种信息技术制作出语文项目成果，在网络平台上分享。

例如，教学一年级下册阅读课文《四个太阳》，可以设计以下学习路径：①创作一幅《太阳图》；②学唱一首关于太阳的歌；③了解太阳的知识；④搜集有关太阳为主题的美术作品、文学作品、儿歌等；⑤写一首有关太阳的儿歌、几句话等。这是一个多路径的综合性融学过程，既有相关学科知识的结合，又有学生各科能力的结合，使语文知识与相关学科知识融合起来，促进学生语文综合素养的发展。

（4）实施真实性评价。学生通过合作探究完成活动任务，形成项目作品。此时，不能用传统的测验和考试来评价学生项目学习的成效，应更多采用真实性评价。所谓真实性评价，是指在真实生活环境中对学生的表现进行的评价，评价任务都和学习过程中有意义、有价值的重要经历有关，所评价的是学生实际的表现，而不是对他们潜在能力的抽象假设。

在语文项目学习中，有些学习内容只呈现过程并没有最终的作品，如讨论、辩论等。有些学习内容会通过研究论文、报告、海报、多媒体演示、演讲、展览等呈现出来。无论是针对前者还是后者，教师都应开发评价工具，既评价学生的口头表达能力、书面表达能力、思维能力、创造能力等，又评价学生的团队协作、人际沟通等非认知能力，突出情感、态度、价值观等在语文学习中的重要性。

例如，学生在完成某个语文项目学习后，形成了很多不同形式的作品，可以请学生自行设计一个展览活动。此时，学生就需要拟定展览项目的评价标准、制订展览方案、选择丰富多样的展品、评价他人或自我的展品等。在这个过程中，学生成为积极的自我评价者，并通过自我评价来规划和整理自身的学习。

项目学习是推动今后语文课程和教学改革的重要抓手。如果说过去的课改更多是基于语文教学方式的变革，下一轮课改则应该是建立基于学习任务群的语文项目学习的新体系。

重点研讨

1. **语文学习任务群的依据。**
2. **语文学习任务群的特点。**
3. **语文学习任务群的层次。**

第六章　教学研究

内容提要

2022 年版语文课标中明确指出：语文教师通过教学研究，“以研究的态度探索问题的解决办法，提高教学研究水平”。这是对语文教学研究的总体目标的规定。确定语文教学研究的目标、路径和策略，是推进语文教学研究深入开展的重要内容。

在以往的语文教学大纲和语文课程标准中，没有关于“教学研究”的专门规定和专题表述。2022 年版语文课标中专列章节“教学研究”，分小点进行了条目式表述，使“教学研究”获得了应有的地位和作用，这是新的语文课程标准的一个重大创意，值得特别关注和探讨。

一、语文教学研究的目标

根据 2022 年版语文课标的有关阐述，语文教学研究的具体目标涉及语文的三个层面、两个能力、两种效果，具体表述如下：

1. 有效提示语文课程实施中问题的解决方案。语文课程的实施过程是由课程、教材、教学、评价等要素组成的。随着语文实践的展开，各种要素都会出现这样或那样的疑惑、问题和挑战，需要语文教师通过教学研究对问题做出直面回答，提出和揭示问题的解决方案。这是语文教师的一种行动研究和实践研究，正如 2022 年版语文课标中所说的，是语文教师的“实践智慧”。

2. 全面提炼语文教师教学能力和研究能力。语文教师的核心能力主要是教学能力和研究能力。可以认为：语文教学能力是语文教学的基础，而语文研究能力是语文教学的保证，两者缺一不可。语文教学能力牵动语文研究能力，而语文研究能力有效促进语文教学能力的进一步提高和发展。“在研究状态下工作”“教学与研究一体化”，已逐步成为语文教师的一种必然选择。

3. 不断提升语文教学效率和学科育人效果。语文课程的实施结果有效果、效率、效益之区别。效果只是一个客观的结果表示，而效率是对结果的一种时间、投入的考量，而效益则是结果的最优化标志。长期以来，语文教学效率不高、语文学科育人效果不好，令人担忧。这就需要通过多种途径和各种手段改变这种现状。通过直面的、丰富的、深入的语文教学研究，改善这种现状是极其重要的一个思路。

语文教学研究的具体目标围绕“提”字具体展开。“提”有提示、提炼、提升之意，是教学研究所追求的一种方向和境界。这充分说明，语文的教学研究最终是为语文教学的“提质增效”和“教学育人”服务的。

二、语文教学研究的路径

1. 语文教学研究的平台

（1）校本语文教研。2022 年版语文课标提出：“学校要充分重视并不断加强语文教研组建设，以教研组为依托，结合学校的具体情况和学科发展趋势，围绕语文课程内容的选择、教学活动的组织、学习任务群的设计和实施等关键问题开展教学研究，落实课程标准要求，推动语文教学变革。要根据教师的研究兴趣和专长，组建形式多样的校本教研共同体，有计划地开展主题式校本教研活动，提高教研品质，促进教师发展。”对此，进行三点解读：

教研组织：校本教研共同体。校本语文教研主要以语文教研组为依托展开活动。所以，要充分重视并不断加强语文教研组建设，并组建形式多样的校本教研共同体。这个共同体的一般特征是：共同的教研兴趣、共同的教研专长、共同的教研主题、共同的教研目标、共同的教研责任等。可见，这个校本教研共同体不能完全等同于从前的语文教研组，它是原有语文教研组的升级版：人人参与，共同研讨。

教研内容：教学实施中的关键问题。2022 年版语文课标明确指出：“以语文课程内容的选择、教学活动的组织、学习任务群的设计和实施等关键问题开展教学研究。”其主要涉及以下教研课题：①语文课程内容、教材内容、教学内容的联系和区别。②以上三者选择和确定的主要原则和思路。③以上三者在课堂教学中的落地。④教学活动组织的板块及程序。⑤教学活动组织的方式方法。⑥教学活动组织的科学性和艺术性。⑦六大语文学习任务群的含义及特征。⑧六大语文学习任务群的设计。⑨六大语文学习任务群的实施方法等。语文教研内容当然不只是这 9 个，但是可以把这些作为当前语文教研的重要内容，定为当务之急的研究项目。

教研特点：2022 年版语文课标明确提出：“要有计划地开展主题式校本教研活动。”这里有两个特点：一是“校本教研”。校本教研要坚持“三本”思想：以学校发展为本，以教师发展为本，以学生发展为本。二是“主题教研”。主题式校本教研指的是在一定时间内围绕本校语文教学中的某一个共性问题开展全校性的研修活动，整体推进，分步实施。它的核心是“教研主题”。主题的确定要聚焦课堂，抓住课堂教学的有效问题，要进行科学论证，把握课堂教学的关键要素，还要准确表述，引导校本教研的主攻方向。主题确定后要按照构成要素、逻辑关系层次展开，根据实际需要确定校本教研专题。构建一定的教研模式、规范活动模式是教研效果的重要保障，开展基于教研主题的教学策略研究是主题式校本教研的重要任务。

（2）区域语文教研。2022 年版语文课标提出：“各级教研组织要不断加强语文学科教研力量，在深入调研的基础上，理清不同发展层次学校和不同发展水平教师遇到的典型问题，围绕这些问题开展合作研究和跟踪指导，为一线语文教师提供有力的教研支持。要悉心培育优秀语文教师和语文教研组，及时发现、总结、推广本区域语文教学改革的典型经验，发挥其辐射和引领作用。”对此，做三点分析如下：

教研目的：区域发展。一是要重点解决不同发展层次学校和不同发展水平教师遇到的新问题。如学生核心素养、语文学习任务群、语文学业质量、大单元教学、跨学科学习等热点、难点问题。二是悉心培育区域内各校的优秀语文教师和语文教研组，不断加强区域的语文学科教研力量。

教研方式：联合教研。区域语文教研要采用“合作研究”和“跟踪指导”的联合方式。区域语文教研坚持“以校为本”，以课程实施过程中教师所面对的各种具体问题为对象，充分发挥区域内学校和教师的作用，特别要注重集体联合教研的作用，强调教师之间的专业切磋、协调与合作，互相学习，彼此支持，共同分享教学和研究经验。

教研作用：经验辐射。区域语文教研为的是整个区域各所学校语文的均衡发展，所以，要善于及时发现、总结、推广本区域语文教改的典型经验和优秀研究项目，发挥其辐射和引领作用，促进区域语文质量的整体提升。

2. 语文教学研究的途径。2022 年版语文课标明确提出：“通过个人反思、同伴互助、专家引领等多种途径提高自己的专业水平。”

（1）个人反思。个人反思是教师对自己的语文教学情况所进行的一种回顾、分析和总结。个人反思在教师的专业发展和成长中具有极其重要的作用，最著名的是波斯纳提出的一个成长公式：成长=经验+反思。语文教师的个人反思是自我主动成长发展的基础。反思帮助教师了解自己的长处，找出自己的问题，确定自我改进的领域，明确自己成长的方向，制订自己的行动计划。个人反思还有利于教师责任感和自信心的发展。通过反思过程，教师就会对可供选择的各种可能性方法保持开放的态度，这有利于教师开放的心态和创造性的发展。反思实践还有可能是个人专业发展、变化的一个强大机制。个人反思的主要内容有：自身素养的反思、教学活动过程的反思、成长历程的反思等。从对一堂课的反思来看，有对文本解读的反思、对教学目标的反思、对学生学情的反思、对教学过程（板块、环节、细节）的反思、对教学方式的反思、对教学评价的反思等。

（2）同伴互助。同伴互助指在两个或两个以上教师间发生的、以专业发展为指向、通过多种手段开展的，旨在实现教师持续主动地自我提升、相互合作并共同进步的教学研究活动。

专业对话。专业对话是指教师在语文专业领域对语文教学活动涉及的各种问题，与同事进行交流、切磋研讨，对一些问题相互理解，达成共识。专业对话是借助他人力量和团体力量的较好形式。语文教师之间多项互动、智慧共享的“对话”是“研究共同体”的有效运作机制。对话的过程，是语文教师从各自理解的原有的知识背景出发通过多向多次的互动所达成的一种视角交融，而视角交融的结果是语文教师认知结构的不断改组和重建，从而产生与创造新的知识、新的理念。对话的过程实质上也是一种学会教学、学会研究、学会合作的过程。

沙龙会谈。组织语文教学沙龙活动，能够促使语文教师就语文教学中存在的问题与同事进行深层次研讨，实现语文教研经验的共享。为了促进语文教研活动的深入开展，应要求学校设置开展固定教学沙龙的场所，让教师畅谈自己教学、教研的心得、感想和困惑，分享收获、体会和经验。指引教师共同分享教学经验，可以促进语文教师的专业成长。

课例分享。可以是“一课多研”。首先是自我设计实践，其次是同伴互助提升，最后是反思加工。具体步骤是：先由一名教师自己独立备课、上课，其他教师听课，再进行同伴之间评课，肯定成绩，找出不足，提出措施，并反思自己与他人的教学，取长补短，共同提高。在反思同伴建议的基础上，这名教师再次设计实践，其他教师再次听课、评课。也可以收集、借鉴优秀课例，在观摩和同伴互助中提升自己的教学能力和实践智慧。

（3）专家引领。这里的专家不是一般行业的专家，是特指的语文专家，是指在小学语文学术、小学语文教学等方面有专门研究或专业特长的人。语文专家对语文教研、语文教师专业发展引领的主要作用是：

为语文教学研究指明方向。语文专家拥有较丰富、较精准、较前沿的专业理论和专业优势，站得高看得远，可以整体把握语文教学研究的总体概况和发展方向，为语文教学研究提供良好的诊断、设计的思路和坚实的学理依据。

为语文教学研究解答疑惑。语文教学研究是一个过程，是提出问题、分析问题、解决问题的一系列活动。活动中存在疑惑、矛盾和困难都是非常正常的。在尚无法解决之时，语文专家的解惑、引领、指导是非常必要的。都说“千军易得，一将难求”，这时专家起到了“将”的作用，是应急所需。

为语文教学研究总结提炼。大多一线的语文教学研究项目，案例较多，经验比较丰富，但是缺乏总结提炼。语文专家可以帮助语文教师对语文教学研究项目的资料进行梳理，整理线索，概括提升。一般来说，一线的语文教师比较感性，而语文专家则比较理性，两者有互补作用。

三、语文教学研究的策略

1. 践行终身学习。2022 年版语文课标明确提出语文教师“坚持终身学习，提升专业素养”的要求。这既是对语文教师专业发展的要求，又是对语文教学研究提出的要求。

（1）良好的学习习惯。“语文教师要养成良好的读书习惯，不断丰富语言学、文学、教育学、心理学等方面的知识，注重中华优秀传统文化积累，提升自身文化修养。”从 2022 年版语文课标的要求看，语文教师的知识体系包括文化素养、语言文学知识、教育理论知识和语文教学知识，特别强调了语文教师中华优秀传统文化素养提升的要求，这应成为当前语文教学研究的一个重要内容。

（2）跨界的学习意识。现在是信息化社会，各种知识之间、各门学科之间存在一定的联系，“跨界学习”“综合性学习”应运而生，构建了“学习共同体”的观念。于是，2022 年版语文课标提出：“要注意语文学科与其他学科的关联，提高跨学科整合课程资源的意识和能力。”

（3）课程的学习能力。从语文教学走向语文课程，是中小学语文的发展趋势。树立课程意识，进行课程思维，用课程理念指导语文教学是当务之急。从各种情形看，语文教师的课程学习能力较薄弱，有待提升。2022 年版语文课标明确提出：“深入理解语文课程改革的理念和内容，准确把握语文教学规律，提高课程实施能力。”关于语文教师的课程学习和实施能力，是当前语文教学研究的又一个重要内容。语文老师亟待提高课程开发、设计、实施能力，实现与课程同步发展。

（4）媒介的学习应用。2022 年版语文课标非常重视语文教师信息能力和媒介素养的不断提升，提出："语文教师要不断提升信息素养，合理利用网络资源，将语文教学的传统经验和现代信息技术有机结合，不断探索语文教学和信息技术深度融合的方式方法，充分发挥信息技术在学习情境设计、教学资源提供、个性化学习指导、学习证据收集等方面的优势，提高语文教学效益，增强课程育人效果。"并进一步强调"要主动将新理念、新方法、新技术应用到语文教学中"。

根据 2022 年版语文课标精神，在语文教师信息能力和媒介素养方面，可以提供的语文教学研究的重要课题是：语文教师信息能力和媒介素养的基本要求、网络资源的合理利用、语文教学的传统经验和现代信息技术的有机结合、语文教学和信息技术深度融合的方式方法、语文教学使用信息技术的优势、语文教学中新理念和新方法以及新技术的使用效果等。

2. 聚焦关键问题。语文课程的实施明确提出："语文教师要勇于面对课程实施过程中遇到的新问题和新挑战，紧紧围绕课程标准实施和教材使用过程中出现的突出问题，立足学情，因地制宜，以研究的态度探索问题的解决办法，提高教学研究水平。"这里提出了语文教师要重点研究的三类问题：

（1）课程实施过程中遇到的新问题。从 2001 年开始实施义务教育语文课程到现在已经 20 多年了，课标也已经有了三个版本。成绩有目共睹，但是语文课程实施过程中的问题仍然不少。如 2022 年版语文课标中新提出的语文课程核心素养、语文学习任务群、语文学业质量、语文项目化学习等理论和实践问题都值得进一步深入研讨。

（2）教材使用过程中出现的突出问题。课程实施以来，对语文教材进行了持续性修订。语文教材使用过程中出现的突出的新问题，也有待通过教学研究，使之更加规范和有效。如汉语拼音前的识字教学、"和大人一起读"专栏、"快乐读书吧"板块、阅读策略单元、习作单元、文体单元、整本书阅读等。

（3）教育衔接问题。从纵向看，语文教学是一个从低到高的连续性发展过程，有学段、阶段的教育衔接问题需要深入研究和落实。例如：幼儿园与小学的衔接、小学与初中的衔接、小学三个学段的衔接等。根据小学生语文学习现状，要特别关注小学三年级这个关键的转折期的研究。

3. 融合教师培训。2022 年版语文课标提出："要充分发挥我国教研制度的优势，整合各级教研组织和教师培训机构力量，将语文教师培训和语文学科教研结合起来，实现研修的一体化设计与实施。要在吸收语文学科教育理论研究成果的基础上，充分关注一线语文教师和教研员在理解和实施课程标准过程中积累的成果和经验，并及时将其纳入到语文教师的研修和培训课程中，提高培训的实用性。”对此做三点解读：

（1）中国特有的教研制度。世界上许多国家和地区虽然也不乏教学研究，但是却没有独立的教研体系，也没有专门从事教研的机构和人员，也就是说没有相对固定的教育组织和制度。而中国在 1952 年，教育部颁布了《中学暂行规程（草案）》和《小学暂行规程（草案）》，明确提出了中小学要建立学科教研室和学校教学研究会议制度。据统计，目前在各级各类教研部门中，专门从事教学研究工作的教研员已超过 10 万人。从省级开始，地、县、校，从上到下形成了四级完整的教研系网络，并自成体系。2009 年中国首次参加 PISA（国际学生评估项目）测试取得第一名后，国际人士认为其成功的原因是中国特有的教研制度。“中国特色的教研制度”就这样以惊艳的方式走到了世界面前，成为世界公认的教育财富。

从 2001 年实施课程改革以来，随着教研室功能的拓展和深化，教研员的职责也发生了相应的转变。一是从原来以“三课”（备课、上课、评课）为主要形式的教研工作，转变为基于课程观视野下的“课程—教学—评价”一体化的教研工作。二是从考试命题与教学评比、学科竞赛等工作，转变为基于标准的评价研究、分析、指导与反馈工作。三是从自上而下的指令性工作方式，转变为指导校本研修、引领教师的专业发展和再造教育文化。

（2）研修一体化。这指的是基于学校发展、教师提升、学生成长的需要，在日常教学实践中开展研究，在研究的状态下教学、学习，构建融教学、研究、培训为一体的工作方式，在不断解决实际问题中磨炼教师的师德师能，让教师感受到专业化发展的快乐，享受到事业成功的幸福。这要求围绕教师群体专业化发展，以教学、研究、培训为基点，搭建素养提升、互动交流、能力展示三个平台，拓宽自主研修、同伴互助、专家引领三种途径，建立常规保证、评价、激励三种机制，有效地激发教师的专业自觉，使教师的专业发展不断迈向新的境界。其实，这是“教学、研究、培训”（简称“教研训”）三者的一体化。

（3）研修课程。2022 年版语文课标提出了构建语文教师研修课程的重要性和必要性。认为要把“语文学科教育理论研究成果”和“一线语文教师和教研员在理解和实施课程标准过程中积累的成果和经验”作为研修课程的重要内容。其实，早在

2018 年，教育部就专门印发了《中小学幼儿园教师培训课程指导标准》，分培训目标、能力诊断、课程内容、实施要求四个模块，意图通过给教师发展“建模子”、带教师个体“照镜子”、给教师提升“开方子”、为教师培训“找路子”四条路径，进一步破解教师研究和培训中的一些难题。

重点研讨

1. **结合中国的语文教学实际，论述对“实践智慧”的看法。**
2. **结合当地的语文教学实际，阐述对“校本教研”的建议。**
3. **结合个人的语文教学实际，追述对“教学反思”的看法。**

第二部分　教学设计

教学设计，指的是教师根据教材特色对课堂教学活动各要素与全过程的系统设计，核心是围绕学生的课堂学习活动进行构思。教学设计是一个不断引领和优化学生学习活动的过程。教学设计本质上是一种课程设计，是把一般意义上的课程理念转化为学生真实的体验课程的学习过程。教学设计是解决课堂教学中问题的系统化技术，它直接决定了课堂情境与学生的学习方式，影响学生核心素养的提升。

第七章　教材特色

内容提要

统编教材富有创意，特色鲜明，其中最主要的表现是教材的编写精神、结构体系和呈现样式。对此解读，是使用本套教材的前提性工作。统编教材的编写精神可概括为：一个中心、双轨路径、三位一体；结构体系主要介绍分册系统、单元结构、主题单元、独立板块和特殊栏目；呈现样式包括课文系统、助学系统、练习系统、图色系统四个方面。

中国从2001年开始了第八次中小学课程改革，其中的教材编写提倡“一纲多本”，即依据一个《义务教育语文课程标准》（2001年初版，2011年修订版），编写多套语文教材。较有影响的小学语文教材是：人教版、语文版、江苏版、上海版、中华版（汪潮主编）等，这些教材为繁荣中国小学语文课程、教材、教学、评价改革做出了重大贡献，在教材编写史上留下了深深的印迹。从2016年开始，教育部组织编写了全国统一的小学语文教材，并在浙江、山东、湖南三省部分小学进行试教、试用。从 2019 年 9 月开始，全国各小学统一使用这套部编教材（教育部组织编写，由人民教育出版社出版，北京大学温儒敏教授任总主编），也称“统编教材”。

一、教材的编写精神

编写、使用和研究教材，首要的是对其编写主要精神的解读和领会。统编教材编写的精神可以概括为：一个中心、双轨路径、三位一体。试分析如下。

（一）一个中心

《义务教育语文课程标准》（2011 年版）是编写小学语文教材最重要的依据之一。它指出：小学生语文素养的培养最重要的途径是读书，认为“语文课程应注重引导学生多读书，多积累……”提出“让学生多读多写，日积月累，在大量的语文实践中体会、把握运用语文规律”。“提倡少做题，多读书，好读书，读好书，读整本的书”。据此，统编教材全心致力于提高学生读书能力这一编写的主导思想。正如教材总主编北京大学中文系温儒敏教授所说：“本套教材主攻读书。”

1. 多读书。读书非常重要，读书的过程，读书的积累，读书的兴趣和习惯的养成，本身就是语文。读书首先要在“量”上做文章，以“量”取胜。课文当然是学生读书的最主要对象。除此之外，教材还编排了课文后的“阅读链接”“资料袋”，“语文园地”里的“日积月累”以及新的栏目“和大人一起读”（1~2 册）、“我爱阅读”（3~4 册）和新的板块“快乐读书吧”（1~12 册）等，这些为“多读书”提供了比以前各套教材更多的读书机会和途径。

2. 好读书。这套教材非常关注学生读书的姿势、习惯和方法，逐步培养学生读书的喜爱之情和良好态度，使读书成为学生学习的一个部分和生活的一种常态。

本套教材规定小学阶段必背古诗文 129 首。古诗文教学要做到“四不”：不要过多分析和交流，不要过多安排活动，不要过多的思想教育，也不要过多的图片资料。要挤出时间让学生多读几遍、多读几篇，反复诵读，读得滚瓜烂熟。在读和背中，感受诗词的音韵美、语言美。

如一年级上册第 2 篇阅读课文《小小的船》是一首诗，体现的是一种安静的、平和的气氛，所以不要安排过度的多媒体和过多的活动，要让学生静下来，读诗、想诗、背诗。从小学起始之初就要培养学生喜爱读书的良好习惯。

3. 读好书。这是关于本套教材选文的质量要求。本套教材选文有三个特点：

※文质兼美，具有示范性。教材所选文章大都主题清晰，结构鲜明，语言表达

优美，堪称学生学习的优秀范文。特别是精读课文和习作例文具有较好的示范作用。

※文体配置，具有多样性。本套教材具有文体意识，使用不同文体的文章，如童话、寓言、神话等故事类课文，儿童诗、现代诗、古诗等诗歌类课文，还有散文、小说、文言文，以及说明文、议论文等。这些文体在一个单元内有机组合，各种文体的比例合适，并适当增加了古诗文和说明性课文。

※名家名篇，具有文化性。教材所选文章大都是著名的中外作者，大都保留了作者文章的原汁原貌，所以一般来说，本套教材的课文比以前版本教材要长而且有一定难度。

4. 读整本书。本套教材特意引导学生阅读长文章和整本书。一般的课文篇幅长度为：第一学段 400 字，第二学段 600 字，第三学段 800 字。超其字数则为长文章。本套教材涉及的整本书的课外阅读比比皆是，特别是新的板块“快乐读书吧”的设置，旨在培养学生读整本书的习惯和方法。

由于阅读量增加，就要求适当加快阅读的速度。教材总主编温儒敏教授曾甩下一句狠话，惊呆了众人：“语文高考最后要实现让 15%的人做不完”，2019 年高考的答题量比 2018 年悄悄增加了 5%~8%。这些信息，就是对提高阅读速度的一个急迫警示。

（二）双轨路径

统编教材的“双轨”，包括三个意思：一是自主读与“和大人一起读”相结合，二是课内读与课外读相结合，三是读语文与读文化相结合。

1. 自主读与“和大人一起读”相结合。本套教材遵循“学生是学习的主体”的理念，积极倡导“自主、合作、探究”的学习方式，“鼓励自主阅读，自由表达，充分激发他们的问题意识和进取精神，关注个体差异和不同的学习需求”。但是，基于一年级学生读书的实际，第 1 册和第 2 册教材专门设置了“和大人一起读”的栏目，旨在大手拉小手，发挥家庭里大人对孩子读书的引导、监督作用。

2. 课内读与课外读相结合。《义务教育语文课程标准》（2011 年版）明确规定小学生课内外背诵优秀诗文的数量和课外阅读的总量要求如下。

学段	背诵诗文	课外阅读总量
第一学段	50篇（段）	不少于5万字
第二学段	50篇（段）	不少于40万字
第三学段	60篇（段）	不少于100万字

统编教材上的课文、习题、其他材料的总字数大概如下：

序号	册别	总字数	序号	册别	总字数
1	一年级上册	15.5 万	7	四年级上册	17 万
2	一年级下册	16 万	8	四年级下册	18.5 万
3	二年级上册	16 万	9	五年级上册	16.5 万
4	二年级下册	16 万	10	五年级下册	16 万
5	三年级上册	16 万	11	六年级上册	17 万
6	三年级下册	16 万	12	六年级下册	15.5 万

可见，统编教材每册的总字数在 16 万字左右，纯课文字数大概为其二分之一，即 8 万字左右。这是课内读书的基本数量。根据初步的评估，课内读与课外读的字数比例要求是 1∶5。课内阅读的数量远远达不到小学生应该阅读的数量要求，必然要寻求大量的课外读书途径。新板块“快乐读书吧”（1~12 册）主要指向课外整本书的阅读。

3. 读语文与读文化相结合。本套教材既具有浓浓的中华民族的文化味，立德树人，又明确提出语文元素的具体要求，语文味十足。这在本教材的版式、课文内容、教材配图、“篇章页”等方面都得到了充分的体现。

第一，语文要素的落实。语文要素主要是 4 个要素：必备的语文知识、基本的语文能力、适当的语文学习策略和良好的语文学习习惯。语文要素的核心是语言，它包括 10 个方面：从语言知识看，有“字、词、句、段、篇”；从语言能力看，有“听、说、读、习（习作）、写（写字、写话）”。小学语文要在感受语言、理解语言、积累语言和表达语言上下功夫，特别重视读、背、写。

下面是一年级上册教材上反映语言表达格式的一个很好实例。

学　　　zì 字
学生　　cí yǔ 词语
我是小学生。　jù zi 句子

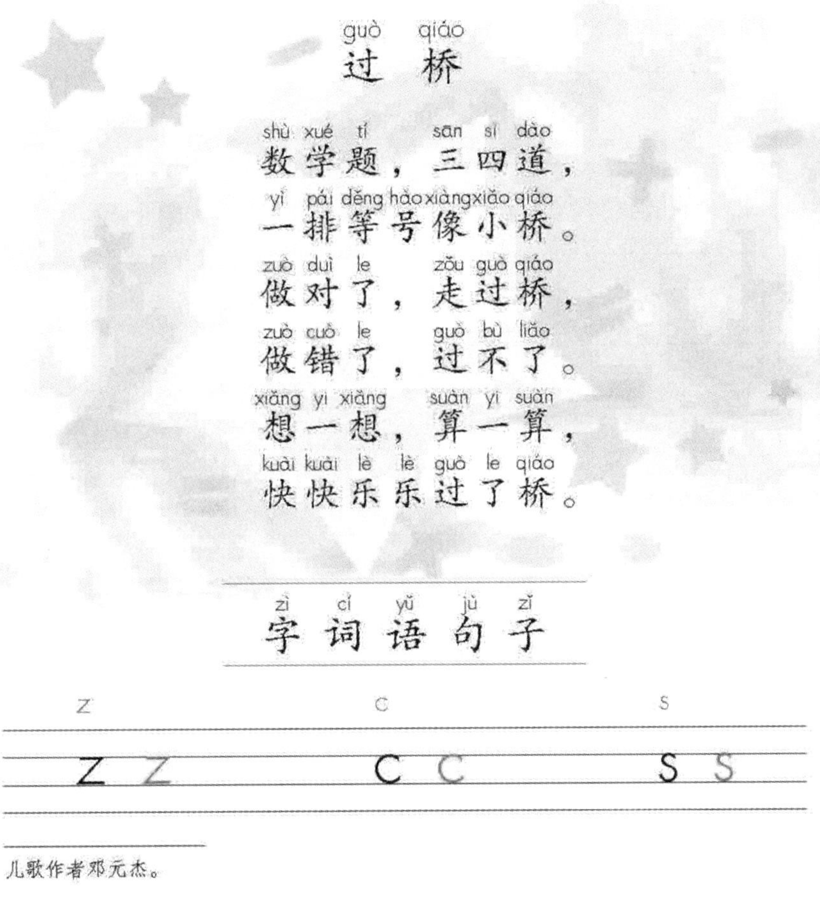

guò qiáo
过桥

shù xué tí sān sì dào
数学题，三四道，
yì pái děng hào xiàng xiǎo qiáo
一排等号像小桥。
zuò duì le zǒu guò qiáo
做对了，走过桥，
zuò cuò le guò bù liǎo
做错了，过不了。
xiǎng yi xiǎng suàn yi suàn
想一想，算一算，
kuài kuài lè lè guò le qiáo
快快乐乐过了桥。

zì cí yǔ jù zi
字词语句子

z　　c　　s

儿歌作者邓元杰。

本套教材适当增加了古诗、古文的内容，编入古诗文 129 篇，占总数的 30% 左右。小学一年级教材开始有古诗，三年级上册就安排了第一次文言文《司马光》。3~6 年级编入教材的文言文有 14 篇。对于小学生来说，文言文和现代文是两个差异很大的话语体系，只有多读才能增强文言文的语感。为此，江苏省南京市鼓楼小学特级教师郭学萍（美称为“长辫子老师”）进行了系统整理，并设计了“1 + X”导读单。

"统编版"小学语文教材小古文"1+X"导读单						
序号	年级及册别	课题	出处	"1+X"拓展阅读	出处	人文要素
1	三年级上册	24《司马光》	《宋史》	《曹冲称象》	《三国志》	神童智慧
2	三年级下册	5《守株待兔》	《韩非子》	《截竿入城》	《笑林》	不知变通
3	四年级上册	13《精卫填海》	《山海经》	《夸父追日》	《山海经》	神话故事
4	四年级上册	25《王戎不取道旁李》	《世说新语》	《周处》	《世说新语》	成长故事
5	四年级下册	18《囊萤夜读》	《晋书》	《画荻教子》	《欧阳公事迹》	勤学苦读
6	四年级下册	18《铁杵成针》	《方舆胜览》	《文徵明习字》	《书林纪事》	勤学苦练
7	五年级上册	25《古人谈读书》之一《不耻下问》	《论语》	《赵普读论语》	《三字经》：赵中令，读鲁论。彼既仕，学且勤。	论语故事
8	五年级上册	25《古人谈读书》之二《读书有三到》	《训学斋规》	《人之为学，不日进则日退》	《与友人书》	励志读书
9	五年级下册	15《自相矛盾》	《韩非子》	《虚实篇》	《孙子》	矛与盾，虚与实
10	五年级下册	21《杨氏之子》	《世说新语》	《陶母责子》	《世说新语》	教子故事
11	六年级上册	22《伯牙鼓琴》	《吕氏春秋》	《管鲍之交》	《史记》	真挚友情
12	六年级上册	22《书戴嵩画牛》	《东坡志林》	《日喻》	《经进东坡文集事略》	实践出真知
13	六年级下册	14《学弈》	《孟子》	《诲学》	《诲学说》	诲人不倦
14	六年级下册	14《两小儿辩日》	《列子》	《口鼻眼眉争辩》	《唐语林》	争辩中的哲学

古诗文从上古的《诗经》到清人的诗作，从古风、北朝民歌、律诗到宋词元曲，

均有呈现。此外，选文还涉及诸子散文、历史散文、两汉论文、唐宋古文、明清小品文等诸多内容。古诗文博大精深，表达精炼，值得多读。

第二，文化要求的渗透。教材中的文化包括汉字文化、汉语文化、民族传统文化、革命传统文化等。统编教材的编写很好地体现三个回归：回归本源、回归经典、回归文化。

例如，主要体现革命传统文化中人、物、事的课文有：

	革命传统文化
一年级上册	《升国旗》
一年级下册	《吃水不忘挖井人》（毛泽东）
二年级上册	《朱德的扁担》《难忘的泼水节》（周恩来）
二年级下册	《邓小平爷爷植树》《雷锋叔叔，你在哪里》
三年级上册	《手术台就是阵地》（加拿大医生白求恩）
四年级上册	《为中华之崛起而读书》《梅兰芳蓄须》《延安，我把你追寻》
四年级下册	《小英雄雨来》《黄继光》
五年级上册	《冀中的地道战》《少年中国说》
五年级下册	《军神》《清贫》
六年级上册	《七律·长征》《狼牙山五壮士》《开国大典》《灯光》《我的战友邱少云》《金色的鱼钩》
六年级下册	《十六年前的回忆》《为人民服务》《董存瑞舍身炸暗堡》

（三）三位一体

1. 三维读书目标。从知识与能力、过程与方法、情感态度价值观三个维度确定读书的目标，并促使三位一体，整合协调优化达标。要防止只顾知识与能力的目标，而忽视其他目标的“三分之一”现象。

特别是关于情感态度价值观，要精心思考，精确定位，精准教学。要基于学生角度，引导学生理解。如《卖火柴的小女孩》重在让学生感受童话的魅力。又如《皇帝的新装》主要是让学生明白有时自己也会犯错。

2. 三方读书者。学生是读书者，教师和家长也是读书者，学生、教师、家长三方共同构建一个“读书共同体”。

要使学生好好读书，教师和家长首先要读好书。教师和家长好好读书，学生才能天天向上。本套教材的使用需要三方积极努力和共同配合。为此，笔者就主编了与统编教材配套使用的《三方阅读》丛书，为三方读书者提供了一个共同读书的样式。

3. 三种读书方式。读书有法，主要是精读、略读与浏览。统编教材从三年级以后，把课文分为精读课文和略读课文。带“*”号的就是略读课文（课文目录也有注明）。一个单元可以全部是精读课文，也可以是由一两篇精读课文和一两篇略读课文组成。

从阅读的课堂教学看，提倡两种课型：（1）精读（教读）课，主要是教师教。一般要求讲得比较细、比较精，举例子，讲方法，便于学生举一反三。（2）略读（自读）课，主要是让学生自己读。把精读课中学到的方法运用到阅读实践中。主要是一种学生自主的泛读和浏览。前者好比数学课上的例题教学，后者犹如数学课上的练习题教学。

教材总主编温儒敏教授认为：这套语文教材比起以往的教材，更加注意课外阅读的延伸，但是阅读量还不够。所以主张加大课外阅读，鼓励“海量阅读”，鼓励学生读一些“闲书”，也就是和考试甚至和写作并不一定“挂钩”的书，鼓励读一些“深”一点的书，可以“似懂非懂”地读，“连滚带爬”地读。只有这样，才能培养起读书的兴趣。

“1 + X”“海量阅读”已经是大势所趋，而统编教材实际上也已经把延伸阅读部分纳入教学系统。我们需要做的就是在现有“1 + 1”的基础上，不断增加课内、课外的阅读量，争取做到“1 + X”。

读书无定法，主张开放性、选择性、创意性读书。为此，统编教材进行了与之有关的多种练习设计。如在课文后安排多次“选做题”。又如在“语文园地”里设置“我的发现”，以培养学生发现知识特点和规律的创新意识。

二、教材的结构体系

统编教材结构体系的编排包括分册系统、单元结构、主题单元、独立板块和特殊栏目。对此介绍如下。

（一）分册系统

以六年级上册的教材编写系统为例，说明分册系统体系，并提出一些教学建议。

1. 单元系统。统编教材每册八个单元，采用的是根据主题进行单元组文编写。一般由人文要求和语文要素构建一个单元的基本要求。教学时要以全局的观点系统把握一个单元的整体要求。下面分析六年级上册教材的单元系统。

（1）单元编排形式

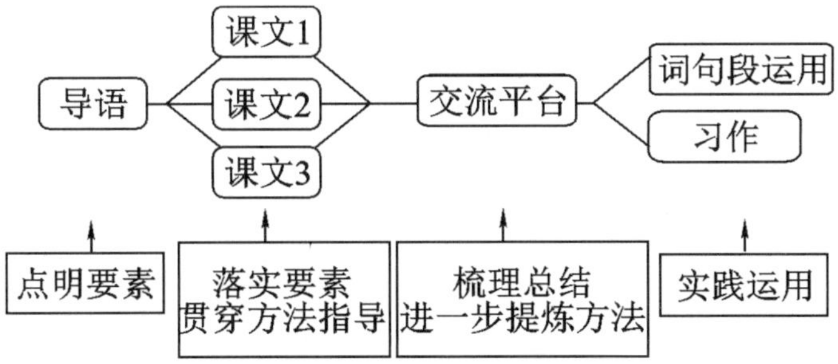

（2）单元内部结构

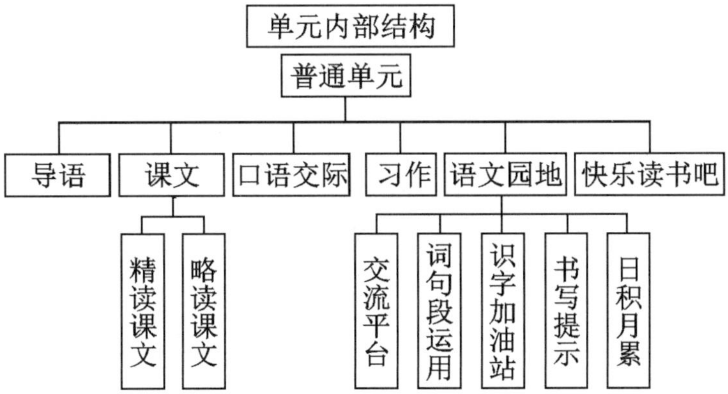

（3）单元语文要素

单元	特色单元	人文主题	语文要素	核心能力
第一单元		触摸自然	阅读时能从所读的内容想开去。 习作时发挥想象，把重点部分写得详细一些。	联想与想象
第二单元		革命岁月	了解文章是怎样点面结合写场面的。 尝试运用点面结合的写法记一次活动。	点面结合
第三单元	策略单元	有目的地阅读	根据阅读目的，选用恰当的阅读方法。 写生活体验，试着表达自己的看法。	灵活的阅读方法
第四单元	小说单元	认识小说	读小说，关注情节、环境，感受人物形象。 发挥想象，创编生活故事。	文体意识
第五单元	习作单元	围绕中心写	体会文章是怎样围绕中心意思来写的。 从不同方面或选取不同事例，表达中心意思。	围绕中心写
第六单元		保护大地	抓住关键句，把握文章的主要观点。 学写倡议书。	把握主要观点
第七单元		艺术之美	借助语言文字展开想象，体会艺术之美。 写自己的拿手好戏，把重点部分写具体。	具体描写
第八单元	人物单元	走近鲁迅	借助相关资料，理解课文主要内容。 通过事情写一个人，表达出自己的情感。	借助资料读写

（4）单元主要特色

在六年级上册教材的八个单元中，有四个综合单元，除与以前教材一样有一个策略单元和一个习作单元外，还有两个特色的单元：一是小说单元。第四单元由《桥》《穷人》《金色的鱼钩》三篇小说组成一个小说单元，强化了小学的小说文体意识。这个单元要加强与本单元“快乐读书吧”《笑与泪，经历与成长》中小说《童年》《小英雄雨来》《爱的故事》等小说的联系与整合。二是人物单元。第八单元由《少年闰土》《好的故事》《我的伯父鲁迅先生》《有的人——纪念鲁迅有感》四篇文章、诗歌组成一个人物单元，以鲁迅这一个民族英雄组建一个独立单元。通过鲁迅的两篇作品《少年闰土》《好的故事》和周晔的回忆录《我的伯父鲁迅先生》以及诗人臧克家纪念鲁迅的诗《有的人——纪念鲁迅有感》，引导学生较全面地认识鲁迅的特点。这是小学阶段的唯一一个人物单元，对整体认识一个人具有启蒙意义，值得关注。

在八个单元中，人文主题具有多样性，有自然的，有艺术的，有人物的，还有读写方法方面的。每个单元的语文要素和核心能力符合六年级学生的基本要求，突出了对小说文体、文章中心、主要观点、点面结合、具体描写的深入理解和初步落实，强调了联想与想象、有目的阅读、借助资料进行阅读的重要性，提出了习作要反映生活、表达自己的观点和情感的较高要求。

2. 知识系统。从识字与写字、口语交际、阅读、习作四个方面分析六年级上册教材知识的内容及其基本学习要求。

（1）识字与写字

六年级上册教材没有提出识字量的总要求。识字方法宜采取：学生主动识字、学习重点字词和随文识字，并提出了汉字文化的要求。

但是本册教材提出了写字的总量要求，全册共要写 180 个字。每课最少写 2 个字，最多写 14 个字，平均每课写字 7 个。在“语文园地”中安排了两次书写指导。

值得注意的是：六年级上册教材安排了多次书法学习活动。如初步欣赏毛泽东《七律・长征》的草书（第二单元）、学生书法作品展览（第二单元的“语文园地”）等。

（2）口语交际

六年级上册教材安排了 4 次口语交际：演讲、请你支持我、意见不同怎么办、聊聊书法。还有大量的课后口语练习题和“语文园地”中的口语表达训练。

从口语交际的基本要求看，要特别注意口语交际话题（或任务）的选择、口语交际情境的创设、口语交际过程的展开、口语交际活动的互动性以及口语交际的策略要求，以切实保证学生的口语交际能力不断提升。

（3）阅读

六年级上册教材对阅读教学提出了较高的要求：

①提升阅读水平。从总体上看，六年级学生主要进行快速阅读、默读和有感情朗读的训练和指导。

为了培养学生快速阅读的能力，本册教材后安排了9次默读训练，以达到小学毕业生每分钟默读300字的基本要求。

为了培养学生有感情朗读课文的能力，本册教材安排了7篇（段）课文要求有感情朗读，以保证在小学六年级基本达到有感情朗读课文的要求。

②增强阅读意识。良好的阅读意识是有效阅读的重要保证。本册教材有意识地安排了三个阅读意识：有目的的阅读意识、小说文体意识和借助资料理解的意识，并进行专项训练。

③重点学习表达。阅读的核心是学习文章的表达方式。本册教材安排了五种表达方法：联想与想象、点面结合、围绕中心写、把握主要观点、具体描写，并要求结合生活表达自己的真情实感。

（4）习作

每个单元一次习作。下面是六年级上册教材规定的单元习作内容和要求。

单元	习作题目	记叙	应用	方法	类型
一	变形记	※			
二	多彩的活动	※			演讲稿
三	____让生活更美好		※		
四	笔尖流出的故事	※			
五	围绕中心意思写			※	
六	学写倡议书		※		倡议书
七	我的拿手好戏	※			
八	有你，真好		※		

从上表可见，六年级上册习作的总体要求是：加强与生活的联系，具体记录生活的轨迹和精彩，写出自己的观点和情感。习作仍以写记叙文为主，增加了应用类习作，关注了习作方法。重点要指导写好“演讲稿”（第二单元“口语交际”的要

求）和“倡议书”（第六单元）。

3. 课文系统。根据人民教育出版社统计，六年级上册教材总字数 17 万字，共有课文 28 篇（首、则）。绝大部分课文都注明了作者。现代文的主要作者依次有：老舍、宗璞、纪伯伦［黎巴嫩］、毛泽东、沈重、王愿坚、李元兴、范锡林、张申碚、赵晓梅、黄传惕、姜舜源、谈歌、列夫·托尔斯泰［俄国］、杨旭、梁容若、铁凝、李剑波、蔡士魁、梁衡、苏金伞、徐城北、鲁迅、周晔、臧克家。其中外国作者 2 人。

古诗文的作者是：孟浩然、苏轼、辛弃疾、刘禹锡、杜牧、王安石。

本册教材的课文具体分布情况如下：

（1）文化精神类课文。这是教材编写时选文的主要思路，旨在文化的渗透。本册课文依次有：第二单元中的 5 篇《七律·长征》《狼牙山五壮士》《开国大典》《灯光》《我的战友邱少云》，第四单元中的 3 篇《桥》《穷人》《金色的鱼钩》，第八单元中的 4 篇《少年闰土》《好的故事》《我的伯父鲁迅先生》《有的人——纪念鲁迅有感》12 篇。

（2）自然类课文。关注自然及其与人的关系，是选文的重要内容。本册课文依次有：第一单元中的 3 篇《草原》《丁香结》《花之歌》，第六单元中的 3 篇《只有一个地球》《青山不老》《三黑和土地》。

（3）生活类课文。本册教材有《夏天里的成长》《盼》《好的故事》3 篇。

（4）诗歌类课文。本册教材中有古诗 6 首。

（5）文言类课文。本册教材中有文言文两则：《伯牙鼓琴》《书戴嵩画牛》。

（6）国外的课文。有《穷人》《月光曲》2 篇。

（7）一篇多文的课文。这是课文的新型样式，可以引发学习方式的变化。这类课文有 2 篇。第三单元的《故宫博物院》一课中有 4 则阅读材料。其中引用了 2 则新式材料：一是网上材料，二是示意图材料。在教学时值得关注，有必要多做些资料使用意识和方法的提示。第七单元的《京剧趣谈》一课中也由 2 则材料组成：一是“马鞭”，二是“亮相”。

从以上课文中可见，随着年级的提高，主要写事、物的课文增加了。

4. 导学系统

（1）篇章页。篇章页的导学功能主要表现在四个方面：核心主题、人文要求、语文要素和彩色配图。它是指导学生非连续性文本阅读和绘图阅读的重要方式。

六年级上册的篇章页有3个特点：

※富有哲理。六年级上册的篇章页有许多哲学的话题，不断加强学生的哲理思考。如第三单元篇章页有一句杨绛的话："读书好比串门儿———隐身的串门儿。"这富有哲理的话需要仔细品味。"串门儿"指的是随意串门访友。要参见钦佩的老师或拜谒有名的学者，不必事前打招呼求见，也不怕搅扰主人。翻开书面就闯进大门，翻过几页就登堂入室，而且可以经常去，随时去，如果不得要领，还可以不辞而别或者另请高明，还可以和他对质。"隐身"表面上是指把自己隐藏起来，不让别人看见。这里指读书时不需考虑作者或书中人物的感受，自己可以随意翻阅。其实，用"串门儿"作比喻，这是读书的一种高境界："随性意识"。

又如，第四单元篇章页写道："小说大多是虚构的，却又有生活的影子。"第五单元篇章页上萧统的话："以立意为宗，不以能文为本。"第八单元篇章页上臧克家对鲁迅的评价："有的人活着，他已经死了；有的人死了，他还活着。"这些也都需要辩证理解。

※强化读写。六年级上册篇章页对语文要素的导向，基本上都是着眼于阅读和习作。这是语文学习至关重要的两个方面。

从阅读看，本册的篇章页提示依次有：能从所读的内容想开去（一单元）、点面结合写场面（二单元）、根据阅读目的选择阅读方法（三单元）、感受人物形象（四单元）、体会文章怎样围绕中心意思写（五单元）、把握文章的主要观点（六单元）、体会艺术之美（七单元）、理解课文的主要内容（八单元）。

从习作看，本册的篇章页提示依次有：习作时发挥想象（一单元）、用点面结合的写法记一次活动（二单元）、写生活体验（三单元）、创编生活故事（四单元）、从不同方面表达中心意思（五单元）、学写倡议书（六单元）、把重点部分写具体（七单元）、通过事情写一个人（八单元）。

从读写结合看，一单元、二单元、五单元这三个单元采用的是读写一体化设计，其他部分则不明显。可见，六年级上册教材关于读写关系采用的两种模式：读写结合、读写分离。

※艺术表达。语言表达富有艺术色彩，给人以审美的感受。如第一单元篇章页写道："背起行装出发吧，去触摸山川湖海的心跳。"又如，第七单元篇章页写道："一首歌，一幅画，一件小工艺品……一段美好的艺术之旅。"

（2）阅读提示。提示是一种方向，一种引导，也是一种策略。六年级上册教材课文前的阅读提示主要是略读课文，共10篇。有阅读的要求、阅读的程序、阅读重点和阅读方法的提示。在第三单元有目的阅读策略单元的2篇精读课文前也设有阅读提示，主要是阅读策略的提示。

第三单元第11课《宇宙生命之谜》，文章左右有6处示范性批注，可以作为学习的借鉴。

要把“阅读提示”作为重要的教学内容，指导学生阅读、理解和使用。

（3）阅读链接

课文	链接的内容	形式	阅读建议
2《丁香结》	有关丁香的句子	名人名言	拓展性阅读
4《花之歌》	《杨柳与水莲》	短文	比较性阅读
5《七律·长征》	《菩萨蛮·大柏地》	毛泽东的词	辅助性阅读
21《三黑和土地》	《在希望的田野上》	诗歌	拓展性阅读
26《好的故事》	关于野草	短文	辅助性阅读

阅读链接的使用可以是拓展性阅读，可以是比较性阅读，也可以是辅助性阅读。可以是必读，也可以是选读。

（4）教学资料

※资料袋

六年级上册教材安排了2个资料袋：一个是第14课《穷人》后的资料袋，是关于作者俄国文学家列夫·托尔斯泰的介绍及照片；另一个是第22课《文言文二则》中《伯牙鼓琴》后的资料袋，是关于主人俞伯牙和锺子期的介绍及有关的名家名句。

※课文配图

本册教材的主要配图和插图有：草原、丁香花、山水画、长征、狼牙山五壮士、开国大典、邱少云、竹节人、故宫、网页、示意图、桥、穷人一家、乡村图、伯牙与锺子期图、戴嵩与牧童图、京剧照、王羲之的书法、鲁迅像、闰土图等等。这些图画、照片等资料体现了中华民族文化的精华。

这些资料可以集中使用，也可以分散使用；可以放在课始使用，可以放在课中使用，也可以放在课末使用。

5. 练习系统

（1）课后练习

※读与背

六年级上册教材课文后的练习大都有朗读的要求，不再举例。

本册教材的课文后安排了 8 次默读训练。如《灯光》《穷人》《夏天里的成长》《盼》《只有一个地球》《青山不老》《京剧趣谈》《我的伯父鲁迅先生》等，都要求默读全文。

六年级上册教材共安排了 10 次背诵。有的要求背诵全文（全诗），如《古诗词三首》《七律·长征》《古诗三首》《伯牙鼓琴》。有的只要求背诵其中的一部分，如《草原》和《少年闰土》则要求背诵课文第 1 自然段。

六年级上册教材还安排了 13 次有感情朗读课文。主要是 6 首古诗的有感情朗读，以及《桥》《三黑和土地》《月光曲》《少年闰土》《有的人》5 篇课文的有感情朗读。《七律·长征》还要求试着读出磅礴的气势。《桥》则要求读好短句。可见，本册教材对“有感情地朗读”提出了较具体的落实要求。

※口语练习

六年级上册教材安排了 4 次口语交际：演讲、请你支持我、意见不同怎么办、聊聊书法。每个“语文园地”中设有“交流平台”栏目。还有大量的口头练习，主要是：说说内容、谈谈体会、讲讲故事、口头回答问题、交流讨论、探究发现等，其中多处提出要与同学商议和交流意见。值得关注的是：这些口头练习，更多地要求结合生活实际，谈谈自己的观点和理解，表达本人的真情实感。这是一种内化式的训练。

※书面语练习

有抄写词句、书面解答问题、小练笔。本册教材安排了 2 次小练笔：一次是《穷人》一课要求写写桑娜的心理活动；另一次是《少年闰土》教后要求从照片中选一张，仿照第 1 自然段写一写。前一次是想象性续写，后一次是参照性仿写。

※选做题

本册教材安排了一道选做题。在第 23 课《月光曲》课后选做：听一听自己喜爱的音乐，展开联想和想象，把想到的情景写下来。虽然整册教材只有一道选做题，却反映出尊重学生差异、倡导选择性学习的先进理念。

（2）语文园地。六年级上册教材的“语文园地”安排了 3 个常规栏目：交流平台、词句段运用、日积月累。第二单元、第八单元还各保留一个“书写提示”栏目。

“语文园地”的练习，从横向看，要注意栏目与本单元内课文之间的联系，栏目与本单元内口语交际、习作之间的联系，以及栏目与栏目之间的联系；从纵向看，要注意一个栏目在不同学段、不同年级中要求的不同和前后的递进变化。

要确保栏目“词句段运用”的任务落实。这个栏目对于落实语文课程的本质特征“语言性”，对学生语言表达、语文素养的提升都具有重要意义。落实的建议有四：一是明确词、句、段表达的基本含义，使学生了解其表达特点。二是联系已学课文的表达样式，使学生学习有样可依，有法可循。三是进行必要的运用练习，巩固和内化知识的内在规律。四是进行初步的整理和提升，使其成为一种规则。

（二）单元结构

统编教材单元结构的编排是一大创意，它有系统、有层次、有特色。

1. 教材编排的内容。请看三年级上册的编排内容：

可见，每册教材分八个单元，每个单元有一个“人文主题”。三年级上册以后，每册教材安排普通单元 6 个，特殊单元 2 个。（“阅读策略单元”“习作单元”）

2. 教材编排的体系。把每个单元的内容体系画成一个结构图，如下：

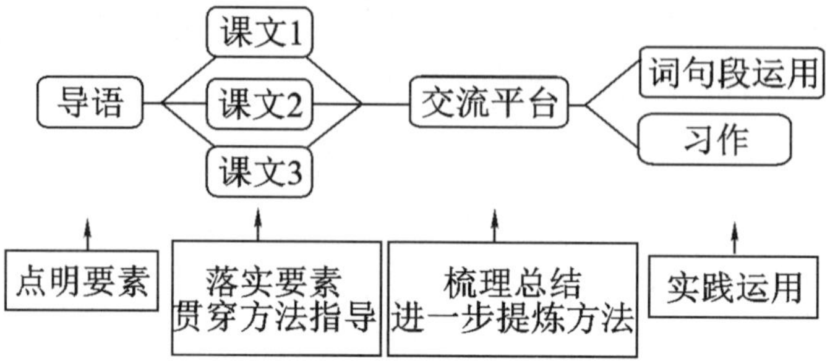

每个单元由导语、课文、语文园地、习作等组成。其中的“语文园地”包括“交流平台”“词句段运用”等栏目。

3. 教材编排的依据。每个单元的编写都有一个共同的思路和依据，其核心思想是：以人的发展为根本，具体包括：人与社会、人与自然、人与自我。如下图：

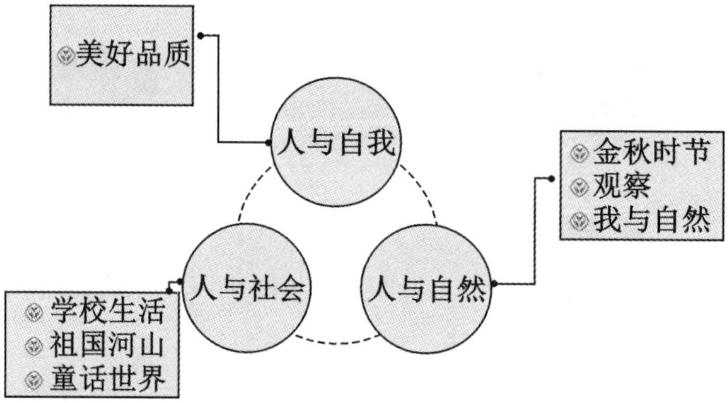

4. 单元结构。统编教材的单元结构样式有三种：一年级的、二年级的、三年级以后的。其中三年级以后的为大多数。

一年级上册、一年级下册教材由始业教育单元、识字单元、汉语拼音单元、阅读单元等组成。识字单元和阅读单元又交替进行。

二年级上册、二年级下册教材单元结构示意图：

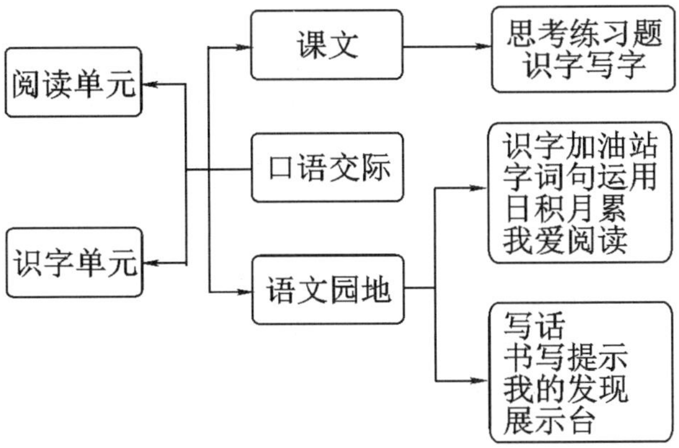

三年级以后阅读普通单元结构体系示意图：

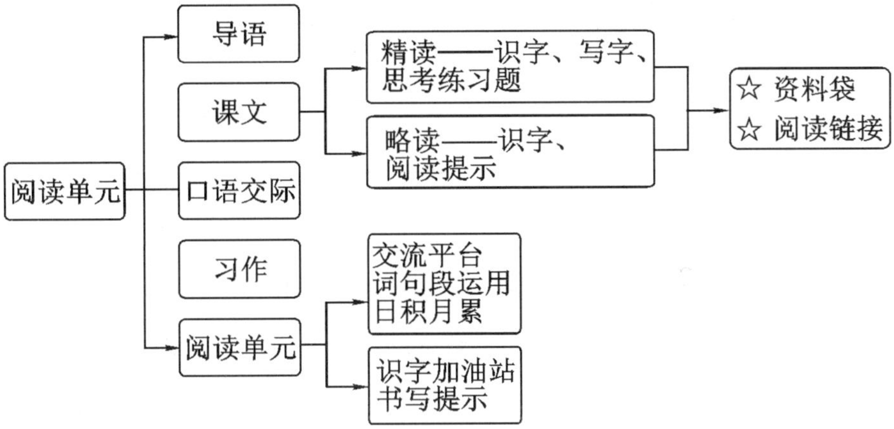

（三）主题单元

统编教材关于单元的编写，采用“双轨运行”，把人文要求和语文要素整合在一起。以下介绍本套教材单元编写的三种新的主题设计思路。

1. 策略单元。阅读不仅要学习知识，还要习得策略。这是一种深度学习的思想。统编教材在第二、三学段的上册专门设置了四个新的策略单元，以推进对阅读策略的认识和落实。

三年级上册：预测单元

四年级上册：提问单元

五年级上册：有速度阅读单元

六年级上册：有目的阅读单元

每个策略单元编写的基本结构体系如下：

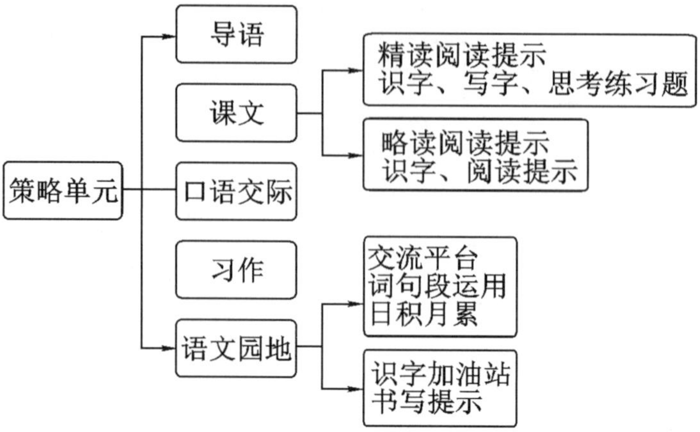

统编教材的策略单元编写意图，可用下表说明。

篇章页	精读课文	略读课文	语文园地等
提出策略	学习策略	运用策略	总结策略

以三年级上册“预测单元”为例加以说明。

这个单元由一篇精读课文《总也倒不了的老屋》和两篇略读课文《胡萝卜先生的长胡子》《小狗学叫》（都是不同于以前人教版的新课文），以及口语交际《名字里的故事》、习作《续写故事》和“语文园地”构成。以“预测”为线索构建了“阅读群”。

《总也倒不了的老屋》是本单元的第一篇课文，虽然文前没有总的阅读提示，但是在文旁（左边或右边）标有 7 处旁批，引导学生猜测和推想。其实这是一种更为具体的阅读提示，此课用旁批的呈现方式，提示预测的线索有课题、插图、内容等，强调预测时要有依据。同时，也说明预测的内容可能跟故事的实际内容不一样。

《胡萝卜先生的长胡子》一文的阅读提示是“读下面的故事，一边读一边想：接下来可能会发生什么事情？”

《小狗学叫》一文也设置了阅读提示“读故事，一边读一边预测后面的内容。想一想：故事的结局可能是什么？”

这个“阅读群”作为一个整体呈现，突出了单元目标的递进性与发展性。学习第一课，明白预测要有依据，懂得一些预测的基本方法。学习第二课，学会有依据地预测故事发展。学习第三课，学会预测合理的结局。第一课是第二、三课学习的基础，第二、三课的学习是为学生能独立续编故事做好准备。这三篇课文构建起一个很好的“预测”阅读群。第一篇课文与第二、三篇课文之间形成讲练关系、学用逻辑，这是一种教材编写中的集合的思维方式。从“培养预测意识”→“学习预测故事经过”→“练习预测故事结局”。最终以“续写故事”为归宿。这样，结构严密，层次推进，展开阅读预测的整个过程，有利于学生预测能力的逐步提高。

2. 习作单元。统编教材的习作教学由习作单元、习作（普通单元单独设立的习作课文）、小练笔、单项练习四种类型组成。

统编教材有史以来第一次编排了习作单元。从三年级开始，每册教材在学期中间安排一个习作单元。每个单元体现一种习作的核心能力。列表如下：

年级及册别	单元	习作核心能力
三年级上册	第五单元	留心观察
三年级下册	第五单元	大胆想象
四年级上册	第五单元	写清楚一件事
四年级下册	第五单元	按顺序写景物
五年级上册	第五单元	写好一种事物（说明文）
五年级下册	第五单元	尝试把人物的特点写具体
六年级上册	第五单元	围绕中心意思写
六年级下册	第三单元	写出真情实感

习作单元的结构框架如下：

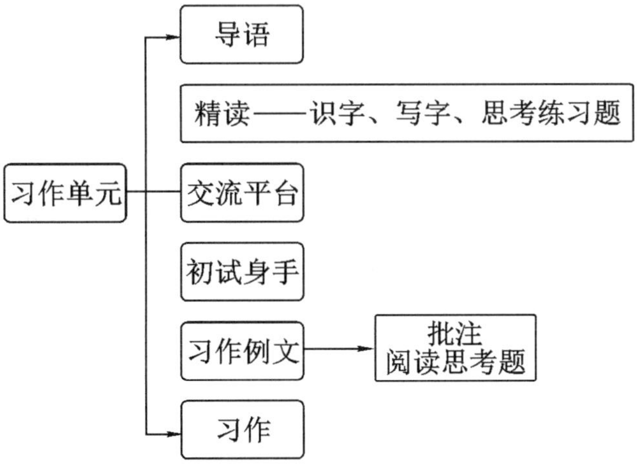

每个习作单元由导语、课文（两篇精读）、交流平台、初试身手、习作例文（两篇）、习作（这是习作单元中的习作练习，不同于其他普通单元单独设置的习作课文）六个板块组成，形成一个递进式的单元结构。“导语”是引导学生明确习作的

具体要求，“精读课文”在于引导学生从阅读中学习表达方法，“交流平台”归纳提炼方法，“初试身手”鼓励学生进行初步尝试运用，“习作例文”起到加深掌握方法的作用，“习作”则是形成单元学习成果。这种单元自成体系，注重习作过程和方法指导。值得特别关注的是习作单元中两篇习作例文的主次、取舍问题。

3. 专题单元。统编教材还从能力、文体、人物、学习方式等角度设置专题单元。如下表所示：

年级及册别	单元种类	年级及册别	单元种类
二年级上册	观察单元	二年级下册	想象单元
三年级上册	童话单元	三年级下册	寓言单元 综合性学习单元
四年级上册	神话单元	四年级下册	现代诗歌单元 综合性学习单元
五年级上册	民间故事单元	五年级下册	古典名著单元 综合性学习单元
六年级上册	小说单元 人物单元	六年级下册	外国名著单元 综合性学习单元

例如，在六年级上册教材中有两个专题单元：一是小说单元。第四单元由《桥》《穷人》《金色的鱼钩》三篇小说组成一个小说单元，强化了小学的小说文体意识。这个单元要加强与本单元“快乐读书吧”《笑与泪，经历与成长》中《童年》《小英雄雨来》《爱的故事》等小说的联系与整合。二是人物单元。第八单元由《少年闰土》《好的故事》《我的伯父鲁迅先生》《有的人——纪念鲁迅有感》四篇文章、诗歌组成一个人物单元，以鲁迅这一个民族英雄组建一个独立单元。通过鲁迅的两篇作品《少年闰土》《好的故事》和周晔的回忆录《我的伯父鲁迅先生》以及诗人臧克家纪念鲁迅的诗《有的人——纪念鲁迅有感》，引导学生较全面地认识鲁迅的特点。这是小学阶段的唯一一个人物单元，对整体认识一个人具有启蒙性指导意义，值得关注。

三年级下册、四年级下册、五年级下册、六年级下册分别设置了一个综合性学习单元，引导学生进行综合性的项目学习。

（四）独立板块

“快乐读书吧”是统编教材设置的一个全新的、独立的板块。每册教材设置一个，一般安排在每册教材的前几个学习单元的“语文园地”之后。从字面意义上看，“快乐读书吧”有快乐的、读书的、休闲的三个含义；从实质上看，“快乐读书吧”旨在课外阅读课程化、阅读形式吧台化、阅读方法指向文体化。下面重点说明三个理据。

1. 课程的定位。从定位看，“快乐读书吧”是统编教材设置的一个新板块。它不是课本上的识字课、阅读课，不是口语交际课和习作课，甚至也不是“语文园地”的一个栏目，而是一个独特的板块。它的独特性在于课外阅读课程化。这是一个试图通过课堂教学推进学生课外阅读的新要求和设计，是一种“课内外阅读一体化”的新的课程思想。所以，既要从课程角度，用课程理念和意识审视“快乐读书吧”课程内容设置的必要性，又要基于课程的定位，从课程学理出发分析“快乐读书吧”的课型要求和课堂实施方法。

2. 教材内容。在小学阶段，“快乐读书吧”每册一个，其主要内容都指向儿童文学作品和古今中外文学名著。这是一个继承、传播、弘扬文学的场所和平台，对于从小培养学生的文学素养具有重要意义。

3. 读书方法。我们对统编教材各年级关于“快乐读书吧”的读书习惯、方法及文本学习情境进行了统计，如下表所示：

序号	年级及册别	课题	读书习惯和方法	学习情境
1	一年级上册	读书真快乐	常读书	图文并茂
2	一年级下册	读读童谣和儿歌	换书看	对话情境
3	二年级上册	读读童话故事	阅读书的封面	对话情境
4	二年级下册	读读儿童故事	阅读书的目录	
5	三年级上册	在那奇妙的王国里	多读书	图文并茂
6	三年级下册	小故事大道理	理解道理	图文并茂
7	四年级上册	很久很久以前	激发想象	图文并茂
8	四年级下册	十万个为什么	理解科学道理	图文并茂

（续表）

序号	年级及册别	课题	读书习惯和方法	学习情境
9	五年级上册	从前有座山	学习口头语言	图文并茂
10	五年级下册	读古典名著，品百味人生	学习章回体小说	图文并茂
11	六年级上册	笑与泪，经历与成长	理解人物与情节	
12	六年级下册	漫步世界名著花园	做读书笔记	对话情境

可见，整个小学阶段“快乐读书吧”涉及的读书习惯和方法主要有：常读书、换书看、阅读书的封面、阅读书的目录、多读书、理解道理、激发想象、理解科学道理、学习口头语言、学习章回体小说、理解人物与情节、做读书笔记等。这些读书习惯和方法的培养是在图文并茂、对话情境两种主要学习情境中进行的。前者是虚拟情境，后者是现实情境。

（五）特殊栏目

与以往教材相比，统编教材还新设置了三种特殊栏目：

1. 拼音前识字（一年级上册）。

本套教材的结构体系在呈现序列上发生了较大的变化，其中有创意的是统编教材“先识部分汉字后学汉语拼音再学汉字”的序列。这样编排的好处：一是“汉字优先意识”，突出汉字及汉字学习的重要性。二是减少了汉语拼音的教学时间，降低了汉语拼音的教学要求。三是体现了汉语拼音服务在汉字学习中的地位。这是目前小学语文教学界研究新成果的运用。

一年级上册第一单元：识字

第 1 课《天地人》：取材于《三字经》中的“三才者，天地人”。天地孕育万物，人创造一切，你我他共同和谐生活。粗浅的宇宙观。

第 2 课《金木水火土》：此五行是中国古代的物质观。早在《尚书》就已提出。

第 3 课《口耳目》：认识自我。

第 4 课《日月水火》：基本的象形字。呈现了汉字的演化过程，了解汉字的造字规律。

第 5 课《对韵歌》：声韵协调，朗朗上口，是浅显的声律启蒙。

“语文园地一”的“识字加油站”选用的是郑板桥的《咏雪》。“日积月累”选用的是骆宾王的《咏鹅》。

可见，小学语文从识汉字开始。而且，这里的识字具有明显的中国历史风味，凸显中华民族传统文化。真可谓：看懂了汉字就看懂了人生。

从注音看，本套教材一年级上册、一年级下册、二年级上册全文注音，二年级下册难字注音。中年级也是难字注音。

2.“和大人一起读”（一年级上册、一年级下册）。

统编教材在第一册和第二册的“语文园地”里新设置“和大人一起读”的栏目。一个园地设置这样一个栏目，一年级上册、一年级下册各设置 8 次，共有 16 次。

“和大人一起读”这个栏目有三层意思：一是“读”的对象。各种文体的文章和书籍，当然典型的是文章。二是“读”的方式。各种方式的阅读，包括略读、选读、精读。三是“读”的类型。“和大人一起读”是一种合作阅读的新类型，是相对于个人读、小组读而言的。

这个栏目设置的价值在于树立三个语文意识：（1）课外读书的意识。小学生的阅读包括“课内阅读”和“课外阅读”。对于小学生的阅读能力提升，两者相辅相成、缺一不可。得法于课内，得益于课外，这是最基本的要求。“和大人一起读”作为“语文园地”的一个栏目，主要体现的是一种扩大学生课外阅读的思想。“和大人一起读”创建了“课内阅读和课外阅读相结合”的阅读新环境。（2）读书指导的意识。初入学的学生年龄小，心智低，读课文尚有困难，需要大人的帮助和指导，这是一种客观的需要。“和大人一起读”的原本意图是“大手拉小手”：在大人的指导下，促使学生多读书、读好书、好读书。(3) 合作读书的意识。从合作类型看，“和大人一起读”包括4种类型：“与父辈一起读”“与兄长一起读”“与老师一起读”和“与同学（模拟大人）一起读”；从合作方式看，“和大人一起读”包括3种方式：“学生读，大人听和评”“大人读，学生听和评”和“大人与学生一起互动式读和评”。“和大人一起读”促进亲子阅读、全民阅读风气的形成。

不同的课型反映了不同的阅读思想，体现了不同的阅读策略，能获得不同的阅读效果。所以，目前很有必要探讨“和大人一起读”的不同课型：(1) 读的指导课。包括对家长的指导和对学生的指导。(2) 读的自学课。运用学单，进行素读、批注、质疑等阅读活动。(3) 读的交流课。包括与家长交流、与教师交流和与同学交流。列表如下：

课型	场地	目的	形式
读的指导课	课外、课内	阅读方法	对家长的指导 对学生的指导
读的自学课	课外、课内	阅读实践	根据学单自学
读的交流课	课外、课内	阅读展示	与家长交流 与教师交流 与同学交流

3．“我爱阅读”(二年级上册、二年级下册)。

一年级上册、一年级下册的“语文园地”设置栏目“和大人一起读”，二年级上册、二年级下册则换成“我爱阅读”栏目，每个单元设置一个栏目，共16个。下面是“我爱阅读”栏目的阅读篇目。

二年级上册	阅读篇目	二年级下册	阅读篇目
第一单元	《企鹅寄冰》	第一单元	《笋芽儿》
第二单元	《十二月花名歌》(儿童诗)	第二单元	《一株紫丁香》(儿童诗)
第三单元	《王二小》	第三单元	《小柳树和小枣树》
第四单元	《画家乡》	第四单元	《手影戏》
第五单元	《刻舟求剑》	第五单元	《好天气和坏天气》
第六单元	《大禹治水》	第六单元	《最大的“书”》
第七单元	《分不清是鸭还是霞》(儿童诗)	第七单元	《月亮姑娘做衣裳》
第八单元	《称赞》	第八单元	《李时珍》

可见，二年级上、下册的“我爱阅读”栏目安排的大多是反映传统文化和大自然内容的故事、儿童诗。对此，要有三点基本认识：（1）阅读定位：学生自主阅读为主，教师指导点拨为辅。（2）阅读类型：略读课。（3）阅读目的：培养学生独立阅读的兴趣，交流良好的读书方法。

此外，还有必要加强对“语文园地”设置的其他栏目，如“交流平台”“识字加油站”“字词句运用”（三年级后改为“词句段运用”）“书写提示”“日积月累”等的教学实践和研究。

三、教材的呈现样式

统编教材呈现的样式主要包括课文系统、助学系统、练习系统和图色系统四个方面，下面进行初步介绍和分析。

（一）课文系统

课文系统是教材的核心部分，是教师的教和学生的学所凭借的最重要的材料。课文编写采用选文的方式，由一篇篇选定的文章构成课文系统。

1. 文本与文体。这是两个不同的概念，文本指的是课文的本身内容，而文体指的是课文的体裁。文本体现的是课文的共性，而文体反映的是课文的个性。对文本的解读和教学要有文体意识。不同的文体有不同的教学目标、教学内容和教学方式。例如，故事类的记叙文要复述，散文诗歌要诵读，文言文要翻译等等。

2. 现代文与古诗文。本套教材以学习现代文为主，适当增加了古诗、古文的内容，编入古诗文 129 篇，占总数 30% 左右。从小学一年级开始就编有古诗，三年级上册就安排了第一篇文言文《司马光》。

三年级对古诗文的编排样式：作为课文中的 6 首古诗 + 语文园地“日积月累”中的古诗 + 1 篇文言文。以后年级增加了文言文的数量。在本套教材 3~6 年级中编入的文言文共 15 篇。小学学习文言文，主要是让学生从读不通到读通，从读不懂到读懂，培养阅读文言文的兴趣和基本方法。

3. 教读课文与自读课文。统编教材中的主体课文分教读课文与自读课文，前者以教师教为主，后者以学生学为主。一般来说，每个单元 3~4 篇主体课文，大都是由一两篇教读课文，一两篇自读课文组成，也有少数单元全部是教读课文。

要注意的是：教读课文与自读课文的教学要求是不一样的。目标的确定不一样，内容的选择不一样，策略和方法不一样，所用的时间和评价标准也不一样。

4. 不完整课文与一篇多文的课文。不完整课文指的是课文不提供结尾的文字，便于学生继续推理和想象。如三年级上册第四单元是猜想单元，第 13 课《胡萝卜先生的长胡子》一文最后说“胡萝卜先生的胡子刚好在风里飘动着……”。第 14 课《小狗学叫》中的三种结局都留有空白，引导学生去猜测与推想。还有一些节选的课文，如五年级上册的《少年中国说》（节选）。还有一文多篇课文的，如五年级上册《牛郎织女》分为上、下两篇课文。

一篇多文的课文指的是在一篇课文中由多篇短文组成，就如《古诗三首》中的形式，一篇课文包括 3 首古诗。作为文章样式这还是第一次，这是课文的新型样式，可以引发学习方式的新变化。六年级上册教材这类课文有 2 篇。第三单元的《故宫博物院》一课中有 4 则阅读材料。除了两篇短文，还引用了两则新式材料：一是网上材料，二是示意图材料。

六年级上册第七单元的《京剧趣谈》一课也由两则材料组成：一是“马鞭”，二是“亮相”。在教学时要进行阅读策略指导：一是目的性阅读。根据不同的阅读目的选读不同的材料。二是选择性阅读。根据不同的教学重点，重点阅读不同的材料。不能平均用力，要培养资料选用意识，指导选用资料的方法。

使用小学语文统编教材，当下面临三个挑战：一是旧文新教。对于以前版本有的课文或已经学过的课文，要基于新的理念，采用新的课型，进行新的设计。二是长文短教。统编教材中的课文大多篇幅较长，要抓住重点，突破难点，简约而为，切忌平均用力。三是名文巧教。统编教材中的课文大都为名家名篇，重在精巧地感受其情节、语言和文化上的示范效应，应在读书和积累上下功夫。

（二）助学系统

助学系统为教师的教和学生的学提供了方便的条件和必要的引领，一般来说，包括以下内容：目录、篇章页导语、阅读提示、注释、生字表、词语表、写字表、笔画名称表等。与以往教材相比，统编教材非常重视读书助学系统的设计，呈现了多种新类型的助学提示。

1. 篇章页。与以前教材不同，小学语文统编教材从三年级上册开始，在每一个单元的开篇之前都设有篇章页，又称“卷首语”或称“导语”等。一般来说，篇章页是一种总结性的概括页面，包括文章的主题内容和相关信息。

篇章页不仅是教材装饰页，还是学习课文必备的阅读内容。篇章页上有美丽景色，画面即可见主题思想。这是一份很好的绘本阅读材料，有必要指导学生阅读理解，以获取相关的学习信息。篇章页上还有简短的文字说明，左上方用一两句话点明单元主题（或是名言警句等），是人文要求，右下方是语文要素，还包括单元教学内容、单元学习要求等，可进行非连续性文本的阅读指导。

要注意的是，篇章页是一个单元的主导思想的说明，而不是一个单元教学的全部内容。篇章页是一个单元教学主导、基本、共性的要求，不能全部取代各篇课文的个性特点。这里有一个单元教学中共性要求与个性目标的处理问题。

2. 阅读提示。统编教材从三年级上册开始，在自读课文前都设有“阅读提示”（三年级上册、四年级上册、五年级上册、六年级上册策略单元的教读课文前也有“阅读提示”）。例如，三年级上册第一篇自读课文《不懂就要问》的“阅读提示”是：“默读课文，想想课文讲了一件什么事，和同学交流你对这件事的看法。把有新鲜感的词句画下来和同学交流。”

要指导学生对阅读提示进行仔细解读，以便明确具体的阅读要求。这个阅读提示有五层意思：默读课文、想想文章的主要内容、和同学交流自己的看法、画出有新鲜感的词句、和同学交流有新鲜感的词句。自读课文就可以以此确定阅读目标，展开学习过程：（1）默读课文想内容。（2）同桌交流谈体会。（3）画出词句说语言。所采用的方法是默读、批注和交流。可见，依据阅读提示进行学习是一种行之有效的策略和途径。

3. 泡泡提示。统编教材把黄色的提示性文字“小泡泡”作为导学系统的重要组成部分。它以对话的方式，以学习伙伴的口吻，对学生起到导思、导学、导行的作用。下面是三年级下册教材“综合性学习”中“中华传统节日”的四个小泡泡提示。

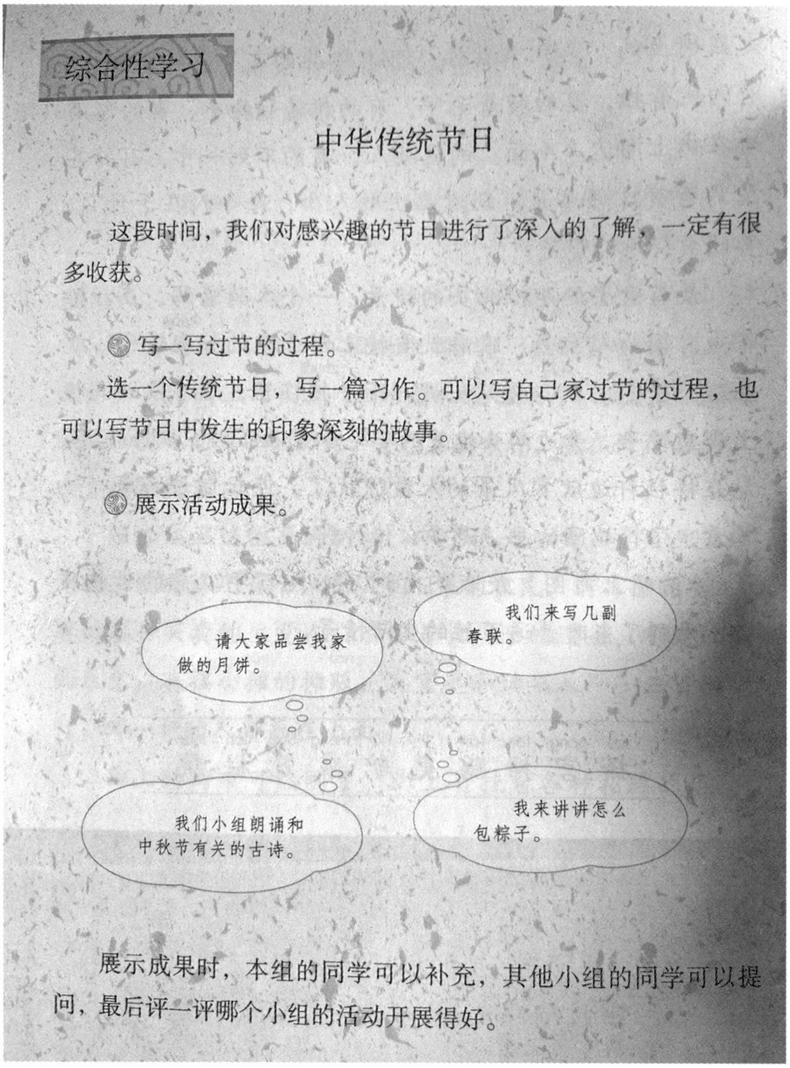

综合性学习

中华传统节日

这段时间，我们对感兴趣的节日进行了深入的了解，一定有很多收获。

写一写过节的过程。

选一个传统节日，写一篇习作。可以写自己家过节的过程，也可以写节日中发生的印象深刻的故事。

展示活动成果。

展示成果时，本组的同学可以补充，其他小组的同学可以提问，最后评一评哪个小组的活动开展得好。

再以三年级上册教材为例，统计一下小泡泡出现的频率：课文中 4 次，课文后 3 次，口语交际 2 次，习作 3 次，语文园地 6 次，共 18 次。第一单元课文《大青树下的小学》的一道课后习题，要求学生说说在学校里做些什么，选择一个场景说一说。题目下方有两行表示学校具体地点的词，引导学生从学校具体地点选择说场景。而两个“小泡泡”标注了表示时间的词，由此可以打破之前由地点说场景的方法，也可以由时间说场景。真可谓：泡泡虽小，它的启示作用却很大。

4. 纸贴提示。纸贴提示作为一种具体的要求和提醒，言简意赅，细节指点，是一种有效的学习指导。下面是三年级下册教材第五单元习作《奇妙的想象》中的七个小纸贴提示，对习作起到了开阔思路的提示作用。

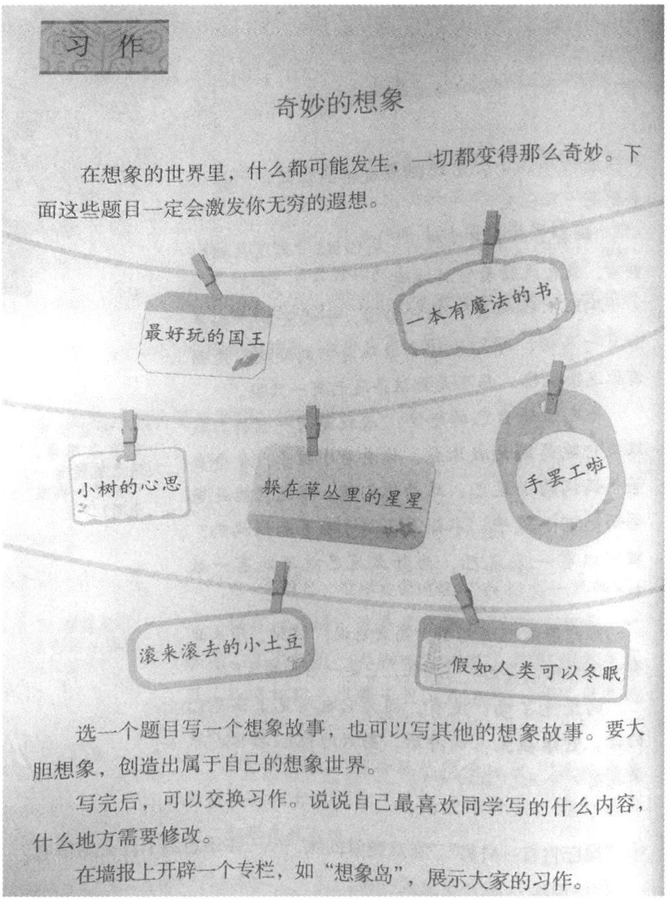

习作

奇妙的想象

在想象的世界里，什么都可能发生，一切都变得那么奇妙。下面这些题目一定会激发你无穷的遐想。

最好玩的国王
一本有魔法的书
小树的心思
躲在草丛里的星星
手罢工啦
滚来滚去的小土豆
假如人类可以冬眠

选一个题目写一个想象故事，也可以写其他的想象故事。要大胆想象，创造出属于自己的想象世界。

写完后，可以交换习作。说说自己最喜欢同学写的什么内容，什么地方需要修改。

在墙报上开辟一个专栏，如“想象岛”，展示大家的习作。

5. 批注提示。三年级上册第12课《总也倒不了的老屋》是本套教材出现的第一次全文的批注，文章的左右两边一共标有七处黄色字体的批注。

这些批注既是文章的重点和精彩之处，又是学习的难点和疑点所在，更是一种阅读方法的示范。“不动笔墨不读书”，这套教材进行了很好的尝试。在三年级以后，在习作单元的两篇习作例文都有详细的批注，以指导学生有效习作。有的重点课文也标有全文批注。

（三）练习系统

1. 课后习题。统编教材的教读课文后都设有“思考练习题”（注重对课文知识的整体把握），包括：（1）理解与交流（朗读、默读、有感情地朗读等）。（2）积累与运用（篇章、段落、词句积累，背诵摘抄，有特色句式仿写，小练笔等）。（3）拓展与实践（关注与社会生活和其他学科的联系）。特别值得研究的是以下三种形式。

※阅读链接

三年级上册以后，在课后习题中安排了“阅读链接”。例如，三年级上册第5

课《铺满金色巴掌的水泥道》安排了第一次“阅读链接”的样式。阅读链接的使用可以是拓展性阅读，可以是比较性阅读，也可以是辅助性阅读。可以是必读，也可以是选读。

※选做题

这套教材课后思考练习题还设有“选做题”。如三年级上册第20课《美丽的小兴安岭》安排了第一次练习选做题。在教材中设计选做题，反映了尊重学生差异、倡导选择性学习的先进理念。

※资料袋

从三年级开始，根据需要，有的课文后编排了“资料袋”，为学习提供一些简单的背景资料、人物简介、参考信息，为的是培养学生收集资料、处理资料、使用资料的能力。如三年级上册第一篇课文《大青树下的小学》后就设有第一个“资料袋”，介绍了中国多个民族。

2. 语文园地。第一学段“语文园地”的栏目有：识字加油站、字词句运用、书写提示、展示台、我的发现、查字典、日积月累、和大人一起读、我爱阅读、写话（汉语拼音单元还有：“用拼音”）。不同单元有不同的栏目组合。

第二学段“语文园地”的栏目有：交流平台、识字加油站、词句段运用、书写提示、日积月累。不同单元有不同的栏目组合。

第三学段“语文园地”的栏目有：交流平台、词句段运用、书写提示、日积月累。不同单元有不同的栏目组合。

可见，字词句运用（第二、三学段为“词句段运用”）、书写提示、日积月累这三个栏目是三个学段都有的，是贯穿整个小学阶段的。

“语文园地”是一个操练的场地，而不是一个孤立的高地。“语文园地”的练习，从横向看，要注意栏目与本单元内课文之间的联系，栏目与本单元内口语交际、习作之间的联系，以及栏目与栏目之间的联系；从纵向看，要注意一个栏目在不同学段、不同年级中要求的不同和前后的递进变化。

要特别确保栏目“词句段运用”的任务落实。这个栏目对于落实语文课程的本质特征“语言性”，对学生语言表达、语文素养的提升都具有重要意义。落实的建议有四：一是明确词、句、段表达的基本含义，使学生了解其表达特点。二是联系已学课文的表达样式，使学生学习有样可依，有法可循。三是进行必要的运用练习，巩固和内化知识的内在规律。四是进行初步的整理和提升，使其成为一种法则。

“日积月累”以传统文化为主线，最集中地安排了传统文化的内容，既与单元内容有一定的联系，又自成体系。要求熟读成诵，强调背诵，对理解内容不做统一要求，不要拔高要求，不要求默写。

3. 专项练习

※口语交际

下面是一年级上册第一次口语交际的教材编排样式。

口语交际

我说你做

我们一起来做游戏吧！一个人发指令，其他人做动作。

这样的编排符合口语交际教学的四个常规要求：(1) 交际主题。本次口语交际的主题是“我说你做”。(2) 交际情境。安排了两个“我说你做”的口语交际情境。一个是游戏，另一个是学习习惯。(3) 交际互动。“我说你做”是一个交流、互动的过程。(4) 交际要求。包括说的要求（“大声说，让别人听得见”）和听的要求（“注意听别人说话”）。

※复述

复述的要求从三年级提出，其中三年级要求具体复述，四年级要求简要复述，五年级要求创造性复述。这样，复述的序列清晰，螺旋上升。

※写话

写话从二年级开始，二年级上册安排了3次，二年级下册安排了4次。

写话不同于说话。说话较为感性而灵活，而写话则需要理性而规范。写话教学要符合书面语言表达的基本规则和要求。写话的基本规则如下：

（1）端正的写字姿势和正确的执笔方法。

（2）正确使用逗号、句号、问号和感叹号。

（3）根据不同表达要求，正确选用完整的句式、句型。

（4）合理地使用所积累的词语、句子进行规范表达。

（5）写自己想说的话，写想象中的事物。

（6）养成坚持写话的习惯，如写简短日记、通知、请假条等。

二年级上册、二年级下册教材中的写话涉及八种类型，与之相关的是八种写话格式要求：（1）写信的格式。（2）写喜爱的玩具的格式。（3）写留言条的格式。（4）写故事的格式。（5）写人的格式。（6）写经历的格式。（7）写疑问句的格式。（8）续写的格式。

第一学段写话教学的一个重要机制就是“中介”。就是说，写话教学不能凭空进行，不能为写而写，应该寻找“中介”，凭借“中介”进行写话教学。从机制出发，可以提出以下写话教学的策略：仿文写话、看图写话、任务促写等。

※习作

三年级是习作的起步阶段，侧重于观察和想象的指导，进行初步的片段训练。四、五年级主要进行记实作文和想象作文不同类型的习作训练，六年级主要进行应用文练习，为初中作文做好准备。

记实作文强调写真人真事，中年级只要写清楚即可，高年级才要求写具体，写出情感。从亲身经历的事到听到的、看到的、想到的事，范围不断扩大。

想象作文，第二学段关注学生想象的丰富性，鼓励学生大胆想象。第三学段关注学生想象的奇特性，提高学生的想象能力。从幻想自己的变化到二十年后的家乡，再到写科幻故事，要求逐步提高。

应用文的安排是：四年级上册写信、写观察日记，五年级上册写推荐一本书，五年级下册写简单的研究报告，六年级上册写倡议书，六年级下册写毕业赠言等。

统编教材的习作除习作单元和习作课文（另文阐述）外，还安排了小练笔、单项习作训练这两种习作训练。

【小练笔】这是基于“讲练结合”理念设置的一种习作训练项目。

三年级以后的课文后“小练笔”每册教材 2~3 次，初步统计如下。

序号	年级及册别	课题	小练笔内容	形式
1	三年级上册	5《铺满金色巴掌的水泥道》	写出看到的景色	生活写话
2		18《富饶的西沙群岛》	写动物、植物	看图写话
3		21《大自然的声音》	写听到的声音	生活写话
4	三年级下册	3《荷花》	写植物	仿课文写
5		13《花钟》	写花	仿课文写
6		22《我们奇妙的世界》	写美的事物	仿句子写
7	四年级上册	2《走月亮》	写情境	仿课文写
8		22《为中华之崛起而读书》	写写为什么读书	仿课文写
9	四年级下册	6《飞向蓝天的恐龙》	写总分结构	仿课文写
10		13《猫》	写转折	仿课文写
11		27《巨人的花园》	写情景	自由写
12	五年级上册	2《落花生》	状物写人	仿课文写
13		9《猎人海力布》	写石头的来历	改写
14		18《慈母情深》	写自己的经历	生活写话
15	五年级下册	1《古诗三首》	把古诗改写成短文	改写
16		22《手指》	写一个人的五官	仿课文写
17	六年级上册	14《穷人》	写心理活动	想象写话
18		25《少年闰土》	写一个瞬间	仿课文写
19	六年级下册	2《腊八粥》	写最喜爱的食物	仿课文写
20		15《真理诞生于一百个问号之后》	用事例说明一个观点	仿课文写

可见，统编教材的“小练笔”有三种基本情形：（1）基于课文表达仿写的小练

笔。这是绝大多数的。(2)基于生活经历的小练笔。(3)基于图画或想象的小练笔。

【单项习作训练】这是基于“任务驱动”理念在“语文园地”里设置的一种任务较单一的习作训练项目。如三年级上册第三单元“语文园地”中的单项练习“关注修改符号的使用”、三年级上册第四单元“语文园地”中的单项练习“关注引号的用法”。又如，三年级下册第二单元“语文园地”中的单项练习“学写通知”、三年级下册第七单元“语文园地”中的单项练习“学写寻物启事”等。

※综合性学习

综合性学习体现为一种新的学习方式，表现为语文知识和语文能力的综合运用，听、说、读、写能力整体提升，课堂学习与实践活动紧密结合。本套教材从两个维度安排综合性学习的活动：一是中华优秀传统文化，二是语文知识的综合运用。有教学中的“小综合”和专题的“大综合”两种形式。第二、三学段的下册是综合性学习的集中活动时期。下面是本套教材四次大的综合性学习的内容和要求。

年级及册别	活动内容	活动要求
三年级下册	中华传统节日	了解和记录传统节日的基本情况，展示传统节日的文化。
四年级下册	轻叩诗歌大门	收集和创作诗歌，制作诗歌集，举行诗歌朗诵会，感受诗歌的魅力。
五年级下册	遨游汉字王国	初步学习查找资料的方法，尝试写简单的研究报告，了解汉字文化。
六年级下册	难忘小学生活	制作成长纪念册，策划毕业联欢会，写毕业赠言和书信，纪念小学生活。

其中的“难忘小学生活”分为两个部分：“回忆往事”“依依惜别”。第一部分有三项活动：(1)填写时间轴。(2)分享难忘回忆。(3)制作成长纪念册。第二部分有两项活动：(1)举办毕业联欢会。(2)写信。

(四)图色系统

1. 中式风格。本套教材的版式、图形、颜色大方而美丽，呈现现代气息。特别是典型地反映了中国文化、中国样式。如一年级上册第一篇识字课文《天地人》的中式风格凸显。又如六年级上册《七律·长征》的课文构形颇具特色：显性的是长征中的红军和雪山，隐性的是毛泽东的书法。

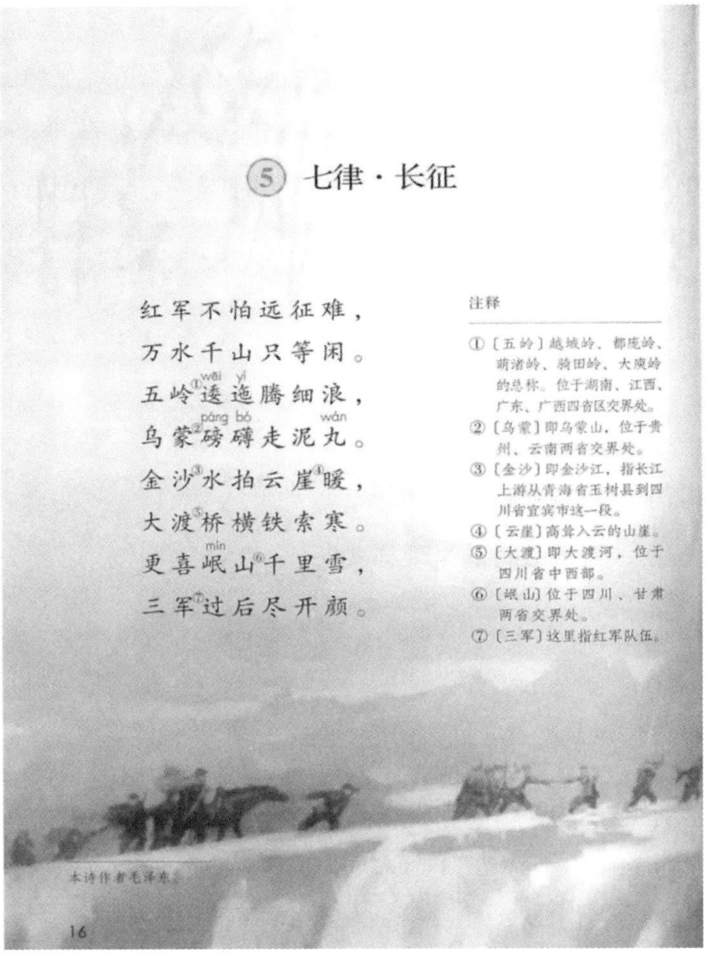
⑤ 七律·长征

红军不怕远征难，
万水千山只等闲。
五岭①逶(wēi)迤(yí)腾细浪，
乌蒙②磅(páng)礴(bó)走泥丸(wán)。
金沙③水拍云崖④暖，
大渡⑤桥横铁索寒。
更喜岷(mín)山⑥千里雪，
三军⑦过后尽开颜。

注释

①〔五岭〕越城岭、都庞岭、萌渚岭、骑田岭、大庾岭的总称。位于湖南、江西、广东、广西四省区交界处。
②〔乌蒙〕即乌蒙山，位于贵州、云南两省交界处。
③〔金沙〕即金沙江，指长江上游从青海省玉树县到四川省宜宾市这一段。
④〔云崖〕高耸入云的山崖。
⑤〔大渡〕即大渡河，位于四川省中西部。
⑥〔岷山〕位于四川、甘肃两省交界处。
⑦〔三军〕这里指红军队伍。

本诗作者毛泽东。

16

2. 色块设计。色块的设计便于分清界线，对有关信息进行区分，有利于更好地板块思考，分组学习。如二年级下册《羿射九日》后的思考题，对表格里的起因、经过、结果用两种不同颜色标明，使人一目了然。又如，很多“习作指导”也使用了色块设计。有的“语文园地”的栏目也多有色块处理。

3. 思维导图。思维导图是介于抽象和实物之间的一种样式，是一种系统性、形象化、发散性的集合体，它对思考起系统、支架、导向作用，对语文学习具有重要意义。下面是一年级上册教材“语文园地三”中的思维导图，从“车”的类型、“车”的组成、“车”的使用三个方面提示了组词的线索。

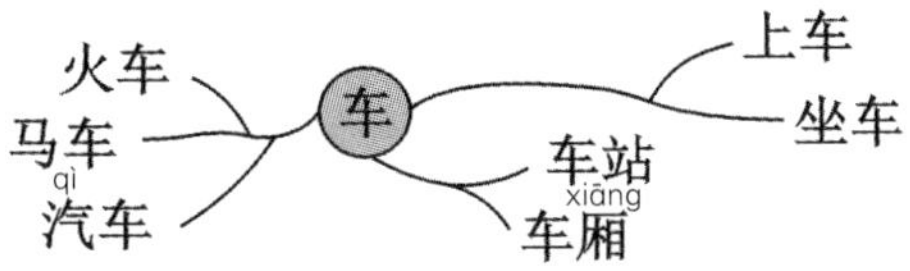

二年级下册《蜘蛛开店》的复述提示中的思维导图，许多单元习作的指导也使用了思维导图，都有很好的助学效果。

4. 对话情境。统编教材创设了较多的对话情境，其意义有三：（1）营造良好的学习氛围。让学生快速置身于一种真实、生活、有趣的情境之中，使学习具有情境性。情境是产生兴趣的前提。（2）促进学生之间的对话交流。这种问答互动有助于培养学生学习的主动性。（3）构建一种学习共同体。情境图中有两人对话、三人对话、四人对话，让人人参与学习过程，你问我答，相互启发，共同提高。

重点研讨

1. 如何全局把握统编教材的编写精神？
2. 如何全面梳理统编教材的结构体系？
3. 如何全程解读统编教材的呈现样式？

第八章　单元组文

内容提要

单元组文学习是近年来小学语文的组文方式，其实践和研究经历了“联系→结合→整合→融合→一体化”的发展过程。单元组文学习要以顶层设计、动态联系、整体优化为指标。

本章从统编教材单元组文学习意义出发，探讨单元组文的教学设计。一是以三年级下册第七单元为例，说明单元组文教学目标的系统解读与确定。二是以三年级上册第六单元为例，说明基于单元组文学习过程的设计思路。

一、单元组文学习的认识

统编教材一个非常突出的特征，就是按“主题”组织教学内容，俗称为“主题单元式编写法”。一个“主题单元”一般由导读、主体课文（精读和略读课文各占一定比例）和语文园地等几个板块组成，构成了一个教学内容富有共同特色且目标明确、重点突出的相对完整的教学单位或语文学习和实践训练单元。

从一年级下册开始，统编教材就全部围绕“专题（主题）”整合教材内容，每册由八个单元组成，每个单元均以“导语”的形式点明单元主题，识字课、阅读课、语文园地都围绕本组主题合理安排，各部分相互联系，相互渗透，形成有机整体。这种设计理念突破了传统的“文选式体例”对语文教学的束缚，有利于组织学生开展集中性、拓展性、综合性、开放性语文实践活动，培养和保持学生对语文学习的持久兴趣，全面提升学生的语文素质，克服语文教学长期存在的“少、慢、差、费、低”等弊端。因此，可以说，充分认识小学语文实施单元组文教学的多种优势，研究探索其教学设计和教学实施的基本策略方法，是当前深化小学语文课程改革的重要课题。

（一）实施单元组文教学的意义

徐光华老师认为，“主题单元设计”体现三种基本意识：

1. 整合的意识。通过整合，突出了重点，加强了“三个维度”之间的联系，有利于全面提升学生的语文综合素养。教材从导语到课文、到语文园地，不仅围绕本单元的专题合理安排，还加强了单元内精读课文与略读课文的联系与整合，在精读课文与略读课文之间，用一段流畅的文字，很自然地由精读课文过渡到略读课文，并提高略读的要求，使精读课文和略读课文形成一个整体，更好地发挥陶冶情操和训练阅读的功能。

2. 引导的意识。通过每个单元前的“导读”来突出每个主题单元的导学功能，并设计听、说、读、写一系列语文综合运用活动，同时还特别注重将导思、导学和导读贯穿于每组教材的始终，除借助每个主题前的“导语”来导向外，还凭借课后思考练习题来导学、导练，凭借每组“交流平台”，引领学生交流本组语文学习的收获，发现一些读写的基本方法，逐渐养成不断反思的学习习惯。

3. 开放的意识。通过简化头绪，留下空间，为广大教师创造性地理解和使用教材、积极开发地方语文课程资源、灵活运用多种教学策略、不断改进教学方法、引导学生学会学习和学会创造提供了有利条件。具体地说，其意义在于：

（1）优化组合。单元组文教学从单元全局出发，可以使教学的各个方面得到有机、合理的调配，实现教学中教学方式、教学方法、教学手段和教学内容等诸多方面最优化的组合，避免知识讲解的无效重复，最大限度地提高小学语文课堂教学效率。

（2）整体推进。单元组文教学能较好地培养学生的多向思维能力，整体推进语文教学“三维目标”的落实。因为主题单元教学一般可采取以精读课文为主轴，把读、写、听、说、综合实践有机结合起来，达到以读带写、以写促读、以读练说、以读获知的良好效果，有效避免教学的孤立性和思维的单一性，使学生由过去的“学好一篇”过渡到“会这一类”并进而“能写此类”，在这一学习过程中教学“三维目标”的达成是水到渠成。

（3）举一反三。单元组文教学能有效实现教师主导和学生主体作用的充分发挥。单元组文教学采用“举一反三”的教学策略，在教师的有效引领下，采取自主、合作、探究、综合实践等形式多样的方法，能使学生从教师示范的“举一”中去较好地“反三”。正如叶圣陶先生所说：“语文教材无非是个例子，凭这个例子要使学生能够举一反三，练成阅读和作文的熟练技能。”

（二）单元组文教学的设计

主题单元式教材的有效实施，必须改革传统的虽面面俱到但对实际教学又无多大指导作用的“单课式备课法”，注重根据主题单元的核心思想、训练重点、教学内容，并充分考虑学生学情，对教学进行全盘考虑、整体设计。

单元组文教学的设计策略和具体实施步骤如下。

1. 高屋建瓴，驾驭教材特征。也就是要求教师进行教学设计不能“就事论事”、孤立地分析设计某篇的教材内容和实施步骤策略，而要根据新课标理念、阶段教学的总目标，从宏观与微观的结合上分析教材、驾驭教材，找到本组教材的共同特征，为准确确立“三维目标”、设计“迁移型教学环节”奠定基础。教师对教材把握的层次较高，教学设计和实施才可能有突破、有创意。

2. 整体入手，确立“三维目标”。传统的“单课式备课法”，虽然对一个单元中的每篇课文都面面俱到地确立了教学目标，但往往只是“一维目标”（只关注知识和技能），导致教学走向片面化，难以发挥语文教材的多重功能。根据新课标理念，为真正落实语文素养，应从整体入手，确立主题单元教学“三维目标”，即从“知识与能力、过程与方法、情感态度与价值观”三个方面深挖教材，并提出多维教学目标。

3. 步步迁移，设计教学环节。传统的“单课式备课法”虽课课都安排了详细的教学环节，但对实际教学的指导作用并不大，大多是做“摆设”、应付检查。为了提高备课效率，发挥教案（教学设计）对教学的实际指导作用，可根据迁移原理，结合每组教学内容的训练重点和共同特点，从整体上考虑教学思路，循序渐进地设计教学环节，一步步教会学生从读书中学会读书、在学习的实践中学会学习。在单元组文教学中，对于精读课文的教学环节安排，侧重点应放在“教师引导学生读书”上，目的在于让学生在“读中感悟读法”，为学法迁移打牢基础。而对略读课文的教学安排，侧重点则放在“学生自读自悟、合作探究能力训练”上，目的在于“引导学生进行学法迁移实践”，使所学知识（方法）得到运用，在运用中巩固和提升学生能力。有关阅读材料，我们可以用来检测单元的阅读训练目标是否实现，以利于及时反馈教学状况，有针对性地调整下一步的教学策略。同时，教师还可引导学生从课内迁移到课外，推荐类似阅读材料，指导他们开展自主阅读实践和习作实践。

（三）单元组文教学的实施

1. 总体感知。在主题单元内容学习之前，教师应进行整体单元导读。其“导读”方法可以是以单元前“导语”为切入点，在教师的引领启发下，学生通过听录音、看录像、个人独立阅读、同桌互读互听（第一学段）或自读互议（第二、三学段）等形式多样的学习活动，对本单元内的所有学习内容有大致了解，初步感知单元专题的情感意识，激发起强烈的求知欲望，并适时指导学生搜集相关的信息资料，为下一步学习做准备。进入中高年级后，教师可指导学生制订单元学习计划，培养学生进行自我学习规划的能力。

2. 分块学习。教师根据教材特点指导学生顺课次学习，或依据学生的学习意愿，从多数学生感兴趣的一课开始进行分课或分块精读训练，而其余内容可根据深浅难易程度酌情采用不同学习方式进行学法迁移性学习。教师还可根据学生学习需要和学力基础对学习内容进行重组，并注重课外学习资源的补充利用，做到课外积累为课内学习服务。

3. 总体感悟。学生在分步学完本主题单元内容后，教师引领、启发学生进行回顾交流。如在本主题单元的学习中学会了哪些知识、提升了哪些素质（识字写字，词、句、段、篇的积累，课文内容的理解、审美、情趣、理性思维等方面的教育与感染等）。我在本单元的学习中掌握了哪些学习本领（包括识字写字的本领、背诵积累的本领、听说读写的本领等）。进入中高年级以后，教师要指导学生自查（或互查）并交流“主题单元学习计划”的落实情况，养成查漏补缺、扬优纠错的好习惯，还要注重向课外拓展，引导学生交流课外阅读积累的感受与收获。

4. 整合运用。第二学段以后，教师可将“口语交际”和“习作”这两个板块的内容进行整合训练，为学生提供由“读”到“说”到“写”的一条龙指导服务。“读”是指在前面两个板块的课文学习、语文基础知识学习中，要做好“说”（口语交际）和“写”的“原始积累”，“说”和“写”是将“原始积累”（字、词、句、篇方面的知识）转化为语言运用能力（包括口语表达和书面表达能力）。由此可见，单元组文教学是一个由浅入深、由知识积累到能力形成、由量变到质变的发展过程。

（四）单元组文教学的安排

根据一线教师的实践经验，单元组文教学的课时安排大致如下：

1. 熟读单元教材，掌握生字生词（约 2 课时）。其任务是运用自读、接读、竞赛读、小组合作读等多种读书形式，使学生读通、读熟本单元的内容，并相应完成本主题单元生字生词的认读、听写任务，为后面继续学习扫清障碍、奠定基础。

2. 理解单元课文，进行扩展阅读（约 2 课时）。其任务是在学生通读本主题单元课文的基础上，引导学生进一步逐篇学习课文，在这一过程中注重精心设计问题引导学生探究课文重点、难点，品味好词佳句，领悟阅读方法，还要注重适时补充与课文内容相关的主题阅读材料，有意识地开阔学生的阅读视野，在迁移实践中增强学习能力。

3. 回顾单元整体，促进积累提高（约1课时）。其任务是完成课后思考练习或单元整体练习，方法是先让学生回顾梳理本单元的学习内容，交流各自的感悟和收获，然后独立或合作完成思考练习题，还可安排全班听写词语、句子（优美词语和句子）。

4. 集中拓展阅读，增强阅读能力（约1课时）。其任务是指导学生自主选择与单元主题相关的读物开展自主阅读或合作阅读，教师可引领学生对学习内容进行梳理和对学习方法（如比较阅读、鉴赏阅读、做读书卡片等）进行总结提炼。

5. 开展主题活动，展示学习收获（约1课时）。其任务是给学生提供展示才华、交流成果、相帮互促的平台和机会，方法有读书演讲、朗读擂台赛、主题阅读手抄报评比等。

6. 指导主题习作，增强运用能力（约1课时）。其任务是根据单元习作重点，在主题单元学习过程中在引导学生积累、观察、体验、开展片段练习等基础上，完成主题习作的任务。

二、单元组文学习的目标

教学目标对语文教学设计和课堂实施起着导向、调整和标准作用，是语文教学的一个“纲”，纲举才能目张。所以，要使语文教学获得最佳的效果，首先要使教学过程的诸要素在教学目标中获得和谐统一。对于一篇课文教学目标的确定要受多种因素的制约，需要系统地构思和整体地设计。对一个单元多篇课文教学目标的确定更应该进行顶层、个性、系统的科学解读。下面以统编教材三年级下册第七单元为例加以系统说明。

（一）学段教学目标

早在2001年第八次国家课程改革启动之时，就取消了“年级制”，实施了“学段制”。学段是指某一特定学习阶段的简称，是一个相对的时间概念，主要适用于特定目的、稍短的学习区间。稍长的学习区间称之为某某阶段，如学前阶段、小学阶段、初中阶段、高中阶段和大学阶段等，这时，“阶段”类似于时期，例如，“上小学阶段”亦可称之为“上小学时期”。学段一般是上述学习阶段中的某一较小的特定的学习区间或学习时间范围，如小学学习阶段，由于现阶段很多学校规模较大，为便于教学和管理，推行了学段教学体制。把小学阶段划分为第一学段、第二学段和第三学段，实行学段教学，以区别以前的“年级制”教学。

新课程标准在“总目标”之下，把小学按1~2年级、3~4年级、5~6年级划分为三个学段。这体现了课程的整体性与阶段性的系统设计思想。

1. 学段学生的心理特点。各学段学生的不同心理特点大致可以列表如下：

学段	心理特征	思维特点	情感表现
第一学段	带有明显的形象性、具体性和无意性。	观察、注意、识记基本处在无意状态。思维尚不具备抽象性。	活泼好动，喜欢表现自我。自我感受的表达还不完善。对自己情绪的控制能力不强。
第二学段	正处在一个转化和过渡的比较特殊阶段。对事物进行概括时，既有形象性，又有抽象性。	观察、注意、识记等心理过程开始由无意状态向有意状态转化。思维的目的性、顺序性和深刻性有了较大的提高。思维开始由具体的形象思维向抽象思维转化、过渡。	情感稳定性、可控性、丰富性、深刻性有所提升，对情绪的操控能力有所提升，可以较正确地表达自己的情绪。
第三学段	对事物的理解逐步丰富而深刻，可以凭借想象和推理，初步进行有目的、按顺序、有选择的学习活动。	初步具备抽象概括的思维能力，但由于知识经验的限制，还无法进行那些和具体事物相距较远的高度抽象概括的活动，也只能对一些过程、结构简单的事物进行抽象概括。	有了一些高级情感的体验，如道德情感、理智情感、审美情感的体验等，能够比较准确地抒发、表达自己的情感。

以上主要是从心理特征、思维特点、情感表现方面介绍了三个学段小学生的一些特征，这些特征直接或间接地影响着小学生的学习，都和小学生的学习有着密切的关系。这些心理特点既是三个学习阶段划分的重要依据，又是规定这三个学段教学目标的重要依据。

2. 学段的课程要求。小学阶段分三个学段，不同的学段有不同的教学要求，因而不同学段的教学目标也是各异的。笔者整理了《义务教育语文课程标准（2011年版）》第二学段课堂教学的主要教学目标。

模块	第二学段课堂教学目标(要点)
识字与写字	对学习汉字有浓厚的兴趣，养成主动识字的习惯。有初步的独立识字能力。能使用硬笔熟练地书写正楷字。写字姿势正确，有良好的书写习惯。
阅读	用普通话正确、流利、有感情地朗读课文。初步学会默读。学习略读。能联系上下文，理解词句的意思，体会课文中关键词句表达情意的作用。能初步把握文章的主要内容。能对课文中不理解的地方提出疑问。能复述叙事性作品的大意。诵读优秀诗文。积累课文中的优美词语、精彩句段，以及在课外阅读和生活中获得的语言材料。
习作	乐于书面表达，增强习作的自信心。注意把自己觉得新奇有趣或印象最深、最受感动的内容写清楚。尝试在习作中运用自己平时积累的语言材料，特别是有新鲜感的词句。
口语交际	学会认真倾听，能就不理解的地方向人请教，就不同的意见与人商讨。听人说话能把握主要内容，并能简要转述。能清楚明白地讲述见闻，说出自己的感受和想法。讲故事力求具体、生动。
综合性学习	能提出学习和生活中的问题。用书面或口头方式表达自己的观察所得。能在教师的指导下组织有趣味的语文活动，在活动中学习语文，学会合作。

从以上对第二学段学情和课标要求的分析可以看出：三年级是人生心理变化的转折期，也是小学生语文学习的一条重要分水岭。之一，三年级学习容量加大，学习难度加深，容易拉开学习差距。之二，统编版三年级教材为学生创设了树立文化自信、进行语言构建的学习情境。之三，第二学段也对学生识字能力、写字能力、阅读能力、习作能力、口语交际能力、综合性学习能力六项能力提出了更高的要求。

3. 第二学段课堂教学总目标。笔者曾撰文提出小学生语文学习的核心素养主要有三个：态度素养、语言素养和文化素养（参见汪潮《关于语文核心素养内涵的解读》一文，《小学教学研究》2017 年第 4 期）。据此，可以把第二学段的课堂教学总目标制定为：

（1）关注学生良好语文学习方法、兴趣、动机的培养。

（2）重点进行语段结构、词语表达、片段读与写训练。

（3）渗透语文学习逻辑关系、语法修辞、审美的感受。

（可参见汪潮《评课录》，中国人民大学出版社，2018 年 12 月版。）

（二）单元教学目标

三年级下册第七单元围绕“奇妙的世界”这一主题，安排了篇章页、《我们奇妙的世界》《海底世界》《火烧云》三篇精读课文，还有口语交际《劝告》，习作《国宝大熊猫》以及“语文园地”。特别要说明的是篇章页也是一个很有意义的学习内容，应当加以解读。

1. 单元系统解读。对篇章页的解读，是把握单元教学目标行之有效的途径。可以说，解读篇章页的过程，就是明确和把握单元教学目标的过程。统编教材从三年级上册开始，在每个单元前都设置了篇章页。

本单元的篇章页从两个方面进行了说明。从文化角度提出：“天地间隐藏着无穷无尽的奥秘，等待我们去探寻。”从语文角度规定了本单元的主要学习内容和目标：一是“了解课文是从哪几个方面把事物写清楚的”。二是“初步学习整合信息，介绍一种事物”，并配有图片：三位考察的儿童以及森林、高山、火山、海底世界，以配合本单元三篇精读课文的学习。

从文化角度看，三篇精读课文都描写了自然之美和自然之奇，激发学生热爱自然的情感，培养学生探索自然奥秘的精神。《我们奇妙的世界》告诉我们这个世界的一切看上去都是有生命的，引导我们去感受美、发现美、寻找美；《海底世界》在向我们介绍科学知识的同时，让我们感受到了自然的神奇和伟大；《火烧云》围绕火烧云颜色和形状的变化勾画出一幅幅绚丽多姿的火烧云美景图，抒发了作者对童年、对自然的一份情感。

从语文要素看，三篇课文主要以写景为主，描写了自然界奇特的景观和无穷无尽的奥秘。三篇课文都从几个方面把事情写清楚，《我们奇妙的世界》语言优美，联想丰富，从“天空的珍藏”和“大地的珍藏”两方面描写奇妙的世界；《海底世界》语言朴实，用词准确，从“景色奇异”和“物产丰富”两方面向读者介绍海底神秘的世界；《火烧云》语言生动，描写传神，从“霞光”“火烧云的颜色”“火烧云的形状”等方面介绍绚丽多姿的火烧云。

2. 单元重点教学目标。通过以上分析，可以把三年级下册第七单元的单元重点教学目标确定为：

※通过三篇课文内容情节的学习，激发学生热爱大自然的情感，培养他们探索自然奥秘的精神。

※通过三篇课文结构形式的学习，了解文章是从哪几个方面把事物写清楚的（总分结构）。

※通过各种信息的提取，初步学习整合信息，介绍一种事物。

笔者根据美国心理学家布鲁姆目标分类理论，把本单元的教学目标进行双向细目分析如下：

一般分两步进行：（1）确定采用的目标分类体系。到目前为止，小学语文教学目标分类大多数以布鲁姆的认知目标分类学为理论框架，或稍加改变，把原来的六级水平变为三级：识记、理解、应用。（2）明确每个知识点的学习水平。这需要参照小学语文课程标准对知识深度、广度的要求以及小学语文教材对知识的处理，形成每个知识点的学习水平。以阅读知识点的学习水平为例加以说明：

记住常用句式→识记

背诵重点段落→识记

理解句子的转换方法→理解

在上下文中理解词语和句子的含义→理解

判断词语的词性→应用

找出逻辑顺序的错误→应用

分析文章的组成要素→分析

分析文章段落之间的关系→应用

创造性地复述课文→综合

概括文章的段落、中心思想→综合

评价文章的思想、内容和写作特点（评价）。

教学目标的表述，是指把小学语文教学目标分类框架和小学语文知识内容结合起来的一种陈述。通常有两种表述方式：一种是“双向细目式”，一维以知识点为序展开，另一维是目标分类学中的学习水平级别。每一个知识点定出相应的学习水平，组成一个表格。另一种是“条目式”，把每一个知识点和内容结合起来，用一个行为动词组成的句子加以表达。

第七单元的双向细目式教学目标如下：

知识点	学习水平		
	识记	理解	应用
生字新词	*		
精彩句段	*		
分几个方面把事物写清楚		*（分析）	
整合信息，介绍一种事物		*（综合）	
把事物书写清楚			*（书面）
综合性讲述一种事物			*（口头）

（三）课文教学目标

从系统观照，课文的个性教学目标主要通过基础目标、特色目标和发展目标反映出来。三年级下册第七单元共有三篇精读课文，其核心目标是学习总分结构，能从多个方面说清楚或写清楚一个事物或一件事情。现对这些课文的教学目标和核心内容较全面地分析如下。

《我们奇妙的世界》的作者是英国的彼得·西摩，文章围绕“奇妙的世界”这一中心，从“天空的奇妙景象”和“大地的奇妙景象”两个方面展开叙述，描写了云彩的色彩和形状、植物的颜色和事物的形态等。

※基础目标

（1）借助以往的识字经验，识记“呈、雕、幻、蜡、烛、辉、芒、型”8个生字。

（2）借助以往的写字经验，练写“呈、幻、蜡、烛、诱、润、乘、芒、剑、普、通、模、型”13个汉字。

（3）通过有感情地朗读课文，边读边想象画面，感受世界的奇妙。

※特色目标

（1）借助思维导图，通过师生配合朗读等方法，了解课文是从几个方面把事情写清楚的。

【本单元第一次学习总分结构：借助海底世界的思维导图初步感知】

（2）通过句式比较等方法，学习作者按一定顺序抓住事物特点描写的写作方法。

※发展目标

感受世界的奇妙，激发探索自然，在普通事物中感受美、发现美、寻找美的兴趣。

对此，本课的核心内容可以制定为：

项目	具体内容
语言内容	（1）重点学习“幻、烛、诱”等生字。 （2）正确、流利、有感情地朗读课文。
思维内容	从几个方面把事情写清楚，训练思维的条理性。
文化内容	“一切看上去都是有生命的”，需要我们用心去感受、去体验。
方法内容	借助句式比较的方法学习比喻句，感受作者奇妙的想象。

《海底世界》的作者是石友，这是一篇介绍海底知识的科普文章，文章兼具知识性、科学性和趣味性。作者通过生动形象的语言，从事物的几个方面描绘“景色奇异，物产丰富”的海底世界，激发学生热爱自然、探索自然奥秘的兴趣，并使学生在感受美、欣赏美的过程中受到美的熏陶。

※基础目标

（1）通过看图、联系上下文等方式，认识“窃、私、警”等11个生字。学习多音字“差”。

（2）借助字形分析，归类写字，端正书写“宁、官、汪”等12个汉字。

（3）通过研读课文，了解海底世界景色奇异、物产丰富的特点。

※特色目标

（1）借助各自然段的总起句和文章的总结句，梳理文章结构。

（2）通过总分结构段落的学习，试着围绕总起句写一段话，把意思写清楚。

【本单元第二次学习总分结构：借助海底世界的语段初步仿写】

※发展目标

（1）通过书籍、互联网等途径探索海底世界的奥秘，培养学生爱科学、学科学以及探索大自然的兴趣。

（2）人与自然和谐相处，共生共赢。

为此，本课的核心内容是：

项目	具体内容
语言内容	（1）学习多音字“差”。 （2）联系上下文理解“窃窃私语、景色奇异”等词语。积累拟声词。 （3）围绕“窃窃私语”，写一组描写海底动物声音的比喻句。
思维内容	借助列表法梳理段落结构，体会从几个方面表达一个意思的写法。
文化内容	（1）探索自然奥秘，合理开发、利用自然资源。 （2）人与自然和谐相处，共生共赢。
方法内容	采用读写融合的方法理解文本，迁移运用。

《火烧云》选自萧红的自传体小说《呼兰河传》。本文具有“写景散文”的特点，从两方面描写火烧云的景象：一是颜色多，变化快。二是形状多，变化快。全文语言优美，描写生动形象，把火烧云的动态之美描写得淋漓尽致，给人一种美的享受。

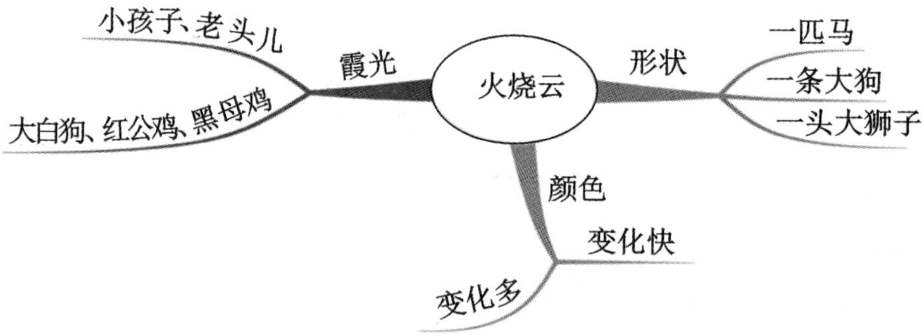

※基础目标

（1）通过看图片、联系上下文等方式，认识“檀、彤”等 7 个生字，学习多音字“模”。借助字形分析，归类写字，端正书写“庙、威、武”等 11 个汉字。

（2）通过有感情地朗读课文，背诵课文 3 ~ 6 自然段，积累语言。

（3）通过研读课文，理解内容，感受火烧云绚丽多彩和美妙奇异的变化。

※特色目标

（1）通过研读，说说火烧云的特点，了解作者是从哪几个方面来写的。

（2）比较第 4 ~ 6 自然段的结构，发现“出现—样子—消失”的构段特色。

【本单元第三次学习总分结构：借助火烧云，发现构段方式】

※发展目标

借助作者“观察+想象”的描写方法，按“出现—样子—消失”的顺序仿写火烧云形状的变化。

为此，本课的核心内容是：

项目	具体内容
语言内容	（1）联系上下文理解“威武、凶猛”等词语。 （2）积累“金灿灿”等描写颜色的词语。 （3）背诵课文3~6自然段。
思维内容	课文是从哪几个方面描写火烧云的。 学习“出现—样子—消失”的构段特色。
文化内容	（1）静态之美和动态之美有机结合，展现绚丽多姿的自然之美。 （2）乡愁之光烛照文化传承，家乡永远是心灵的归宿、情感的故乡。
方法内容	从读学写，以读促写，读写结合。

本单元口语交际《劝告》的教学目标是：

※基础目标

（1）有表达的兴趣和自信，愿意把自己的感受与同学交流。

（2）通过情景模拟，懂得劝告时语气要委婉，不要用指责的口吻。

（3）借助实践演练，明白劝告要多从被劝者的角度着想，使别人乐于接受。

※特色目标

（1）借助练习，能态度诚恳、动之以情、晓之以理地劝说他人。

（2）通过劝说实践，培养从多角度说服、劝告的能力。

【本单元第四次学习总分结构：借助口语交际，巩固构段方式】

※发展目标

在交际过程中，能联系生活实际，体会养成良好行为习惯的重要性。

本单元习作《国宝大熊猫》的教学目标是：

※基础目标

（1）通过创设情境，从说到写，说写结合，有条理地介绍大熊猫。

（2）借助关键问题和表格，试着从几个方面把大熊猫介绍清楚。

【本单元第五次学习总分结构：借助导学单，自主写作】

（3）通过自主修改、同伴互改等途径，提高习作修改能力，与他人分享习作的快乐。

※特色目标

（1）通过课前搜集资料，培养学生搜集、整理和整合信息的能力。

（2）借助图片和微视频，抓住大熊猫的特点，把自己觉得新奇有趣或印象深刻的内容写清楚。

※发展目标

通过介绍大熊猫活动，引导学生关注野生动物，增强保护珍稀动物的意识，提高民族自豪感。

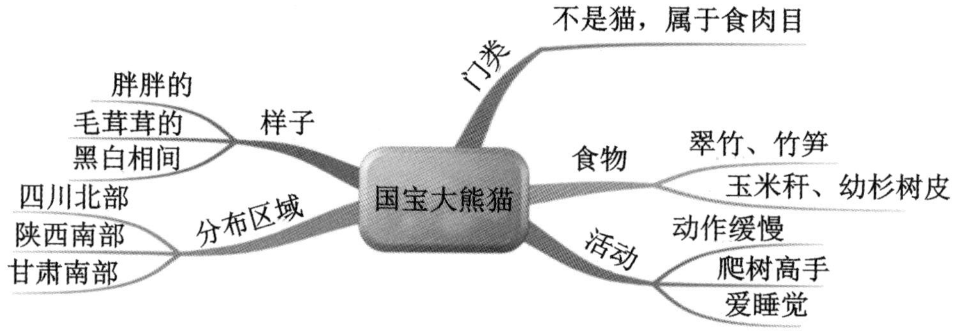

《国宝大熊猫》的这张思维导图，从分布区域、样子、门类、食物、活动方面介绍了大熊猫。它整体构思思路清楚，具有很强的系统性。对本单元语文的两个核心知识点（分几个方面把事物写清楚、整合信息介绍一种事物）的巩固具有重要意义，弥足珍贵。

本单元“语文园地”的教学目标如下：

※基础目标

（1）通过读读、背背等方式，积累 4 个八字成语。

（2）通过观察、比较，发现笔画较少和笔画较多字的特点，提高书写能力。

（3）借助寻物启事示例，学写寻物启事，注意格式。

※特色目标

（1）通过阅读积累，尝试在习作中运用平时积累的语言，强化语言积累的意识和习惯。

（2）借助课文及语文园地的例子，仿写以设问形式开头的一段话。

【本单元第六次学习总分结构：以设问句为总起句，再次习作】

※发展目标

通过开展成语乐园等主题活动，积累语言，初步培养探究自然的愿望。

（以上采用了徐伟俊的解读、刘充的思维导图，在此鸣谢）

三、单元组文学习的设计

单元组文的“一体化”教学设计是较为前沿的设计理念，它要求在解读本单元学习基点、教学重点的基础上，从单元整体目标出发进行内容更显关联、序列更为合理、效果更加优化的整体设计。本章以统编版小学语文三年级上册第六单元为例，从学习基点、教学重点及设计特点说明基于“一体化”的单元组文教学设计思路。

（一）单元的学习基点

这是一种基于“原点”的思考。可以从客观和主观两个方面分析本单元的学习基点：一是教材的编排基点，二是学生的学情基点。前者是针对教学内容而言，后者是针对教育对象来说的。（这里主要讨论教材的编排基点）

教材的编排基点

（1）单元篇章页。与以前教材不同，统编版小学语文教材从三年级上册开始，在每一个单元的开篇之前都设有篇章页，又称“卷首语”或称“导语”等。一般来说，篇章页是一种总结性的概括页面，包括文章的主题内容和相关信息。在专业术语中，又被人们称为辑页、中扉页、隔页。

三年级上册第六单元的篇章页反映的是新疆或内蒙古等祖国边陲地区高山、草原的美丽景色，是一份很好的绘本阅读材料，有必要指导学生阅读理解，以获取相关的学习信息。

（2）教材框架

※教材编排形式

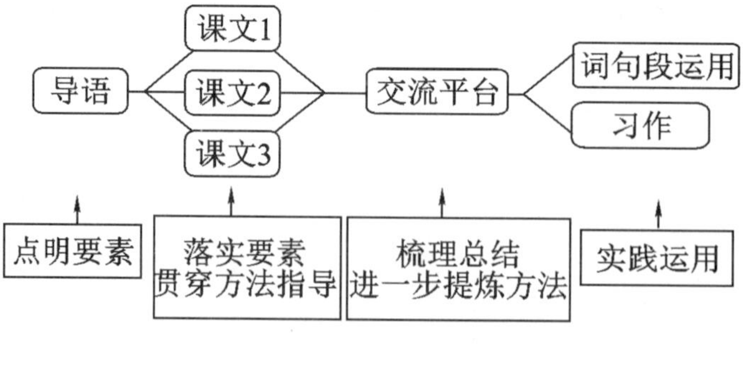

※单元内部结构

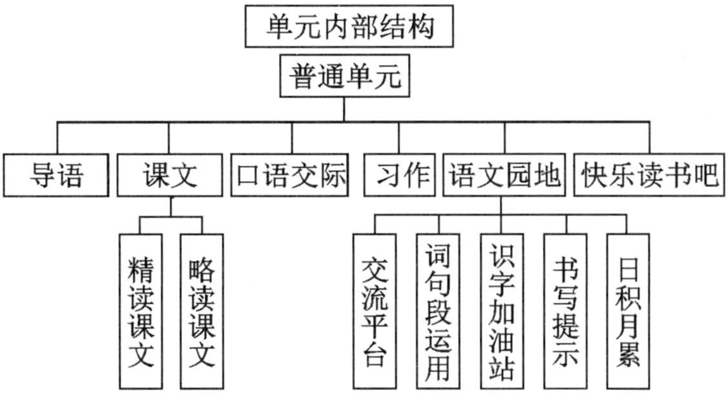

※第六单元编排

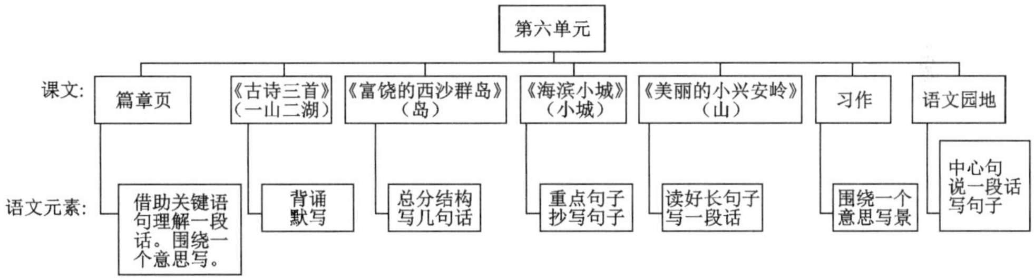

（二）学生的学习基点

1. 基于三年级上册学生的学情。三年级的基本学情是：一是由于学习容量加大，学习难度加深，学生之间容易拉开差距。二是学习要求已从一、二年级的具体形象思维向抽象逻辑思维过渡，容易形成学习上的不适应。所以，三年级是小学语文学习的一个转折期，特别是三年级上学期。如何度过这个转折期，需要从小学阶段的语文总体要求出发，进行“一体化”思考。

2. 基于词句段的学习。本单元的学习内容如下：（1）读好长句子。（2）借助关键词、句理解一段话。（3）背诵、默写古诗。（4）读写一段话。具体有四个层次：

层次	具体要求	课例
第一层次	读好长句子	《美丽的小兴安岭》
第二层次	抄写句子	《海滨小城》
第三层次	写几句话	《富饶的西沙群岛》
第四层次	围绕一个意思写一段话	《富饶的西沙群岛》《美丽的小兴安岭》“习作”“语文园地”

可见，从一体化角度看，围绕一个意思写一段话，是本单元最为重要的语言学习目标。

3. 基于特殊的山水文化。从文化的视野思考语文教学，可以发现这是一个由文化背景、文化图像、文化情趣、文化意蕴构成的丰富多彩的文化世界。在文化的课堂中，感受的是文化的气息，感触的是文化的脉搏，感动的是文化的情怀。本单元主要体现的是一种山水文化。

（1）本单元的文化气息。祖国的美丽河山、湖泊、岛屿、小城无不是一幅雄伟壮丽的文化图画，附载了众多的文化信息，也充满着文化情趣。

（2）本单元的文化脉搏。山水文化是一种自然之情，朴素之恩，永久之念。山水本无言，却闪烁着文化的灵光。“近山者仁，近水者智”，就是山水文化的典型体现。

（3）本单元的文化情怀。祖国的美丽河山养育了我们，我们要怀着感恩之心，热爱祖国壮美的土地和美丽的湖海。

文化是一种营养、一种血液，随着课堂教学的展开与深入，它会滋润学生的灵魂，开阔学生的胸怀，唤醒学生生命的觉悟，提升学生的人生境界。从根本上说，课堂教学的文化过程是阳光雨露、春风化雨、润物无声的渗透过程。

（三）教学的重点

1. 篇章页的阅读。教师要指导学生学习篇章页。这是一种绘本阅读和非连续性文本阅读，旨在培养学生对信息的获取、理解、综合、提炼的能力。三年级上册第六单元这张篇章页图文并茂，至少带给我们以下信息：

（1）单元主题信息。尽管篇章页上没有标明单元主题，但是从画面我们还是可以看出这个单元的主题是：祖国河山。

（2）单元文化信息。本单元属于人与社会的范畴，它的文化中心已经明确注明：“祖国，我爱你。我爱你每一寸土地，我爱你壮美的山河。”

（3）单元语言信息。本单元的重要语言属性有两个：“一是借助关键语句理解一段话的意思。二是习作的时候，试着围绕一个意思写。”其中有三个重要的语言学习内容：语段的读写、关键词句的作用、总分结构的写法。

2. 精读课文的教学。这是一个精读单元。除了三首古诗外，其他三篇课文都是精读的。三年级精读课阅读的一般教学策略是：

（1）精其内容。概述课文的主要内容。

（2）精其段意。概括自然段的段落大意。

（3）精其词句。品读重点词、句、段。

（4）精其顺序。发现课文观察事物的方法。

（5）精其表达。学习课文的写作方法及表现形式。

（6）精其感受。体会作者的思想感情，并能独立发表对课文的感受。

从本单元篇章页的提示看，“借助关键语句理解一段话的意思”是本单元的精读教学目标。为此，有必要对课文中“关键语句”进行深入细读。

课文	自然段	关键词	关键句
18《富饶的西沙群岛》	一	风景优美、物产丰富	
	二	五光十色、瑰丽无比	有深蓝的，淡青的，浅绿的，杏黄的。
	三	各种各样	
	四	成群结队	有的……有的……有的……有的…… 一半是水，一半是鱼。
	五	鸟的天下	
	六	富饶的　可爱的	
19《海滨小城》	一	浩瀚的大海	
	二	金黄色	
	三	沙滩	海边是一片沙滩。（总起句）
	四	庭院	小城里每一个庭院都栽了很多树。
	五	公园	小城的公园更美。
	六	街道	小城的街道也美。
	七	又美丽又整洁	
20《美丽的小兴安岭》	一	绿色的海洋	
	二	春天	
	三	夏天	
	四	秋天	
	五	冬天	
	六	景色诱人	

从全文看，这三篇课文的全文结构样式是：《富饶的西沙群岛》是总分总结构，《海滨小城》是分总结构，《美丽的小兴安岭》是总分总结构。三年级开始，要从字、词、句教学为主逐步过渡到以语段教学为主。准确地说，要在语段的背景下学习字、词、句。

3. 语段的教学。语段也叫句群，是由表示一个中心意思的前后连贯的两个以上句子组成的语言单位。一般来说，语段是由在语义上有逻辑关系、在语法上有结构关系、在语气上衔接连贯的一组句子组成的。从三年级上册开始，要有语段意识，逐步增加语段教学的时间和机会，提高语段的理解和写作的能力。

（1）指向语段意义。语段是一种有意义的言语现象。苏联心理学家列夫·维果茨基认为，一个语段的意义代表了一种思维形态和一种言语现象的混合，以至于很难说清它到底是一种言语现象还是一种思维现象。没有意义的语段是一个空洞的框架。因此，意义是语段的标准，是语段不可缺少的组成部分。从这一角度看，它可被视作一种言语现象。

本单元主要是理解和概括语段。其方法主要有：

①摘句法。这种方法比较简单，就是直接从文章中摘出现成的句子作为段意。一是摘总起句、总结句、中心句。这种句子往往是这一段记叙、描写或议论的中心，因此，可以摘取它们作为段意。

②串联法。这种方法适用于段中无重点句，各叙述层次地位相当时概括段意使用，往往可抓住一段中的几个要点，把它们串联起来。如果一个语段只有一个自然段，先看看这段有几句话并了解每句话的意思，接着找出每句话中的重点词或中心词语，然后把这些词语连起来，组成一句通顺的话。

③取“主”法。无论是一篇文章还是一段话，都有主要内容和次要内容。在一个由几个自然段组成的段落里，与段的中心联系密切的详写的语段，就是重点语段。归纳段意，就以重点语段的意思为段意。

（2）指向语段结构。语段教学要注意处理好两个整体与部分的关系：其一，语段的内在联系。先让学生阅读语段，把握语段表达的整体含义。然后再去梳理每个分句之间的逻辑关系，读懂语段的结构方式。最后再去关注语言的表达。其二，语段与篇章之间的包含关系。语段的存在相对独立但并不孤立，表达的段意往往是与整篇文章的思想情感一致的，表达的方式也是与整篇文章的风格相符的。

梳理结构。可以对语段结构进行初步梳理，以便了解语段的基本框架。

分解层次。可以分析一个语段中句与句之间的层次关系，以便形成初步的层次意识。

建构图式。在梳理结构、分解层次的基础上，要从具体事例抽象出语段的构建模型，采用“思维导图”把语段的结构形象化。思维导图运用图文并重的技巧，把各级主题的关系用相互隶属与相关的层级图表现出来，把主题关键词与图像、颜色等建立信息链接，是掌握语段结构特征的有效方法。

（3）指向语言表达。从三年级上册开始，要有语言意识、探究意识和表达意识。

第一，语段的朗读。朗读是精读课文教学的重要方式，也是语段教学的好办法。三年级上册的朗读要特别注意三点：一是多种形式的读。有学生的比较朗读，有教师的示范朗读，还有某一学生的多次反复朗读。读的能力只有在读的反复实践中才能得到提高。二是读与评的结合。从读到评，先读后评，读中有评，评中有读，读评结合，相得益彰。读的改变是在评价和指导中逐步实现的。三是要有学生的自我认识。读的过程是建立在学生自主认识和评价的基础上的。

第二，语段的探究。语段是句与句的结合体，它既是句群的基本格式，又是组成自然段的基本材料。与其说它是语言的材料，不如说它是思维的成果。学习语段是一个思维的探究和发展过程，可用四步法探究其表达力。

为什么写	为什么写这个语段？写有什么好处？不写是否可以？
写了什么	先写什么？再写什么？写这些内容是否妥帖？
怎么写	它的结构怎么样？用了哪些写作方法和修辞方法？
写得怎么样	主题怎样？结构怎样？修辞怎样？语言怎样？

从三年级上册开始，开展经常性的探究学习，可使学生逐步内化语段意识，促进其语段表达能力的不断提升。

第三，语段的仿写。“写”是语言表达的有效方式，可以把语段教学与写话教学、习作教学结合起来，进行片段训练。片段训练主题明确，时间短暂，评改及时，效果落实。仿写语段的形式主要有仿其神、仿其文、仿其格。其中仿写格式是最为有效的。

4. 习作的教学。三年级是习作的起始阶段，在第一学段写句子、写话的基础上，写好一段话。“围绕一个意思写”是本单元的重要习作要求。本单元的习作应该明确的几个要求是：

（1）习作的定位。这是三年级上册的一次习作练习，是小学起始阶段的习作，应该以仿写为主。这也是一次要求较为全面的正式习作课，要展开习作的各个环节和具体过程。

（2）习作的类型。这是一次给材料习作，要把观察、口语交际、阅读与习作结合起来。这也是一次起始阶段的指导性习作，教师的具体指导在先，学生的习作在后。要把审题、写话、评改、交流结合起来。所以，本次习作呈现一种“一体化”综合性学习的态势。

（3）习作的样式。这是一次语段阅读后的“总分结构”片段训练。

（4）习作的内容。主要是写景色。可以看图写景，也可以先观察后写一个片段。

（5）习作的步骤。

习作的题目：《这儿真美》

发现美丽的地方

观察美丽的地方

介绍美丽的地方

写出美丽的地方

具体有三个要求：一是试着运用从课文中学到的方法。二是围绕一个意思写。三是用上本学期学过的词语。

交流评改习作

具体有三个要求：一是让学生读读自己的作文。二是让学生自己修改错别字。三是让学生把自己写的片段读给同学听。

（四）设计的要点

基于“一体化”的思想，本单元目标、主题、内容的教学设计思路如下：

1. 目标的一体化。根据对本单元课文的解读和单元教学要求，提出本单元的一体化教学目标：

（1）基础目标。一是初步培养喜欢读写有关写景文章的兴趣和态度。二是初步学习描写美丽景色的重点词语、语段和古诗。三是初步培养学生热爱祖国美丽景色的朴素情感，渗透山水文化。

（2）特色目标。学习“围绕一个意思写”的表达方法。

（3）提高目标。运用总分结构学写自己熟悉的美丽景色。

2. 主题的一体化。单元组文教学重要的是加强教学主线的整合，形成一个主题教学的大格局。本单元的主题可以确定为“围绕一个意思写”。与之相关的课文语段见下表。

课文	围绕一个意思写
18《富饶的西沙群岛》	第2自然段、第4自然段、第5自然段
19《海滨小城》	第1自然段、第3自然段、第4自然段、第5自然段、第6自然段
20《美丽的小兴安岭》	第2自然段、第3自然段、第4自然段、第5自然段

以上12个自然段是本单元教学的重点语段。当然不是平均用力，而应区别对待。可以采取两种策略：一是一篇带两篇，主副搭配。《富饶的西沙群岛》为主，《海滨小城》《美丽的小兴安岭》为副。二是先扶后放，强化自学。在教学《富饶的西沙群岛》时，要重点学习第2自然段；在教学《海滨小城》时，要重点学习第1自然段；在教学《美丽的小兴安岭》时，要重点学习第2自然段。其他语段则应把学习的主动权交给学生，以学生的自主学习为主。

其推进线索可以是：理解→巩固→运用→迁移。如下图：

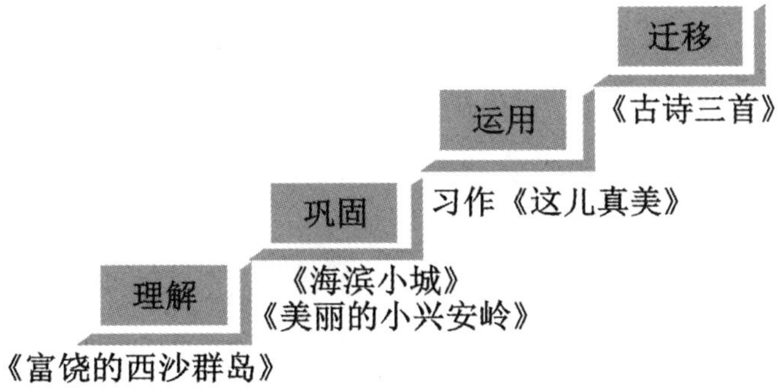

3. 内容的一体化。本单元的教学可设计“一体化”的四个大板块：

板块一　篇章页 + 《富饶的西沙群岛》 + “语文园地”的“词句段运用”

板块二　《海滨小城》 + 《美丽的小兴安岭》

板块三　“语文园地”的“交流平台”（口语交际） + 习作《这儿真美》

板块四　《古诗三首》 + 默写《望天门山》

对照课文的编排顺序，这里有三个改变：一是第17课《古诗三首》从首篇移到最后一篇，体现的是从具体形象到抽象概括的过程。以读、背、默写古诗结束本单元更具有逻辑性和仪式感。二是把“语文园地”的有关栏目与课文教学有机结合，组成一个“一体化学习单元”，体现的是学用结合的教学理念。三是把口语交际与习作教学有机联系起来，先说后写，以读带写，以写促读，体现说写结合、读写结合的思想。这就是一种一体化内容设计的样式。

重点研讨

1. 单元组文学习的优点在哪里?
2. 单元组文学习的重点在哪里?
3. 单元组文学习的难点在哪里?

第九章　精读课文

内容提要

基于单篇课文的学习，对统编教材中的精读课文学习目标、内容、结构、程序、策略、评价指标六个方面进行了初步的学理分析，并提供了第一、第二、第三学段精读课文设计的典型案例（设计及点评）。

统编教材中的课文有精读课文、自读课文（在课题前标明“*”）之分。其中精读课文是传统的，但也是最基本、最重要的。它的设计和实施的优劣直接影响语文课堂教学的样式和效果。

一、精读课文教学设计的要求

从课型看，统编教材小学语文课有精读课、自读课（在课题前标明“*”）。其中精读课是基本的、传统的。下面主要阐述精读课的有关设计要求。

（一）精读课的教学目标

一般来说，一篇精读课文分两课时教学，不同的课时有不同的教学目标。

第一课时：（1）建构本课的阅读话题。（2）掌握本课的生字词。（3）正确、流利地朗读课文。（4）了解课文要点及主要内容。[第一学段暂不安排第（4）项内容。进入第二、三学段后，对（2）（3）两项要求主要通过课前预习及课堂反馈予以落实。]

第二课时：（1）第一学段以了解词句的意思和感受课文内容为主，第二学段重在把握课文结构以及关键词句表情达意的作用。第三学段主要从文体、表达顺序、关键词句去体悟课文的思想感情，把握它的表达方式与方法，体会其表达效果。（2）熟读课文，进行语言理解、积累和运用。（3）安排单项练习、读写结合的练习及拓展性阅读。

（二）精读课的教学内容

1. 词语教学。包括正确读写、理解词义和积累运用。三类重点词语是：生字生词、熟字生词、熟字熟词（词义、词性发生变化的词；在文章中起关键作用的词）。理解词义是词语教学的重点，积累和运用词语是词语教学的关键。

2. 句子教学。(1) 理解句子的三层意思：①表层意思，即字面意思。②句内意义，即句子的语境意义，联系上下文理解。③句外意义（言外之意），即言在此而意在彼而产生的意义。(2) 理解文中句子与词语的关系。理解句子的主要方法：①从句子中的重要词语入手。②从分析句子在文中的位置入手（针对在文章中起结构作用的句子）。③从分析句子的修辞手法入手（针对有特殊作用的句子）。另外，还有联系上下文理解、联系生活实际理解、联系时代背景理解、抓主干理解句子、直观演示理解句子等。

3. 语段教学。语段教学的关键是把握语段教学的性质，使小学生掌握语段的基本要素及其作用，明确语段的基本要求和方法，掌握连句成段的方法。重点语段不仅包含文字、词汇、句子、标点、修辞、逻辑的知识，还涉及中心、选材、层次、表达等技巧。因此，在阅读教学中把字、词、句、篇的教学与语段教学结合起来，就能给学生以具体、深刻的印象，并能起到举一反三的作用。

4. 篇章教学。包含四个内容：(1) 理清文章思路。(2) 把握课文的主要内容。(3) 了解课文的中心思想。(4) 体会课文的思想情感。在不同学段，应有所侧重地加以训练。

5. 朗读教学。朗读教学对于理解文章的涵义、积累语言表达、发展语感具有重要意义。中国小学语文朗读训练的基本要求是：正确、流利、有感情。

6. 默读教学。默读的基本要求是：(1) 要集中注意力，依靠视觉把文字直映到大脑阅读中心，不用指读、唇读、数读，更不能出声。(2) 达到一定的速度。第三学段阅读速度每分钟不少于 300 字。(3) 注意默读的效果，能边读边想。

7. 复述教学。其基本形式有：(1) 详细复述。主要适用于第一、二学段。(2) 简要复述。适用于第二学段。(3) 创造性复述。①改变顺序复述。把运用倒叙、插叙的课文改为顺叙。②改变人称复述。把第二人称的改为第三人称，把第三人称的改为第一人称。③改变体裁复述。(4) 扩充内容复述。

（三）精读课的课堂结构

课堂结构指的是在一定的教学理念指导下，为完成一定的教学目标，对构成教学诸元素，在时间、空间所系统设计的组合方式和程序。

1. 以先进的教学理论为指导设计课堂结构。两个基本点：(1) 教师的主导与学生的主体的最佳结合。(2) 教法与学法的最佳整合。

2. 全面、合理地制订课堂教学结构的预期目标。所谓全面的教学目标，从大的方面来说，它包括认知目标和情意目标。所谓合理的教学目标，是指预期的教学目标要适合学生的接受能力，这样才能促使“最近发展区”向“现实发展区”转化。

3. 对教学诸元素进行系统组装。课堂教学的主要元素有6个：教学目标、教学内容、教学方式、教学媒介、教学环境、师生素养。

组装是系统的时间结构和空间结构的统一，是立体而非线性的，是复杂的结构而非单一的“环节”。

组装的要点：(1) 结构的主轴是教学目标。(2) 结构的顺序是教学层次、教学坡度。(3) 结构的网络是人际交流（师生、生生）。(4) 结构的枢纽是知识体系。

组装的结构模型有分段式、直线式、圆周式、主题式、板块式等。如：

方法式：(1) 书读百遍，其义自见。(2) 不动笔墨不读书。(3) 读书要有疑，小疑则小得，大疑则大得。(4) 读书贵在运用。

阅读式：(1) 初读，感知大意。(2) 深读，理解内容。(3) 再读，突破难点。(4) 续读，体会情感。

语言式：(1) 感知语言。(2) 积累语言。(3) 语言转换。(4) 语言应用。

简约式：(1) 写好字。(2) 批好文。(3) 写好文。

根据研究，目前精读课的教学流程呈现“主题性”趋势：

以“知识理解”为中心的阅读教学流程：“解题→释词→分段→归纳中心思想和写作方法→练习”。这种流程致力于学生理解语文完整的知识系统，强调语文教学的工具性，而忽视了语文的人文性。只让学生理解语文工具的知识，而忽视培养学生运用这种工具的能力。

以“问题研讨”为中心的阅读教学流程：激情导入→出示学习问题→小组学习交流→班级交流学习分解情况→质疑交流。问题引发思维，所以这种流程有利于学生思维的发展。

以“读书”为中心的阅读教学流程：初读，感知大意→深读，理解内容→再读，突破难点→续读，体会情感。以“读书”为基本线索，较好地体现了阅读教学的特点。

以“过关”为中心的阅读教学流程：朗读，过整体感知关→品读，过语言感悟关→研读，过深入探究关→诵读，过积累运用关。这种流程以“过关”为基本环节，既有分层设计，又有分步要求，扎实而有效，其实质是“读书”。

以“方法”为中心的阅读教学流程：书读百遍，其义自见→不动笔墨不读书→

读书要有疑，小疑则小得，大疑则大得→读书贵在运用。这种流程致力于方法的学习和运用，流程框架设计，教学开放、大气。

以“语言”为中心的阅读教学流程：感知语言→积累语言→语言转换→语言应用。这是目前中国小学阅读教学具有现代气息的教学流程，它以学习心理学为指导，聚焦“语言”，指导学生经历语言学习的全过程，达到掌握语言之目的。

以“学生学习”为中心的阅读教学流程：独学（学生自主学习）→对学（同桌学生相互学习）→导学（教师指导下的班级学习）。这是笔者根据多年的阅读教学课堂观察和思考，提出的小学语文阅读课的现代结构流程：

小学语文阅读课的现代结构流程

板块一　独学（学生自主学习）

1. 阅读整篇课文。
2. 理解课文的情节内容。
3. 批注欣赏的内容。
4. 画出不懂的问题。

板块二　对学（同桌学生相互学习）

1. 交流自学情况。
2. 回答对方问题。
3. 讨论共同感兴趣的问题。
4. 联合提出还不懂的大问题。

板块三　导学（教师指导下的班级学习）

1. 交流课文的重点、难点和突破点。
2. 梳理课文的结构、层次和联系。
3. 学用特殊的语言表达方式。
4. 总结规律性语文知识。

下面是一位教师对六年级下册第15课精读课文《真理诞生于一百个问号之后》（2课时）的教学设计：

板块一 理解一个句子

在文中找出一个能解释题目意思的句子。

板块二 复述一个故事

从课文中选择一个故事讲给大家听一听。

板块三 加深一种体会

结合三个精彩故事对应说说题目的意思。

板块四 掌握一个绝招

揣摩本文在写作上的一个“绝招”。

板块五 摘抄一个警句

摘抄一个鞭策自己不断努力的警句。

上述设计把全文分为五个板块进行教学，教学内容既有内容理解，又有技巧揣摩，还有能力训练，目标明确，重点突出；教学过程从理解到复述、体会、揣摩、摘抄，步步深入，扎实有效，值得我们学习参考。

（四）精读课的教学程序

1. 整体领先，细节落实。一篇课文的阅读教学，是教师多种能力的综合体现。阅读教学贵在整体领先。由于文章主题和表现对象呈现出的多义性，同一个文本，不同的执教者会因不同的阅历背景、解读角度得出不同的文章主旨。而一篇文章一旦进入教材体系，它将凸显出其教学价值。由于涵盖了字词句篇、语修逻文等多种因素，文本便凸显出诸多的教学点。教师对一篇文本主旨的把握是否准确、深入、独到，对教学点的确定是否准确、适切，将直接决定着课堂教学的成败。阅读一篇文章时，当然要具体阅读多种细节，但是细节必须服从整体。阅读教学要在整体指导下落实细节的阅读。

2. 感知在先，理解在后。感知是指客观事物通过感觉器官在人脑中的直接反映。理解是逐步认识事物的联系、关系直至认识其本质、规律的一种思维活动。“感知在先，理解在后”是由人的阅读心理决定的。在心理活动中，先有感知，再有理解。只有充分的感知，才有准确的理解。因此，在阅读教学中，必须有足够的时间让学生充分感知。在阅读感知中，应特别注意培养学生的整体性感知，珍视学生的个性化感知。

3. 口语领先，读写跟上。初入学儿童普遍存在口语超前、书面语滞后的状况。这是语言的发展、儿童的生活、教育等一系列因素造成的。从语言的发展来看，书面语是在口语的基础上产生的，是口语的加工形式。口语是第一性的，书面语是第二性的。从儿童的发展来看，从婴儿降生起，耳边就开始伴随着口语，在有意无意的学习中，他们的口语得到了长足的发展。而书面语是必须等到孩子读书认字后才正式接触。因此，语文教学肩负着一个重要的使命，在儿童已有口语发展的基础上，通过学习语文，大量的读写，促进儿童口语和书面语同步协调发展，让学生的语言逐渐向逻辑严密、条理清晰、结构紧凑、用词精准的书面语发展，同时提高口语表达的能力。

4. 学生先行，教师后置。阅读教学过程，从根本意义上来说是学生作为认识的主体，在教师的指导下有目的地获取知识、建构意义的过程。“满堂灌”之所以为语文教学所不取，是因为它破坏了学生自主能动地感知、思考、探索的过程。现代教育的特征是充分发挥每一个学生的主观能动性，让每一个学生主动地学、个性化地学。中国的小学阅读教学正朝着“生本教育”“学本课堂”方向发展。最典型的做法是在阅读教学中指导学生使用“学习单”的设计。

低年级是阅读教学的起始阶段，课文内容浅显，篇幅短小。一般来说，学生只要能正确、流利地读出课文，也就大体上理解了课文内容。古诗内容较深，学生只要能读会背，对内容的理解不做硬性要求。这样看来，低年级的阅读教学主要是读，特别是朗读。在反复、逐步深入的朗读中强化识字，积累词句，了解课文内容。一篇低年级课文的教学顺序可以安排为：

（1）初读：读正确。

（2）熟读：读流利。

（3）理解地读：读出感情。

低年级“三读式”教学程序，体现了“以读为主，寓讲于读”的精神，符合“书读百遍，其义自见”的传统经验。同时又加强了识字和朗读训练，利于为语文学习打好基础。这一教学程序如果用两课时的话，第一课时就是“熟读、识字”，第二课时就是“理解地读、写字”。

中、高年级学生已经认识了2000多个汉字，有了一定的阅读能力。在这种情况下，阅读教学应更加放手，让学生自读自悟，让学生在自读的基础上发表自己的见解。为此，一篇课文的教学顺序大致可以安排为：

（1）自读自悟：读通、读懂。

（2）汇报交流：深化、提升。

（3）读背说写：积累、运用。

（五）精读课的教学策略

一般策略：

以建构主义心理学为指导，精读课的一般教学策略有：

1. 前置性学习策略。正式学习课文之前安排预习、练习、研习等，为理解课文内容奠定前提性基础。

2. 抛锚性学习策略。创设开放、大气的教学情境，把学习内容放置于大的背景之中，为学习提供广阔的空间。

3. 二次性学习策略。师生关系上，先学后教。生生关系上，先学生“独学”，后学生“群学”。学习程序分步进行，展开学习过程。

4. 图解性学习策略。利用“学习导图（表）”帮助学生理解重点、难点，梳理学习内容和关系，形成知识结构体系。

5. 比较性学习策略。采用各种形式的比较，发现异同，加深对知识的理解和掌握。

6. 表现性学习策略。把内化的知识通过说、写、做等外部方式表达出来，以检验学习效果。

学段策略：

第一学段精读课的重点策略：1. 培养阅读习惯和兴趣。2. 训练朗读方法。3. 落实字、词、句练习。4. 加强写字。5. 重视语言积累。

第二学段精读课的重点策略：1. 学习有感情地朗读课文。2. 初步学会默读，学习略读。3. 培养理解和运用词句的能力。4. 培养概括文章主要内容的能力。5. 突出语段教学。

第三学段精读课的重点策略：1. 学会预习课文，养成预习的习惯。2. 学习文章的表达方式。3. 初步掌握常见文体的阅读方法。4. 学会归纳文章的中心思想。5. 进行拓展性阅读。

下面是周卫华老师介绍的精读课“十读法”，具有良好的操作性，提供给大家参考。

一读课文，了解课文大意（能说出课文的主要内容）。

二读课文，了解课文每个自然段的意思（学习概括段落大意）。

三读课文，了解课文各部分的意思（初学分段）。

四读课文，提出质疑（不理解的句子与词语能主动提出来）。

五读课文，发现课文重点词句，并说出自己的理解。

六读课文，发现作者遣词造句的技巧（品读词句）。

七读课文，发现作者观察事物的方法（读懂作者的描写顺序）。

八读课文，发现作者的表达方法（写作方法及表现形式等）。

九读课文，体验作者的思想感情（与作者平等对话，尽量从对方的角度体验作者的感情。）

十读课文，发表自己对课文的感想（有自己独立的见解。）

（六）精读课的评价指标

1. 目标整合。整堂课有明确的、简约的、可操作的教学目标，并且能整合“三维目标”。“三维”指的是知识与技能、过程与方法、情感态度与价值观。“整合”是指以主题为中心对三维目标进行关联、聚焦的优化设定。在教学目标的制订和实施中，充分凸显了本课所特有的教学目标和语言教学任务。

2. 板块设计。减少传统语文教学的流水线设计，在整体观照下进行单元组文构建、主题板块设计、分类分层实施。初步构建了课堂教学的“点、线、面结构”：语言点指向、线型动态流程、板块框架推进。站在“整体优化”的立场上，字不离词，词不离句，句不离篇，从全局到部分，从实践到认知，从感性到理性，从内容到形式。

3. 语言习得。把“语言”作为课堂教学的重点内容和教学主线。在“三境”（情境、语境、心境）的引领下强化“语言习得”，包括语言知识（字、词、句、段、篇、逻辑、修辞等）的学习，语言能力（听话、说话、阅读、习作、写字等）的培养、语言文化（汉字字源与演变、语言交际等）的渗透。课堂不仅有浓浓的语文味，还有语言重点训练项目。在理解语言内容的基础上进行语言现象的积累、语言表达的学习、语言迁移的训练，把“写”（写字、写片段、批注）挤进课堂。

4. 学生为本。学生是语文教学的客体，又是语文学习的主体。充分尊重学生的意愿和选择，调动学生学习的积极性，“还学”于学生，“让位”于学习。以学生的经验作为课堂教学的出发点，以学生的发展作为课堂教学的归宿。把学生投入语言学习的海洋，引导学生积极参与语文教学的各个阶段和每个环节，呈现“先学后教”“以学定教”的基本态势。

5. 师生对话。从“教师中心”“学生中心”走向“师生对话”“生生对话”。初步实现了“互动式”教学格局：师生情感上互动、师生知识上互动、师生方法上互动、师生思维上互动，乃至师生之间的整个心灵互动。体现了师生之间的共生、互利、双赢。教师是学生语言学习的首席导师，起编导、诱导、引导、教导的作用。

6. 气氛活跃。在基本保证语文课堂教学物理条件的基础上关注良好语言学习气氛的营造和维持。（1）有情趣的导课。（2）有未解的内容。用问题引导教学，使教学过程充满思维、想象的活力。（3）有感悟的环节。情有所感，理有所悟，使语文教学进入学生的情感领域、心灵之中。（4）有灵活的方式。接受性学习要有启发，自主性学习要有时间，合作性学习要有效率，探究性学习要有设计。（5）有余味的结课。少些句号，多些问号、感叹号、省略号和逗号。

7. 资源丰富。拓宽课程资源的渠道，鼓励和引导学生收集信息资料。除了课文文本外，要使用丰富多彩的其他学习资源：（1）寻找课文隐含的学习资源（主要是语言现象）。（2）利用课堂即时学习资源（学生的解读、教师的观点等）。（3）开发课堂外的学习资源。学习资源为教学目标的达成、教学内容的完成服务。

8. 特点鲜明。语文课堂切忌面面俱到，平均用力，要轻其所轻，重其所重。重要的是一节课要有鲜明的个性教学特点。依“特点”而教，据“特点”而学，在“特点”上给力。根据文体特征、语言特色、教学特长选用不同的教学策略和教学方式。

9. 教风朴素。删繁就简，清晰平淡。较好体现“素课”的理念：（1）生态自然的“素色”。（2）直接与文本对话的“素面”。（3）对课文高频反复的“素读”。（4）按语言原本意思理解的“素本”。课堂展示的是本色、简约、有效的“素文化”。

二、第一学段精读课文的设计

对阅读教学规范的追求

——统编教材一年级上册第一篇课文《秋天》教学设计与点评

执教者：浙江外国语学院本科学生　郭玉洁

点评者：浙江外国语学院教育学院　汪潮教授

第一课时

【教学目标】

1．认识“秋、气”等六个生字和木字旁、口字旁，会写“了、子”两个生字和横撇一个笔画。

2．朗读课文，认识自然段并划分。

3．结合生活实际，能正确运用重复性量词。

4．观察生活，能用“秋天来了，什么怎么了”造句。

【教学过程】

板块一　知秋天

1．结合生活经验了解一年四季。

2．学生尝试编写“秋”字谜语。

3．发现生活中秋天的现象：

树叶黄了、树叶落下来、天气凉了、同学们穿上了长袖的校服……

4．欣赏校园的秋天风景。

课文

qiū tiān
秋天

yì biān lǜ　　yì biānhóng
一边绿，一边红，
yì biān xǐ yǔ　　yì biān xǐ fēng
一边喜雨，一边喜风，
xǐ fēng de pà shuǐ　　xǐ yǔ de pà chóng
喜风的怕水，喜雨的怕虫

xiàoyuán de qiū tiān
校园的秋天

5．借助拼音自由朗读课文，读准字音，读通句子。

6．男女生分组读，朗读指导。

第一自然段：

▲“了”轻声：这里有两个特别的字“了”“子”，小朋友们发现这个字的拼音有什么特别的吗？（没有声调）没有声调帽子的字就是轻声。（跟读）

▲读轻声词要轻快、短促。请你跟老师读：凉了、黄了、叶子。

▲分组读：天气凉了，树叶黄了，一片片叶子从树上落下来。

第二、三自然段：

“一会儿”：跟读儿化音，注意半卷舌、短促。

7．老师范读。

板块二　赏秋天

1. 出示课文图片，发现课文的特点。

课文标题、序号、段落、插图……

2. 认识自然段，数一数课文共有几个自然段。

每一个部分的开头都空着两个字的距离，这就是自然段。我们可以在第一个自然段的前面标上“1”。

请学生学着老师的样子数一数，并依次标出自然段。

3. 聚焦第一自然段，寻找大自然的变化，随文识字：

天气凉了：

拼读领读“气”并组词。

树叶黄了：

◆树：出示“树”的左部分，发现与“木”字不同，引入“木字旁”。

◆“木字旁”是一个特别懂得谦让的偏旁，为了给右边的字让位置，它会悄悄地把最后一笔“捺”收回来变成“点”。

◆叶：出示“口字旁”和“口”字的对比图。猜测偏旁名。（“口字旁”）

◆开火车读“树叶”。

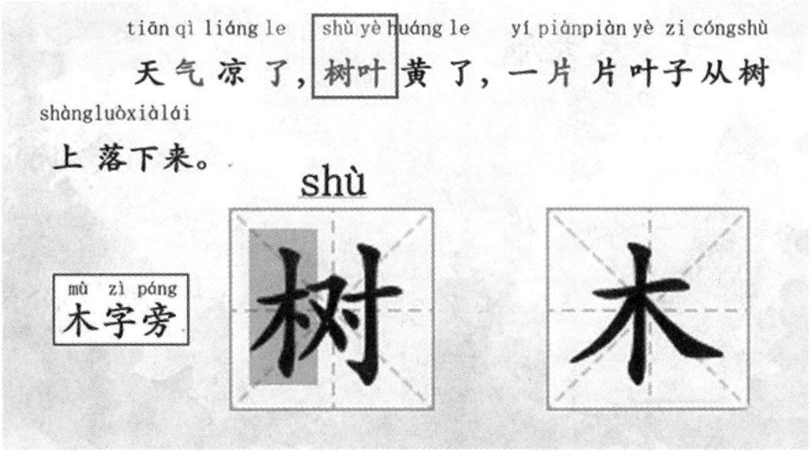

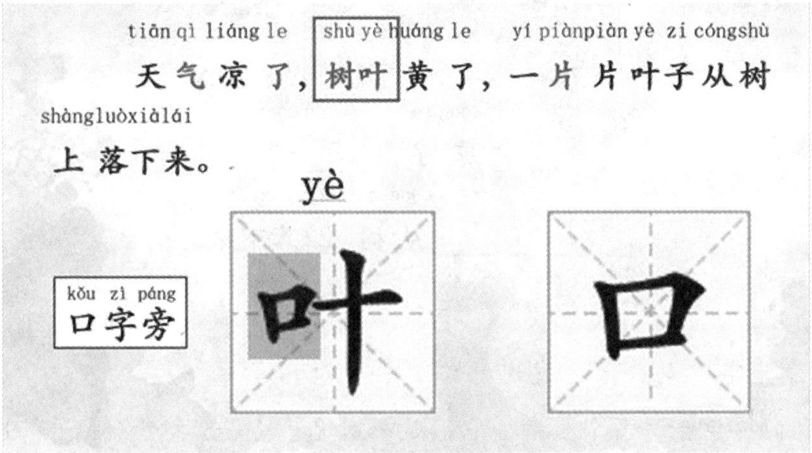

4．出示动态图片，发现“一片”与“一片片”的关系：

多了一个“片”字，数量就变多了。

5．朗读全句，读出树叶片片落下的情景：

谁能把这种树叶一片一片落下来的感觉美美地读出来？（抽读、齐读）

6．结合秋天美景图，正确运用量词：

秋天的景物还有很多，请你学着“一片片叶子”的样子，说一说从这幅图片中，你还看到了哪些景物。

7．内容总结，填空背诵。

liáng le　　　　huáng le

_____凉了，_____黄了，

cóngshùshàngluòxiàlái

____________从树上落下来。

写字指导：

1．观察生字“了、子”，发现记忆方法：

今天我们要学会写两个生字，它们是一对兄弟。（出示“了、子”）请你仔细观察，有什么好办法能区别它们？（“子”字多一横）

2．学写“了”字，指导写横撇：

横撇是我们今天要学习的一个新笔画，先写横，后撇过来，一笔完成。

3．学写“子”字，注意横画位置：

横画写得很长，横中线起笔，左低右高……

4．选择部分学生，用实物投影仪评价书写。

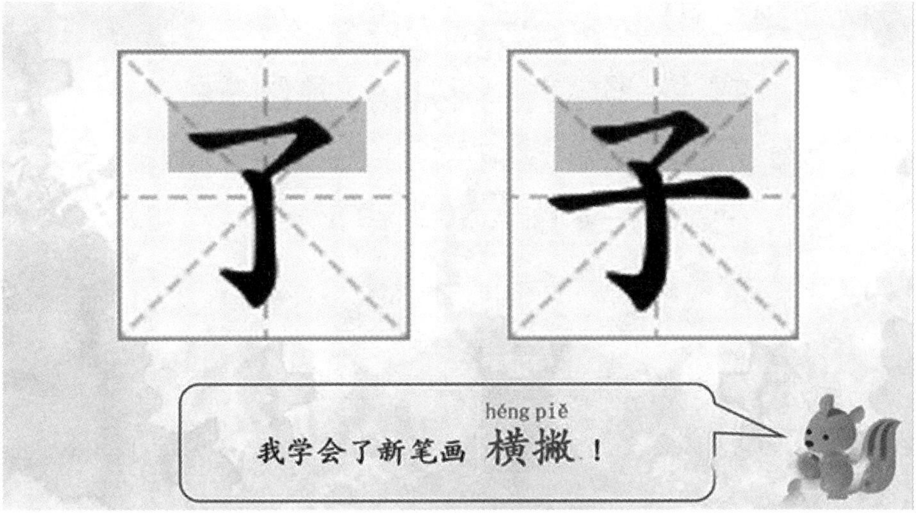

第二课时

【教学目标】

1．会认“大、会、飞、个”等生字；会写“人、大”；认识“人字头”。

2．读好“一”的变调。

3．能仿照“秋天来了，谁在做什么事”造句。

【教学过程】

板块一 复习回顾

1．请三位学生分别朗读三个自然段。

2．回顾第一自然段的主要内容。

板块二 品秋天

1．连接语。秋天的时候，除了天气转凉，树叶变黄，树叶从树上一片片地落下来，还有哪些事物也发生了变化？

2．自由朗读第一、二自然段，观察两个段落之间的区别。

第一自然段写的是秋天天空中的树叶，第二自然段写的是秋天天空中的大雁；第一自然段只有一句话，第二自然段有两句话。

3．体会第二自然段两句话的关系。

两句话可以删掉一句吗？（不可以）为什么？（因为第一句写的是天空，第二句

写的是大雁在天空中飞翔）

tiān qì liáng le shù yè huáng le yí piàn piàn yè zi cóng shù shàng luò xià lái
① 天气凉了，树叶黄了，一片片叶子从树上落下来。

tiān kōng nà me lán nà me gāo yì qún dà yàn wǎng nán fēi yí huìr pái chéng
② 天空那么蓝，那么高。一群大雁往南飞，一会儿排成
gè rén zì yí huìr pái chéng gè yī zì
个“人”字，一会儿排成个“一”字。

4．朗读课文，思考秋天的天空是什么样的。

朗读指导：

（1）“那么”就是“很”的意思，朗读时要加重音。

（2）借助课文插图，说说对图中天空的感受。边朗读边想象蓝色广阔的天空。（成语补充：秋高气爽）

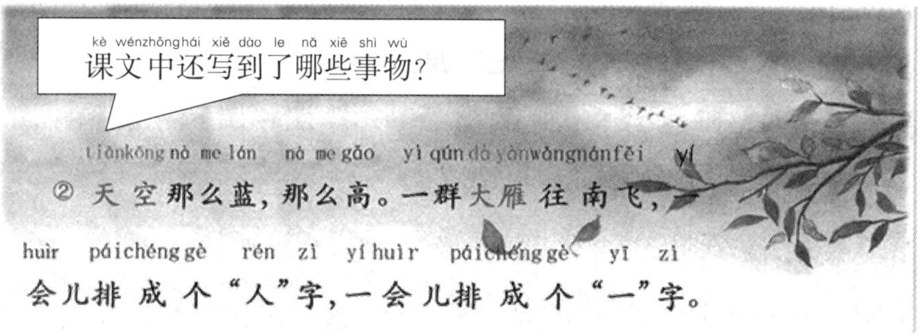

5．除了天空，课文里还提到了大雁。读一读写大雁的句子，随文识字“飞”。

（1）出示大雁展翅的图片，通过对大雁的动作画线引出生字“飞”。

（2）出示四张图片指导学生体会“飞”字的字义：

大雁南飞图——大雁往南飞；

落叶飞舞图——树叶在空中飞；

蝴蝶翩飞图——蝴蝶在花丛中飞；

空白图——学生自行想象一个“飞”的画面，引导抽象概念“歌声在飞、心儿在飞”等。

6．学习朗读“一”的变调。

（1）找找第一自然段中带有“一”的词语。（一片片）

（2）找找第二自然段中有几个“一”。观察几个“一”字读音的不同，将字与拼音一起圈出来。

（3）拼读训练“一群大雁、一会儿、一会儿、排成个‘一’字”，尝试造句。

（4）将这些带“一”的词语放回段落中朗读、感受并练习。

朗读指导：同样一段话中的“一”字读音忽高忽低，在读这段话时也要读出其中声调的高低起伏。

tiān qì liáng le, shù yè huáng le, yí piàn piàn yè zi cóng shù shàng luò xià lái
① 天气凉了，树叶黄了，一片片叶子从树上落下来。

tiān kōng nà me lán, nà me gāo. yì qún dà yàn wǎng nán fēi, yí huìr pái
② 天空那么蓝，那么高。一群大雁往南飞，一会儿排

chéng gè “rén” zì, yí huìr pái chéng gè “yī” zì.
成个“人”字，一会儿排成个“一”字。

à! qiū tiān lái le!
③ 啊！秋天来了！

yì　　yí　　yī

yì qún dà yàn　　yí piàn shù yè　　pái chéng “yī” zì
一群大雁　　一片树叶　　排成“一”字

tiān kōng nà me lán, nà me gāo. yì qún dà yàn wǎng nán fēi, yí huìr
天空那么蓝，那么高。~~一群大雁往南飞~~，~~一会儿~~

pái chéng gè “rén” zì, yí huìr pái chéng gè “yī” zì.
排成个“人”字，~~一会儿~~排成个“一”字。

7．认识“人字头”。

（1）出示“一会儿”中的“会”，让学生观察字形结构：上半部分和“人”字很像。迁移第一课时对“木字旁、口字旁”的学法，了解“人字头”。

（2）找出课文中还有一个带有“人字头”的字——“个”，指导：一个人。

板块三　赞秋天

1．课文的第一自然段和第二自然段分别讲了哪些事物？（天气、树叶、天空、大雁）

2．填空指导背诵。

tiān qì　shù yè　yí piàn piàn yè zi
①天气________，树叶________，一片片叶子______________。
tiān kōng　yì qún dà yàn
②天空________，________。一群大雁________。

3．朗读感叹句，赞美秋天。

这些都是秋天特有的景象。当我们感受到天气凉了，看到一片片叶子落下来，看到很蓝很高的天空和往南飞的大雁，我们发现了什么？我们发出了怎样的感叹？

读第三自然段：啊！秋天来了！

朗读指导：

（1）观察第三自然段和前两个自然段的不同点：有感叹号。

（2）有感叹号的句子应该读出什么语气？（感叹的语气）老师领读。

tiān qì liáng le　shù yè huáng le　yí piàn piàn yè zi cóng shù shàng luò xià lái
①天气凉了，树叶黄了，一片片叶子从树上落下来。
tiān kōng nà me lán　nà me gāo　yì qún dà yàn wǎng nán fēi　yí huìr pái chéng gè rén zì　yí huìr pái chéng gè yī zì
②天空那么蓝，那么高。一群大雁往南飞，一会儿排成个“人”字，一会儿排成个“一”字。
à　qiū tiān lái le
③啊！秋天来了！

wǒ huì dú gǎn tàn jù
我会读感叹句！

写话指导：

1．理解例句格式：

“秋天来了，一群大雁往南飞。”写的是：在秋天，一群大雁（谁）在向南飞（做什么）。

2．仿照例句，就“秋天来了”还可以写哪些事物、怎么写？思考、讨论，并完成课作本最后一题。

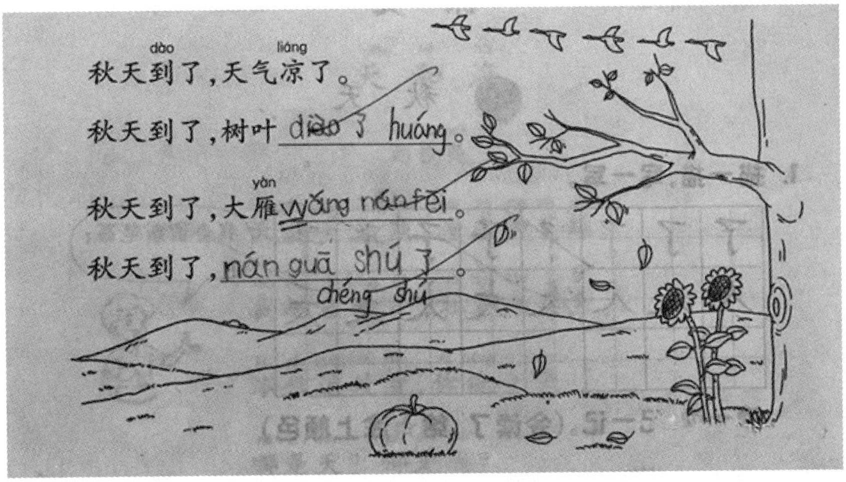

（学生作业）

PPT呈现四幅图片：大雁南飞图、落叶飞舞图、蝴蝶翩飞图以及一张空白图片。指导后鼓励学生自行想象创造。

3．写字教学“人、大”。

出示“人”和“大”两个字，请学生观察字形与结构中的相同点和不同点。

注意每个笔画在田字格中的位置，请学生跟随教师书空。

学生自行练写后教师讲评。

要点：

（1）“人”从上半段竖中线中间起笔，“捺”的起笔稍微向下。

（2）从“人”到“大”，“撇”要变“竖撇”；“长横”注意左低右高。

【总评】

《秋天》是统编教材编排的第一篇阅读课文，属于精读课文的范畴，这应该引起语文教师的高度关注。我认真看了这份教案的设计稿，并与杭州文苑小学特级教师魏丽君、宁波市实验小学特级教师杨春丽一起于2019年11月11日深入课堂认真观摩了这节课，听课后进行了议课和评课。下面是我的所思、所想、所观、所感：

作为本科生，还缺乏教学经验，所以，我们看其对文本的解读力比课堂执行力显得更为重要。从本篇课文的文本解读看，有4个明显特点：

1．小学语文教材首篇阅读课文。《秋天》是学生接触的第一篇阅读课文，应引导学生感受“阅读课文”的样式。这是从以前学习字词到学习句子、段落的一个飞跃，因此在教学中应渗透整体意识，强化朗读教学。例如，在课前出示课文页，引导学生整页看、全面读，关注有关信息。在本课教学中，教师采取了多种方式指导学生朗读，如教师范读学生跟读、男女生合作读、学生领读其他学生跟读、开小火车读等，一定程度上激发了学生朗读的积极性。需要注意的是，一年级学生刚刚迈入小学课堂，还没有形成朗读的意识和习惯，因此在朗读时教师要时时强调朗读规范要求，如朗读前把书立起来，读时不添字漏字，做到声音洪亮、坐姿端正等。

2．识字、拼音后的第一篇课文。《秋天》是编排在识字、拼音之后的一篇课文，就是说，它是识字、拼音与阅读之间的一座桥梁，是巩固、运用已学知识和技能的"演练场"。因此，本课教学要格外关注识字、拼音、写字知识的巩固运用。在本课教学中，教师首先出示需要学习的生字，请学生代表拼读，再请全班同学拼读，最后给生字组词加深印象，整个环节较为全面，对"树、叶"两字的偏旁也做了细致的分析。在本课中教师安排组词练习较多，弱化了拼音，导致"树"字的翘舌音多次读不准。

3．与时令"秋"同步的课文。本文的主题和内容是秋天，所以，本课教学除了学习课文中出现的事物外，还应围绕主题进行延伸，形成大知识背景下的学习。本课的延伸有以下几个思考方向：(1) 建立秋天的上位语文概念"四季"，让学生整体感知，体会到秋季是一年中的一部分。(2) 联想生活中与秋天相关的事物。(3) 秋天，既不是书面语的"秋季"，又不是简称的"秋"，它在表达上体现了口语化色彩。(4) 引导学生潜心会文。"秋"字左边是"禾"，右边是"火"，这两个象形字在前面的识字《日月水火》一课中已经学习过，而且都有相应的图形，可以让学生在回顾的基础上发挥想象，进行联系，自主识字。

4．依文插图的散文类课文。这是一篇文质兼美的散文，开启了学生课文学习的新篇章。统编版教材的插图色彩明丽、富有童趣，是非常宝贵的语文资源，在教学中教师应充分加以运用，做到资源利用最大化。《秋天》一课的插图展现了松鼠、枯草、落叶、大雁四种具有秋天特色的意象，可以结合课文的"一"字句加以练习。

根据对本节课的现场观察，提出两个建议：(1) 趣味性。要体现一年级的特征，一年级上册的阅读课不要上得太像"阅读课"。要适当淡化阅读课型的固定模式，注重阅读规范的渗透和阅读兴趣的培养。(2) 灵活性。一年级学生在课堂上活动有余，思维跳跃。教师要有容错的态度，并利用错误的信息及时生成"教学资源"。如学生错说课文有六个自然段，教师应及时跟进，妥善处理。又如，在给"气"字组词时，学生混淆了"气"与"汽"，教师也应及时纠正。

《荷叶圆圆》（一年级下册）教学设计与点评

设计者：杭州市笕桥小学 徐俊

点评者：浙江外国语学院教育学院 汪潮教授

【教学目标】

1．在短语、句子、课文等的朗读中掌握生字的音、形、义，通过字理分析、归类拓展等强化形声字的学习。

2．借助文本重复叙事的结构和典型句式，整体感知文本内容，熟读成诵，积累语言，迁移运用。

3．借助字形、结构、笔画的对比，把生字“叶、机、朵”书写正确、工整、匀称。

【教学过程】

一、破题开篇

1．板画“荷叶”。

（1）这是什么？（板书：荷叶）

（2）教学“荷”字。（边讲书写，边讲造字：“荷”字上下结构，上面“草字头”，表示跟植物有关；下面写个姓何的何，表示读音。一部分表示意思，一部分表示读音，这样的字叫“形声字”。）读，组词。

这节课，我们还会认识很多形声字。

（3）教学“叶”字。

“荷叶”的“叶”，字很简单，想写漂亮却不容易。看看田字格里的“叶”字，告诉大家，哪个笔画最重要。

教师在田字格里范写“叶”字，学生同步书空。

学生在作业本上描、临“叶”字。

评价，再写。

2．读“荷叶”。

3．说话训练（出示句式：“荷叶　　　　”）

用句式说话。（荷叶圆圆的。荷叶绿绿的。）

把两句话并成一句话。(荷叶圆圆的，绿绿的。)

读句子“荷叶圆圆的，绿绿的”。

4．补充课题。板书“圆圆”，读“荷叶圆圆”。

5．板画更多荷叶。

二、初读课文

1．教师范读。

2．学生自由读课文。

3．读准生字，正确朗读短语（课件呈现）

摇（yáo）篮（lán）　　停机坪（píng）　歌台　凉伞

眨着亮晶晶（jīng）的眼睛　展开透（tòu）明的翅（chì）膀（bǎng）

呱呱地放声歌唱　笑嘻嘻（xī）地游来游去　很美很美的水花

4．整体感知。

哪些可爱的小家伙跟荷叶在一起玩呢？找出来。

分自然段指名朗读课文。(板书：小水珠、小蜻蜓、小青蛙、小鱼儿)

5．读词语。叫一叫这些可爱小家伙的名字：“小水珠、小蜻蜓、小青蛙、小鱼儿”。

6．字词教学。

珠：王（玉）+朱=珠；泪珠、汗珠

蜻蜓：蝴蝶、蚯蚓、蚂蚁、蝌蚪、蜘蛛

青蛙：青蛙的青，没有虫字旁，是红橙黄绿青蓝紫的青，表示颜色。青蛙是青绿色的。

小鱼儿：小鱼儿很可爱，在普通话里，读儿化的词，一般表示可爱的。

小的：小孩儿、小手绢儿、小脸蛋儿……

三、精读课文

1．熟读成诵。抓重复句式，借助板画诵读。

我们把这些可爱的小家伙也画到黑板上好吗？读得好听才能把它们请到黑板上来。(指导朗读每个自然段后一句，并板画“小水珠、小蜻蜓、小青蛙、小鱼儿”。板画的同时，板书并理解生字“躺”“立”“蹲”“游”。)

小水珠在哪里呢？——联系课文读句子：“小水珠躺在荷叶上，眨着亮晶晶的眼睛。”(板书“躺”）读生动，熟读成诵。

小蜻蜓在哪儿呢？——联系课文读句子：“小蜻蜓立在荷叶上，展开透明的翅膀。”（板书“立”。扩展，小荷才露尖尖角，早有蜻蜓立上头）读生动，熟读成诵。

小青蛙在哪儿呢？——联系课文读句子：“小青蛙蹲在荷叶上，呱呱地放声歌唱。”（板书“蹲”）读生动，熟读成诵。

小鱼儿在哪儿呢？——联系课文读句子：“小鱼儿在荷叶下笑嘻嘻地游来游去，捧起一朵朵很美很美的水花。”（板书“游”）读生动，熟读成诵。

2．品读对话。抓住关键词，诵读体会喜爱。

小水珠可喜欢荷叶了。看看小水珠是怎么说的——小水珠说：“荷叶是我的摇篮。”（摇篮，晒着太阳，摇啊摇啊，滚来滚去……）读生动，熟读成诵。整小节连起来读读，背下来。

小蜻蜓可喜欢荷叶了。看看小蜻蜓是怎么说的——小蜻蜓说：“荷叶是我的停机坪。”（停机坪：小蜻蜓在天上飞累了，停在荷叶上，风轻轻地吹着，好舒服啊……）读生动，熟读成诵。整小节连起来读读，背下来。

小青蛙可喜欢荷叶了。看看小青蛙是怎么说的——小青蛙说：“荷叶是我的歌台。”（小青蛙最爱唱歌了，蹲在荷叶这个小歌台上，挺着胸脯，可神气……）读生动，熟读成诵。整小节连起来读读，背下来。

小鱼儿可喜欢荷叶了。看看小鱼儿是怎么说的——小鱼儿说：“荷叶是我的凉伞。”（小鱼儿在凉伞下干什么呢？……）读生动，熟读成诵。整小节连起来读读，背下来。

四、写字

1．观察结构。（出示生字：机、朵）

这节课还有两个生字要写。请仔细看看，这两个生字有什么不同？（结构不同：“机”左右结构，“朵”上下结构；“木”不同：“机”的“木字旁”第四画是“点”，要写得小一点，因为要让右边的“几”，“朵”下面“木字底”扁一点，横画要长；“几”不同：“机”右边的“几”瘦长，最后一笔是“横折弯钩”，“朵”上面的“几”扁一点，第二画是“横折弯”，不带钩）

2．教师范写。“机、朵”。（学生同步说笔顺书空）

3．学生描红。（注意握笔、书写姿势和描红规范）

4．交流评价。

5．再次书写。

《咕咚》（一年级下册）教学设计与点评

设计者：杭州市笕桥小学　徐俊

点评者：浙江外国语学院教育学院　汪潮教授

【教学目标】

1．在听故事、读故事、说故事的过程中，学会认真倾听、规范表达、正确流利地朗读，对读故事、讲故事产生浓厚兴趣，并对读好故事、讲好故事充满信心。

2．在句式的帮助下了解故事的主要内容，并能借助句式说说故事梗概。

3．在听、说、读故事的过程中学习生字、词语，依靠已学习的写字要领，分析生字的结构和关键笔画，把字写匀称。

【教学过程】

一、听故事

1．听故事。

认真听教师讲故事，想想故事里出现了哪些动物。（教师范读）

2．说“人物”。

黑板上的哪些动物出现在故事里，哪些动物没出现在故事里？（出示动物名称：兔子、狐狸、猴子、小鹿、松鼠、狮子、野牛、大象、老虎。先读动物名，注意轻声，再说话，把话说完整。）

二、解课题

1．揭示课题。

“咕咚”一声，真好玩。看着教师认认真真地把“咕咚”两个字写在黑板上。（板书课题，读课题）

2．学习象声词。

“咕咚”是什么？（木瓜掉在湖里的声音。你还听过什么样的声音？）

三、读课文

1．自由读。

这么有趣的故事，小朋友们来讲更好玩儿。你们愿意当“故事大王”吗？那就先读好这个故事，等会儿老师请你们来试试。（自由读课文）

2．分段读。指名分段读课文。

3．全文读。指名一位小朋友读全文。

四、说故事

1．说好一句话。

这个故事挺长的，有三百多字。想讲好这么长的故事，咱们要先把一句话说好。(板书句式，学生口述：________都被“咕咚”________，只有________)

预设：兔子、猴子、狐狸、小鹿、山羊都被“咕咚”吓着了，只有野牛。

2．说好几句话。

能把一句话说好了，怎么就能把它变成几句话。(板书句式，学生试说：________，突然________，一边跑，一边喊：“________”)

预设：兔子正在湖边玩儿，突然听见湖里传来咕咚一声。它吓得拔腿就跑，一边跑，一边喊：“‘咕咚’来啦！‘咕咚’来了！”(板书：突然，拔腿就跑)

猴子正在树下玩耍，突然听见兔子慌张的叫声，也跟着跑起来，一边跑，一边喊：“‘咕咚’来啦！‘咕咚’来了！”(板书：慌张)

还有谁啊？(板书句式，学生练说)

狐狸________，突然________，一边跑，一边喊：________________。

小鹿________，突然________，一边跑，一边喊：________________。

山羊________，突然________，一边跑，一边喊：________________。

3．学会简单说。

森林里的动物可多了，要是一个一个都这么说，说上三天三夜也说不完。怎么办呢？课文里有个好办法。(范读：狐狸呀，小鹿哇，一个跟着一个跑起来。)

谁也能这么简单地说一说？(学生练说，朗读指导)

4．加上故事的开头，说一说。(板书：森林、湖边）形成完整板书：

森林　湖边

兔子　突然　咕咚　拔腿就跑　一边跑　一边喊

猴子　慌张

狐狸

小鹿　乱哄哄

五、情境学词

动物们都被“咕咚”吓着了，真有意思。黑板上有好几个词语，都是说动物们

被吓着了呢，你能找出来吗？（拔腿就跑、慌张、乱哄哄）

再次指导朗读相关句子。

六、写字

1．观察结构。

这节课有四个生字要写（出示生字：棵、传、乱、树）。要写好字，结构很重要。请仔细看看，这四个生字都是什么结构的？（三个左右结构，一个左中右结构）

左右结构的字有什么特点？（左让右）

看看这三个字，左边是怎么让右边的（棵："木字旁"的横要短，"点画"要小，给"果"的"横"和"撇"让出位置；传："单人旁"要瘦，"撇画"要竖起来；乱："舌"的"撇""横"要短，和下面的"口"是平的。）

2．教师范写。"棵、传、乱"（学生同步说笔顺书空）

3．对比结构。

树是左中右结构的，写的时候要注意什么？（也要左让右，中间要最谦让，三个部分都很瘦）

4．范写"树"。（学生同步说笔顺书空）

5．学生描红。（注意握笔、书写姿势和描红规范）

6．反馈评价。

7．再写。

【总评】

小学语文姓"小"，小学一年级语文更"小"。因为"小"，所以不能高、精、深，因为"小"，所以要简单。简约地教一年级语文，是一种智慧。从《荷叶圆圆》和《咕咚》的教学设计看，徐俊是一位有教学智慧的语文教师。

1．教学目标确定的智慧。教学目标是整堂课教学的"指南针"。一年级语文课的方向在哪里？培养学生良好的语文学习习惯；借助文本的语言素材，让学生在一定句式和思维的支撑下学习规范地表达；以文本为实践材料，学习正确、流利地朗读课文；培养认真识字和书写的态度，把字词读正确，把字写规范、工整、匀称。

《荷叶圆圆》是典型的以重复的叙事结构和句式展开的小童话，看似简单，没什么好"教"的。如何让这篇课文的教学不"贬值"？徐俊的教学智慧在简洁的目标中表现得淋漓尽致："在短语、句子、课文等的朗读中掌握生字的音、形、义，通过字理分析、归类拓展等强化形声字的学习；借助文本重复叙事的结构和典型句式，整体感知文本内容，熟读成诵，积累语言，迁移运用；借助字形、结构、笔画的对比，把生字‘叶、机、朵’书写正确、工整、匀称。”

《咕咚》是一篇经典的童话，故事很长，语言很生动。如何让教学从“故事分析和感悟”的陷阱里跳出来，真正上成一堂“学习语言文字运用的实践性、综合性”的语文课？徐俊对这一课的目标定位，让学生“在听故事、读故事、说故事的过程中，学会认真倾听、规范表达、正确流利地朗读，对读故事、讲故事产生浓厚兴趣，并对读好故事、讲好故事充满信心；在句式的帮助下了解故事的主要内容，并能借助句式说说故事梗概；在听、说、读故事的过程中学习生字、词语，依靠已学习的写字要领，分析生字的结构和关键笔画，把字写匀称。”就是这篇经典的童话故事的“指南针”，让精彩的教学细节和板块设计不至于南辕北辙。

2．教学板块设计的智慧。设计决定成败。一堂课，40 分钟时间的分解和学习任务设计，决定着教学任务的完成。这是一堂课设计中的智慧，承载教学细节的精彩，也支撑着教学目标的有效达成。

《荷叶圆圆》教学设计的四个环节非常简洁、清晰、高效。“破题开篇”环节，即非常务实地从识字、写字、朗读和说话训练入手，营造了语文味十足的教学氛围，让语言文字的学习变得自然而轻松。

“初读课文”板块，可以想象，教师读得有声有色，学生读得兴致盎然，在熟读成诵的过程中，学生轻轻松松地把握住了文章的整体内容，水到渠成地将众多生字的读音难题化解在语境中，将形声字学习、归类识字和儿化音融入阅读中去。

“精读课文”部分，教师紧抓课文重复叙述的结构和典型句式，借助板画，让学生在有声有色的朗读训练中实现了熟读成诵，实现了语言范式的习得和内化，让课后“背诵课文”的任务在课堂上完成。这样的设计，不仅是生动、有趣的，更是轻负、高效的。

《咕咚》的设计，更为巧妙。将如何讲好这么一个并不短的故事，分解成“说好一句话，说好几句话，学会简单说，加上开头说”这么几个一气呵成、行云流水的听、说、读、写实践的阶梯，让学生充满自信、满怀乐趣地在句式操练、记忆训练、概括训练等过程中，把故事的表达结构和生动语言融入自己的言语和思维建构。这不仅是语言的学习，更是语言能力的实践和习得。

3．教学方法选择的智慧。这两个一年级语文教学设计，在细处的方法选择上非常精彩。

《荷叶圆圆》的设计很好地做到了识字、写字教学的范例。“破题开篇”环节

“荷”的音、形、义教学，“叶”的字形教学和书写指导；“初读感知”环节，借助短语朗读的字音教学；“朗读教学”环节形声字的分散式集中教学；最后环节充分展开的写字指导“五步骤”，将一年级繁重的识字教学任务有机融入整个阅读教学的每个环节，在语言环境和听、说、读、写的实践中，将识字教学的压力化解于无形之中。

“听”的能力训练和实践一直是语文教学的薄弱环节。在《咕咚》这课的设计上，学生一定“听”得投入，“听”的能力必定能得到扎实的训练：认真听教师讲故事，想想黑板上的哪些动物出现在故事里，哪些动物没出现在故事里。先读动物名，注意轻声，再说话，把话说完整。不仅是“听”的能力，“说”和“读”的实践也无痕地整合在“听”的任务完成过程中。

这两篇一年级的教案，看似没有精彩纷呈的教学氛围营造，也没有环环相扣、引人入胜的精彩设计，更没有洋溢着“高、大、上”的教学思想，但在简约的教学目标、简单的教学板块和简洁的教学方法中，表现了一个语文教师的真实水平。

三、第二学段精读课文的设计

“有预测阅读”是怎样进行的

——三年级上册《总也倒不了的老屋》的实录与点评

执教者：义乌市福田小学　朱振超

点评者：浙江外国语学院教育学院　汪潮教授

【学习目标】

1．通过学生预测同学难读的字、难写的字，有针对性地进行生字词教学，达成本课生字词的认读、识记、书写目标。

2．巧用旁批，让学生顺着故事情节预测，感受预测带来的充满乐趣的阅读体验，产生预测意识。

3．通过学生预测同学在这节课获得的能力，和旁批比较，和同学比较，归纳出预测的方法，激发阅读预测的兴趣。

点评1：策略学习的目标落实。一是学习目标聚焦在“预测”这一重点上，使课堂要求明确，任务清楚，力量集中。二是“预测”这一重点学习目标具体落实，能渗透到课堂的各个环节、整个过程。表现在预测难读的字或难写的字、预测故事情节、预测在这节课获得的能力等方面。

【学习重、难点】

在旁批的提示中，顺着故事进行预测，比较预测，感受预测带来的乐趣，激发学习预测方法的兴趣。

【学习过程】

板块一　借用生字，体验预测

1. 激发兴趣。

师：今天这节课，老师给大家带来了小奖品，猜猜这个金币的作用。

（对学生的想法进行激励性评价）

师：咱们不卖关子了，这金币是奖励给今天预测得准的同学的。

（板书“预测”）

2. 唤醒意识。

（1）预测字音。

师：咱们先来体验一下什么是预测。

（出示生字喵、叽、孵、凑）

师：这里有本课的几个生字，请你们来猜测一下，哪一个生字可能同学们不认识，不容易读？

生1：第三个字。

师：你选这个字的依据是什么？

生1：因为这个字的笔顺有点多，有点看不清，所以有可能会读成其他字。

师：你的依据说得很仔细，大家说依据的时候可以向他学习，讲得清楚明白。这里有两个字大家应该会读。

生：喵、叽。

师：你来猜测一下，后面这两个字读什么？

生2：后面这个字应该读“孵”。因为这个字里面有个“卵”，所以我觉得应该读“孵”。

师：你是因为“卵”，想到了“孵”，想法独特。那最后这个字你们猜猜读什么？

生3：读“奏”。因为这里有演奏的“奏”字。

师：你会联系学过的字，很好。老师教大家，这两个字，包括这些字，它们都是——

（课件出示“形声字”释义，生齐读“形声字”和释义，用形声字法指导孵、凑的读音。）

师：很聪明，有了声旁，这个字的读音你们就给凑出来了。这两个字的读音，我们是根据形声字的构字法给它推想出来的，因此，有依据的猜测就是推想（板书：依据，推想）。

（2）预测书写。

师：这几个生字你们认识了，那要是会写，就更厉害了。请看这几个生字。请大家预测一下，哪个字同学们容易写错？

（出示生字洞、准、墙、壁、蜘、蛛、漂、晒、撞）

生1：壁。因为上面那个“辛”字容易写成幸运的“幸”字。

生2：准。因为这个字笔画很多。

师：那我们就来写一写这个笔画多的“准”字。请大家抬起手，老师写在黑板上，大家跟我书空。

点评2：策略学习的设计自然。结合本课的生字和写字教学，引导学生初步了解“预测”的样式和意义。这样的教学设计，既亲切自然，又提高了课堂教学效率，更为重要的是在识字环节就初步实施了本课的“预测”策略。当然，识字环节可适当后置，并提倡在语境中识字。

3．提出验证。

师：课后作业如果同学们猜的字都读对了、写对了，全班金币奖励。

4．概念引入。

师：刚才同学们对生字进行了猜测，又根据依据进行推想，对事物进行猜测和推想就叫作预测。

师：这节课老师要带大家去预测故事。预测准确的人，可以奖励金币。集满三枚金币的同学可以被授予“预言家”称号。

板块二 巧用旁批，初探预测

1．预测角色。

画图预测。

师：今天要学的这个故事里，有3个小动物，我想让大家来预测一下。看老师画，猜猜是谁？说的时候要有依据，预测不是胡乱猜。

(画猫)

生1：这是一只小猫，因为耳朵尖尖的、脸圆圆的。

师：刚才猜对的这位同学你来说说，当你知道你预测对了的时候，心里有什么感受？

生1：很开心，很有自信。

师：开心、自信，所以奖励给你这枚金币。想继续吗？

生1：更想继续了。

(画母鸡)

生2：这是一只兔子，我的依据是这个侧面看起来像兔子，像有长耳朵。

师：你是从轮廓形状上预测的。还有很多同学摇头了，老师可以告诉你，这不是兔子。当你知道你的预测不对的时候，你心里有什么感受？

生2：我下回会更仔细看，想得更好一些。

师：你发现偏差了之后会想要修正想法，很好的态度，那你还想继续吗？

生2：一定要继续。

师：那老师再画两笔。你最快，你说。

生3：小鸡，因为那个弯弯的是翅膀，有尾巴。

师：还可以再准确，我再画完整，最后一次机会啊！

生3：母鸡，因为有蛋。

师：预测准了。预测对的同学更想继续，没预测对的同学及时改变自己的思路，再进行预测。

(画蜘蛛)

生：(异口同声）蜘蛛。

师：哈哈，你们都预测对了，送给大家每人一枚金币。你们会发现，当你预测对了一件事物的时候，会很开心。现在大家知道了有3个小动物，我们一起走进这个故事。

点评3：策略学习的方法巧妙。这里安排对本课的角色进行预测，这就使本课教学有了一个基本的“思维点”，对于学生的进一步学习有图式引领作用，从一个点引发一条线，这是一种构建“脚手架”式的教学思想。

2．巧用旁批。

（1）咱们一起走进这个故事。音频引入旁批小助手。

（2）出示课题。预测情节。

师：请同学们预测一下，老屋为什么不会倒？

生1：这房子用砖块造得很坚固，台风也吹不倒，所以不会倒。

生2：因为老屋是老房子，一直都在，所以不会倒。

师：这是你们的预测，我们听听旁批小助手怎么说。

（出示音频：老屋总也倒不了，是被施了魔法吗？）

（3）比较同学和旁批的预测，思考旁批小助手预测的依据。

师：你们说说看，小助手这么预测的依据是什么？

生3：因为屋子这么老还不倒，身上可能有魔力。

生4：因为图上面有张脸，房子长着脸，就是有魔法的。

点评4：策略学习的比较理解。通过学生的认知和课本上批注的对比，认识“预测”的不同方法和结果。这样就引导学生与文本进行深入的对话。难能可贵的是，这是“先学生后教材”的一种学本设计，为了教学的简约性，建议批注内容不必改为音频。

3．预测“倒下”。

（1）提出预测。

师：题目说总也倒不了，我们反过来想一想，老屋为什么要倒呢？

生1：因为它很老，瓦片都破了，所以要倒下。

生2：有人要把它拆掉，造其他的新房子。

（2）思考依据。

师：刚才两位同学的预测大家都听明白了，你觉得哪位同学的预测比较有道理？

生3：我觉得是第一个，因为房子太老了，坚持不住了。

生 4：我觉得是第二个，他说得没错，老屋不坚固会倒下来压到人，所以要拆掉建新房子。

师：老师觉得这两位同学说得都有道理。咱们来看看故事是怎么说的。

（出示第一自然段，师读）

（3）验证预测。

师：和你们预测的一样吗？

生 1：因为它已经一百多年了，太老了。

生 2：因为窗户都变成了黑窟窿，门板也破了洞，所以要倒了。

师：是的，而且这里有一句话：它很久很久没人住了。哪位同学来读一读这句。（朗读指导）

师：你读这句话的时候心里有什么感受？

生 3：已经很长时间没有人来了，很孤独。

师：所以老屋觉得没有人需要它了，它不被人需要，太孤单，这就是老屋要倒下的真正原因。

4．预测情节。

师：如果你是老师，你会让同学们预测什么？

比较同学的预测，说说不一样的地方和依据。

5．小猫片段。（预设学生选取小猫）

（1）出示第二、三自然段，师生合作读。

（2）提出预测。

师：老屋会答应吗？

生 1：老屋会答应，因为老屋活了 100 多岁，是一个有良心的老屋，所以会同意。

生 2：我觉得会，因为之前很久没有人陪伴，现在有伙伴陪它，它需要陪伴。

师：你们的想法都有依据，咱们来看看小助手是怎么想的。

（出示音频：图中的老屋看上去那么慈祥，它应该会答应吧！）

师：你们说说小助手是依据什么来预测的。

生：插图。

师：是的，观察插图，感觉老屋慈祥，会答应。你们刚才的预测和小助手的预测比较一下，感觉谁的理由更充分？

生1：小助手的，因为插图画得很清楚，看着很慈祥，会同意。

生2：我们的，因为之前没有伴侣，现在有伴儿了，老屋会开心。

（3）验证预测。

师：大家都有依据，看插图确实是一个好的方法。我们来验证一下。

（语段出示，男生读）

师：现在的老屋被小猫需要了，小猫需要老屋的帮助。于是，第二天……（出示语段，师读）

点评5：策略学习的意识强化。本课是“预测单元”的第一篇课文，重要的是不断强化预测意识，用预测的方法进行阅读。这里通过一系列预测的训练，对形成学生“预测”意识，掌握预测的方法是很有帮助的。

板块三 猜读验证，探究预测

1．预测发展。

师：故事里三个角色是有先来后到的顺序，看完了小猫的片段，来预测一下，三个角色的先后，你的依据是什么？

2．母鸡片段。

（1）出示表格。

好了，我到了倒下的时候了！	小猫	一个晚上	我找不到一个安心睡觉的地方。	喵喵，谢谢！
再见！好了，我到了倒下的时候了！	小鸡			

（2）观察表格，预测要填的内容。

师：同学们看这个表格，这里有三处是空着的，根据上面小猫的内容，你来预测一下，这里可能会填什么？

生1：这里应该填时间。

生2：这里应该填要求，理由。

生3：这里应该填“叽叽，谢谢”。

师：是不是像你们说的一样，请看。

（出示语段，师读）

（3）同伴预测。

师：请这位同学起立，班里你的好朋友是谁？请他起来。你来预测一下，如果你这位好朋友是老屋，你的好朋友会怎么想？

生1：他会觉得又有人陪他了。

师：好朋友，你是这么想的吗？

生2：基本对。

师：你们确实是好朋友，了解彼此。再来一对。

生3：他会有点不耐烦了。

师：好朋友，你是这么想的吗？

生4：不是。我觉得我应该让给母鸡。虽然有点麻烦，但是我要同伴。

师：你们这对好朋友还要再多多交流，更了解彼此。刚才这位同学想的和小助手一样，咱们来听听。

（出示音频：我想老屋可能会不耐烦了）

点评6：策略学习的主体转移。这里安排了“同伴预测”是颇有意义的。教学重心从教师“主导”转移到学生“主学”，学生之间组成了“学习共同体”，发挥了学生之间的互帮互学作用。

（4）思考依据，感受老屋品质。

师：你们说说小助手这么讲的依据是什么。

生1：因为昨天小猫说要住，现在又来一个母鸡，所以不耐烦。

生2：来的人太多，不让他倒了，所以不耐烦了。

师：你们觉得老屋会不耐烦吗？

生1：不会，因为老屋有一颗善良的心，不会看着小动物没地方去。

（板书：善良）

生2：因为它会为了有伴帮助这些小动物。

（板书：乐于助人）

师：所以你们是从哪里预测出老屋会帮助他们而不会倒的？

生3：题目说的。（板书题目）

师：我们还可以从题目中去寻找依据进行预测。这里倒不了说明老屋同意帮助母鸡了。

（5）验证预测。

（出示语段，师读）

（6）出示文段表格。

好了，我到了倒下的时候了！	小猫	一个晚上	我找不到一个安心睡觉的地方。	喵喵，谢谢！
再见！好了，我到了倒下的时候了！	老母鸡	二十几天	我找不到一个安心孵蛋的地方。	叽叽，谢谢！

师：和你们预测的哪里一样，哪里不同？（相机指导规律）

（7）单独出示第10自然段，生齐读。

（出示音频：一读到这句话，我就知道，一定又有谁来请老屋帮忙了）

师：同学们，你们有和小助手一样的预测吗？

生1：因为之前每次要倒下都有小动物来找它帮忙。

生2：肯定有，不然黑板上就不会画只蜘蛛了。

师：你也是根据插图来预测，学了方法就能用，厉害。接下来，说到蜘蛛，蜘蛛就来了。

点评7：策略学习的深度推进。在“预测”策略中，预测与验证是紧密相关的，两者缺一不可。预测是基础，验证是保证。前者是情感性驱动问题，后者是理智性判断问题。先预测后验证，是一条科学的掌握策略之路。

板块四 归纳方法，习得预测

1．蜘蛛片段。

（1）出示表格，观察规律。

好了，我到了倒下的时候了！	小猫	一个晚上	我找不到一个安心睡觉的地方。	喵喵，谢谢！
再见！好了，我到了倒下的时候了！	老母鸡	二十几天	我找不到一个安心孵蛋的地方。	叽叽，谢谢！
一样的语句	小动物	时间	理由	感谢
再见！好了，我到了倒下的时候了！	蜘蛛			

（2）同桌合作，预测故事。

师：之前我们已经找到了表格的规律，那现在，蜘蛛的时间、理由和感谢应该是什么呢？请同学们合作，预测一下，然后把你的话组织成一个关于蜘蛛的小故事，讲给同桌听。给大家5分钟时间。

师：咱们请两位同学来说说他的小故事。

生1："等等，老屋。"从旁边传来一个细小、瘦弱的声音，原来是一只蜘蛛。"老屋，就让我住几年吧，我到一个地方就要织一个网，去另一个地方又要织一个网，实在太麻烦了。就让我住几年吧，这样我只要织一个网就可以了。"老屋说："好吧，我就让你住几年吧！"时间到了，蜘蛛慢悠悠地从老屋的门洞里爬出来说："谢谢，谢谢！"

生2："等等，老屋。"一个很细很细的声音传来。原来是一只蜘蛛。老屋看了看蜘蛛说："你有什么事情需要我帮忙吗？"蜘蛛说："我要织网，过几天就要下雨了，下雨了我的网就破了，又得找地方织网了，很麻烦。就请你让我住几晚好吗？"时间到了，蜘蛛从老屋里爬了出来，说："老屋，谢谢！"

（3）引导旁批。

师：掌声送给这两位同学。你们听完会发现，这两个故事虽然时间不同、理由不同，感谢的话也不同，但是有一个地方是相同的，就是蜘蛛在需要帮助的时候，老屋的回答。老屋是怎么回答的，我们听听小助手的预测。

（出示音频：我猜到了老屋会怎么回答。）

师：老屋一定是怎么回答的？

生：肯定会说："好吧，我就再站几天。"

（4）思考依据。补充预测方法。

师：你们是根据什么依据预测到老屋肯定这么回答？

生：因为之前老屋对小猫和母鸡都是这么说的，从前面那几句话里，联系上下文。

师：所以联系上下文，从故事内容里找，还有读故事的经验都是我们一个很好的依据。我们读过那么多的书，所以对故事都有了一定的经验，这个读故事的经验可以帮助我们很好地进行预测。

师：故事还在继续。

（5）验证预测。

点评8：策略学习的实际操练。本课基于学生，安排了多次学生的操练，使学生在反复的练习中加深对"预测"策略的认识。策略具有很强的实践性，应该通过学生的亲身经历，逐步达到对预测的深入理解。

2. 猜读结尾。

（1）读到这儿，你们猜猜接下来故事会怎么样？小助手有话说。

（出示音频：老屋可能还会遇到其他需要帮助的小动物。）

师：可能会有哪些动物，你说。（生举例）

师：很多，故事的结尾终于来了，听。

（2）出示表格。

再见！好了，我到了倒下的时候了！	小蜘蛛	一会儿	我找不到一个安心织网抓虫的地方。	老屋老屋，我给你讲个故事吧！

师：这就是我们刚才的表格，你们的预测和结尾有不同吗？

生：最后感谢那里。

师：是的，蜘蛛最后没有说感谢，而是说给老屋讲个故事吧！

3. 文情相合。

师：故事读到这里就结束了。你们预测一下，老屋什么时候会倒呢？

生 1：我预测不会倒，因为它会一直帮助小动物们，所以不会倒。

师：你说得有道理，小助手你说呢？

（出示音频：小朋友们真棒，我也估计老屋不会倒了。）

师：就算蜘蛛离开了，其他小动物也会需要老屋，我们的老屋也是期待着被大家需要，这是老屋总也不倒的真正原因。

4. 归纳方法。

师：你们的预测很准，因为你们找到了依据，你们的依据都是用什么方法去找的？（对照板书）

生：插图、题目、读故事的经验、故事的内容、联系上下文。

师：你们都概括得很好，这都是帮助我们预测故事的方法。

点评9：策略学习的初步整理。“预测”是小学阶段的第一个策略，对学习程序和方法的整理显得很有必要。“总结”主要是教师的教授行为，“整理”主要是学生的学习行为。通过整理，内容更系统，方法更清楚，策略也更凸显。整理也为后续学习提供了迁移的条件。

5. 结课。

师：这么热心肠的老屋确实不应该倒，我也看到了你们的善良、可爱。大家成功预测了一个故事，我就恭喜大家都成为预言家。孩子们，这个世界需要你们，未来也需要你们，希望大家以后都能够成为被需要的人。下课！

【总评】

《总也倒不了的老屋》是统编教材第一个策略单元的首篇课文。由于处于这样的特殊地位，对其课的深入研讨就显得很有必要。下面结合本课教学，从学习的角度提出在策略单元中关于首篇课文学习的三个问题：

1. 策略的学习定位。从认识程度看，策略单元首篇课文学习的定位是形成策略意识，使学生对策略产生一种整体感受和使用策略的兴趣和向往。从学习内容看，策略单元首篇课文学习的定位是“显性内容”，应凸显策略的学习，而适当减少和降低常规教学的内容和要求。本课在这方面进行了积极的探索，既突出了“预测”的优先地位，又把“预测”渗透到了多个教学环节，这是难能可贵的。

2. 策略的学习过程。首篇课文的学习是一次关于“预测”的概念课，应积极展开学习的具体过程，让策略的学习在课堂中真正自然发生。这个学程遵循“感知→理解→练习→巩固→迁移”的前行方向。从本课实录看，基本符合这个学程，因而使课堂进展有过程、有层次，也有增量。

3. 策略的学习方法。课堂上学习策略，有其特殊要求，不宜过多讲解策略，而应采取较为有效的转化方法：(1) 罗列图表。通过图表，使学习系统化和可视化。既自成体系，又简明扼要。(2) 对比理解。比较是一种双向思维，比单向的学习更加丰富和有价值。(3) 实际操练。策略是一种谋略和理性表达，需要通过实践操练，使策略转化为具体应用。本课教学基于学生，让学生参与多次预测的练习，使预测策略不断具体化和行动化。

四、第三学段精读课文的设计

语言，在“特点”中习得

——五年级下册第21课《杨氏之子》课堂实录与点评

执教者：浙江省苍南县巴曹镇第二小学　缪志木

点评者：浙江外国语学院教育学院　汪潮教授

师：同学们，古代有很多东西，跟现在都是不一样的。知道那个时候的学校叫什么吗?

生：私塾。

师：古代的学校有叫私塾的，也有叫书馆的。知道古代的老师叫什么吗?

（教师让学生说说古代老师和学生的称呼，再让一男生和一女生把自己的姓氏写到黑板上。）

师：孩子们，那时候把有学问的人称作“夫子”，老师是有点学问的，所以称为“夫子”，夫子称自己的学生为“弟子”。这一节课，我们就以“夫子”和“弟子”相称。

师：弟子们好。

生：夫子好。

师：古代男人和女人在行礼方面是不同的，男人是一拉长袖，向前一拜，女人是把双手放在右腰边，顺势一弯。（师模仿男人和女人礼节上的区别）

生：（哄笑，脸上的紧张状荡然无存）

点评1：根据课文的文言文特点组织课前谈话。师生通过课前的文言文谈话，对学生进行古文化的熏陶。谈话中点到的“夫子”，即是课文中要解决的一个文言词语，此乃教师的精心设计。这样的导课，还能有效地拉近师生之间的情感距离。

师：这一节课，夫子将要带着弟子们去学习一个发生在古代的小故事，读——

生：（读）杨氏之子。

师：“杨氏”在古文中的解释有很多，这里单指姓杨的人家，那么“杨氏之子”呢?

生：是指姓杨的人家的儿子。

师：很好，那么姓曹的（指着学生的板书）就是——

生：曹氏之子。

师：姓马的就叫——

生：马氏之子。

师：姓张的就叫——

生：张氏之子。

师：这样叫行吗？

生：（马上意识到）不行，应该叫张氏之女。

师：是的，古代的这个“子”字啊，一般都是指男性的。好，给大家一个机会，请弟子们各用上自己的姓氏说说自己。

点评2：学生第一次接触文言文，执教者没有无限展开，而是直接告诉学生，这里的“杨氏”指的是姓杨的人家，合情也合理。而且执教者利用学生的板书，通过迁移，让学生加深对课题的理解。

师：（过渡）那这篇课文写了杨氏之子的什么事呢？请看大屏幕。

（出示学习提示一：自由读课文，读好第一遍的，可以继续读第二遍、第三遍，把课文读通顺，边读边想，这篇课文与我们学过的课文有什么不同之处。）

师：读好第三遍的同学可以站起来，继续读第四遍。

师：好，大家都读完三遍了。谁先谈谈自己的发现？好，你先来。

（学生谈自己的发现，如文本排列、没标点等，教师简介文言文的特点）

师：请诸位再去读读课文，拿起笔，你认为这个小故事到哪里是一句，就在那里加个句点，就是圈个圈。因为那时候的古文是没有标点的。

师：夫子欲读，诸位想听否？

生：想。

师：拿起笔，边听边给课文加上正确的标点。（教师有意在句号处停下）

师：（出示原文）请诸位看看原文，你所加的标点是否跟原文相同，把自己与原文不相同的标点改过来。

点评3：根据小学课堂教学特点体现一种“慢”的艺术。执教者善于等待，等待不仅仅是学生心理的需要，更重要的是能照顾到学困生，让每个学生都有读完三遍的机会。我们再来看看，教师对文本的处理，也是很有特色的。教师有意将文本进行重组，将55个文字竖着排列，且不留一个标点，让学生在初读的时候，就能感受到文言文的特点，从而通过教师的介绍，让学生明白文言文与白话文的区别。

师：孩子们，有道是“书读百遍，其义自见”。请大家结合“学习提示二”再去读读课文。

（出示学习提示二：再读课文，用上看注释与联系上下文的方法，试着读懂每句话的意思，也可以和同桌做个交流。）

师：弟子们，读明白了吗？谁先站起来做个汇报？你读懂哪一句就汇报哪一句。

（师生之间进行交流，随机引出理解文言文的几种方法）

师：弟子们，从刚才的汇报中听出了这是一个怎样的杨氏之子？可以用自己的话说说，也可以用书上的一个词。（出示：__________的杨氏之子）

生1：聪明的杨氏之子。

师：不错，能用文中的一个词来说说吗？

生2：聪惠。

师：“惠”是生字，我们一起把它写好。（板书：聪惠。一起写“惠”字）“惠”字是什么意思？

生3：同“慧”，是智慧的意思。

师：你是怎么知道的？

生3：旁边的注释里写着的。

师：很好。这就叫看注释，看注释是读懂文言文最常用的一种方法。

点评4：根据学法特点引领学生主动学习。“读懂哪一句就汇报哪一句”。不错，做到以生为本，一切以学生为主。通过学生的汇报、交流，挖掘文本的内涵，突出人物的特点，并在交流中对学生进行学法指导。看注释和联系上下文，是学习文言文最常用的两种学习方法。在课堂上，教师有必要进行学法指导。

师：那么，文中哪些地方体现了杨氏之子很聪明？请弟子们再去读读、画画、想想，写写批注，养成“不动笔墨不读书”的好习惯。

生1：夫子，我认为“儿应声答曰：‘未闻孔雀是夫子家禽。’”可以体现杨氏之子的聪慧。

师：（出示第五句话）读。能说说你的理由吗？

生1：应声答曰，就是马上回答，能马上回答孔君平的话，说明他很聪明，很有智慧。

师：妙哉！那夫子读孔君平的话，你马上回答杨氏之子的话。“此是君家果。”

生 1：未闻孔雀是夫子家禽。（师生反复读对话）

师：还可以从这句话的哪些地方看出杨氏之子的聪慧？

生 1：还可以从没听说孔雀是先生家的鸟看出他的聪慧。因为孔君平姓孔，他就拿孔雀来比喻。

师：这里不叫比喻，应该叫借用。哦，原来孔君平是拿杨梅来捉弄杨氏之子啊。杨氏之子马上用——

生 1：用孔雀来反驳孔君平。

师：好一个聪慧的杨氏之子，竟在孔姓上做起了文章，以牙还牙啊！你也很聪慧，居然读懂了这一层意思。诸位，在杨氏之子的话里，还有什么地方可以看出他的聪慧？

生 2：我们还可以从“未闻”一词中看出他的聪慧。

师：怎么说？

生 2：“未闻”是没有听说的意思，他说，没听说孔雀是先生家的鸟。这话听起来好委婉啊！

师：你真会理解。一个九岁的孩子能用很委婉的语气跟对方说话，真是不简单，是很聪慧。弟子们，捉弄杨氏之子的孔君平要是姓凤（毛）呢？你说杨氏之子会怎样回答？你说。

生 3：未闻凤凰是夫子家禽。

师：厉害。那要是姓毛呢？

生 4：未闻毛豆是夫子家果。

生 5：未闻毛驴是夫子家禽。

师：毛驴能说是禽吗？

生：不行。

师：怎么改？

生：夫子家兽。

生：夫子家畜。

师：我比较认同后者。多么巧妙而又委婉的语言啊！弟子们，这就是语言的艺术！弟子们，你们还从哪些地方读懂了杨氏之子的聪慧？

点评 5：根据语文学习思维特点推进教学过程。以读求悟，以悟促读，师生通过分角色对读人物的对话，让学生加深对“应声”的理解，对话还是文章的重点所在，执教者始终抓住对话不放，让学生通过反复的、不同形式的读，读出了一个“聪惠”的杨氏之子，读懂了文中的“家禽”与白话文中“家禽”一词的区别。再将“孔君平”的“孔”姓换成“凤”“毛”等姓，让学生真正学习并运用了语言的艺术。此亦本课堂教学特色所在也。

生1：夫子，弟子认为杨氏之子，除了很聪明以外，还是个很有礼貌的孩子。

师：好啊！夫子愿闻闻你的高见。

生1：为设果，果有杨梅。杨氏之子不仅会接待客人，还给客人摆上了水果，真有礼貌。

师：妙哉！妙哉！弟子真会读书。（出示第三句）读。

师：学到这里，夫子相信，诸位在理解的基础上，将会把古文读得更好。谁先读读？好，你先来。

师：读着读着，诸位肯定把全文背下来了，谁先来？有人说，第一个是天才。好，请你吧！能面朝着老师背背吗？

师：孩子们，下面请大家在课文中找出自己喜欢的一句，把它翻译在作业纸上。

（学生翻译，教师巡视，指名汇报）

师：都很好。夫子要求大家回去之后再去对照注释，有兴趣者，把全文翻译在作业纸上。

点评6：根据文言文教学的重点组织教学。文言文教学应该把重点放在朗读和理解之上。执教者把朗读定位在学生的理解层次上是对的，只有理解了文章的意思，才能把文章读好，才能读出古文的韵味；而理解的指标是能将文言文翻译成白话文。执教者又把翻译定位在朗读的前提之下，只求理解，不求翻译。“回去之后再去对照注释，有兴趣者，把全文翻译在作业纸上。”这一设计，有梯度，既让优等生吃好，又让学困生吃饱。

【总评】

文言文能很好地体现中华文化的魅力。教学本课应特别关注文言文的特点。根据课文的特点进行有特点的设计和有特点的教学。这堂课有三个“特点”值得借鉴：

1. 语文课程的特点。这节课始终紧扣语文课程的语言性，进行听、说、读、写教学。

2．文言文教学的特点。课中注重文言文的朗读与理解，做到“读悟结合”，突出文言文语言表达的特点。

3．学生学习的特点。本课能从学生的基础、情感、思维出发，做到“以生为本”，注重学生的学法指导和思维训练。

抓诗体，聚诗魂

——六年级上册第5课《七律·长征》教学设计

执教者：宁波市象山县丹城镇第五小学　孙忠心

点评者：浙江外国语学院教育学院　汪潮教授

【教学目标】

1．能说出诗中重点字词的意思，并能用自己的话说出整首诗的大概意思。

2．能找到“远征难”和“只等闲”的相应词句，通过想象诵读，感受红军不畏艰险的乐观精神和毛泽东豪迈的精神气概。

3．能说出七律诗体的特点，读出七律诗体的韵味，并能背诵。

课前准备：通过各种途径了解毛泽东和长征的相关情况。

【教学过程】

一读：读准读通

1．学生尝试读准读懂题目。

《七律·长征》包含两个内容：诗体名和内容名，中间用间隔符号隔开。

（1）利用两种途径理解“长征”的时间、里程、跨度、环境等相关内容：①充分利用学生已有的知识积累。②利用课文资料袋（略）。

（2）明确七律诗体的特点：七言律诗，每首八行，每行七字，共五十六字。

2．了解学生初读状况。

（1）学生尝试读准全诗。

（2）根据学情随机正音：五岭　　逶迤　　磅礴　　泥丸　　岷山

3．尝试读出律诗应有的节奏。

读诗和朗读课文有所不同，诗词的朗读是有节奏上的内在规律的。出示标记节奏符号的文本。尝试朗读，读出节奏，动笔记号，掌握朗读规律。（红军不怕远征难）

二读：读懂

1．尝试说意。我们的目标是要读出诗歌的韵味，前提是要理解诗歌。同学们能不能用自己的话来说说全诗的意思？

2．质疑问难。从学生的实际水平来讲，要讲清诗意是很难的，引导学生突破难懂字词的障碍。在此过程中充分发散学生的思维，培养学生善于提问的读书习惯，同时渗透学习方法。质疑问难的过程中不作细碎的讲解，而在全部质疑后，板块解决。渗透理解字词的四种方法：

（1）运用注解：五岭、乌蒙。

（2）字形想象结合字典查阅：逶迤、磅礴。

（3）联系生活：泥丸、细浪。

（4）前后联系：岷山、云崖。

3．再次说意。个体说→同桌说→指名说。

三读：悟情

1．尝试朗读。说出诗的意思后，你能凭着自己的理解，读出诗歌内在的情感吗？尝试读出诗所表达的情境和毛泽东同志的情怀。

2．深悟诗情。从“远征难”和“只等闲”两个方面来分层深入理解，并感悟诗人内含的情感。

远征难——万水千山

（1）学生通过具体诗句，尝试说出长征之难。

你是从诗歌哪里具体感受到的？默读诗歌，画出具体诗句，结合已有的知识，说说长征的艰难。（具体诗句：五岭逶迤、乌蒙磅礴、金沙水拍云崖暖、大渡桥横铁索寒、岷山千里雪）

（2）通过教师主导讲解，深悟长征之难。

教师整段表述，激情深化感悟：

五岭逶迤：五座山岭，逶迤连绵，位于湖南、江西、广东、广西四省交界处，你想想那是何等的崎岖漫长！80多年前，红军在饥寒交迫、缺医少药、前有堵截、后有追兵的状况下，硬是一步一个脚印闯出了一条路，你想想那是何等艰难！气势磅礴的乌蒙山，地形交错，环境复杂，空气稀薄，红军当时如此落后的条件，要翻越谈何容易！金沙江位于长江的上游。两岸悬崖峭壁，江中水流湍急，惊涛骇浪！红军到达江边时，所有的船只已被国民党军队控制，要渡江不可思议，不渡江，就意味着全军覆没！大渡桥横铁索寒，对此我们已有深刻的感受，回想当时红军过桥的情景至今还心惊胆战。岷山千里雪，我们学过一首诗：千山鸟飞绝，万径人踪灭，可千里积雪的岷山是没有人走的路的，要过雪山真是难于上青天。同学们，再想一想，红军那二万五千里长征只是翻五岭、攀乌蒙、渡金沙、夺泸定桥、爬雪山吗？(学生想象：万水千山）天上常有几十架的飞机轰炸；地上则有几十万大军的围追堵截，前前后后经历了大小300多次的战斗，才取得了长征的胜利！——远征难

不怕难——只等闲

（1）说——连词成段。

从哪里看出“只等闲”？你能像老师那样用一段话来说吗？

(具体诗词：腾细浪、走泥丸、云崖暖、更喜、尽开颜)

（2）读——表情达意。

同学们，有关诗歌，《毛诗序》中谓之曰：“情动于中而形于言。”可见，诗歌就是诗人内心思想的反映、感情的产物。再次尝试读出内含的情感。

四读：背诵

1．七律诗的文体知识。点明七律诗的文体知识，更有助于熟读成诵。诗体四联：首联、颔联、颈联、尾联。对仗：颔联和颈联必须对仗，首联和尾联可对可不对。押韵：二、四、六、八句要押韵（偶句），第一句可押可不押。平仄：第一、二声为平，第三、四声为仄。

2．欣赏歌曲《七律·长征》。

【总评】

(课后随机点评)

《七律·长征》是一首毛泽东同志写的七言律诗。教学时除了要教学生掌握本课固有的律诗文体的特点之外，更要让学生较为深入地了解诗所描写的“长征”事件，较为深刻地体会本诗所表达的情感。

初看本课的教学设计，最明显的特点可用四个字概括：“读”占鳌头。四个板块设计四个层次的朗读，这符合诗歌教学的特点。结合本课教学，本人提出如下几

点诗歌教学建议，供参考：

1．要有情趣。要考虑诗歌特有的文化气息，诗和歌是紧密结合的，诗是可以唱的。诗一经吟唱，它的情愫也在其中了，况且《七律·长征》有成熟的歌曲作品，执教者也有吟唱的能力。建议设计中最后的欣赏环节置于课始引入环节。在师生交流中，教师自然吟唱，随机引入视频。视频中雄壮的旋律、丰富的经典镜头、豪放的书法就是本课的教学资源。未成曲调先有情，课伊始，调已定。初步交流感受，学生对诗歌内容的理解和诗歌情感的把握就有了鲜活的基础。

2．要有提升。诗歌主要是读中理解。设计中二、三板块大量时间用于解释诗意，用时过多。建议阶梯推进，分散实施，以获得逐步深入的理解。引课听歌曲、看视频，初步感知，整体把握长征的一路艰险；初读板块，应结合资料袋及看过的视频、已有的经验初步了解诗中涉及事物的相关信息；品读板块，不再拘泥于局部细碎的解字析词，而是主题下的系统品味，深入体验。如此，实现理解和品位的提升。

3．要有聚焦。读只是诗歌教学借助的外在手段，其核心是读出“诗魂”之所在。《七律·长征》的诗情、诗人的气魄就聚焦在“只等闲”这三个字上。在本设计中，分“远征难”和“只等闲”两个层次来体悟诗情，体悟时又纠缠于字词的理解，就冲淡了诗本身的主题和情感。建议以“只等闲”为明线，以“远征难”为隐线。在诗歌的重点字词上敲打，在逐层朗读中不断聚焦。首联总起全诗，在朗读中可以随着各处诗句的学习不断复现。课堂上应呈现一浪高过一浪、一波涌向一波的冲击感。

4．要有生成。设计是预设的方案，课堂教学最难的是动态生成引领不同层级的学生达成教学目标。学生差异毫无疑问成为通往目标的障碍，无法跨越，只能利用。有效生成是优秀语文教师的唯一选择。初读环节，读准读通，学生是存在差异的，如何利用？可否充分展示学生的朗读差异，让学生用自己喜欢的方式朗读？可以一个字一个字地读，两个字两个字地读，三个字三个字地读，四个字四个字地读，让学生在比较中找到合理的朗读节奏。在课堂观察中发现，有的学生对于“大渡桥横铁索寒”读不好，其实应该巧用顺序颠倒的差异，比较发现“对仗”的特点，学生必定妙领于心。

5．要有特色。诗歌教学必须教出诗歌的特色。本设计中，执教者对这一点是有充分体现的。七律诗体题目的格式特点，四联的名称、押韵、对仗，甚至平仄的教学是非常有必要的。学生只有掌握了诗体的特点，才会举一反三，习得技能，否则只会挂一漏万，永远蒙在鼓里。把前面提到的吟唱更加充分地结合在课堂中，经典诗歌教学的特色就会更加明显。

重点研讨

1. 如何明确精读课文学习的特性目标?
2. 如何落实精读课文学习的特色内容?
3. 如何体现精读课文学习的特殊方式?

第十章　略读课文

内容提要

基于“略读”的思想，对统编教材中略读课文的设计提出了概念界定、教学意识和教学策略的初步要求，并提供了第二、三学段略读课文设计的两个典型案例(附设计及点评)。

学习略读的方法，培养略读能力，是小学语文课程教学的重要任务，也是小学生语文素养提升的时代要求。统编教材中关于略读课文的编排数量比以往有所下降，但却提出了新的挑战和要求。

一、略读课文教学设计的要求

早在新文化运动的时候，叶圣陶与朱自清就合著《精读指导举隅》和《略读指导举隅》，提出“就教学而言，精读是主体，略读是补充；略读指导却需要提纲挈领，期其自得”的思想，主张把阅读课一分为二，建立精读与略读结合的新课型。

教育部颁布的《义务教育语文课程标准（2011 年版）》在第二学段提出“学习略读，粗知文章大意”的要求，在第三学段提出“学习浏览，扩大知识面，根据需要搜集信息”的要求，在第四学段提出“能较熟练地运用略读和浏览的方法，扩大阅读范围”的要求。在“教学建议”中指出：“各个学段的阅读教学都要重视朗读和默读”“应加强对阅读方法的指导，让学生逐步学会精读、略读和浏览”。在“评价建议”中指出：“略读的评价，重在考察学生能否把握阅读材料的大意。浏览的评价，重在考察学生能否从阅读材料中捕捉有用信息。”可见，我国从小学三年级开始对略读提出学习要求，一直到初中阶段达到能够熟练地运用。这既显示了略读在语文课程中的重要性，又体现了略读学习是一个连续、循序渐进的过程。统编教材在 3~6 年级安排的略读课文，比以前的人教版教材减少了，其编排的结构、样式、意图都变了，教学要求提高了。

（一）有关概念的界定

1. 精读、略读、浏览。《义务教育语文课程标准》从阅读方法的角度，明确指出小学生要学习精读、略读、浏览。精读、略读、浏览三者均属于阅读策略和方法的范畴，它们概念不同而又互相关联。

略读相对精读而言，而又略别于浏览。《现代汉语词典》对精读的定义是反复仔细地阅读；对浏览的定义是大略地看；对略读的定义是粗略的、不进行深究的阅读。它旨在通过比较快的阅读，粗知文章的大意。例如，阅读一份数十张的报纸，我们并不是一字不漏地读，而是先用最快的速度浏览标题，然后根据自己的兴趣或需要，选定某篇文章进行大略的读，略掉一些具体细节或与主题较远的部分，较快地知道文章的大概内容，从而确定是否进一步仔细阅读，深入研究。因此，作为一种重要的阅读方法，略读是以了解大致内容为目的，它要求我们的注意力集中在大意上，而不是细节上，不要盯住具体的每个词语，而要着眼于篇章，从整体上去把握文章大概的内容。

首先，从阅读的策略看，浏览意在较快地搜寻、捕捉、提取有关信息，迅速做出判断，选择阅读方向和阅读材料；略读意在粗知文章大致的内容，从整体上迅速把握阅读材料的大致意思，判断阅读材料的重点、要点；精读在于深入、准确而有创见地理解阅读材料。从语文的角度来说，精读叙事性作品及散文诗歌类等作品，主要是体味词语在语言环境中的恰当意义以及在表情达意中的作用，体会有关语句的内涵，抓住文章的主要内容，体会作者的思想感情，揣摩文章的表达顺序，领悟文章的表达方法，并提出自己的看法，做出自己的判断等；精读说明性文章，主要是抓住并深入领会、掌握知识要点，了解文章的基本说明方法。

其次，从阅读的过程看，精读是要仔细研读，品味推敲，揣摩作者的旨意，阅读速度相对来说比较慢些；略读是大略地读，只求粗知大意，讲求一定的阅读速度；浏览就是大略地看，快速扫读，具有较高的阅读速度。

最后，从阅读的应用看，三者虽然各不相同，各有侧重，但是略读与精读是相对而言的，精读是精到什么程度，略读是略到什么程度，它们并没有绝对明确的界限。略读与浏览更只是略微差别。从课程标准建议“评价略读，重在考察能否把握阅读材料的大意；评价浏览能力，重在考察能否从阅读材料中捕捉有用信息”可以看出：略读和浏览各自有所侧重。这三种都是最常用的阅读方法，都是阅读策略、阅读能力的一个重要构成要素。

2. 精读课文教学与略读课文教学。精读与略读是从阅读方法的角度分类的。精读课文与略读课文是从课文的类型划分的。精读课文教学与略读课文教学是从教学的侧重点区别的。

尝试给略读课文教学下一个定义，它是一种课型，指的是教师指导学生半独立地阅读课文，其目的是培养学生的独立阅读能力。学生从精读课文教学中初步习得阅读方法，要借助略读课文教学进一步熟练掌握，逐步形成独立阅读能力，为学生课外自读做好准备。

人教版语文教参的教学提示告诉我们略读课文的性质："略读课文具有明显的独立阅读性质。安排略读课文，主要是引导学生把从精读课文中学到的语文基本功用于阅读实践，逐步提高阅读能力。"

下面对精读课文教学与略读课文教学进行比较。

精读课文教学与略读课文教学的定位比较

阅读教学类型	阅读教学定位	阅读形态
精读课文教学	学习新的阅读方法	基于教师指导的阅读
略读课文教学	尝试运用阅读方法	基于学生合作的半独立阅读
课外阅读	运用阅读方法，初步形成阅读能力	基于学生个体的独立阅读

精读课文教学与略读课文教学的教学目标比较

	知识	能力	过程	方法	情感
精读课文教学	明其含义	学习和渗透	学会	朗读、范读、研读	渐进、内化
略读课文教学	观其大略	运用和迁移	会学	默读、速读、批注	体会、感受

精读课文教学与略读课文教学的项目比较

	理念	内容	设计	程序	方式	重点	教师	师生
精读	精致	知识	概括	有序完整	细节研读	感悟、理解	先行者	师生互动
略读	简约	能力	演绎	局部突破	整体速读	积累、表达	并行者	个体自读 合作交流 生生互动

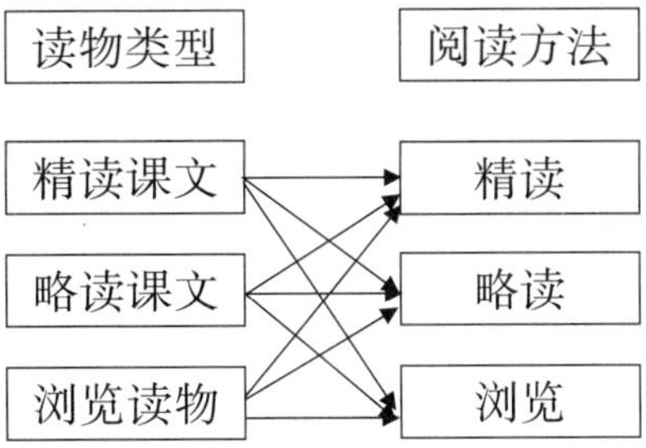

根据上述解读，对三年级下册第 12 课《一幅名扬中外的画》（略读课文）提出一些设想：

1. 初知大意。

教师可以先提出：课文向我们展示了一幅怎样的古画呢？请同学们认真反复地读读课文，你能从课文中了解到什么？等会儿大家交流交流。学生充分自由朗读 2~3 遍，交流阅读收获，教师根据学生零零星星的反馈，梳理文章脉络，小结板书：

总体介绍　　　　具体介绍　　　　历史价值

初读环节后，又安排了精彩片段的细读欣赏。教师说：“好，欣赏了全景图，大家可能还不过瘾，就让我们再次看图读文，细细赏读课文的第 2 自然段，待会儿把你看到的、读到的感受再和大家交流交流。”

画面展现了街市上的热闹场面，学生边读文边看画，然后交流：从“好几百人、三百六十行、七个有”等词句赞叹画家画技的高超，还从画中找到了农民、商人等各种行业身份的人，由衷感叹这幅画确实名扬中外。

教师说：“像刚才那样，边看图边读课文，在第 3、4 自然段中选择自己喜欢的一段学一学。”画面展现桥北头的场景，学生自主朗读赏画，然后做简单交流。

学生通过图文对照，不但折服于画家画技的高超，感受古人的非凡智慧，崇尚优秀的民族文化，同时还欣赏和积累了课文准确、精美的语言。这里，通过初读感知、重点精彩部分赏读，使学生对课文内容及语言特点有了比较深刻的认识，并非一般意义上的“粗知”，赋予了“粗知大意”比较丰富的内涵。

2. 多层阅读。

教师可以带领学生进行三个层面的阅读。第一层面是对课文全文内容的粗略把握，由问题“你从课文中了解了些什么”引领，让学生第一次自主搜索有效信息，在充分阅读的基础上畅谈阅读收获，在这一过程中，教师不时地通过评价梳理学生所获得的信息，渗透整理信息的方法，再通过制作资料卡，让学生学习整理信息、积累信息的方法，初步感知全文大意。第二层面是对课文精彩片段的阅读欣赏。第三层面是整体赏画，整体赏读，结合本单元学习主题，再谈感受，提升认识，升华情感。

（二）略读课文教学的意识

意识决定行动。略读课文教学提倡以下意识：

1. 目标意识。略读课文的教学目标可以分为两个层面：（1）显性目标层面，即“连接语”中提出的阅读应解决的问题。（2）隐性目标层面，即在解决问题的过程中，学生阅读能力的训练、提升。就学生语文学习的实际需要来看，显性目标层面只能是冰山上的一角，因为略读课文大多都是语言活泼、通俗易懂的文章，学生读懂这些生动的白话文是不成问题的，所以应该是次要目标；而隐性目标层面应为冰面之下很大的一部分，因为阅读能力的训练、阅读习惯的养成是很费工夫的，也是学生最为薄弱的，所以应该是主要目标。

略读课文的次要目标，它的教学内容应该是每篇略读课文在“连接语”中提出的阅读任务，这是显而易见的；而略读课文的主要目标在阅读教学中担负着重要的阅读能力训练任务，这个阅读能力的训练应是上接精读课文，下连课外阅读。因此，略读课文的主要教学目标是：

（1）知识目标。粗知文本大意，抓住主旨，适当地学习语言。

（2）能力目标。略读能力包括整体阅读的能力、自主获取信息的独立学习能力、全面概括大意的能力、快速理解内容的能力、理解重点的能力、学习迁移的能力等。

（3）过程目标。在解决问题的过程中，学生自主学习意识增强，良好阅读习惯养成。

（4）方法目标。学会略读、浏览、跳读、扫读、猜读、抓重点读等方法，特别是要把从精读课文中学到的阅读方法运用于本篇略读课文的学习。

（5）情感态度与价值观目标。学生在自主阅读的过程中尝到了阅读成功的喜悦，激发了读书的兴趣，产生了课外阅读的冲动，最终使学生成为一个喜欢阅读的人。

2. 整体意识。略读课文一般都编排在一个主题单元中精读课文的后面，它相对独立又与精读课文互有关联，作为一个整体存在。

整体意识就是从整体出发，以一篇课文为一个小整体，以这篇课文所在的单元为一个大整体，将对本课或本单元目标达成最有效的知识点作为重点，展开教学。

略读，旨在通过比较快的阅读，粗知文章大意。略读更接近于平常读书、读文章，以了解大致内容为主要目的。这是一种从整体上快速理解的阅读方法，速读的主要程序是了解文章题目、人物（景物）、时间、地点、主要事件（景物特点）、自己的感受体会等。

“整体意识”下的略读课文教学思路是：

（1）把握文章的主要内容。课文讲了一件什么事？课文从哪几个方面来写的？给课文补充副标题；给课文每一部分拟小标题等。

（2）揣摩文章的表达顺序。作者是按照怎样的思路来写的？课文内容的顺序可以调换吗？

（3）体会作者的思想感情：课文表达了怎样的情感？你有什么感想要和同学交流？

（4）领悟文章的表达方法：课文中哪些语句非常特别？这篇课文与前一篇课文在表达上有什么相同或不同？

为了促进学生整体阅读，检验学生的整体阅读效果，需要为学生设计整体阅读理解、思考和训练的题目。如课文讲了一件怎样的事？课文表达了怎样的情感？作者是按照怎样的思路来写的？读了这篇课文后，你有什么样的感想和看法？还可以：给课文补充副标题；给课文每部分拟定小标题；复述课文的主要内容；打乱课文内容要点按先后顺序正确排列；摘抄课文中的优美句段，结合课文写感想。

3. 单元意识。

（1）单元合成。现行教材的编撰多采用单元合成，每个单元都有相对独立的课程实施的整体教学目标。略读课文和精读课文整合在一起，共同承担着实现单元整体教学目标的任务。所以，略读课文的教学目标，必须和精读课文的教学目标彼此联系、相互照应，共同围绕着单元整体教学目标进行。统编版教材编排是以单元为主题，一个单元一个主题，每个单元都由精读课文、略读课文、口语交际、习作和回顾拓展组成，相互联系，密不可分。略读课文作为精读课文的延续，在教学时，不能把它与精读课文割裂开来教学，而应当作一个有机统一的整体来对待，联结单元主题一脉相承来教学。

（2）单元主题。一个单元一个主题，紧扣主题设计教学过程。如在教学六年级下册第 4 课《藏戏》时，教师以单元主题开讲：泱泱华夏，盛开着五十六朵民族之花。不同的地区、不同的民族，都有自己独具特色的民风民俗。前几堂课，我们一起感受了北京春节的热闹气氛，发现了作者笔下的腊八粥让人垂涎欲滴，见识了古诗中的传统节日和习俗。生活中的点点滴滴，无不体现出丰富多彩的地域特色，无不展示着民族文化的独特魅力。今天，让我们一起走进西藏，去感受那一部部绚丽多姿的藏戏吧！这样就自然地把这篇略读课文归入一个统一的主题（民风民俗）之中，把一个学习训练组作为一个整体，注意了略读课文与其他课文之间的联系，把握了略读课文在整组中的位置和作用，学生在阅读、交流课文时就能很快抓住重点，不在一些细节问题上浪费时间。

精读课文是语文教学的“例子”和“出发点”，其实，相对于学生的课外学习和后继学习来说，略读课文也是新的“出发点”。略读课的教学可以和单元学习中的口语交际与习作结合起来。略读课教学的收尾还可以作为口语交际与习作的开始和准备。

4. 取舍意识。略读课文教学的重要理念是“取舍”。这是一个无限可能的教学内容与有限的教学时间的矛盾。一篇文章可学的内容很多，面面俱到，往往就会面面不到，要做到“三千弱水，只取一瓢”。面对一篇略读课文教学上的取舍，其关键是要建立在关注文本本身的特点上。因为略读课文更多的功能是引领学生运用已有的语文能力感知文本，所以把握文本的特点是略读课文不“略”读的命脉。

（1）略读课文教学的“略”是“战略”，而不只是“简略”。这是一种哲学方法论的立场，是一种透过现象看本质的思考。略读课文教学应该“去繁就简”，抓住重点、难点帮助学生解读文本，学习文本表达方式即可。每篇略读课文的篇首，都有一段提示语，它往往是该篇略读课文中心内容的提示或教学重难点的呈现。

与精读课文教学“精细耕作、面面俱到”不一样，略读课文教学提倡“大刀阔斧、板块感悟”。这些板块可以是一个或几个自然段，也可以是一个中心句，又或者是几个关键词语。做到抓大取小，合理取舍。

（2）略读课教学略的是教师的教，不略的是学生的学。例如，六年级上册第 27 课《我的伯父鲁迅先生》和第 28 课《有的人——纪念鲁迅有感》是连续的两篇略读课文。有了前面精读课文《少年闰土》和《好的故事》两课的精读精练，对于鲁迅，学生已经了解了不少，所以《有的人——纪念鲁迅有感》就可以作为一个拓展活动——“再识鲁迅”，放手让学生去自读自悟，教师只作最后的反馈点评，这就是教师放手略教，由学生倾心略读。

5. 训练意识。从课型看，略读课文是练习课课型。它除了承担积累语言、陶冶情操等阅读教学的共性任务外，还承担以下目的任务：将该组精读课中获得的阅读知识、方法要求和初步得到训练的重点阅读能力，迁移、应用和进一步训练养成，进一步了解领悟重点的写作要求和方法，并且在达成这些教学目标过程中逐步养成良好的阅读习惯，培养独立阅读的能力。所以，在精读时学方法、在略读时练水平。精读课文好比数学的例题，略读课文好比数学的习题。

（1）略读与默读、快读有机结合。略读与默读、快读是紧密相连的，学会默读，提高默读速度，并在此基础上逐步实现快读、跳读、浏览，这是学会略读的基础，也是提高略读能力的关键。因此，略读、默读、快读三者要有机结合起来进行训练，共同发展，共同提高。

（2）略读与精读、浏览交替进行。三者虽然各不相同，各有侧重，但它们不但互相关联，而且往往交替进行。人们一般总是先用浏览的方法，迅速扫读，根据自己的“阅读期待”，迅速做出判断，选择阅读材料；接着用略读的方法，迅速抓住阅读材料的主要内容，确定阅读的重点；然后用精读的方法，正确而有创见地理解阅读材料，从而达到自己的阅读目的。因此，学习略读要与学习浏览、学习精读交替进行，形成一个整体，构建成完整的阅读策略体系。

（三）略读课文教学的策略

略读课文教学要略其所略，重其所重，辩证设计，因材施教。

1. 阅读提示。略读课文前面都有“阅读提示”。“阅读提示”不仅实现了精读课文与略读课文内容上的自然衔接，而且明确提出了本课学习的重点内容及要求，为师生指明了教与学的方向。因此，在学习略读课文之前，可引导学生先关注“阅读提示”，对“阅读提示”所示的要求进行梳理，进一步明确学习要求和读悟要点，并以此为线索，展开阅读探究活动，以提高教学的针对性和有效性。

“阅读提示”是编者告诉学生探寻文本内容和形式的一条重要线索。例如：三年级上册第 3 课《不懂就要问》的阅读提示是“默读课文，想想课文讲了一件什么事，和同学交流你对这件事的看法。把有新鲜感的词句画下来和同学交流。”

这个“阅读提示”需要学生动笔圈画，仔细阅读，明确提示的学习要求：（1）用默读的方式读课文。（2）了解文章的大意。（3）画出课文中有新鲜感的词句。（4）与同学交流两个问题：你对事件的看法、有新鲜感的词句。

明确这个“阅读提示”的要求后，可据此展开学习过程：默读，了解大意→再读，画出词句→交流，谈谈感想。

2. 个性设计。略读课文教学的要求比较低，又少了许多烦琐的头绪，气氛显得轻松自如，这为师生的个性发挥提供了宽广的空间，因而略读课应该是最有特色的语文课。

课堂中我们要为学生搭建平台，让他们有机会展示自己的才能，让他们的个性在略读课中尽情绽放。如三年级下册第 4 课《昆虫备忘录》（略读课文）可以“自己的昆虫备忘录”为名，引领学生自主搜索有效信息，并在充分交流的基础上渗透整理信息的方法，再通过制作档案卡记录，让学生运用跳读、扫读、选读等方法读懂全文，丰富多彩的语文实践活动将使略读课文的教学呈现了别样精彩。

略读课文可以采用“读写结合法”，让学生写写学了课文的感受，学习三年级上册第 7 课《听听，秋的声音》、四年级上册第 24 课《延安，我把你追寻》等，可以采用朗诵法进行强化训练和理解。对那些图文结合比较好的略读课文，如三年级下册第 12 课《一幅名扬中外的画》等，可以采用图文结合法，让学生看图想象，开展交流，进行对比，深入感悟。

略读课文教学还可以采取“群文阅读”设计。如学习六年级上册《金色的鱼钩》（略读课文）可以与文章《草地夜行》《红军路上》等组成一个阅读群，进行比较、探究性学习。

3. 整体求略。略读课文教学一般都是一篇课文 40 分钟内完成。这告诉我们，略读课文教学需要教师认真做好“减法”：简约教师行为，突出学生主体地位；简明教学内容，凸显文本的教学价值；简化教学环节，提高课堂的教学实效。略读课文教学体现的是“简约语文”的思想，以简略的教学目标、简化的教学进程、简洁的教学语言、简明的教学线条、简约的教学风格为标志。

（1）略化字词教学。或许是受精读课文教学研究过于“强势”的影响，一些教师在设计略读课文的教学目标时，依然会出现一些字词教学的具体要求，这就是没有准确定位略读教学的目标。因为在略读课文教学中，字词一般是不单独要求的。

（2）简化内容学习。在略读课文教学中，可以简化课文内容本身的学习，只要求“粗知文章大意”。一般情况下，只要在初读课文的基础上，引导学生大体概括出文章主要内容即可。对于课文的内容情节，略去精耕细作，略去详细讲解。略逐词逐段分析，但不略重点、难点品读。

（3）淡化朗读训练。精读课文的教学中，朗读既是非常重要的手段，又是一项重要的教学内容。而略读课文的教学中，可以淡化一些这种“出声”的朗读。略读课文教学中，需要学生在短时间内快速把握学习内容，如新课标所言："评价略读，重在考察能否把握阅读材料的大意；评价浏览能力，重在考察能否从阅读材料中捕捉有用信息。"所以，略读教学中对于朗读的要求（特别是"量"的要求）是大大低于精读课文的。

略读课文教学要重视略读方法的使用：一是全读，即逐段略读，在粗知各段段意的基础上，从整体上粗知文章大意。二是跳读，略读文章中的重点段，跳过其他次要段，在粗知重点段大意的基础上推想整篇大意。三是浏览，搜寻信息要点，并在此基础上综合信息要点内容而粗知文章大意。

略读课文教学三大"减法"：生字新词，不求甚解；强化默读，淡化朗读；以读为主，减少练笔。

所以，可以提出略读课文教学的重要策略是：教略学丰。略的是教师的教，不能略的是学生的学。略的是教师的精讲，不略的是学生的自读自悟。略读课文的教学应当是"教"略，而"学"要丰，应当是"教"略，而"学"不略。

4. 部分求精。统编教材中的略读课文中有不少文章和精读课文一样，文质兼美，情趣突出，如果深入文字，很容易找出几个学习点进行语言文字训练，但必须明白，略读课文有自身的教学任务和特点，不能面面俱到。略读教学讲究简、略，并不是说就不需要有精、细的部分。最理想的做法是在教学中做到点面结合，粗中有细。这就要求教师精心选择略读课文中需精读、细读的学习点，引导学生细细品读，使略读与精读互相融合。通过有层次、有取舍、有详略的阅读，在内容理解、情感熏陶、语言感悟与方法习得上达到比较理想的效果。在语文课堂上，精略相辅，略中有精，才是上策！所以，略读更需精心教。

虽然说略读教学讲究简、略，但略读不是泛读，略读教学也需要有精的部分，但究竟怎样选择精的部分呢？

略读课文的文章体裁、语言风格、结构类型等虽各具特色，但以"样本"的视角去分析，也有相似之处。有的感人至深，值得细品。

略读课文教学讲究"整体求略，部分求精"，求精部分必定是课文的重点。到底哪部分求精是困扰每位教师的问题，略读课文的分类使这个问题迎刃而解。品读感悟型课文的批注点（内容深悟点）、语言积累型的积累点（语言的训练点）、读写结合型的结合点（读写生长点）、独立阅读型的方法运用点就是求精的要点。教师根据不同类型的课文，找准着力点，大胆取舍，抓住某一方面扎扎实实地进行训练，或注重感悟，或背诵积累，或写作指导，或运用方法自主学习。

品读感悟型课文的教学，侧重感悟能力的培养，学生在充分自读的基础上，写好批注。教师以批注为抓手，引导学生写感悟、说感悟，提高学生感悟语言的能力。

语言积累型课文的教学，侧重语言欣赏和语言积累，以赏读为抓手，可以比赛的方式引导学生读读写写、记记背背，积累文中的精美语言。

读写结合型课文的教学，侧重练笔能力的培养，以读写结合为抓手，引导学生仿结构、仿段式、仿语言，提高习作能力。

独立阅读型课文的教学，侧重独立思考，运用已习得的阅读方法自主阅读、自主探究，以菜单式阅读为抓手，引导学生有目标、有重点地开展自主学习。阅读菜单来自课文前的“提示语”。学生根据菜单阅读，切实提高独立阅读能力。因文而异，异的是不同课文的侧重点，同的是学生阅读能力的提高。这样有的放矢，学生必能一课一得，才能略出精彩。

5.“放养”助学。略读课文不是忽略地教，而是隐去教师“明目张胆”地教，转而让学生“粉墨登场”去学。通俗地讲，要把对学生的“圈养”改为“放养”。

略读课文是学生从知识的掌握到运用的过渡工具。略读课，必须给予学生足够的独立读书、思考和练习的时空；所有的教学活动，应力求是学生的独立学习活动。当然，这里的独立学习，指的是教师适度指导下的学生自我实践，而不是完全、彻底的自学。教师指导，包括下达学习任务、提示学习方法、组织交流评价等。略读课不宜频繁进行师生交互性的活动，一般说来，谈话法不能大量运用，因为运用谈话法，就是组织师生交互性的活动，教师牵引成分较多。评价略读课的优劣，不以教师的表现是否出色为标准，主要是看学生是否在教师的指导下独立学习，是否在掌握学习方法、学会独立阅读方面获得发展和进步。

教学略读课文，教师应把握课堂中教学行为的分寸。当教师把学生引进书本后需要适时“隐退”，应腾出一定的时间让学生运用精读课文中获得的知识与方法自主阅读；汇报交流时，教师只是提纲挈领，引导学生抓住重点，提出存在的问题；深入点拨时，引导学生再次去阅读，疑点再读读，趣点再品品，重点处多走一个来回，帮助学生把文本真正读懂。

6. 延伸拓展。略读课文正是由获得技能转向运用技能的一座桥梁、一根纽带。从学习内容上来看，略读课文承接了精读课文的学习主题，同时又连接了“语文园地”中口语交际或习作练习的相关内容；从学习方法上来看，略读课文承担着从精读到自读的过渡任务，应逐渐引导学生从课内阅读走向课外自读。因此，略读课文教学要注意适度地承接与延伸，主要是引导学生把从精读课文中学到的语文基本功用于阅读实践，从而充分发挥略读教学的桥梁纽带作用，逐步培养独立阅读的能力，将习得的方法迁移运用到课外的阅读实践中。

许多略读课文都是名家名作的一个节选，在教学文章之前可以让学生收集相关资料，了解作家的写作背景，加深对课文的理解。还可以通过整合相关内容的其他文章来进行广泛阅读，开阔视野。如学过三年级上册第 11 课《一块奶酪》（略读课文）后，可让学生阅读《小木偶的故事》《最棒的还是我自己》《我不是一根木头》等故事。

多种形式的延伸，不仅能发挥略读课文单元延伸的功能，还能发挥它课外、校外延伸的功能。课外拓展学习进一步加深了学生对课文的理解，拓宽了学生的知识面，也培养了学生的语文实践能力。当然不同体裁的略读课文有不同的教学方法，就是同一体裁的略读课文教学方法也有差异，但最主要的是要学生自己读懂，自己体会，学会学习，从而提高独立阅读能力。

最后，关于略读课文教学提出著者的基本观点，供大家进一步思考：

※略读课文教学的目的

培养学生的半独立阅读能力。在教学过程的各个环节都应把更多的时间、机会让位给学生独立阅读、提问和思考。

※略读课文教学的策略

抓大问题放小问题；抓难解之处放易学之处；抓语言学习放情节分析。

※略读课文教学的程序

单元复习在先，课文讲解在后；学生学习在先，教师讲解在后。

※略读课文教学的方式

以学生的自由读、快速阅读、默读、浏览、重点读等为主。

※略读课文教学的重点转移

从细节理解转向线索引领；从师生互动转向学生自主学习；从语言积累转向语言运用；从课内阅读转向课外阅读。

小学语文统编教材“略读课文”目录

三年级上册：《3　不懂就要问》《7　听听，秋的声音》《9　那一定会很好》

《11　一块奶酪》《13　胡萝卜先生的长胡子》《14　小狗学叫》《27　一个粗瓷大碗》

三年级下册：《4　昆虫备忘录》《8　池子与河流》《12　一幅名扬中外的画》《15　小虾》《21　我不能失信》《26　方帽子店》《28　枣核》

四年级上册：《3　现代诗二首》（《秋晚的江上》《花牛歌》）《4　繁星》《8　蝴蝶的家》《15　女娲补天》《23　梅兰芳蓄须》《24　延安，我把你追寻》《27　故事二则》（《扁鹊治病》《纪昌学射》）

四年级下册：《4　三月桃花水》《8　千年梦圆在今朝》《12　在天晴了的时候》《20　我们家的男子汉》《21　芦花鞋》《24　黄继光》《25　挑山工》《28　海的女儿》

五年级上册：《4　珍珠鸟》《11　牛郎织女（二）》《15　小岛》《20“精彩极了”和“糟糕透了”》《24　月迹》《27　我的“长生果”》

五年级下册：《3　月是故乡明》《4　梅花魂》《7　猴王出世》《8　红楼春趣》《12　清贫》《20　金字塔》《23　童年的发现》

六年级上册：《4　花之歌》《8　灯光》《9　我的战友邱少云》《12　故宫博物院》《15　金色的鱼钩》《20　青山不老》《21　三黑和土地》《24　京剧趣谈》《27　我的伯父鲁迅先生》《28　有的人——纪念鲁迅有感》

六年级下册：《4　藏戏》《6　骑鹅旅行记》《7　汤姆·索亚历险记》《13　董存瑞舍身炸暗堡》《17　他们那时候多有趣啊》

二、第二学段略读课文的设计

迈出略读课文教学的坚实脚步

——三年级上册第3课《不懂就要问》的设计与点评

设计者：温州市鹿城区南浦小学　李碧

点评者：浙江外国语学院教育学院　汪潮教授

【设计说明】

《不懂就要问》是统编版小学语文教材中第一篇略读课文，引导学生发现略读课文和精读课文的不同，初步掌握略读课文的学习方法是设计这节课的一个重要方向。设计时，尽量多给学生朗读、思考、质疑、发表自己见解的机会，无论是对课文内容的理解，还是对语言的体会和品味，都引导学生自己去发现，自己去探究，放手由学生自己得出答案和结论，并在学习过程中逐步掌握、学习略读方法。

点评1：敏锐的课文类型意识。本课是统编教材中第一篇略读课文，这是学习本课最为明显的特点和要求。对本课进行文本解读、教学设计、课堂实施和学习评价都应依照“略读课文”这个前提。

【文本解读】

《不懂就要问》记叙了孙中山小时候在私塾学习时，因为不明白书里说的是什么意思，明知可能挨打，还是向先生提问，请求先生讲解一件事。赞扬了孙中山小时候勤学好问的精神，引导学生养成不懂就要问的学习习惯。故事简单，具有一定的时代特点。

这是一篇记叙性文章。记叙文是每个学生学习语文最早接触的文章体裁，也是每个学生学习写作的起始体裁。记叙文最大的特点就是集中。记叙文记人写事，一般只记一人一事，围绕此人的不同侧面，精心选材，为读者再现生活中的真人。而这篇课文课题前用星号的形式表示则告诉我们此文还有一个特点：它是全套教材的第一篇略读课文。与精读课文相比，略读课文的教学对学生自学的要求有所提高，但理解深度有所下降。课题下方第一次出现了“阅读提示”，告诉了这篇课文学习的具体要求；课后两个泡泡提示了略读课文学习的基本方法。可以结合泡泡语，向学生介绍什么样的课文是略读课文和怎样学习略读课文，使学生明确这一类课文的学习要求。

本课是略读课文，没有会写的字这一要求，只有12个要认读的字，其中“背、圈”为多音字，要特别关注读音。本文的词句运用比较丰富，有跟古人读书有关的词语，如“私塾”“戒尺”“咿咿呀呀”“糊里糊涂”等，这些词语学生在平时阅读中没有接触过。有形象感比较强的描述性词语，如“摇头晃脑”“鸦雀无声”等，“摇头晃脑”把当时学生读书的样子描写得生动逼真，“鸦雀无声”写出了私塾里学生对先生的惧怕程度；孙中山说的话“学问学问，不懂就要问”通俗易懂，又蕴含着深刻的道理。这些词语对于学生来说可能比较有新鲜感，教学时可以引导学生运用精读课文的学习方法，边读边想，和同学进行交流。

点评2：深入的文本特点解读。文本解读的内容是十分丰富的，既要注意对文本内容的陈述，又要关注文本特点的分析。如本课中的“略读课文类型”“记叙的文体”“有新鲜感的词句表达”等的解读是十分必要的。

【教学目标】

1．通过联系上下文、猜字等自主识字的方法，认识“诵、例”等10个生字和“背、圈”2个多音字。

2．发现略读课文的特点，初步了解略读课文学习的基本要求。

3．通过默读，整体感知课文内容，并简单表达对这件事的看法。

4．品读有新鲜感的词句，运用所学的多种方法理解词意，并和同学交流，表达自己的感受。积累有新鲜感的词句。

点评3：适切的教学目标确定。不仅要从三个维度来确定本课的教学目标，还要善于发现课文中有个性的教学目标。这里的略读、默读、品读有新鲜感的词句都是本文的特点所在。

【教学过程】

出示孙中山的图片，介绍孙中山，了解其功绩。他是伟大的革命家，领导辛亥革命推翻了两千多年的封建统治。今天学习一篇关于孙中山小时候学习的故事。

板块一　了解课型　走进私塾

1．认识略读课文。

（1）发现差异。

看看课题再看看课文，和平时的课文有什么不一样？

课题前面带上了“*”；课题的下面有“阅读提示”；课后没有要写的生字和课后练习；课后还有两个泡泡。

（2）略读课文。

《不懂就要问》是全套教材的第一篇略读课文。（板书：略读课文）课题用“*”形式表示与精读课文的不同。

你猜：（略读课文）通过这个名称，你觉得应该怎么学？（初步感知略读课文就是粗略地学习课文）

(3) 学习泡泡语。

课后两个泡泡告诉我们学习略读课文的基本方法。读读泡泡语："略读课文可以读得粗略一些，了解课文大意就行""如果有个别的字不认识、个别的词语不理解，也没有关系"。这可是学习略读课文的两大法宝。

(4) 学习提示。

课题下方的"阅读提示"告诉我们这篇课文学习的具体任务。

读一读，明确这一课的学习任务。

默读课文，想想课文讲了一件什么事，和同学交流你对这件事的看法。把有新鲜感的词句画下来和同学交流。

预设回答三个任务：(1) 课文主要讲了一件什么事？(2) 把自己对这件事的看法和同学交流。(3) 把有新鲜感的词句画出来和同学交流。

[设计意图] 这篇课文是整套统编教材出现的第一篇略读课文，课题上是带了"*"的。方法的指导往往比学习内容更重要，作为略读课文的开篇，教师一定要做足工作，让学生首先明白略读与精读的不同，了解学习略读课文的基本方法，为今后的略读课文学习引路。

点评4：精准的课文特点把握。作为第一篇略读课文，有必要在起始阶段详细介绍其特点和要求。这里从三个方面进行了介绍：(1) 课题前的"星号"。(2) 课文前的"学习提示"。(3) 课文后的两个"小泡泡"。这样的前置安排是很有必要的。

2．了解私塾文化。

这个故事发生在私塾。

(1) 看图导入。

现在我们每天坐在学校里学知识，但是古时候，人们把学校不叫学校，你们知道叫什么吗？

板书：私塾

(2) 看看插图。

那时候孩子们在私塾里是怎样读书的？看看插图。

(3) 文中介绍。

①私塾里读书的情景是什么样的，谁读给大家听？

出示：古代私塾读书视频

②简单交流读后的感受。

（4）引出课题。

那时候的私塾老师一般都比较严厉，谁不听话或不认真读书，还会挨老师戒尺的打。上课时，学生大多不敢向老师提出问题。

出示：孙中山小时候在私塾读书。

私塾里有一个不怕严厉的人，他就是孙中山。

揭示课题：不懂就要问（“懂”用红色粉笔书写）

过渡：孙中山怎么敢问老师呢？我们翻开课本，来探个究竟，好吗？

［设计意图］从“私塾”到“严厉的老师”，从“大家不敢问”到孙中山“不懂就要问”，由文化引入，点出矛盾冲突，激发学生的学习欲望，同时也激发了学生的阅读期待，有助于学生主动学习。

点评5：矛盾的学习情境创设。学习是在特定情境中发生的，不同的学习情境对学生的学习有不同的作用。其中比较式的“矛盾冲突”情境是值得期待和有思维价值的。

板块二　初读感知　自主学习

1．出示自学建议。

（1）轻声读课文，借助拼音读准字音，不加字，不漏字，读通句子。

（2）边读边思考：孙中山为什么要向先生提问？怎样提问的？提问后，同学和先生有什么反应？后来怎样？

2．学生自读。

巡视，督促学生不动笔墨不读书。

3．利用学习单，同桌互相再认读词语，反馈易读错的词。

（挨打　清楚　糊里糊涂　多音字：背　圈）

4．整体感知，初知大意。

（1）再次默读课文，课文总共有几个自然段？编上序号。

反馈交流，共有9个自然段。

（2）根据二年级我们学过的用起因、经过、结果来梳理课文内容的方法，试着说说这篇课文的内容。

哪几个自然段是写起因，哪几个自然段是写经过，哪几个自然段是写结果？

板书：(1) 起因　　　(2)—(7) 经过　　　(8)—(9) 结果

起因	经过	结果

(3) 交流反馈故事讲了些什么？

预设引导：第一自然段是事情的起因，孙中山小时候上私塾时，就是一味咿咿呀呀地读。第 2~7 自然段写孙中山不满足于背诵，想知道其中的意思，就冒着危险问老师，老师给了他满意的答复。第 8~9 自然段写孙中山说“不懂就要问”。

[设计意图] 在整体感知部分，作为三年级的学生，很难用自己的话把课文的主要内容说清楚，通过起因、经过、结果，这样的架构降低了学生表述的难度，不仅可以很好地让学生理解课文写作的方式，而且能够帮助学生理清课文的主要内容，可谓一举两得。

(4) 填一填。

(　　) 因为不懂一段话的意思，他 (　　)，最后得到了先生的解答。

括号里填的其实就是课题，看来除了根据课文的“起因、经过、结果”来了解大意，借助课题来说课文主要内容，也是很好的方法。板书：借助课题

[设计意图] 略读课文重在学生自学，需要多给学生默读、交流、发现的机会，因此教学中放手让学生学，同时点拨多种方法的习得，充分体现略读课文课堂教学的特点。

点评 6：整体的课文大意梳理。学生的学习是从整体到细节的，对课文整体的认知是十分重要的。尽管是略读课文教学，但是初读整篇课文、了解全篇课文情节、梳理文章框架都是有必要留出时间的。这为后续的重点理解、难点突破奠定了基础。当然，关于课文大意的把握宜粗不宜细。

板块三　细读故事　聚焦“新鲜”

1. 自由读第一自然段，再次感受私塾的不一样。

(1) 自由读第一自然段，说说你对私塾的印象。

(2) 读了第一自然段，你有特别不明白的地方吗？

预设：“咿咿呀呀”的读书方式

可以演一演古人读书的样子

预设：“至于书里的意思，先生从来不讲”

书中可以找到答案："书中的道理，你们长大了自然会知道的。"

（3）根据前面两课的学习，我们对哪些是新鲜感的词句有了一定的了解，那如果让你圈出这一段新鲜感的词句，你会圈出哪些呢？

有年代感的、对我们比较陌生的、让人质疑的地方，都让我们觉得很新鲜。

点评7：自学的生本课堂创设。略读课文的教学重点要从以教师为中心转向以学生为本，充分调动学生的学习积极性。教师少教，学生多学。先学后教，依学而教。略读课文中的词语教学可采用检查方式进行，或在阅读中有机渗透词语学习。

2．细读第2~7自然段。

"为什么先生只让他们一个一个背诵，书中的意思却从来不讲"，对于这个问题孙中山是怎么做、怎么说、怎么想的？圈画出来，并尝试自己按照"怎么做、怎么说、怎么想"的顺序说一说。

3．质疑，在阅读中，你又有什么不明白的地方？

预设：

①为什么孙中山问先生问题，同学们都吓坏了，教室里鸦雀无声？

②为什么先生拿着戒尺，走到孙中山跟前，后来却收起戒尺，摆摆手让孙中山坐下。

③大家都不懂，为什么都不问呢？而孙中山却还要问？

……

小组交流，提出自己的看法。

［设计意图］学贵有疑，让学生思考、质疑、反复地阅读、解疑的过程，其实就是学生思维碰撞的过程，在师生和生生的交流中体会人物品质，也同时感受略读课文课堂不一样的学习方式。

点评8：有效的课堂问题解决。略读课文教学不能省略重点问题。对课文中的重点问题、疑惑问题要在课堂上加以落实，这样才能促进课堂的生成性，使学生学有所得。

4．关注"新鲜感"的词句，加以运用。

随机在学生提出问题自己交流解答时追问：

①"摇头晃脑念书"是怎么念？

②"课堂里霎时变得鸦雀无声"是什么样子的？他们怕什么？

③什么是"戒尺"？聚焦"戒尺"，体会人物品质。

你见过戒尺吗？两次写戒尺时，你觉得先生的心情有什么变化？

④在读懂课文的同时，你觉得可以画出哪些新鲜感的词句？随即进行交流，说说体会和感受。

预设“壮着胆子”“鸦雀无声”“厉声问道”“摇头晃脑”“吓呆了”等词，感受旧时私塾里的学习方式不一样。

［设计意图］从扶到放，经过两课的学习，学生对什么是新鲜感的词句有了一定的理解，略读课文学习的过程，其实就是一个语言实践运用的过程，教学中多次放手鼓励学生自己去找“新鲜感”的词句，既调动了学生学习的积极性，又大大提升了学生学习的自信。

5. 学习课文第 8、9 自然段。

孙中山面对如此严厉的老师，还是大胆提问，最后得到了老师详细的讲解，说说你的想法，体会人物品质。

学生交流后，出示句子：“学问学问，不懂就要问。为了弄清楚道理，就是挨打也值得。”读一读。

6. 说说故事。

借助板书、插图简单说说关于孙中山的故事。

点评9：初步的说好文章故事。“说故事”既是一种对课文内容的概括，也是一种很好的说话练习。借助板书或插图说故事，是一种很好的学习方法。

板块四　小结拓展　品质传承

1. 回顾学法。

交流：略读课文的特点是什么？第一次学习略读课文，你学会了什么好的学习方法？

2. 主题升华。

不懂就问是人的美德，更是学习的良好习惯。你平时遇到不懂的问题是怎么做的？

3. 拓展作业：课后了解孙中山的其他故事。

4. 抄写句子：认认真真地抄写孙中山说的这句话。

出示：学问学问，不懂就要问。为了弄清楚道理，就是挨打也值得。

——孙中山

［设计意图］语文是一门学习语言文字运用的综合性、实践性课程。据此，学语文，首先要学阅读方法，掌握了阅读方法，就可以提升阅读能力。同时，文中含义深刻的句子和名言警句，在学生阅读的同时，要引导积累，不仅是学语言，更是学做人。

点评10：课内的学习整理安排。学习终结阶段，要积极引导学生学会对所学知识进行初步归类、整理和提升。值得注意的是，课末不要安排过多的练习项目，这样容易分散注意，且平均用力。此课建议引导学生聚焦略读课文学习方法的整理即可。

【总评】

三年级上册第3课《不懂就要问》是统编教材的第一篇略读课文。这是略读课文教学的一个样本，很有研讨之必要。李碧老师的这节课作为“吹哨者”足以引发对略读课的深入思考。

1．略读课是培养学生略读能力的课。略读能力包括整体阅读的能力、自主获取信息的能力、全面概括大意的能力、快速理解内容的能力、理解重点的能力和学习迁移的能力等。本课教学中引导学生两次全读，一次是随意读全文，整体感知课文内容，关注学生原生态阅读和阅读兴趣，训练学生概括课文大意的能力。一次是默读全文，发现、思考并解决问题，以培养学生良好的读书习惯。在基本理解内容的基础上，还要适时安排学生快速阅读，并予以速读方法的指导与提示。

2．略读课是培养学生独立阅读的课。略读课定位于培养学生半独立阅读的能力。在教学时应抓住大问题放小问题，把更多的时间、机会让位给学生独立阅读、提问和思考。在本课教学中指导学生运用多种阅读方法，自主读文、交流讨论与分享，让学生在充分读书、思考、交流的过程中逐步培养独立阅读能力。所以，略读课的基本策略是教须略，学应丰。建议本课还应更明确地提出“主问题”，采用主题教学。

3．略读课是培养学生略读方法的课。课堂上应以学生自主地整体读、速读、默读等为主。本课在教学策略上突出读书方法的指导与提示，课始的导读中渗透略读课文的学习方法；课中重在指导训练，意在让学生学会阅读，在阅读中循序渐进地提高读书能力。

4．略读课是从课内阅读走向课外阅读的课。略读课应加强单元联系，沟通课内外阅读，适度向课外拓展和延伸，最终实现向课外完全独立阅读的过渡。所以在结课环节，在师生共同总结提炼阅读方法之后，还应将阅读训练予以适度拓展补充。这既能强化略读方法的练习，又能增强学生的阅读兴趣，可谓一举两得。

总之，略读课文的教学应依据整体思想，进行长文短教式处理。设计应以大板块、大框架为主，教学流程不宜过细过精，要给学生留出整块的自主阅读时间。活动的设计应以练习设计为主，尽可能多地让学生在自主的言语实践中获得略读能力的提升。

三、第三学段略读课文的设计

语文课堂的“学本”追求

——五年级下册第4课《梅花魂》（略读课文）教学设计及点评

设计者：杭州翡翠城学校　陈贤彬

点评者：浙江外国语学院教育学院　汪潮教授

【学习目标】

1．学习借助表示时间的词语梳理课文内容的方法。

2．学习品读含义深刻句段的方法。

点评1：学习目标的“学本”追求。目标要从着重于“教”转向着重于“学”。对这个学习目标点赞有三：(1) 目标着眼于“学生”和“学习”。(2) 学习目标紧扣学习方法。(3) 学习目标立足于课文结构和语言表达特点。

【学习单】

1．自读课文。了解课文通过哪几件事来表达外祖父思念祖国之情，尝试抓住表示时间的词语来写。

表示时间的词语	事情
很小的时候	1.外祖父教“我”读唐诗宋词时落泪。
	2.
	3.

	4.
	5.

2．自学生字新词。选择几个容易写错的新词写在下面的横线上。

____

点评2：学习单设计的“学本”追求。要从课文的语言特点和学生的心理特点结合处设计学习单。这个学习单，通过学生自学，既有对课文主要内容的表格梳理，又有对生字新词的难点预习，可谓点面结合。

第一课时

一、揭题引入

今天我们一起学习五年级下册第4课《梅花魂》，梅花魂是什么意思？“魂”字是什么意思？

出示：

魂：1. 灵魂　2. 情绪　3. 精神

连起来说就是——梅花的精神。

点评3：学习起点的“学本”追求。上课之始，应根据学情，让位于学生，立足于学生的学习。本课的“梅花魂”要么让学生尝试学习，初步了解，要么移至课末再让学生总结。这里，教师用词义选择的方式解释“魂”的意思，“精神”主题前置，因而呈现了“演绎教学”模式，“学本”容易被忽视。

二、整体感知

1．课文是怎样写梅花精神的。首先，我们来看看文中写了哪几件事来突出梅花魂——梅花的精神。

2．反馈表格。

预设：

表示时间的词语	事情
很小的时候	1. 外祖父教“我”读唐诗宋词时落泪。
我五岁那年	2. 外祖父因为“我”弄脏墨梅图而发脾气。

有一天	3. 外祖父因年龄大不能回国而呜呜地哭。
离别的前一天早上	4. 外祖父郑重地送我墨梅图。
回国的那一天	5. 泪眼蒙眬的外祖父到船上送我梅花手绢。

引导学生发现以“外祖父”（主人公）前置来写内容，表达会简洁。

3．整体看一看这个梳理表，你发现了什么秘密？

（按时间的顺序写等）

点评4：全篇学习的“学本”追求。结合学习单，整体读文，引导学生发现布局谋篇的秘密，了解文章的表达顺序。这里，学生主动参与了学习活动，而且学得简约而扎实。

三、学习“梅花魂”

1．这五件事都是外祖父的，哪一件事最能体现梅花的精神？（第4件事情）哪一自然段最能体现梅花的精神？（第13自然段）

2．这一段话是谁说的？为什么在外祖父离世的几十年后，作者却将这七句话，159个字，一字不落牢牢地记在心里。这一段话有着怎样的秘密和魅力？

出示要求：

朗读外祖父的话，再默读一两次，想想这段话到底告诉了我们什么？画出一两句最让你感动的话，写上一两句旁注。

点评5：重点学习的“学本”追求。对于重点段的学习应放手让学生自主学习，更应展开学习过程。但在这里，教师出场太快，提问太多，学生只能“跟着学”。这样，学生的地位是否被置后了？

3．反馈交流。

适时板书：

夸梅花的精神　赞中国人

（坚贞不屈、坚毅）　（顶天立地）

4．哪些词最能体现外祖父在夸花？我们拿出笔圈一圈。（精神、秀气、有品格、有灵魂、有骨气、她、秉性）

我们夸花一般用万紫千红、香气四溢、含苞欲放……外祖父为什么用愈精神、愈秀气，最有品格、最有灵魂、最有骨气？（用了表现人的词语来表现花）这里仅仅是在夸梅花吗？

点评6：语言学习的“学本”追求。语文课贵在语言学习。这里引导学生对词语的关注和品味是有意义的，但这里展示的是教师的讲授。能否“还学”于学生，先学后教，依学定教？

5．还在夸哪些中国人？（学生列举）

教师幻灯罗列：

在2300多年前，有众人皆醉我独醒，最后投江自尽的屈原；

在2000多年前，有受尽屈辱十九年，爱国之心永不变的苏武；

在700多年前，有人生自古谁无死，留取丹心照汗青的文天祥；

在近100年里，有不惧毒刑拷打的赵一曼，有不向侵略者低头的杨靖宇等。

6．一边是梅花，一边是人，这让我们想到——借物喻人（板书）。

点评7：方法学习的“学本”追求。这里聚焦借物喻人的“学点”，颇有意义，但只是一点而过，少了学生，少了过程，也就少了收获。

四、迁移运用

这一段给我们留下深刻的印象，是全文的重点段，其写出了梅花的精神、梅花的魂。有些文章也有重点段。

1．出示牛汉的《高粱情》，说说重点段。

2．圈画出表现高粱情的一两个句子，写上旁注。

3．反馈。

点评8：迁移学习的“学本”追求。“为迁移而学”是“学本课堂”的行动口号。这里安排重点段学习的迁移，有助于学习的深入，是落实“语用”的一个举措。

高粱情（节选）

高粱的全身没有一处不具有鲜明的个性。它那挺拔而粗壮的秆子，给人以自信和力量。尤其使我惊异的是高粱的根，它不但在看不见的地下扎得很深很深，而且在高粱秆的下端离地尺把高的关节处，向下长着许多气根，有点像榕树的根，用手摸摸，是那么坚韧，像鹰爪一样，它们强有力地抓住土地，仿佛擒拿住一个庞大的活物。我问父亲，为什么高粱下边长了这么多“爪子”?父亲告诉我，不要以为草木、庄稼都不如人，都没有知觉。其实庄稼很聪明，它们对大自然的感觉，甚至比人类还要敏锐。它们有的爬蔓，紧紧贴着大地，有的像树一般地站着，都是为了生存，为了争取阳光和空间。对于高粱，气根是最不可缺少的。夏天暴风雨来临之前，它就迅速地生出气根，深深地扎进土里。风暴无法撼动它，就像一个摔跤手，脚跟稳稳地定在地上，等着对手向它扑来。

五、总结学习

有些文章通过重点段学习，我们能快速把握文章的主题。通过这节课的学习，我们学到了什么？

通过重点段的学习我们已经能理解外祖父的思念之情，为什么还要写其他事例，我们下节课来学习。

点评9：学习结束的“学本”追求。课末留下疑问，颇有新意。一是学贵有疑，让学生带着问题下课。二是学需连续，本次学习结束是新的学习的开始。

【总评】

小学语文教学的发展方向是从以“教”为主转向以“学”为主，因而“学本课堂”应运而生。它是一种以“学理”为指导，以学习活动为核心，以“会学”为标志的课堂。本课的设计在追求“学本”上做出了积极的努力。

促进“学习活动”的展开，是“学本课堂”的核心思想。从本课设计看，大概要思考以下问题：(1）学习目标要集中。如本课的目标集中而有效。(2）学习任务要清楚。采用“任务驱动”较为有效，如本课的“学习单”的使用。(3）学习过程要展开。特别是对学习重点、难点和特点要有学习流程，要有时间保证，还要有学生具体活动的支撑，不能囿于学习结果。(4）学习策略要凸显。如先学后教、依学而教、以学评教、抓大放小、学法指导等。本课的9条点评就是基于“学理”，对促进学生“学习活动”展开的思考。

重点研讨

1. **略读课文如何有机联系精读课文？**
2. **略读课文如何体现“先学后教”？**
3. **略读课文如何落实“略其所略”？**

第十一章　多样阅读

内容提要

本章立足多文本、整本书阅读理念，先后对群文阅读设计、绘本阅读设计、非连续性文本阅读设计和整本书阅读设计进行了理论联系实际的分析，呈现了众多设计思路。

从一次阅读文章的数量看，阅读有单文阅读、互文阅读和群文阅读之分，这是现实生活中阅读的三种基本方式，相应地也有三种阅读教学模式。从单文阅读走向群文阅读，是小学语文教学改革的方向。

一、群文阅读设计

（一）群文阅读的机制

1. 主线。群文阅读教学首要机制是要用一条“线”精心编制一组“群文”。这是一个“类”的概念，是一条线索、一个议题。这个主线的选择和确定意义重大。

（1）以人文为线索。这是最常用的一种选文线索。

※课文单元整组的群文阅读

以前的小学语文教材是以人文主题组单元的，一个单元围绕一个人文主题选编4篇课文。例如：“爱的不同形式”一组，取材于三年级上册《掌声》《一次成功的实验》《给予树》《好汉查理》与课外莫怀戚的《散步》、朱自清的《背影》的组合，主题是“爱”。学生通过比较，多角度地探讨“爱的多种形式”，丰富对爱的多元理解。其编排的特点是注意内容的整合和训练的循序渐进。但是，这种教材大多是以人文为主线构建单元的。这是一种朴素的群文阅读教学思想。它的弱点是过分突出人文主题，强化了人文性，削弱或忽视了语言性。

※自主构建单元的群文阅读

我们可以自主构建人文主题，如礼仪、环保、卫生、友情，并以此为线索进行组文。以“友情”主题为例，可以把多首诗组成友情类“群文”。台湾赖玉莲老师的课例“群诗的阅读教学——对友情多面向的探讨”，将涉及友谊的五首诗《我喜欢你》《阿贵只有九岁》《打过架那天的夕阳》《等待》《赠汪伦》等进行组合。这五首诗分别叙述了友情的不同侧面，有快乐，有争执，有生离，有死别等，这为学生理解友情提供了各种不同的可能性。通过对群文的阅读，可以打开学生的眼界，也可以使学生对诗有更深入的理解。

（2）以文体为线索。小学阶段涉及的文体主要有 10 种：童话、寓言、神话、儿歌、古诗、文言文、散文、小说、记叙文和说明文。小学阅读教学不应过分强化文体，但是应该有文体意识。不同的文体有不同的特征，因而也就有不同的教学目标和教学策略。以文体为线索组织群文进行群文阅读，是一种好方法。

杭州市天长小学的“群文阅读”实验走在全国前列，该校五年级“群文阅读”的读本编写就是以文体为线索的：

※古诗词。“太阳意象”诗词一组、“天下名楼”诗词一组、“大江大河”诗词一组、“折柳送别诗”一组。

※儿童诗。有“词”感觉的现代诗一组、“寻找光明”诗歌一组、“儿童叙事诗”一组、金子美铃诗歌一组。

※小古文。“尊重生命”小古文一组、“小动物”小古文一组、“四字表达”小古文一组。

※现代文。“创世神话”一组、“对话”组成的文章一组、突出“声音”的文章一组、突出“色彩”的文章一组、结尾出人意料的“小小说”一组、“一句话在文章中多次出现”文章一组、“吝啬鬼”文章一组、“经典演讲词”一组、老舍文章一组、“我们为什么不能撒谎”文章一组、“不说话的动物”文章一组、“从不同角度看待同一事物”文章一组、“空间顺序”文章一组、自己画插图的著名作家文章一组、“观点完全对立”的文章一组。

（3）以作者为线索。文学名人名家各有风格，自成一体。对他们的文章进行分类组文，就能“以文会友”，较深刻地认识这位作者的思维方式、写作风格、表达特点，进而达到“学文知人”的阅读效果。把叶圣陶、巴金、老舍、萧红、鲁迅、冰心、沈从文、朱自清、丰子恺、汪曾祺、张爱玲、郁达夫等名家的作品合成一组“群文”进行群文阅读教学。例如：

叶圣陶：《记金华的双龙洞》《看月》《过节》《孩子们在家里》《希望》为一组，《牵牛花》《假山》《藕与莼菜》《没有秋虫的地方》为另一组。

巴金：《日》《月》《风》《云》《雷》《雨》《繁星》为一组，《海上日出》《海上生明月》《地中海上的风浪》为另一组。

老舍：《猫》《母鸡》《小麻雀》《小白鼠》为一组。

萧红：《祖父的园子》《我和祖父的“另一个”世界》《我是祖父的“小尾巴”》《跟祖父学诗》为一组。

鲁迅：《少年闰土》《我的伯父鲁迅先生》《一面》《有的人——纪念鲁迅有感》为一组。

当然，也可以将国外名家的作品组成一个“群文”，如苏霍姆林斯基、普希金等。

（4）以对象为线索。寻找文章中描写的主要对象，以此为组文线索。可以以“四季”为主线构建群文线索，可以以“山水花鸟”为主线构建群文线索，也可以以“动物”为主线构建群文线索。如统编版二年级上册第八单元第一课为《狐假虎威》，可以有机整合《狐狸养鸡》《狐狸与乌鸦》《狐狸与仙鹤》《公鸡和狐狸》《热心的狐狸》等文章，组成群文。关于“虎”“狼”等动物的文章也很多，而且十分有趣。

（5）以表达为线索。早在 2007 年，陈易志老师执教了一节群文阅读课。其群文是《石头汤》《雷公糕》《南瓜汤》《敌人派》《爷爷的肉丸子汤》《兔子蛋糕》。主要就是比较其中的情节内容、叙述方法和文学要点的异同。关注“表达”，聚焦“语用”，这对小学阅读教学来说是至关重要的。例如：

从“描写”看，可以组成群文的线索有：肖像描写、行动描写、语言描写、神态描写、心理描写、侧面描写等。

从“结构”看，可以有以下设计：

三年级：“总分结构”文章一组

四年级：“反复结构”文章一组

五年级：“前后呼应”文章一组

六年级：“倒装结构”文章一组

（6）以特色为线索。组合“群文”的线索多种多样，还可以自选“特色”，寻找线索，这多用于两篇文章的“互文阅读”。如连续性文本与非连续性文本的互文阅读教学、纯文字与绘本的互文阅读教学、古今文字对照的互文阅读教学、简体字与繁体字的互文阅读教学等。

2. 比较。传统的单文阅读教学，围绕一篇选文进行精讲细读，反复琢磨，充分开掘选文的识字、阅读、写作、口语交际等全息性的语文教学价值。它虽然有有利的一面：重视教材的文本研读，高度艺术化的教学设计，综合展示语文综合素养，但是它是单行本，不利于协同比较。比较是重要的思维方式和学习方式，有比较才有鉴别，有比较才能思维，有比较才会提升。可以说，阅读教学如果离开了比较，就失去了教学的意义。群文阅读教学可以很好地承担比较的功能。所以，群文阅读教学的重要机制是比较。

（1）同题比较。对同一个题目进行比较阅读，不但能丰富阅读内容，而且能比较彼此的异同，发现不同特点，拓展多种学习思路。其教学意义重大。如“猫”一组，可以把老舍、丰子恺、季羡林、鲁迅、梁实秋的同名文章放在一起构建一个“群文”。

（2）相同比较。一位老师进行了“聚焦儿童诗”为议题的教学设计。这个议题不是按照题材组织的，而是按照体裁选文的，旨在让孩子们通过儿童诗这种文学表现形式了解儿童诗，感受儿童诗的共同特点，从而自己尝试创作儿童诗。4 首儿童诗是《捉迷藏》《慢一点》《夏日的风》《不睡觉的小雨点》。教学以下表为中心展开。

诗题	具体特点				
	拟人	节奏美	声韵美	反复手法	情感

通过对 4 首诗的比较教学，学生初步了解了儿童诗的基本特点：分小节、想象丰富、有情感、反复手法、拟人、押韵等。

另一位老师在“名家笔下的猫儿们”的群文阅读教学中，在学生阅读了老舍先生的《猫》、柏杨先生的《写给我们家猫咪的四封信》、梁实秋先生的《黑猫公主》后，引导学生比较思考：这三篇文章在叙事结构特点及表达情感上有什么相同之处？学生很快就能在比较阅读中发现相同之处：三篇文章都明贬实褒，表达了对小动物的喜爱之情。

（3）不同比较。如果说比较相同是揭示文章的共性要求、基本规则，那么比较不同，则是揭示文章的个性特色、不同特点。一般而言，“不同比较”是一个较深入的学习过程。同题《卜算子・咏梅》，陆游和毛泽东的立意、结构、气势是不同的，可以合成一个互文进行教学。

陆游的《卜算子·咏梅》："驿外断桥边，寂寞开无主。已是黄昏独自愁，更着风和雨。无意苦争春，一任群芳妒。零落成泥碾作尘，只有香如故。"这首词以梅喻人，上阕写梅的处境和遭遇：寂寞无主，还要加上风雨催逼。下阕写梅的气节操守：无意争春，即便是零落成泥，依然保持那一份清香。我们从梅花的命运与品格中不仅可看到词人仕途坎坷的身影，而且可读出词人像梅花般冰清玉洁的精神世界。

毛泽东的《卜算子·咏梅》："风雨送春归，飞雪迎春到。已是悬崖百丈冰，犹有花枝俏。俏也不争春，只把春来报。待到山花烂漫时，她在丛中笑。"这首咏梅词，结构精致和谐，在塑造梅花形象时，上阕重点写背景，以背景反衬对象，使梅花具有铮铮铁骨和挑战精神；下阕则浓墨重彩写对象，突出梅花甘愿隐于百花之中的情操，使梅花具有明媚开朗、至刚无欲的品格。一个"俏"字，成为过渡的桥梁，使词的境界浑然天成。

如果再加上王安石的《梅花》："墙角数枝梅，凌寒独自开。遥知不是雪，为有暗香来。"这样组合三首诗词的群文阅读教学，自然更为有效。

3. 结构。众所周知，任何事物都是由多个要素按照一定的结构组合而成的有机整体，不同的结构会产生不同的整体功能。"整体功能大于各个要素功能之和"，在群文阅读教学中得到了充分体现。从学理上说，群文阅读教学的积极意义在于使不同的文章之间形成联系，形成阅读教学的新结构，构建新的课型。这是一种现代"统整"思想在阅读教学中的运用。

（1）平行结构。这是一种浏览课型。围绕一个议题进行多次阅读，其目的是扩大视野，增加阅读的数量。这种结构特别适合于起始阶段和新颖的内容。例如二年级以"春天"为主题朗读儿童诗《春天的颜色》《春天的味道》《春天的雨》《春天什么样》《春天来了吗》。特级教师蒋军晶老师上"创世神话"的群文阅读时，在50分钟内让学生读了7篇文章：1篇科普文《关于宇宙大爆炸》，6篇神话《诸神创世》《淤能棋吕岛》《盘古开天地》《始祖大梵天》《阿胡拉·马兹达》《巨人伊密尔》。这7篇文章以三个问题贯穿其中：各国创世神话有什么个性特征？各国创世神话有什么相似之处？为何有这些相似之处？这三个问题营造了一种轻松而又充满挑战的氛围，学生在这种氛围中发现了神话的很多秘密，如"宇宙卵"母题、"英雄创世"母题、"垂死生化"母题……这些发现带领学生走向了一个充满神奇的世界，也引发了学生对神话的阅读兴趣。平行结构群文阅读教学的程序是：

※明确议题。

※初读所有文章。

※再读所有文章。

※整理提升。

平行结构群文阅读教学在接近尾声的时候，可以要求学生通过多次自主阅读课文，做好批注，填写“群文阅读记录表”。

文章标题	作者	概述内容	记录精彩语段	提出疑问

（2）主辅结构。这是一种迁移课型。主学有特色之文，再辅学其他文章，起到“举一反三”的作用。如统编教材五年级上册第六单元的主题是“父母之爱”，课文有《慈母情深》《父爱之舟》《“精彩极了”和“糟糕透了”》。一般的设计是：先指导学生感受“母爱”，再引导学生感受“父爱”，最后略读《“精彩极了”和“糟糕透了”》，感受别样的父母之爱，体会父母之爱的深沉，学习体会通过人物语言、神态、动作描写人物情感的阅读策略。

如五年级下册第14课是精读课文《刷子李》。可以进行群文阅读教学，先指导学生理清课文“黑衣上没有白点—黑衣上出现白点—黑衣上的小洞”的情节结构，学习“一波三折”的写作方法。再引导学生阅读课外补充的《张大力》《苏七块》《泥人张》等文章，并思考：这些文章是怎样运用“一波三折”的写作方法的？让学生在迁移中巩固写作方法，形成写作能力。

又如，五年级下册第18课是精读课文，其是美国作家马克·吐温的《威尼斯的小艇》。课文后就安排了“阅读链接”，有朱自清的《威尼斯》，还有法国作家乔治·桑的《威尼斯之夜》。这样组成一个“阅读群”，这是一种“1＋X”的群文阅读。

上述群文中，《刷子李》《威尼斯的小艇》是“主学文章”，其他文章是“辅学文章”。可以把主次结构的群文阅读教学程序设计如下：

※学习提示。

※精读“主学文章”。

※略读“辅学文章”。

※整理提升。

（3）台阶结构。这是一种整合课型。可以进行比较、分析、综合和提升。如故事里的“冲突”的群文阅读教学选择了《奇特的和平使者》《月桃花》《鸿门宴》《痴鸡》《小刺猬》5篇文章。故事中的“冲突”，是指“人和人，人和环境或人物内心的矛盾及其激化”。而这个议题是要让学生从5篇文本中提取信息，明确“冲突有时是存在于人和人之间，有时是存在于人和环境之间，还有时是人物内心的矛盾及其激化”。单篇文章各有侧重，阅读单篇的内容是无法建构学生对于“冲突”完整认识的。统编教材六年级上册第八单元以“走近鲁迅”为主题，这是该教材安排的唯一一次人物单元。由四篇课文《少年闰土》《好的故事》《我的伯父鲁迅先生》《有的人——纪念鲁迅有感》组成。在这个组文中有鲁迅亲自写的《少年闰土》《好的故事》（笔者称之为A类文），也有别人写鲁迅的文章《我的伯父鲁迅先生》《有的人——纪念鲁迅有感》（笔者称之为B类文）。前者侧重故事描写，后者侧重品质描写。台阶结构群文阅读教学的程序可以设计如下：

※学习提示。

※一读A类文。

※二读B类文。

※整理提升。

（二）群文阅读的发展

1. 关于“群文”。从阅读文章数量的多少看，可以把阅读教学分为单文阅读、互文阅读和群文阅读。不同的阅读教学类型具有不同的教学价值和不同的教学策略。群文阅读教学的教学策略在于“群文”。从学理看，“群文”在构建知识体系、实施比较策略、探索文章特点等方面具有重要意义。但是，“群文”有两个至关重要的问题：一是“群文”主题的确定。目前有课内的“单元主题群文教学”和课外的“自拟主题群文教学”。前者相对容易，后者较难。二是“群文”组文的选择。选择围绕一个主题适合一个年级学生阅读的多篇文章不容易，还要使多篇文章形成一定的知识结构体系和序列编排更不简单了。可见，爱上“群文”不容易。这给语文教师提出了新的挑战。所以，在目前教学条件下，积极探索小学语文互文阅读更有现实意义。这里推荐浙江省浦江县龙峰国际学校祝响响老师的《小学语文互文阅读》（上海交通大学出版社，2018年）一书，此书理念前卫，实践丰富，值得一读。

2. 关于“阅读”。单文阅读也好，互文阅读也好，群文阅读也罢，都要符合小学生的阅读心理特点，在提高阅读能力上下功夫。一是阅读对象。群文阅读教学的对象是小学高年级学生。虽然他们是高年级学生了，但要让他们在一节课的40分钟里阅读 4~5 篇文章或更多，学生是否接受得了？二是阅读容量。在单位时间里，阅读内容是有一定限量的，尽管目前尚无法确定这个数量，但过少或过多都不利于提高学生的阅读能力。过少过易，当然没有教学效率；然而，过量过难，又如何体现阅读价值？三是阅读方法。阅读文章有精读、略读和浏览之分，尽管浏览是必要的，也需要适当训练，然而，蜻蜓点水，漂浮而过，不要说花时间深入理解，就是全文通读一遍的时间都无法保证，怎么了得？常言道：语文是一种慢的艺术。小学语文课堂教学还是要倡导精读为主、略读为辅、浏览次之的阅读策略。

3. 关于“教学”。有报道：日本实施了“群本阅读”，港台地区开展了“多文本阅读”。然而，有三点值得我们注意：一是他们在中学实施，二是主要在课外进行，三是旨在新兴课程的开发和建设。这启发我们对群文阅读教学进行深入思考：与其说群文阅读教学是一种阅读教学方式的变化，还不如说这是一种阅读课程建设的变革。

※群文阅读是一种阅读课程理念。旨在培养学生阅读比较、分析能力和对信息的综合处理能力。因而它弥足珍贵。

※群文阅读是一种阅读课程形态。它是在众多媒介融合的背景下，阅读者从不同载体上提取和聚合各种资源，从而实现自主建构意义的活动。因而它富有活力。

※群文阅读是一种阅读课程模型。要从课程建设的角度审视其课程目标、课程内容、课程编排和课程评价等。因而它研制艰难。

据此，笔者认为：把目前的“群文阅读教学”修正为“群文阅读课程”，并把它定位于小学高年级（第三学段）课外的、群文阅读的、综合实践的语文拓展性课程较为妥帖。

二、绘本阅读设计

绘本 17 世纪诞生于欧洲，20 世纪 30 年代，绘本图画书的主流传向了美国，绘本图书迎来了黄金时代。20 世纪五六十年代，绘本开始在日本、韩国兴起，20 世纪 70 年代，台湾地区也开始了绘本阅读，随后引发了绘本阅读的热潮。21 世纪，绘本阅读已经成了全世界儿童阅读的时尚。下面对绘本、绘本阅读、绘本教学进行初步分析。

（一）绘本

绘本，英文称 Picture Book，日文的汉字写法为繁体的“絵本”，顾名思义就是“画出来的书”，指一类以绘画为主，兼附少量文字的书籍。

艺术化的甲骨文

汉字画

小学使用的绘本属于儿童文学的范畴，指的是以图码为主、语码为辅（甚至完全没有语码），用图文并茂的形式表现一定意码的儿童图画书。

1. 绘本的元素。一本绘本通常包含三个元素，分别为图码、语码及意码。

（1）图码。绘本的表达主要是利用图像讲故事的方式。图像是绘本最重要的组成部分，也是第一学段小学生重要的学习工具。在绘本中，图像不再是点缀，而是图书的命脉，甚至有些绘本一个字也没有，只有绘画来讲故事。绘本中的图像根据作用不同大致可分为以下几种。

一是解释性图像。解释性图像是与文字内容相对应的图画。它起到了解释、说明的作用。这样的图画占绘本的大部分。例如，《金老爷买钟》中，金老爷家一共有四层，一楼是门厅，二楼是厨房，三楼是卧室，四楼是阁楼。图画将各房间的特点画得十分清楚，儿童一看就可以明白各室的作用。在导读时，我们可以利用解释性图画让学生明白故事发生的场景。

二是补白性图像。补白性图像与文字有关系，但是又将文字内容做了新的拓展，它起到了帮助学生理解文本、丰富学生想象的作用。《逃家小兔》主要是通过对话表现妈妈对孩子无私的爱。该图画不但展示了文本要表达的内容，还用彩色图画着重展示了小兔子和兔子妈妈想象的内容，将图文与阅读者紧密联系起来。

三是线索性图像。在绘本中经常会出现通过细节的刻画隐藏线索，使主题更加鲜明，情节更有趣味。《阿利的红斗篷》，在整个故事中一直出现另一个小人物——老鼠。随着阿利红斗篷的完成，它也在不断地收集过冬的器具，直至最后拿到过冬的手套。在导读中，我们可以充分利用这类图画丰富故事的内容，使主题更加明确。

※图像具有形象功能。绘本的图像贴近儿童的现实世界，具有造型、大小、色彩等形象感。好的绘本，每张图像都是一个特定的形象，都会说话。图与图之间呈现独特的叙事关系，使学生得以由直觉进入绘本世界，自然、流畅地听故事。

※图像具有艺术功能。目前绘本中的图画部分多数都是世界知名插画家的作品。他们运用各种手法，或水彩，或剪贴，营造故事情节。这些图画都是插画家们精心手绘，讲究绘画的技法和风格，讲究图的精美和细节，是一种艺术创意。

※图像具有解文功能。图像是一种直观的书面语言信息，具有图解文字的功效，这就是“图画语言”。学生借助已有的图像经验，采用文字配对的方式建立相应的联系，能达到理解的效果。学生读图的过程，也是发现的过程。当学生在绘本中寻找到画者隐藏在图中的小标志时，在跟随标记继续探索的时候，他们的观察、认知和想象也都得到了发展。

（2）语码。绘本是儿童读物的一部分，儿童读物是早期阅读的一部分，早期阅读是语言教育的一部分。这里的语言包括文字和口语。

一是简练的文字。绘本中的文字非常少，但正因为少，对此要求更高，它必须精练，用简短的文字构筑出一个跌宕起伏的故事。而且它必须风趣活泼，符合孩子的语言习惯。因此，绘本的作者往往对文字（用字、用词、短语、句型、段式等）仔细推敲，再三锤炼。在某种意义上说，绘本的文字是让大人看和读的，并不是写给小读者看的，而是让他们听的。

二是简易的口语。绘本使用的语言一般都是故事的陈述语言、对话语言和感叹语言等，具有明显的口语特点，便于学生阅读、表达和交流。所以说，绘本是“说”的艺术，是进行口头语言训练的好材料。

（3）意码。图有意思，文有意思，图文结合更有意思。绘本通过图像和文字构建一个有意义的话题或主题。

一是图文构意。绘本用图像与文字共同叙述一个故事，表达特定情感。这是一种通过绘画和文字两种媒介互动来述说故事的艺术。图画仿佛是一颗颗珠子，故事的主题和细节都由它们来展示，绘本的意趣也主要由此体现。文字仿佛串珠子的线，它们规定了故事的主干和方向。绘本的图像和文字蕴含默契，像呼吸，像音乐，像双打运动员般紧密配合，才能构成一个意境。所以，“图与文必须彼此相互成就以共同营造出完美的故事”是国际绘本最高奖项“凯迪克奖”的评奖要求之一。

二是连文成意。绘本非常强调情绪和主题的连续性，在短短的几十页之内形成一个连续的视觉影像。绘本的作者和画者，相当于电影导演，要在有限的篇幅里把故事讲得生动又系统。一本优秀的绘本，可以让不认字的孩子“读”出其中的意思，这需要高超的情节设计。此外，绘本设计唯美，版式精到独特，以其封面、扉页、正文以及封底构成一个近乎完美的整体意义。

2. 绘本的结构。绘本分为封面、环衬、扉页、正文、封底五个部分。很多学生在阅读绘本时常常直接从正文开始读，这是不妥当的。阅读绘本正确的方法是从头到尾阅读，不遗漏任何一个部分。其实，绘本的每一个部分都藏着不同信息。有些绘本，在阅读时如果漏掉其中某个部分，会导致阅读不全。

（1）封面。拿起一本书，首先映入眼帘的就是封面。封面是我们对书进行预测的最重要来源。要指导学生看清楚封面，也可鼓励学生借助封面先猜测一下故事内容。多数绘本的封面都取自正文里的一幅画，但有的封面和封底连在一起构成了一幅图画，这就要求同时翻看封面与封底。

（2）护封（外封面）。有些精装书与平装书不同，在厚厚的硬壳外面还套着一张外封面，一般通称护封。护封前后都有一个向里折的折口，又叫勒口。虽然绘本的护封与封面一般是同一个画面，但前后的勒口上往往印着许多与这本书相关的重要信息，不能漏看。

（3）环衬。环衬是封面和书芯之间的一张衬纸，通常一半粘在封面的背后，一半是活动的，因其以两页相连环的形式被使用，所以叫“环衬”，有人形象地称之为“蝴蝶页”。书前的一张叫前环衬，书后的一张叫后环衬。环衬是容易被漏看的一页。许多绘本的环衬仅仅是白纸或者色纸，它们的颜色往往与讲述的故事十分吻合，是经过精心挑选的。它们与正文的故事息息相关。前后环衬遥相呼应，有时还会提升主题，甚至说出故事之外的另一个结尾。如《隧道》的环衬就道出了故事的另一个结局。

（4）扉页。扉页又叫主书名页，就是环衬之后正文之前的一页，上面一般写着图书的书名、著作责任者（作者和译者等）以及出版者的名称。除了上述文字信息，绘本往往从扉页开始就有图画，这些图画的作用可不容小觑，扉页会告诉你谁是主人公。除此之外，有些绘本的扉页还会设置一些小小的悬念。

（5）封底。合上一本绘本时，绘本的故事有时并没有讲完。有些绘本把故事的结尾延续到了封底上。

3. 绘本的分界。

（1）绘本图书不同于普通的图画书。区别在于绘本图书通常有独立的绘画著者，图画有个人风格，画面即情即景，可单幅成画。常见一些有图有文的书，尽管这些书的图画画得十分有趣，但这些图画只是文字的补充，只是一类具有文字系统功能的图画。这类书多见于教材和教辅类图书，这些书中的图画没有“图画语言”的功能。

（2）绘本图书不同于传统的连环画、连环漫画。后者好比是传统舞台剧，读者只能从一定角度用全中景去看，会产生很大的距离感。绘本图书却好比是供儿童看的一部电影，它既展示出宽广的视野，又有细节的特写，既有极其有趣的故事情节，又暗藏着起、承、转、合的节奏设计。所以，绘本阅读不只是讲故事，也不是简单的看图说话。

（3）绘本图书不同于卡通类幼儿图书。一些以图为主的卡通类幼儿图书虽然绘制精美，但是画面是卡通片的固化，形式上失去活动的魅力，画面情节已被“肢解”，难以表达原著内容，书中的图画只是引起对卡通情节回忆的符号。而绘本图书不同，如看一本日本版欧洲民间故事《狼和小羊》，可以领略其中的“图画语言”。文字很简单：“狼进了小羊家……”后面用一整版表现狼打开门进来，所有的小羊都很惊慌，有的藏在大钟里，有的藏在床下，有的藏在门后，还有的藏在沙发后……这画面就能引起小读者的兴趣。

（二）绘本阅读

1. 绘本阅读的意义。绘本是“人生第一本书”，绘本阅读是人生第一次阅读。其意义不言而喻。

（1）绘本阅读是一种形象化阅读。绘本以图码为主，其中不乏丰富多彩的图画，这为学生创造了具体、形象的世界。细腻、浪漫的图画和简明的文字能引发学生的感知和想象。所以，在绘本阅读过程中可以选择最富想象力、最动人的图画引导学生细细地观赏图画中的形象、色彩、细节等，感受画面所流露的情感、所表达的意蕴，遐想图画和文字以外的世界。

绘本是一张到处都隐藏着秘密的“神秘地图”，因为无论是扉页、封面还是环衬，都是绘本的有机组成部分，在这些地方作者都为读者献上了很多精美的图画。只有指导孩子从头到尾阅读图画，才能发现很多常常被读者忽视的小细节。只有读懂了这些细节，才会对文本有进一步的理解。例如，环衬是封面与书芯之间的一张衬纸，很多绘本的环衬上也画有图画，绘本的环衬不但与正文的故事息息相关，有时还会提升主题。《我爸爸》这本幽默的绘本里，透过孩子夸张的幻想，塑造了一个让人笑破肚皮的爸爸形象：这个爸爸一天到晚穿着一件长长的睡衣，他不怕狼，一跳就可以跳过月亮，吃得像马一样多，游得像鱼一样灵活……《我爸爸》的环衬上的图案就是“我爸爸”身上那件棕黄色睡衣的一个小小的局部。而《蚯蚓的日记》的环衬竟然都是蚯蚓在不同时期所拍的照片，有自己第一天上学时的留影，有自己和家人、好朋友的合影，还有自己的考试成绩单和教师的评语，我们仿佛看到了小蚯蚓的成长记录，虽然还没有开始读故事，但已经被这些可爱的画面给吸引住了。

（2）绘本阅读是一种艺术化阅读。从美术的角度说，绘本具有美术表达形式的多样性、物象形态的生动性、色彩鲜明和协调的特点。一本绘本是通过文字和图画共同叙述一个完整的故事，是文图协奏的一门艺术。精彩的图画、精妙的故事、精巧的设计，就像在富丽堂皇的音乐厅欣赏美妙的演奏。

有些绘本还采用水彩、油画等各种形式绘画，使其成为一种“综合艺术品”，有很高的审美价值。有意识地让学生阅读这些优美的绘本，不仅能培养他们的图形建构能力、色彩感知能力，帮助他们树立正确的审美观，提高欣赏水平，而且能激发学生创造美的热情，帮助他们步入艺术殿堂，让他们受益无穷。

著名艺术家、美术家画的图，运用绘画技巧，通过优美的图画来诠释生动的故事，使得绘本既有色彩、线条、构图的美，又有语言、韵律和故事情节的美。图画书的内容包罗万象，举凡天文、地理、历史、人文、社会、自然、科学等种种常识皆有所描述，对阅历不多、经验有限的学生而言，它犹如百科全书般提供各种观察性、思考性与感受性的认知学习经验。绘本是大师们奉献给儿童的“艺术大餐”，具有丰富而高超的艺术元素。在这个意义上说，绘本阅读也是一种艺术教育和文学教育。

（3）绘本阅读是一种体验化阅读。阅读绘本所给予的不仅是眼睛的享受，更多的是细节的领悟和心灵的体会。学生阅读绘本是一种从形象到抽象的理解过程，是由图到文、从文到义的心理体验过程。

绘本能展现学生视域中的审美图景，并能与学生产生积极的、有意义的互动效应。它作为一种以图画为主要表现内容和形式的读物，构图巧妙、造型生动、色彩优美，对学生具有很大的吸引力，其中富含节奏韵律感、幽默诙谐、拟人夸张的语言也符合学生的年龄特点。而绘本中与生活经验密切相关的故事情节能够引起学生的情感共鸣和心灵冲击。

通过图画引导学生阅读绘本，让学生不断进行情感体验，凭借着阅读，情感得到了提高和升华。在轻松愉快的绘本阅读中，学生经历着影响终身的、正能量的、高尚的内心体验过程。所以，绘本中没有一句教条，却能满足学生成长的需要；没有一丝说理，却能启发学生深入思考；没有一点儿喧闹，却能激起学生的会心大笑。真可谓：心心相印！

例如，瑞士马克斯·菲斯特创作的《彩虹鱼》，通过一条有闪亮七彩鳞片彩虹鱼的经历，告诉孩子们一些生活的真谛：痛苦与朋友分担，痛苦会减半；快乐与朋友分享，快乐会加倍。该绘本插图采用水墨画技法，融入中国画的传统元素，鲜活亮丽且富有现代感。画中有水的场景，每朵水草都在荡漾、漂浮。阅读此绘本仿佛是在水景中与彩虹鱼对话、互动和交流。

可以说，小绘本大智慧。如果用“高”来形容绘本阅读一点也不为过：绘本阅读是一种高雅的阅读，是一种高尚的阅读，也是一种高贵的阅读。

2. 绘本阅读的机制。从学理看，学生的绘本阅读的机制主要如下：

（1）阅读兴趣。从人类的发展史看，图画语言早于文字语言。图画语言比文字符号更加直观，表达更符合儿童形象思维的特点。绘本以画为主，字少但画面丰富，以画传达故事情节，比一般纯文本更能激发儿童阅读的兴趣，也更符合儿童早期阅读的特点和习惯。在绘本中，儿童文学作家使用儿童可以理解的词汇、熟悉的语句结构，将主题巧妙涵盖进去，汇聚成结构完整、内容丰富的故事。通过直观化的绘本内容，儿童会吸收、整合、转化各种信息，无形中培养了阅读能力，并促使他们积极地向纯文字阅读过渡。绘本是培养学生阅读兴趣的最佳读物之一。

绘本是人生道路上最先见到的书，是人在漫长的读书生涯中所读到的最重要的书。一个小学生从绘本中体会到多少快乐，将决定他一生是否喜欢读书。小学生的早期阅读离不开绘本，学生的阅读生涯是从阅读绘本开始的。所以此时的绘本阅读，兴趣的保持和促进显得十分重要。可以说，小学绘本阅读的重大意义在于这是一种阅读兴趣、习惯和态度的培养，这对于学生今后的学习具有重要价值。

（2）读图能力。儿童心理学研究认为，儿童从很小开始就具有认图意识，并慢慢养成认知图形的能力。虽然那时他们不识字，但已经具备了一定的读图能力。绘本阅读能让儿童在欣赏图画中认识文字、理解文学。比起那些一闪而过、只带来一时快感的快餐文化，欣赏绘本无疑是一种让眼睛享受、让心灵愉悦、让精神提升的美妙体验。在没有文字或只有较少文字的书中，完全靠画面来讲故事，对图画的叙述能力要求较高。其实，这也是在培养儿童想象和表达的能力。

绘本是一张到处都隐藏着秘密的“神秘地图”。绘本画面精美，富有内涵，能给儿童美的熏陶。好的绘本，不仅绘画精美，构图、色彩能使阅读者在视觉上感到愉悦，而且每张图画都有丰富的内涵，图与图之间能呈现独特的叙事关系。绘本阅读在把儿童带入美好故事情节的过程中，还能使其情感受到陶冶，艺术审美能力得到提升，而这种能力的提升不是单凭文字阅读就能替代的。所以，绘本是最适合小学生阅读的图书形式。

※看图是读图的基础。为了让学生正确读图，首先要帮助学生正确观察图。一是有序看图。看图不能杂乱无章，而要根据绘本的实际情况，按照一定的顺序，一幅一幅地观察。二是整体看图。要有整体意识，了解部分与部分之间的关系。三是反复看图。看图一般总要观察几遍，只看一遍是看不透、看不细的，应指导学生反复观察，从不同的方面、不同的角度进行图解，使主要事物更加突出明显，加深对主要图像的印象。

※析图是读图的深化。各种现象之间是有联系的，彼此之间是有规律的。这些互相关联、被一定规律支配的各种现象和事物，都画在图上面。如果认真分析图像，就可以发现事物、现象之间的这种联系和规律，从而加深学生对事物的理解和认识。分析图像，不仅可以加深记忆，还可以弄清事物之间的联系和规律。这是在引导学生从形象思维向抽象思维过渡。

※记图是读图的巩固。记图是对读图中出现的重要信息再现的过程。绘本中有很多分散的、零星的知识，要求学生初步了解。把这些知识体现在图像中，可以利用绘本读图直观的特点，采用默记、默画的方法。事实证明，利用图像进行记忆，印象深刻，容易形成空间概念，到需要回忆时，眼前仿佛就会浮现出一幅生动、形象的画面，这种现象称之为“心理图像的再现”。通常可以采用默绘法，可利用绘本中的信息线索把图像中分散的知识点串联起来，引导学生“按图索记”。

（3）文学想象。绘本作为儿童文学作品，有其特定的文学要素，诸如故事的情节、结构和主题以及人物的角色、动作和语言等，其中已有丰富的想象因素，也有很大的想象空间。著名教育家叶圣陶先生就说过：“图画不单是文字的说明，且可拓展孩子的想象。”所以说，绘本是培养学生文学想象的极好材料。

任何人都不是生来就具有丰富想象力的，想象力是通过直接、间接的体验获得的，体验越丰富，想象力也越丰富。而绘本就为儿童提供了丰富体验的机会。绘本故事横跨国界，穿越各种文化背景，透过文字与画面，儿童得以进入不同的世界，让想象力无限扩大。绘本里还会给读者预留许多想象的空间，让儿童根据绘本的整体意境，对故事情节展开丰富的联想，设计书中人物的语言、动作。画面中的一些细枝末节也会让儿童产生丰富的联想，对故事进行自我扩充、延伸。短小精薄的绘本，如同一部精彩的单元剧。任何一位教师都可以利用绘本的优势，让学生在零压力的情况下，带着好奇、兴奋的心情，融入绘本的故事情境中，并透过有意义的提问和引导，培养学生想象、思考、推理能力以及听说读写的语文能力。

※在情境中想象。在绘本阅读中，创设一定的情境让学生想象，可以引导他们进入绘本所描绘的生活和情感世界，激发学生说出自己的感悟和体会。例如，在绘本《好饿的毛毛虫》中，将画面定格在故事开始的那一页："太阳升起来，从蛋里爬出来一条又小又饿的毛毛虫，他开始去找吃的。"旁边的画面中就出现了一个苹果、两个梨子、三个李子、四个草莓、五个橘子。而且，每一个水果上都挖了一个小圆洞。这样的画面有太多的秘密，学生就情不自禁地展开想象和讲述。随着他们的想象，故事情节也逐渐展开了。

※在画面中想象。在绘本阅读中，教师要引导学生欣赏画面，利用图画内容的不确定性和可拓展性，启发学生想象和感受隐藏在图画后面的故事，从而深化其对绘本故事的感悟。例如，《逃家小兔》是一个感人的亲情故事。这个故事很简单，简单到只剩下几段对话。其中几幅精彩的画面都没有文字，故事完全交给了学生的想象力。因此，可以选择其中小兔分别变成小鱼和小鸟的两幅，启发学生进行观察和想象。在"小兔和兔妈妈变成了什么？发生了什么事"的引导下，学生尽情想象和描述着画面中的故事。

※在颜色中想象。绘本作为文学和视觉艺术的完美结合，其展现的艺术和智慧能激发读者想象的火花。其独特的叙述方式既为学生的想象力提供了丰富的素材，又对学生的想象力提出了挑战。绘本中的色彩之所以重要，是因为每一种颜色都有特定的含义。如《我爸爸》《我妈妈》这两本幽默的绘本里，透过孩子夸张的幻想，塑造了一个让人笑破肚皮的爸爸和妈妈的形象。而绘本中的环衬图案恰恰就是爸爸和妈妈的睡衣，颜色艳丽，穿在爸爸和妈妈的身上就有很大魔力。所以，可以直接

让学生看着这两幅画，根据爸爸和妈妈睡衣的不同花纹和色彩来想象爸爸和妈妈的不同本领。

3. 绘本阅读的要求。“每一个相同的故事会因阅读声音的不同而不同，每一幅相同的画面会因眼睛观察的不同而不同。”所以，对同一本绘本，就会因为有不同读者的不同阅读，产生不同的效果。对学生提出绘本阅读的要求是必要的。绘本阅读的基本要求是“三到”：眼到、心到、口到。

（1）眼到。阅读绘本一定要看着图画书，逐字、逐句、逐段地阅读，对每一个字、每一幅图都要看仔细，看清楚。

特别是看图。如在《逃家小兔》的导读中，一位老师是这样引导学生关注彩图，指导他们读懂彩图所传达的妈妈的爱的：出示第一幅彩图，小朋友仔细看看这幅图，想想妈妈为什么用红萝卜来钓小兔子。从而使孩子从中明白只有妈妈才最了解自己的孩子。在读第二幅彩图时，引导学生思考：妈妈为了找到小兔子，面对那么危险的山，已经做了哪些充分的准备？从中体会母爱脚下无艰险，母爱可到天涯海角。

（2）心到。绘本阅读，一要心思集中，全神贯注；二要开动脑筋，勤于思考。

一位老师教绘本阅读《想吃苹果的鼠小弟》，随着多媒体课件的逐张出示，教师就先后提出“谁来了？它是怎样摘苹果的？有没有帮助鼠小弟？鼠小弟是怎么想的”等问题。课堂上老师以问代讲，一问到底，以自己的教学思路代替学生的阅读思路，简化了学生的探寻过程，阅读过程完全变成了学生被动接受的过程。

另一位老师教绘本阅读《猜猜我有多爱你》时，带领学生理解大兔子充满爱意的一系列动作：轻轻放在叶子铺成的床上→亲吻小兔子→睡在小兔子的旁边→充满爱意地说出“我爱你一直到月亮上，再从月亮上回到这里来”。在导读的最后一个环节，教师设计“究竟是大兔子更爱小兔子一些，还是小兔子更爱大兔子一些”这样一个具有两难性的问题，引发学生思考。学生通过讨论知道大兔子每个充满爱的动作、每句充满爱的话语、每个充满爱意的神情就是“崇高的母爱”。母爱无处不在，母爱潜移默化。

（3）口到。绘本阅读中的“口到”有三层意思：一是要动口认真朗读。对好词、佳句、妙段要熟读成诵。二是要动口提出问题。只有与同学交流，才能从一本书中看到更多的意义。只有大量质疑问难，才能不断提高阅读能力。三是要学会表达。故事中生动的情节、富有感染力的语言以及感动人心的情感，必然会触动学生的心灵，此时他们急于说出自己的内心想法。

※复述性说。《义务教育语文课程标准》中对于第一学段的学生“口语交际”的要求是：“听故事、看音像作品，能复述大意和自己感兴趣的情节。”复述是培养学生口头表达能力的重要训练手段。复述性说是指听完绘本故事以后，让学生讲述故事的大概内容。教师讲完绘本故事或学生读完故事后，让学生当堂复述故事，通过这种形式有效训练孩子的记忆、表达能力。

※归纳性说。归纳能力是衡量学生阅读能力的重要指标之一，这种能力需要在日常的阅读中反复训练。绘本阅读过程中，教师如果能适时指导学生练习概括，就能有效地培养学生的概括能力。在读完一个故事后，让学生用自己的话简单地讲一讲这个故事的主要内容，说一说哪个人物给你留下了最深的印象，你明白了什么道理，为什么。长此以往，学生的概括能力会逐步提高。

（三）绘本教学

绘本阅读与绘本教学是两个不同的概念。绘本教学是一种教学行为，绘本只是一个例子，通过这个例子培养学生阅读绘本的核心素养。所以，有必要对小学绘本教学进行三个定位：（1）课程的。从课程的角度看，绘本阅读是一种拓展性课程。（2）学生的。从教师的角度看，绘本阅读教学主张小学生自主阅读为主，教师引导为辅，生生互动为主，师生互动为辅。（3）素养的。从学生的角度看，绘本阅读要逐步培养学生阅读绘本的核心素养。其中最重要的是绘本阅读的“手不离本，眼不离图”，用图引出文字，用文字补充图意。

1. 绘本教学的目标。“绘本教学”不同于“故事教学”。“故事教学”侧重对故事内容的理解，从中让学生感悟一些简单的道理。而“绘本教学”是以绘本为载体，借用课堂，在师生有效的互动中，共同分享对画面的理解，从而在脑海中建构一个完整的故事。它是建立在理解画面基础上的一种素养的培养过程。因此，绘本“核心素养”的培养是绘本教学的一个重要目标。它的长远目标就是培养学生的自主阅读能力。

语文核心素养	绘本教学的核心素养	绘本教学的目标
态度素养	喜爱绘本	正确、端庄、优雅的姿势 读书、观图、复述的习惯 爱书、合作、发问的态度
知识素养	获取知识	知道绘本书的构成元素 了解图与文的对应关系 认识和理解常见的汉字
文化素养	文化积累	对绘本和故事的感悟 对图像的判断和想象 对图画和文学的审美

2. 绘本教学的课型。绘本是小学语文教学的重要课程资源，绘本教学是语文教学的重要组成部分，但是，绘本教学并不完全等同于阅读教学，它的课型也是有自己特色的，主要是：

（1）进入式阅读。这是一种略读，适用于一、二年级的起始阶段，主要是培养学生阅读绘本的态度，了解绘本的大意。

精选的绘本，图画大都是大师创作的作品，它们经过时间的考验，已经经历了数十年甚至上百年，还能被现在的儿童喜爱。绘本不受时空、地域的限制。绘本的作者必须在限定的篇幅里把一个故事讲得既清楚又好看。这就要求绘画者在有限的空间里表达出大量的信息，而图画就可以起到文字所不能达到的作用，一本好的绘本，能让一个不识字的儿童仅看画面也能“读”出大意。这就是进入式阅读的学理依据。

进入式阅读的主要环节是：认识整本书→看图听故事→读文知内容→尝试讲大意。在进入式阅读中，教师与学生一起阅读绘本时不要先读文字，要让学生先看图画，预留画面空间，让学生的想象驰骋，从而了解绘本的整体大意。

（2）探究式阅读。这是一种精读，主要是培养学生阅读绘本的方法，初步培养绘本读写的能力。

图片是一种直观的书面语言信息，具有图解文字的功效，因此，更容易被学生接受和理解。借助图片经验采用文字配对的方式建立相应的联系，能达到理解和阅读的效果。读图的过程也是学生发现探索的过程。当学生在绘本中寻找到画者隐藏在图中的小标志时，在学生跟随着这样的标志继续探索的时候，学生的身心都得到了很大的发展。

探究式阅读的主要环节是：初读整本书→指导图文联系→训练阅读方法→概括绘本大意。

（3）主题式阅读。这是一种基于文化的阅读，适用于五、六年级，主要是初步培养学生阅读绘本的文化态度，渗透文化理解，增强文化自觉。

每本绘本都有一个鲜明的主题，而且这个主题遍布在图画中。如果以这个主题来引导学生仔细看图的话，绘本的人文性将会"随风潜入夜"般地深入人心。以主题为线索引导阅读，可以将图画中散落的珍珠串成串，让主题的光芒四溢。同时学生将会在主题的引导下体会到发现带来的无穷乐趣。因为，绘本的主题本身就是在形象、有趣的画面中展示出来的。带领学生去发现这样的画面，当然就是带领孩子去发现幸福的天堂。

主题式阅读的主要环节是：阅读整本书→指导图文联系→理解文章内容→明确绘本主题。

（4）表演式阅读。这是一种基于浸润的阅读，具有很强的现场感、仪式感和参与性，有助于提高学生对绘本的内容理解、文学欣赏和审美情趣。

这种方式是最受学生喜欢的，符合他们好动的年龄特点。绘本的情趣也在表演中让学生淋漓尽致地感同身受着。适合表演的绘本，让学生演演，更能激起他们的兴趣。

可以采用戏剧表现的方式来进行，其表演的方式可以采用肢体表达、声音表达等，而且在选择戏剧表现方式时，其绘本的内容尽量选择题材为具体造型的故事，如动物主角的内容，因为借由动物造型的内容，学生会比较容易融入其中。

书是生活的写照。在阅读中感受生活，反之亦可在生活中演绎文本，将文本延伸到真实的生活中。让低段学生在表演中延伸文本，是行之有效的拓展方式。当学生阅读完前半部分的时候，安排学生和老师一起表演：有了生活表演的推波助澜和铺路搭桥，再请学生联系生活实际用句式来说说，他们都能兴趣盎然地说出大人与自己之间能做的事，以及两者之间的差别。课堂上生活已悄然融入文本阅读中了。

表演式阅读的主要环节是：阅读整本书→理解图文关系→概括文章内容→绘本表演。

（5）应用式阅读。这是一种拓展性阅读，其目的在于通过讲绘本、画绘本、写绘本、评绘本等形式表现对绘本阅读的学习程度和结果。

因为读了《肚子里的火车站》，孩子们懂得了去呵护他们肚子里的小精灵们，爱吃蔬菜爱吃水果，啥也不挑食，因为他们知道小精灵们健康他们才会健康；因为读了《牙齿大街的新鲜事》，早晚各一次的刷牙不再需要家长去催促，孩子们一点也不希望哈克和迪克在他们的牙齿里面造别墅、建游泳池；因为读了《点》，孩子们的自信油然而生：画画有什么难的，我也会！

绘本的特质，为学生的写话提供了丰富的素材。依托绘本阅读，培养学生的写话能力，要以学生为本位，以不牺牲学生兴趣、不增加他们的负担为先决条件，鼓励学生在有兴趣的前提下写话，要求不限。

还可以安排动手 DIY，亲自做一本故事书，在制作故事书的过程中，学生会获得说故事、编故事、涂鸦及文字的呈现等能力。

应用式阅读的主要环节是：阅读整本书→概括绘本内容→理解绘本表达→绘本应用。

3. 绘本教学的方法。

（1）主干式阅读法。主干式阅读法指的是在不影响作品主题的前提下，抽出绘本主要的骨架展开的教学方法。绘本的种类很多，其中有些绘本为了突出主题，有时会采用重复类似情节的方式，也有些作品由于是直译本，翻译时语言的随意性较大，不利于幼儿的理解和阅读。在阅读这类绘本时可以尝试在第一次的阅读中采取先阅读故事的主要情节、简化语言等方式，再进入下一阶段的深入阅读。

以绘本《猜猜我有多爱你》为例，由于它是一本外译本，译者为了保持绘本原有的风格，在语言的设置上有较大的随意性，有些拗口，缺少连贯的组织，这些特点和孩子的欣赏习惯、语言发展特点是不一致的。在仔细分析教材后，一位老师把对话进行细微处理，改编成统一的句式“……有多……，我就有多爱你”，如“我的手伸得有多高，我就有多爱你”，使语言显得更加精练、口语化，易于儿童理解后模仿表达。在重点阅读的时候，对情节进行适当的删减处理。把同样用“高”的方式表白的情节删除，把儿童难理解的用到脚趾方式表白的片段删除，留下经典与有丰富想象空间的情节。这些做法降低了阅读的难度，浓缩了阅读的容量，却并未影响绘本的主题，不失为一个好策略。

（2）片段式阅读法。片段式阅读法是抽出绘本的某一部分进行的教学。有一些绘本由许多小故事组成，这些小故事可以独立存在，它经常能为平时的主题活动服务，补充主题活动的不足，我们将这样的阅读方式称为“片段式阅读”。例如，在《从头到脚》的主题里涉及人的食物构成，有儿童提出面包是从哪儿来的，这时可联系绘本《忙忙碌碌镇》。它通过形象的图片向人们展现了成人的各种工作，其中介绍了“面包是怎么做出来的”这个小故事，将面包的制作过程明明白白、清清楚楚地展现出来：收割小麦→包装小麦→小麦加工成面粉的过程→面粉的发酵过程→面包的制作过程。这四页画面把成人的工作直观地表现出来，儿童的阅读兴趣很浓。经过这样的阅读，他们清晰地知道了成人工作的每个细节。

（3）细节式阅读法。细节式阅读法指细致地观察绘本中有趣的细节，感受作品完美意境的方法。虽然每本书的文图构成不同，以图画为主，有的绘本文字少，有的文字多，但优秀的绘本文字都考虑了情节、场景、人物、心理等的变化，图画也具有动态感和流畅性，使整个画面看起来和谐、完整。一些图画设计非常巧妙，别具匠心，既能协助突出主题，又能让人忍俊不禁，运用细节式阅读绘本中这些精彩的部分，能让学生更细致感受作品，有时也能以这种方式切入来阅读绘本。前一种阅读以《母鸡萝丝去散步》为例，在完整阅读后再来细细地品味一下扉页的画面，这时学生才发现，原来在封面之后的扉页没等故事开始就告诉大家母鸡萝丝在农场散步的路线，画面把萝丝的家、院子、池塘、草垛、磨坊、篱笆和蜂箱完整而连贯地以大页面的方式展现，把故事情节的主线直接拎出来，与地图上“母鸡萝丝去散步”相呼应，作者的考虑是多么的巧妙与缜密。

又如《忙忙碌碌镇》，虽然是讲述了田地里的小麦变成面包的过程，但其中人物的动作、表情等让人百看不厌：小老鼠拿着和它比起来大得不得了的面包铲去烘面包、面包师身旁有杆壁挂式的秤、正在揉面的面包师们表情各不相同、面包师之间互相抛接等待烘烤的面包坯……图画的内容相当丰富，让人每次看都会有新的发现，每次都能更深入地感受作品，非常精彩。

4. 绘本教学的策略。

（1）境。拉开绘本阅读的帷幕。“境”即情境、场景或气氛。要培养学生的阅读兴趣，首先要创设良好的阅读情境，调动多种感官参与，给予多种刺激，帮助其更好地理解和体会绘本作品。如借助环境设计情境、运用艺术渲染情境等。

小学生对外在世界的认识是从整体出发，而非由细部思考分析的。这种特质使学生在情境中经常全情投入地参与。在与教师共读绘本时，他们不仅在听一则他人的故事，还会与故事中的角色合而为一，身临其境地体验这段故事。

（2）读。唱响绘本阅读的旋律。“读”即阅读，是小学生认知和阅读经验的积累过程，也是他们对环境、事物、情感的感悟过程。绘本的特点决定了教师在设计阅读活动时，要注重画面和文字的配合，调动小学生听觉和视觉感官的参与，让他们在“有声有色”的阅读活动中爱上阅读。例如，教师可以声情并茂地讲绘本。在绘本阅读活动中，低年级学生更喜欢用耳朵而不是用眼睛“看”绘本，由于他们注意时间短，教师要声情并茂地讲绘本，并配合动作和神态演绎绘本内容，以吸引他们投入活动中。

（3）猜。猜出绘本阅读的趣味和思维。绘本中的丰富插图弥补了文字的不足，在阅读活动中，一般通过阅读画面来理解故事。教师可以预设一些问题，引导学生注意画面中的细节，阅读前后两幅图之间如何串联起一个故事。在教师的引导下，学生兴趣盎然地猜测故事的发展，感受画面中流露的情感，尽情遐想画面以外的世界。

所以，绘本教学中教师提问的设计应是引导学生去关注画面，通过仔细观察每一幅画面，理解绘本所要表达的故事内容。简单一点说，就是这个故事是学生自己看和猜出来的，而不是教师直接讲述给学生听的。因此，教师所设计的问题一开始应是开放式的，不应有太强的指向性，不然就会束缚学生的思维。

在教师给学生读图画书时，一定要让学生自己看图画。每一个学生都是读图画的天才，只要故事在图画上表现出来，那么学生的眼睛就会发现它们。他们能发现画家没有发现的破绽，能读出成人料想不到的意思。在听老师读《好饿的毛毛虫》时，就有学生一边盯着那条因为贪吃而肚子痛的毛毛虫，一边做出了自己的诊断：“毛毛虫是因为妈妈不在身边才生病的。”因为学生从毛毛虫身上联想到了自己，像他们这么大的孩子肚子痛时，首先寻求的就是妈妈的安慰。

（4）游。小学生善于运用肢体语言与形态语言逼真地表现他们对作品内容的理解。绘本阅读教学要让学生适当地“动”起来，把绘本教学融入游戏活动中，有利于调动他们的学习热情，维持学生对绘本的持久兴趣。例如，教师可以利用绘本“翻页”的功能，让低年级学生猜测故事发展的后续情节或最后结局。教师可以指导学生自制绘本图书，培养高年级学生初步的“编辑能力”。

动词，动，动，动

——三年级《想吃苹果的鼠小弟》绘本读写教学实录与点评

执教者：浙江省温州市百里路小学　李碧

点评者：浙江外国语学院教育学院　汪潮教授

【教学目标】

1．能置身绘本情境，激活言语思维，激发说的欲望和写的兴趣。

2．能基于观察展开想象，运用恰当且连贯的动词描述人物的动作。

3．能运用平时积累的语言，对绘本故事进行创编，丰富绘本内容，并乐于与他人分享。

点评1：一个有意义的目标设置！这个教学目标的设置充分体现了绘本教学的特点：绘本情境、绘本观察、绘本读写，致力于绘本读写兴趣、观察、思维、想象、创造和分享能力的培养。此目标的确定超越知识，聚焦能力，不落俗套，颇有新意。这是本课教学成功的重要保证。

【教学实录】

板块一　课前预热，聚焦“动作”

（课件出示：伴随着欢快的音乐，依次出现一个个表示动作的词。）

师：小朋友们，初次相识，我们一起来做个游戏互相熟悉一下好吗？屏幕上面显示什么字，你就把这个字所表示的相应动作做出来。

（学生根据文字做相应的动作：站　拍　跳　望　摆　笑　坐）

师：真开心呀，你们有没有发现刚刚屏幕上出现的词都有什么共同的特点？

生：都是表示动作的词。

师：真好，表示动作的词我们叫它“动词”。（板书：动词）文字呀，真的很有意思，一个字就有一个意思，不同的字就表示不一样的动作，看，你们都做得好开心呀。那我们开始上课行吗？

生：行。

点评2：一个开心的起始环节！通过做动作和动词的联络，把学生的兴趣引向“动词”。这既是一个学习的心理启动，也是一个学习内容的渗透。你看，教师的课堂语言："真开心呀""真好""真的很有意思"……无不在营造欢乐的课堂氛围。

板块二 走进绘本，转换"动词"

师：小朋友们，你们喜欢看绘本吗？

生：喜欢。

师：李老师今天给大家带来了一本绘本，叫作——（出示封面）

生：《想吃苹果的鼠小弟》。

师：拿到绘本，我们首先要看封面，除了题目、作者，我们还要看看图，仔细观察，你见到了一棵怎样的苹果树？

生1：我见到了一棵茂盛的苹果树。

师：嗯，长得枝叶茂盛的苹果树。

生2：我看到了一棵长得很健壮的苹果树。

师：他用了"茂盛"，你用"健壮"，词语积累真丰富！

生3：我看到了一棵高大的苹果树。

师：真棒！每个人眼中的苹果树都不一样。再来看看，你看见了一只怎样的鼠小弟？

生4：我看见了一只可爱的鼠小弟。

师：对呀，再看看他的样子，说得完整、具体些。

生4：我看到了一只个子很矮的鼠小弟。

师：你看到了矮个子的鼠小弟。

生5：我见到了一只贪吃的鼠小弟。

师：你怎么知道他很贪吃呀？说出理由哦！

生5：因为他的手放在嘴巴里。

师：哈哈，小孩子想吃东西了都会把手放在嘴巴里，你联系了自己，你会观察，更会思考。

生6：我是从他的头往上仰，眼睛看着那个苹果树上的苹果知道他很想吃苹果的。

师：这真是一只贪吃的鼠小弟。你们真了不起，看绘本，就应该像你们这样仔细观察，一个小细节都不放过！孩子们，鼠小弟望着高大的苹果树直流口水，他多么想吃到这红红的苹果呀，那他能吃到吗？让我们赶紧到故事里去看看吧！

点评3：一次有效的看图说话！绘本有三码：图码、文码、意码，其中图码是最为基础的，也是最重要的教学内容。绘本阅读要真正在读图上下功夫。这里展示了学生观图的顺序、对图特点的观察和说话。绘本阅读很有必要指导学生观图、想图、说图，培养学生的读图能力。

板块三 置身绘本，“动词”连动

师：来了一只小鸟，拿走一个苹果；来了一只猴子，拿了一个苹果；来了一头大象，拿了一个苹果；来了一只长颈鹿，拿了一个苹果；来了一只袋鼠，拿了一个苹果；来了一头犀牛，拿了一个苹果。

看看绘本里的这些文字，你们有没有发现，都用了一个什么词来写这些动物的动作，仔细看，说一说。

生：都写了一个“拿”。（课件“拿”字显红，把一个“拿”字的圆纸片贴到黑板上）

点评4：一个很好的语言学习点！从绘本文字里读出一个动词“拿”。语文中有很多词性，其中动词是最有表现力的，也是最值得学生学习的。抓住一个动词，既使学生学习了一类动词，又使学习过程充满了动力。

师：对，都用了一个“拿”。但是你仔细看看，小动物“拿”的动作是一样的吗？

生：不一样。

师：不一样，那好，你们能用平时积累的词来换一换，换一个更准确的词吗？

生1：来了一只小鸟，（含）了一个苹果。

师：可不可以？

生：可以。

师：好，请你把这个字写下来，贴到黑板上。

师：后面的男孩子继续说。

生2：来了一只小鸟，（叼）了一个苹果。

师：（让学生写下“叼”贴到黑板上）还有吗？

生3：来了一只小鸟，（摘）了一个苹果。

师：行不行？

生：不行，小鸟没有手。

生 4：衔。

（继续让学生把说的字贴在黑板上）

师：用嘴“拿”更好的应该是“含”“叼”“衔”，对吗？瞧，一下子变出了这么多词。接着看，你来说。

生：（齐）来了一只猴子，摘了一个苹果。

师：那除了“摘”还有没有其他词呀？

生 1：来了一只猴子，（取）了一个苹果。

生 2：来了一只猴子，（拽）了一个苹果。

师：哇，真棒呀！积累的词语真多，“拽”字也知道，真能干。再来看，选其中的一幅来说一说。（出示所有的图片）

生 1：来了一头大象，（吸）了一个苹果。

生 2：来了一头犀牛，（顶）了一个苹果。

师：应该是——“顶下一个苹果”，就像刚刚“取下一个苹果”。还有吗？你来说。

生 3：来了一只袋鼠，（咬）下一个苹果。

师：行不行，跳着的袋鼠的动作应该是——

生：摘。

生 4：来了一只长颈鹿，（吃）了一个苹果。

师：哈哈，吃进去了，还是在嘴边？仔细观察，换个词。

生 4：“咬”下一个。

生 5：来了一头犀牛，（掉）了一个苹果。

师：“掉”行不行？

生：不行。“掉”是自然动作。

生：……（学生继续转换动词说，并把“动词”写在圆纸片上，贴在黑板上）

师：看来你们不仅积累了很多的词，而且知道了动词要用正确。同样一个“拿”，因为不同的动物的动作不一样，所以就变出了这么多的动词来。瞧，黑板上一朵七色花出现了，我们祖国的语言文字多么奇妙，看来以后我们说话、写话时，也要注意用上丰富的动词哦！

点评5：一个精彩的教学片段！小动物“拿”的动作是一样的吗？不一样。各自哪里不一样？从一个“拿”的共性到各种不同拿法的个性表达，从一个动词的表达到祖国语言丰富的认识。层层推进，非常出彩。

板块四　丰厚绘本，活用“动词”

师：故事继续发展，鼠小弟看着伙伴们轻轻松松地拿走苹果，可着急了，他会做什么呢？他学小鸟飞飞飞，他学猴子爬爬爬，他学大象那样拉拉拉，他学长颈鹿伸长了脖子。

师：（孩子们都笑了）你们干吗笑呢？

生：因为这只小老鼠很可爱。

师：你说。

生 1：我觉得这只老鼠很傻。

师：推荐一下，我们请他来学一学这只又傻又可爱的鼠小弟，好吗？

（老师请一生上台表演）

点评6：一次有价值的评价！学生对小老鼠做出既很可爱又很傻的评价，是学生情感不断内化的过程。尽管评价的结果相左，但都是对小老鼠的真实感受和体验。教师尊重学生的理解和判断，这是基于学情的一种真实教学。

师：你们觉得怎么演才会像？可以友情提醒一下他，当然要看图有依据哦！（课件聚焦“鼠小弟”）

师：不急，这只老鼠太小了，我用放大镜把它放大来看看，怎么样，他都做了哪些动作？（课件出示放大了的“鼠小弟”）

生 1：手是上下摆动的。

师：鼠小弟的手上下摆动。好，一个“摆”字。还有谁再来告诉他，你说。

（老师随即把“摆”写在纸片上并贴在黑板上）。

生 2：伸直手臂，快速地摆动。（教师书写“伸”）

生 3：头要往上仰。（教师书写“仰”）

师：嗯，观察得真仔细，看来这个放大镜的作用好大呀！

生 4：鼠小弟还要跳起来。

生 5：鼠小弟还要闭上眼睛。

（教师依次把学生提到的动词写在圆纸片上并贴在黑板上）

师：鼠小弟都记住了吗？

生 6：还要用肩膀的力量上下挥动。

师：你说得更具体了，还说了“挥动”，瞧，“摆动”换成“挥动”，语言很丰富。

师：鼠小弟，鼠小弟，他们又是“伸”，又是“跳”，又是“摆”，又是“闭”，还有是“仰”，那么多动作，感觉真的有点乱，是吗？谁来给这些词排一排，让你的这位同学能更好地把鼠小弟的动作演出来。

生 1：鼠小弟仰起头，伸长了脖子，闭上眼睛，挥动着双手，然后脚不停地向上跳。

师：原来光动作多还不行，要按一定的顺序把动作说清楚了，“鼠小弟”才明白要怎么演。

师：好，现实版鼠小弟来学小鸟。开始！他学得像吗？

生：像！（笑声　掌声）

师：原来把动作分解开，用上这一连串的动作就能把这只可爱又有点傻的鼠小弟带到我们面前呀！

生 1：鼠小弟也想学小鸟，它仰着头，伸着脖子闭着眼睛，挥动着手臂，跳了起来。

师：说得真好，孩子们，就是这样子，当我们把他看清楚了，用一连串的动作就能把画面给变活了。

点评 7：一次深度的学习活动！上述教学过程，目标聚焦，层次展开。抓住鼠小弟，紧扣其动作，逐个推进，教学效果明显。为学生理解动词的具体性和连贯性提供了很好的样本。这也是一种高阶的语言品质训练。

师：其实我们的课文当中也出现过这样的句子，来，你看，这是——（出示课件）

生：《酸的和甜的》。

他望望架上那一串串紫红色的葡萄，迫不及待地爬上葡萄架，摘下一串就要往嘴里送。

师：书中讲这只猴子“望望”“爬上”“摘下”，还有“往嘴里送”，一连串的动词，让那只贪吃的猴子仿佛一下子就出现在我们眼前了。

一个孩子坐在院子里，靠着奶奶，仰着头，指着天空数星星。

师：《数星星的孩子》，一个孩子“坐”在院子里，“靠”着奶奶，“仰”着头，“指”着天空“数”星星。瞧，我们也要学会把这些动作带进语言里面，这样就能把话说清楚了。

（板书：动词，动，动，动）

点评8：一次互文教学设计！这里把课外的绘本阅读与教材中的课文阅读有机联系起来，构建了一个知识体系。两者相辅相成，互为促进。这种互文学习活动增加了阅读量，加深了对知识的理解，促进了学习的深入。

师：试一试，也让你的动词走进文章来。选择任意一张图片（犀牛的图片没有提供），把鼠小弟是怎么学的说清楚、说明白。犀牛这张什么也没有，可以充分展开自己的想象。每个人自己先练练。

（学生自由说）

师：好多男孩子举手，看来你们特别喜欢可爱的鼠小弟，就请你来说吧！

生1：鼠小弟也想学犀牛，他跑到一个地方，摆好姿势，脚踏在那里。

师：是脚向后一踏，对吧？

生1：一跑，然后撞到树上，撞起了一个包。

师：这样说可以吗？他跑到一个地方，脚向后一踏，然后向前——

生1：一蹬。

师：还要加个“一蹬”是吧？然后向前跑去，结果怎么样？

生1：结果撞到树上，撞起了一个大包。

师：你们听，没有图画，他的想象力如此丰富！你能连起来再说一次吗？

生1：鼠小弟也想学犀牛，他跑到一个地方，摆好姿势，脚向后一踏，向前一蹬，向前冲去，结果撞在树上，撞了一个大包。

师：这一“跑”，一“踏”，一“蹬”，一“冲”，一“撞”，一只学犀牛的鼠小弟就这样活灵活现出现在我们面前，棒极了！谁再来说一说。

生2：鼠小弟也想学袋鼠，他举起手，一蹲一跳，结果他没有跳到一半，就掉下去了，摔倒在地，什么都没够着。

师：哦，他举起双手，往下一蹲，用力一跳，结果没够着，却一屁股摔在地上，你连着用了五个动词，真了不起。还有好多孩子想说，不急，等一下我们都把它写下来，再分享。

板块五　创作绘本，巧用动词

师：故事真是有意思，李老师班上的一个孩子看着其中一幅画，就写了这样一段话，你看看哪儿特有意思。

（课件出示范文）

这时，荡来了一只猴子，他两脚夹住树干，一手挂住树枝，一手轻轻松松地摘了一个苹果。鼠小弟看见了，也想学猴子。它眼睛瞪得圆溜溜的，像灯泡那么大，牙齿也咬得紧紧的。鼠小弟一跳，用小手拼命抱住树干，小脚用尽力气一点一点往上蹬，可是才爬了一点，就“吧唧”摔了下来。他摸着摔疼的屁股，心想：要是我也会爬树就好了。

师：我们来瞧一瞧，会欣赏别人，待会儿自己肯定也能写得很好。来看看，鼠小弟这里都用了哪些动作？先读读看。

（学生读）

师：那火眼金睛的你们，看看这位同学都把哪些动作写进了文中。猴子开始是——

（学生依次报出：荡、夹、挂、摘、瞪、咬、跳、抱、蹬、爬、摔、摸。老师将写有动词的圆纸片贴在黑板上，呈现出一条“毛毛虫”的样子。）

师：哇，这么多动词呀，太好玩了。瞧，这些动词图片变成了什么？

生：变成了毛毛虫。

师：原来有了一连串的动作就能把这个画面写活了，“动词毛毛虫”真有趣。再仔细看，除动词连动外，还有什么地方，你觉得他写得特别好？

生 1：用了比喻句。

师：厉害，知道“比喻句”，读出来给大家听听。

生 1：它眼睛瞪得圆溜溜的，像灯泡那么大。

生 2：他还用了很多好词。

师：比如说——

生 2：比如说“轻轻松松”“圆溜溜”……

师：看来好词不能少，写写“像”啥也很重要，还有吗？

生 3：还有他写出了鼠小弟心里想的。

师：真有一双慧眼，我觉得文字的魅力就在这儿，心里想的可以写下来。还有什么发现吗？

生 4：“吧唧”写得很有意思。

师：对，写出了“声”。

（板书：声音）

生 5：“他摸着摔疼的屁股，心想：要是我也会爬树就好了。”这里把心里想的都写出来了。

师：写出了“想”。

（板书：想法）

师：原来要想写生动，不仅仅几个动词连动，还可以——

生：写出声音，写出想法。

师：好的，那现在老师请你们也选择其中的一幅写一写。注意写的时候开头要空两格，从“这时”开始写，你可以选择写学小鸟的、学袋鼠的、学大象的、学长颈鹿的、学犀牛的，甚至你可以挑战学别的动物都行。用上你积累的词，把故事写清楚、写具体。

给大家 12 分钟时间。

（学生开始提笔写话）

点评 9：一次随机的习作训练！从读学写，以写促读，读写结合，是语文学习的规律。这里的“写”是基于学生“读”的基础的。特别是写片段的设计，时间短，效率高，符合小学生的学习心理特点。

师：小朋友们坐得真好，提笔就是练字时。这时，别急着提笔，可以先想想，刚才别人是怎么写的，再加上仔细观察，展开想象。

师：有几个孩子写着写着就笑了，你们想象的画面一定很有趣，每个人心中都有一只可爱的鼠小弟。写好的孩子，先自己读几次，看看是否通顺，看看你的动词进去了没有。

（学生书写）

师：好，大家把笔放下，我们先学会倾听，听听别人是怎么写的。

（大屏幕中展示学生作品，指名学生读自己的写话）

师：大家看一下，他都用了哪些动作，还有你们所说的好词呀，“像”呀，声音、想法有没有写进去。第一个要夸她什么？

生：字写得好。

师：字写得真好。来读一读，这时——

生：这时，一只大象来了，他伸长了自己又长又有力的鼻子，吸了一个又大又红的苹果。鼠小弟看见了，也想学，他就竖起耳朵，皱着眉头，用自己的脚使劲地夹着鼻子，把鼻子拉得长长的。可是，鼻子拉红了，还是够不到。他想：如果我的鼻子像大象那么长就好了。

（老师随即圈出动词，在写“想法”的地方画上波浪线）

师：你看，她一连用了这么多动词，还把鼠小弟的想法写进去了，写得好不好？

生：好。

师：谁也写学大象的，里面句子和她写得不一样的，就直接读出来这几个句子好吗？

生 1：这时，来了一头大象，他的口水都流下来了，心想：这苹果又大又甜，肯定很好吃，我的早餐就定了，于是他用自己长长的鼻子吸过来一个红苹果，兴高采烈地回家了。小老鼠看着大象爷爷轻轻松松地吸走了苹果，也想学大象爷爷。于是他躺在地上，两手握紧拳头撑住地面，用脚夹住自己的鼻子，使劲往前拉，越拉越长，越拉越痛，“砰”的一声，鼻子弹了回来，痛得鼠小弟直叫，他想：为什么受伤的总是我呀！

（众生笑）

师：哇，太有才了，谁说好词佳句在书本上，看，不就在你们的笔下吗？你觉得他哪里特别好啊？

生 1：前面写大象的那个部分很有想象力。

生 2：后面鼻子越拉越长，还写了越拉越痛，把感觉都写进去了。

生 3：还写出了声音，写出了鼠小弟心里的想法。

师：数数几个动作，几颗星，再加好词 1 星，声音 1 星，想法 1 星，真了不起。

师：写小鸟的呢？有没有，太多了，那个男孩子，来吧。（将作品放在投影仪上）大家看，这样的字，忍不住也是一个五角星，但是有一个小小的地方需要改进，看到没有？什么地方？

生：开头要空两格。

师：来，再空一格。这时——

生：这时来了一只小鸟，他挥动翅膀，轻轻松松就叼走了苹果。鼠小弟也想学他，他仰望着苹果，伸长了脖子，闭着眼睛，挥动手臂，只见他一跳，连树干的一半都没到，就掉下来了。“呀，好痛啊！”他摸着自己摔肿的屁股说，“还是用别的方法吧！”

师：你觉得他哪里写得非常棒？你说。

生1：“仰望”一词把他好想吃的样子都说出来了。

师：还有吗？

生2：……

师：想说什么却一时说不出来了，是吗？那我来说。这个“‘呀，好痛啊！’他摸着自己摔肿的屁股说，‘还是用别的方法吧！’”这部分特别棒，是吗？

有想的，有说的，还有描写动作的词，真的太好了。还有写别的画面的吗？写老鹰的来试试。

生1：这时来了一只老鹰，他大步大步地走过来。

师：停，大步大步走过来，行吗？

生1：轻轻地飞过来。

师：看来词不能乱用啊！老鹰给他换了角色变成走喽。

生：他把翅膀展开，“嗖”的一声，叼了一个苹果飞走了。鼠小弟特别天真，他想：苹果肯定很好吃吧。于是他找到两片大叶子，绑在两只手上，再用力一跳，“砰”，一头撞在树上，只见他头顶上冒出了几颗“小星星”。

师：哇，最后一句太妙了，来点掌声，想象力很丰富。接下来把你们的好作品都读给同桌听一听，同桌把他写得好的地方画一画，如果有不足的也可以给他提个建议。

师：我喜欢这两个孩子，为什么？第一个孩子，他告诉同桌自己这里写得不够，第二个呢，他拿到本子的时候，把同桌好的地方都圈出来了，真是会学习。其实每一个人都有值得欣赏的地方。

师：好，小朋友们，鼠小弟的故事还在继续，所以有些同学没写完没关系，如果都写好了，把大家写的片段合在一起，那就是一个精彩的鼠小弟的故事，再加个开头，那结果如何呢？鼠小弟最后有没有得到这个苹果呀？到底谁帮助了他？你们猜猜看。

生1：有，小鸟让他坐在自己背上，然后飞到苹果树上，让他坐在苹果树上。

师：真好，善良的小鸟！你说。

生2：长颈鹿让鼠小弟坐在头上。

师：让他骑上去啊，原来这些伙伴都能帮助他。

生 3：大象将鼠小弟卷上树。

生：……

师：大家的想法真多，那书上的结尾又是如何呢？你可以去看一看，当然，你也可以就用自己想象的结尾，这样一个完整的《想吃苹果的鼠小弟》故事就完成了。

点评10：一种结构层次的尝试！从一种动物到多种动物，呈现出了其中情节的延续性和多样性。这不仅使情节具体、生动，而且有了一种结构和层次的意识。学生在不知不觉的读、说、写活动中，逐步学完了一个完整的《想吃苹果的鼠小弟》故事。

师：孩子们，通过这节课的学习，你都有什么收获？

生 1：我知道了，写连贯的动词，让动词动动动，画面就活了。

生 2：我知道了，说话写话时要用上准确的动词。

生 3：我知道了，写画面时，加点声音，加点心里想的，就能把故事写得更生动了。

生 4：……

师：看来大家都是收获多多，那就运用起来吧！下课。

【总评】

李碧老师的这节课曾在浙江省小学语文名师课堂展示活动中观摩，我领略过她的课堂教学风采。欣赏之余，颇为感叹：这是一节三年级绘本读写的示范课。其示范性主要表现在以下三个方面：

示范之一：读图的指导。绘本是一种图画书，它的主要特色在于图画。绘本读写课要致力于读图意识的引导、读图方法的指导和读图能力的培养。这节课做得很好。

示范之二：语言的训练。语文的核心素养是语言素养，语文课堂要关注语言，在语言的理解和运用上下功夫，促进学生语言表达能力的不断提高。不仅安排了写的环节，而且重点聚焦写“动词”。所以，这节课做得很出色。

示范之三：过程的展开。常言道：语文学习过程比学习结果更重要。语文课堂教学要有过程意识和学习步骤，充分保证学生听、说、读、写的机会和时间，在学习过程中提高学生的语文能力。对此，这节课做得很用心。

三、非连续性文本阅读设计

国际上的 PIRLS（国际阅读素养进展研究）和 PISA（国际学生评估项目）阅读测试中包含连续性文本、非连续性文本、混合文本和多重文本。许多国家已经在阅读教学上拓展了多文本的阅读指导，尤其在非连续性文本阅读策略上有了新的设想。中国的小学语文教学加强非连续性文本阅读的实践和研究，已迫在眉睫。

（一）非连续性文本阅读的定位

非连续性文本和连续性文本是一个相对的概念。连续性文本主要由句子组成，依次形成段落，也可组成更大的结构，如篇章和整本书。在小学语文课文中，连续性文本的类型有记叙文（童话、寓言、神话）、说明文、散文、小说、诗歌、文言文等。非连续性文本则以不同的方式来组织材料，需要读者采用不同的策略进入文本并获取信息，建构意义。非连续性文本基本由图画、数据、短语、表格、图解等组成。非连续性文本阅读就是要求学生对此进行说明、解释和讨论等。

非连续性文本相对于连续性文本，具有直观、简明、醒目、概括性强、信息量大的特征，而且易于比较；非连续性文本类型和来源是从生活的角度来考虑安排的，生活中随处可见，具有很强的现实生活模拟性和真实性；非连续性文本在现代社会被广泛运用，与人们的日常生活和工作息息相关，其实用性特征和实用功能明显。一般来说，在非连续性文本的单个文本中，具有意义的隐藏性、结构的非连续性、信息的片段性等特点。进行非连续性文本的阅读指导，对学生的阅读信息提取能力、相关信息整合能力、真假信息的辨别能力以及利用文本信息解决问题的能力，具有重要意义。例如，达·芬奇的《蒙娜丽莎》这幅画承载着丰富的信息，要全说出来不知要写几本书，书页的总面积不知是画面的多少倍，如再配上音乐，信息量又会倍增。所以，要读懂《蒙娜丽莎》需要多种能力参与，多管齐下才行。

根据研究，可以把非连续性文本阅读分为三个层次：(1) 提取信息。从非连续性文本中读取信息，发现并正确理解有关资料信息。(2) 加工信息。即读取资料之间的信息，能够把有关信息加以整合，发现资料之间的联系。(3) 提取资料外的信息。能够依据信息进行推断，分析隐含在资料中的实质。

《义务教育语文课程标准》在第三学段的学段要求中提出：“阅读简单的非连续性文本，能从图文等组合材料中找出有价值的信息。”在第四学段的学段要求中提出了“阅读由多种材料组合、较为复杂的非连续性文本，能领会文本的意思，得出有意义的结论”的非连续性文本的阅读要求。从中我们可以发现不同学段的不同要求：从阅读材料看，第三学段是阅读简单的非连续性文本，主要是图文等组合材料，而第四学段阅读复杂的非连续性文本，主要是多种材料组合的内容。从阅读要求看，第三学段要求能找到有价值的信息，其教学任务是信息的查找、标注和理解，而第四学段要求能领会文本的意思，得出有意义的结论，其教学任务是信息的提取、分析和整合。

（二）非连续性文本阅读的形式

非连续性文本阅读的形式多种多样，很难穷尽。下面主要分析与小学语文教学密切相关的 5 种基本形式。

1. 图画。图画是非连续性文本的主要形式之一，有单幅图和多幅图之分。语文教材中有各式各样的图画，如教材封面与封底，课文配图与插图，单元导语插图，语文园地或资料袋、阅读链接中的配图等。

配图与插图是小学语文教材的有机组成部分。各类不同的配图与插图都有各自的特点。语文教学要充分发挥配图与插图的教学辅助作用。

※肖像图。展示一些伟人、领袖形象的图像。由于学生对插图中的一些伟人比较陌生，在学习中可让学生边看插图边听教师介绍人物的生平及业绩，加深对人物形象的认识。

※特写图。表现英雄、模范人物丰功伟业的片段特写的图画。这类插图的学习，要把重点段的学习与看图结合起来，引导学生观察插图：注意人物周围环境的变化，人物的动作、表情的变化，合理地想象人物的内心活动，从而让学生在图文结合的学习中去了解、感受人物的高大形象和崇高品质。

※场景图。表现特定的环境、场景的图画。这一类插图的学习，应注意引导学生对插图中的环境、活动场面、人物神态进行观察，有机地把图文糅合在一起，深入理解课文的主题。

※说明图。说明某事物的形状、结构、特点等方面内容的图画。学习中可让学生按“整体—局部”的顺序，抓住事物的某一特性进行观察，加深对事物的感知。

※连环图。按故事情节连续排列的几幅插图。因为连环图的故事性比较强，可以设置问题帮助学生一幅图一幅图地进行观察说话，然后综合起来说一段话，或利用插图，让学生抓住重点词语复述课文。

从小学语文教学目标来看，要挖掘图画的教学价值，对这些图画的教学要求是对图画的内容、结构和主题三大信息的获得。

例如，四年级下册第 19 课《小英雄雨来（节选）》是一篇长文章。文中有一幅配图，是描绘雨来水中嬉戏时与岸上母亲招呼的画面，它生动地体现雨来水性好的特点和母亲的关怀之情。这幅配图如果使用得当，必将使课堂充满生机和活力。

2. 短语。几个词语、短语、短句并无严格的逻辑联系，是一种非连续性文本。在现有教材中有非连续性文本相应的内容，如课本的目录、生字表、识字课文、课文后的资料袋、阅读链接、导语链接、课外书屋、展示台等板块中的一些材料，有些就属于非连续性文本。

学习六年级下册第 5 课《鲁滨逊漂流记（节选）》可以用简单的短语罗列孤身落在荒岛的种种坏处，并从相反的角度找到其中的好处，构成简单的对照表。让学生通过比较、概括，总结出鲁滨逊能在荒岛上坚强生活下去的原因，从而感受到他乐观向上的精神风貌。

提纲是概括地叙述纲目、要点的非连续性文本。让学生在阅读课文时拟写提纲，就是要让他们把文章中说明了哪些内容用简单的词语、短语、短句编写出来。特别是对于要点不是那么显而易见的文章，例如，四年级上册第 7 课《呼风唤雨的世纪》学生要准确把握内容是比较困难的，可以引导学生拟提纲进行梳理。

例如，《你一定会听见的》是一篇描写“声音”的散文，文章多用提问，结构比较松散，学生理解文章内容有难度。如果采用概括性的提纲，文章的结构层次就容易把握。本文的提纲可以是：

※想象中的声音

※现实中的声音

※有选择地听声音

※记录声音

这种提纲是一种非连续性文本，对本文的学习起到了很好的提纲挈领的作用。经常使用词语、短语、短句对课文内容进行整理、概括，对学生的抽象思维能力和语言表达能力都是大有裨益的。特别是在重视“语用”的今天，短语的使用具有重要的教学意义。

3. 表格。小学语文教学中“列表格”有三个重要教学意义：一是整体观照，便于把握文章的基本框架。二是结构系统，有利于突出教学重点。三是简明扼要，使语文课堂教学简约有效。

以五年级上册第 17 课《松鼠》和习作例文《鲸》为例。《松鼠》是文艺性说明文，《鲸》是平实性说明文，两篇文章在表达上存在异同。要区分异同，列表格最为简明。可以指导学生列出有对照功能的表格。

《鲸》和《松鼠》两篇文章表达的异同

课文	相同之处	不同之处		
		说明角度	表达方法	语言风格
《鲸》	都是说明文，知识性、科学性强……	侧重介绍形体特点和生活习性	运用列数字、举例子、打比方、做比较等说明方法	精练、平实
《松鼠》		侧重介绍松鼠的外貌、性格和行动	采用比喻、拟人等修辞手法	生动、传神

也可以对五年级上册第 16 课《太阳》与第 17 课《松鼠》进行列表对比学习。

4. 图解。图解是一种图形组织者，是一种可视化的、放射性的思维工具。西方人命名为“脑图”，心理学上叫“思维导图”，小学语文界称之为“学习导图”。它通过与智力相关的图形化符号来连接创建对知识的认知模式，可以形成促进思维发展的引导框架和网络，将解决问题过程中的各种思维结构以直观、形象、清晰的结构图示表现出来，促使整合新旧知识，建构起知识网络。心理学实验表明：识别一样东西，用语言描述需 2.8 秒，用线条图解只需 1.5 秒，看一遍比听一遍能多接受 1.66 倍的信息。

图解教学中使用的媒体，多是符号性的（如文字、符号、线条、简表等）和模拟性的（如图形、图像等），而且这种媒体又多是综合性的。借以进行图解教学的图形往往是由文字、颜色、符号、线条、简表、图形、图像等组成，较少使用单纯的媒体。从这个意义上说，文字、颜色、符号、线条、简表、图形、图像等就成为设计图形的基本构件。

有了图示的构件，就可以根据学习的需要组合成各式各样的图形。运用构件的方式大致有以下 5 种。

※赋形。即用图形、线条和符号等组成能显示形象、揭示含义的图形。它能使抽象的概念形象化，晦涩的内容浅显化，复杂的事物简明化。

※释义。用文字、符号、图形等对课文有关内容进行注释和解释，如展示形

象，点明含义，它为学生理解课文的内容和主题提供了良好的条件。

※系统。用文字、线条、简表、图形等把整篇课文的内容勾连起来，以显示它们之间的各种关系。它能使图形形成一个相互关联的整体，便于学生理解事物之间的逻辑联系。

※抽象。即用文字、符号等概括有关学习内容，成为代表丰富内容的、高度浓缩的信息载体。它能使学生从具体到抽象、从感性到理性学习和掌握知识，有助于实现学生认识过程中的“飞跃”。

※启发。用文字、符号、线条、图形等组合成富有启发性的图形，或设置悬念，或激发兴趣，或发人深思，或广开思路，或引起争议，或点拨引路。它能使学习更有深度，也更有吸引力，因而更能取得好的学习效果。

5. 多媒体。小学教材中有许多经典的名篇，适宜用多媒体进行教学。小学语文教学中使用的多媒体材料大多是局部的、片段性的，属于非连续性文本。让学生在声情并茂、情境结合的多媒体所提供的环境中学习，有利于学生正确朗读，形成语感，增进对文章的理解。例如，教学写景的文章或散文时，让学生在音乐声中一边欣赏美丽的画面，一边听多媒体的朗读，效果自然比教师范读或单纯地听录音朗读要好得多，而且有助于学生对作品的整体理解。

在运用多媒体辅助朗读时，可以有多种形式。在听读时，可以配乐、配音、配图片、配动画、配字幕；在朗读时，可以只配乐、配字幕、配图片、配动画；在辅助背诵时，可以只配乐、配图和配动画。

在语文课堂教学中，常常要提供许多碎片性的背景材料。多媒体可以大容量、高速、省时地提供背景材料，而且提供的时机自由灵活。例如，阅读教学中涉及的作家、作品、写作背景、时代背景、前人评论等资料，可以在必要的时候很方便地提供给学生。

小学语文教学中可以使用的非连续性文本还有很多，诸如数据、示意图表、曲线图、图解文字、凭证单、地图、图标、清单、目录、索引、宣传标语、广告词、对联、短信、网络跟帖、建议、辩论词、颁奖词、演讲词、开场白、结束语、串联词、推荐语、作者简介、校徽、校卡、海报、生字表、漫画、指示牌、观察记录、导游图、汽车站牌、车票、时刻表、导游图、旅游报价单、药品说明书、产品使用说明书等。

（三）非连续性文本阅读的策略

1. 提取信息。从文本中获得需要的信息，是非连续性文本阅读的基本要求。无论是文字还是图表，包含的信息是很多的，但并不是所有的信息都要获得。要提取的是实质性的、可用的重要信息。阅读非连续性文本，主要就在于提取关键信息。比如图中的表面意思以及隐喻，表格中的关键数字，或者文中的关键词。并不仅仅是让学生找出老师希望他找出来的信息，而是要让学生逐步学会从文本中筛选提取有用的信息、关键信息、核心信息。

非连续性文本阅读中的提取信息分两类：直接提取和间接提取。根据《义务教育语文课程标准》，小学高段要求阅读简单的非连续性文本，找出有价值的信息，一般是直接提取信息。

提取信息的指导可以分成三个步骤进行：（1）明确阅读需求。阅读需求的不同导致学生对不同内容的关注，这是指向学生生活实际的。（2）理解相关内容。在不同的需求下，学生要能够提取有效信息，就应理解相关内容，扫除阅读中存在的障碍。这是提取信息过程中最为核心的信息解释环节。（3）分层提取信息。根据不同的目的进行分层提取信息，这是指向学生实际运用和阅读方式的引导，选择最重要的先提取。例如，统计图表是非连续性文本中常见的形式，图表中大量的信息空白之处，需要学生自己去推断、分析和遐想，以获取有价值的信息。阅读图表时引导学生了解其主要的构成因素及理解它的作用：首先了解标题，标题是对整个图表内容的概括，如以“某小学六年级学生体能测试调查表”为例，引导学生先读标题，知道标题告诉我们的主题是：此文本提供了某小学六年级学生的体能测试状况。其次引导看清分类、图例。要看纵轴“检测项目”、横轴“升降趋势”，通过统计图表以数据或箭头反映的问题，进行纵向、横向比较，从中得出结论，最后推理解析。按照这样的程序引导学生审视图表，并联系文本中出现的解释性文字说明，通过图标和文字有机结合帮助学生有效地把握图表所要传达的重要信息。在对信息进行提炼处理的基础上，逐步形成自己的思考。

当对多个非连续性文本提取信息时，应该根据文本间的特定联系结构化提取。比如同一时间段出现的内容，不同地点的同一种现象，不同报纸上的同一观点，同一个人在不同地点所做的事，等等。

抓关键词句是寻找有价值信息的一个重要思路。可以指导学生画出全文的起始句、过渡句和总结句，学生就会发现文章的内在表达特点。

2. 整合信息。图文结合等组合材料是小学非连续性文本阅读的常见形式。所以，图文对照学习，理清图表信息与文字信息之间的关联，对资料进行整合处理，就能发现有价值的信息。

图文对照的非连续性文本阅读策略指导中，最为核心的就是让学生在观察中发现图文内在联系，学会采用对应和互补两大原则，找到图文之间信息的整合点。

（1）对应。碎片式的信息之间、图文之间有什么联系？怎样理清它们之间的关联，整体把握文本？这是理解非连续性文本的一个关键点。小学阶段特别要注意图文结合的文本，图和文之间总是有这样那样的联系的，要引导学生逐步学会找到信息之间的对应和关联，进而准确理解文本。

例如“某班学生 1~8 月份课外阅读量折线统计图”，6 月读书最少，2 月、8 月读书最多，3 月、4 月、5 月比较稳定，个中原因到底是什么？引导读者进一步思考，从而找到比较合理的课外阅读建议。

又如一则练习题：我国的姓氏是一种独特的文化现象。溯源汉字，你会发现我们的姓氏十分有趣。

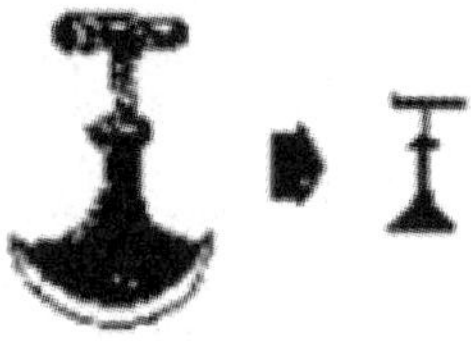

示例：“王”姓——本义是一柄斧子，上面是斧柄，下面是宽刃，这是实力和权威的象征。所以古代统治者称“王”。（趣解：“王”是权柄，“王”者须知，这斧是有柄的，是给人民握的。）

下面，请你仿照示例，给“付”字配一则趣说。

“付”姓——一只手把东西交给一个人，本义是“给”的意思。

（2）互补。教材中呈现的非连续性文本是以数据表格、漫画类、图文类等具体形式表达的，但它不是孤立的一个图或者一张表格，是与教材知识有机结合的。五年级下册第三单元《综合性学习：遨游汉字王国》分为两部分：“汉字真有趣”和“我爱你，汉字”。本单元除了文字形式打破了以往以句段为标志组合成独立的篇章安排之外，还把10篇独立的、短小的“阅读资料”组合在一起，它们在内容上存在某种特定的关系，相互之间有补充。文中还插入了“搜集资料简表”“汉字不同样式”“汉字字体的演变表”“历代书法作品插图”和“姓氏研究报告”等。教学中把已呈现的表格插图与文字有效结合，启发学生对汉字的关注和思考。教学中关注表格、插图和文字中蕴含的关联信息，发挥各自作用，通常在表格中不能看清的需用文字说明，文字不能表达清楚的则用表格来显现，认清它们之间相辅相成的关系，文字和图表形成的是一个完整的知识体系。

特级教师张祖庆老师曾经设计过《给地球新生儿的一封信》一课，是一个非连续性文本的群文阅读。围绕“保护地球，保护环境”这一主题，他引导学生阅读了《我们的地球》一书的最后一节“人类对待地球的方式正确吗”的有关插图，阅读了《南方周末》上《美国环境首席科学家对中国空气质量监测报告》中的统计图，还阅读了世界人口增长图，诵读了艾萨克·阿西莫夫的《给地球新生儿的一封信》，观看了法国导演吕克·贝松的《家园》视频……

3. 推理信息。非连续性文本不可能把所有内容都表达出来，这样阅读非连续性文本就需要比较、想象，进行一些初步的推理，从而发现有价值的信息。比较是基于文本的客观对比，推理则是在比较的基础上进行。

非连续性文本的阅读中经常用到比较的方法。比较应该尊重非连续性文本本身多样性的特点，在比较前应该引导学生围绕某一维度进行比较，阅读任务要前置，要有可比性，这样才能训练其阅读的观察力和比较策略的使用。

推理是在比较的基础上进行的。在比较过程中要引导学生及时记录比较所得信息，比较之后要进行讨论和分析。非连续性文本的信息呈现碎片化特点，通过梳理，碎片化的信息被统整到了一个体系中，再让学生推测与讨论，使不连贯的信息在学生的大脑中形成完整的、明确的线索。

下面是一个指导学生推理信息的案例。一位老师向六年级学生出示苹果公司的图标，让学生说说含义。学生回答不出来。老师提示说：“如果不联系电脑，直接看这个苹果，你会想到什么？”学生举手了。有的说：“苹果缺了一角，表示不完美。”有的说：“苹果很好，已经有人吃了一口了。”还有的说：“苹果营养丰富，谁先抢到谁先受益。”老师看学生思路打开了，启发道：“如果公司用这个苹果作为电脑、手机等的宣传标识，你能帮公司写几句宣传语吗？用上‘苹果’这个词即可。”学生纷纷发言：“苹果好吃，苹果手机当然值得信赖。”“苹果家族，每件事都是好样的。”“苹果营养丰富，手机功能多多。”老师又介绍了苹果公司创始人乔布斯的创业故事，勾起了学生的记忆和想象，大家踊跃举手发言：“苹果永远新鲜，科技永远领先”“苹果改善生活，iPhone 改变生活”……

4. 组合信息。非连续性文本往往是几个独立文本的组合。这就需要通过对不同文本类型进行多种方式的组合，进而发现更有价值的信息。

《妈妈的账单》是一篇非常感人的文章。文中讲述小彼得向妈妈索要劳动报酬的故事。其中有一个情节：

一天，妈妈发现她的餐盘旁边放着一份账单，上面写着：

母亲欠她儿子彼得如下款项：

取回生活用品　20 芬尼

把挂号件送往邮局　10 芬尼

在花园帮助大人干活　20 芬尼

彼得一直是个听话的好孩子　10 芬尼

共计：60 芬尼。

彼得的母亲仔细地读了一遍，然后收下了这份账单，什么话也没有说。

晚上，小彼得在他的餐盘旁边找到了他想要的报酬。正当小彼得如愿以偿，要把这笔钱收进自己的口袋里时，突然发现在餐盘旁边还放着一份给他的账单。他把账单展开读了起来：

彼得欠他的母亲如下款项：

为在她家里过的 10 年幸福生活　0 芬尼

为他 10 年中的吃喝　0 芬尼

为在他生病时的护理　0 芬尼

为他一直有一个慈爱的母亲　0 芬尼

共计：0 芬尼。

教学时，可将两份账单用表格的形式并列呈现出来，让学生对比阅读，寻找两份账单的不同：从数据上看，彼得付出一点劳动都需要报酬，母亲付出劳动却不需要任何报酬。从程度上看，母亲的劳动是伟大的，比彼得的付出要多得多。从精神上看，母亲爱彼得是无价的，却不计回报，彼得向母亲索要回报是不应该的。这种鲜明的组合对比使阅读有了提升：在组合中，学生有效地提取了重要信息，促进了情感发生变化，获得了认知的深入。

5. 转换信息。教学中把现行教材中的连续性文本片段，或与非连续性文本相连，或创造性地转换为非连续性文本，再将两者联系在一起，实现非连续性文本的阅读。文本间的互为转化和渗透为我们构建了“连续性文本”和“非连续性文本”互为往来的教学桥梁。

例如，五年级上册第16课《太阳》中有一段话：“地面上的水被太阳晒着的时候，吸收了热，变成了水蒸气。空气上升时，温度下降，其中的水蒸气凝成了无数的小水滴，飘浮在空中，变成云。云层里的小水滴越聚越多，就变成雨或雪落下来。”可以设计示意线路图，以说明水变成雨雪的过程，也可以让学生选择恰当的词语填写在示意图的方格内。

在教学六年级上册第22课《文言文二则》之一《伯牙鼓琴》的时候，一位老师设计了一张表格。

	俞伯牙	锺子期
衣着	衣着华贵，羽扇纶巾	青布包头，两截布衫
国别	楚国	楚国
身份	上大夫	打柴樵夫

出示问题：当两个人的资料集中展示在你眼前的时候，你有什么疑问？这样的转换设计很有创意，不只是简明扼要、一目了然，也不只是条理清楚，对比鲜明，更为重要的是促进了学生思维的灵活性，开阔了语文学习的新视野。

类似的文本转换还有很多：学习六年级上册第7课《开国大典》时，可以根据丁字形广场的文字描写绘制简单的地理方位图，让学生填写物品。学习五年级上册第14课《圆明园的毁灭》时，可以画出圆明三园与众多小园的结构分布图，还可以增补相应的导览图，和文章介绍的写作顺序相配合，一方面让学生借助导览图理清文章的写作顺序，另一方面也可以增加阅读的趣味性和应用性。学习五年级上册第16课《太阳》时，可以配以数据、图表等，让学生在鲜明的数据和形象的图表中感受事物的特点。

“淘书”路上的“非连续性文本”阅读

执教者：杭州市西湖区九莲小学　徐宏燕

点评者：浙江外国语学院教育学院　汪潮教授

【设计意图】

对于小学生而言，非连续性文本阅读的任务要求主要有：一是寻找信息，学生必须将自己需要寻找的信息与阅读文本中原始的信息相联系，以快速得到所需要的结果；二是解释原因，要求学生结合自己的知识结构，联系阅读文本中提供的不同信息，对信息进行加工处理，从而得出文本中没有明确陈述的结果；三是思考文本的内容，要求阅读者把在文本中找到的信息与其他知识相联系，并用自己的知识结构来评价文本中的观点，即怎样去证明、维护自己的观点。

基于以上认识与思考，本节课拟采用任务驱动的方式，以“淘书”为载体，让学生在对比、联系阅读各类图、表、文中获得相关信息，做出简单的推论，进而归纳形成自己的观点。

【阅读材料】

1．阅读材料 1：“六年级课外阅读书目一览表”（表格，下发，人手一份）

2．阅读材料 2：“六年级（4）班学生课外阅读情况调查统计结果”（文、图〈表〉结合，下发，人手一份）

3．阅读材料 3~5：好书介绍单 3 份（图、文结合，下发，人手一份）

【教学目标】

1．通过对“六年级课外阅读书目一览表”以及“六年级（4）班学生课外阅读情况调查统计结果”的阅读，学习阅读非连续性文本的基本策略——“对比、联系、整合”，在此基础上获取信息，做出简单的推论。

2．通过对“六年级（4）班学生课外阅读情况调查统计结果”“好书介绍单”的对比联系阅读，学习将“对比、联系、整合”的阅读策略运用到阅读实践中，提高学生提取信息、整合信息以及运用信息形成观点、解决问题的能力。

【教学过程】

课前谈话：同学们都带来了什么好书？小组内相互介绍一下。

一、略读表格，提取信息，明确任务

1.　谈话导入。课件呈现材料 1“六年级课外阅读书目一览表”。

（1）如果让你选，你最想看哪本书？为什么？

（2）如果我们要从中挑选出大家喜欢看又值得看的书，你们觉得最好还能了解哪些信息？

2．明确任务。出示课题“淘书之旅”。

二、试读图表，尝试推论，学习策略

1．出示材料 2。课件呈现“六年级（4）班学生课外阅读情况调查统计结果”。

2．师生共读。初步了解统计图的构成（标题、竖轴、横轴、图标说明）

3．师生动笔。学生书面小结课外阅读情况，教师同步小结，写在作业纸上。

六年级（4）班学生课外阅读情况调查统计结果

我们班实际人数 51 人，回收问卷 51 份。经统计，今年到目前为止，我们班同学图书阅读量在 8 本以上的有 46 人。对于同学们课外阅读的书籍类型，调查统计如下表：

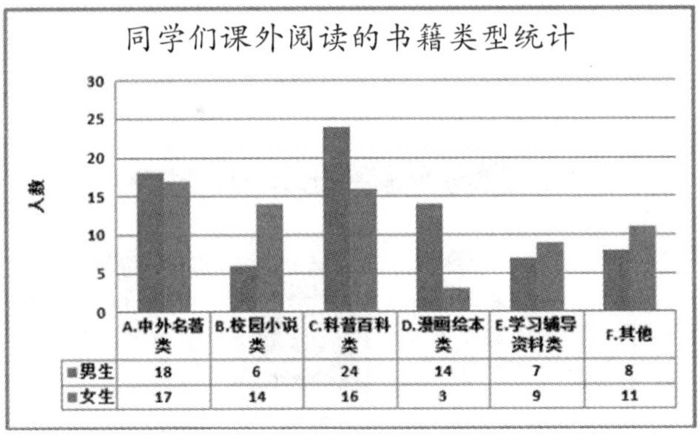

从以上材料中，我得出以下结论（至少写出 1 点，语言尽量简洁）：

1. ____________________

2. ____________________

4．汇报交流。

（1）汇报交流。同学们的结论是怎么得出来的呢？

（2）教师示范。老师的小结和这位同学的小结有哪些异同点？

从该统计图中，我得出了以下结论：

1．中外名著、科普百科类图书深受大家的欢迎，但对校园小说和漫画绘本类图书，男女生的兴趣却有明显差异。

2．同学们都很爱读课外书，且阅读的书籍类型比较丰富。

5．明晰概念。补充资料，认识非连续性文本。

三、联读多份材料，形成观点，运用策略

1．下发材料3~5。自读好书介绍单，读完想一想：如果让你推荐一本书，你打算推荐哪一本？

2．临时分组。基于个体选择，全班完成分组。

3．合作学习。讨论、提出推荐理由。

（1）明确任务。

小组合作，完成任务。

①小组讨论推荐理由，用关键词表达，写在卡纸上，把字写大一点。

②派代表汇报。

（2）完成推荐任务。

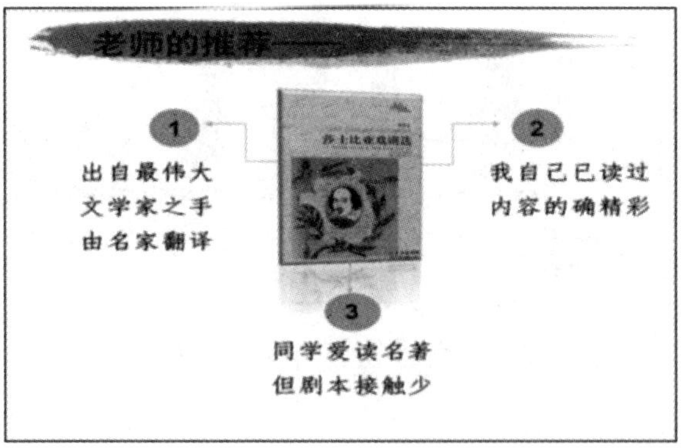

4．强化策略。

（1）代表汇报，交流阅读策略。

（2）教师示范，强化阅读策略。

四、总结全课，强化策略，延伸阅读

【总评】

端坐课堂，欣赏了徐宏燕老师的教学设计和课堂教学艺术。她的课理念前沿、设计大气、课堂灵动，特别是在以下三个方面做出了新的探索。

1. 积极建构“非连续性文本”的课程样式。本节课无论是主题的确定、阅读的材料还是形式的设计，都是老师自己完成的。课程改革走到今天，不能只停留于学习方法的转变，更为重要的是要从学习内容上进行重构与创生，这才是课改的关键所在。这一步很艰难，但我们的脚步必须迈出去。

难能可贵的是，从课程资源开发上，课堂上做的、看的、学习的，都来自学生。从课程实施上，让学生先学，教师后教，师生形成了平等的学习共同体。这些都充分体现了课程以生为本的理念和意识。

2. 精心设计“非连续性文本”的阅读板块。非连续性文本涉及的大都是图画、表格、短语、符号，比较琐碎，不够连贯和系统。在阅读教学时就需要系统设计、全局把握。这对任课教师的设计能力是一个大考验。

本节课分两大板块，一是试读图表，学习策略，二是联读图文（表），运用策略。板块之间有联系，又有递进，教学目标指向明确，教学推进自然、流畅，课堂呈现出一种简约之美。

3. 努力推进“非连续性文本”的阅读策略。这节课特别重视教给学生阅读非连续性文本的策略：“获得信息→做出推论→形成观点”。不仅让学生在阅读中操练，还把这种学习的策略清晰地呈现在板书上，加深学生的印象，让学生真正学有所得。

提倡课堂“一课一得”，每一节课的学习，教师一定要为策略、方法而教，而不是仅仅停留于内容的理解与情感的体验。怎么阅读非连续性文本，徐老师的课自始至终都凸显了这一点，让学生通过“这一课”的阅读，学会了“这一类”的阅读，这才是真正有利于学生“非连续性文本”阅读能力提升的。

四、整本书阅读设计

《义务教育语文课程标准（2011 年版）》提出阅读整本书的要求，统编教材也有阅读整本书的设计。下面分享一个阅读整本书的案例。

读好一本完整的书

——世界名著《海蒂》导读课的轨迹

执教者：杭州绿城育华翡翠城学校　方建兰

点评者：浙江外国语学院教育学院　汪潮教授

【作品简介】

世界名著《海蒂》由瑞士女作家约翰娜·斯必丽所作。作者通过许多真实感人的生活故事和恰到好处的艺术细节描写，成功地塑造了天真烂漫、心地善良的小姑娘海蒂这一人物形象。作者还以生动的笔触描绘了阿尔卑斯山多姿多彩的自然风光、淳朴的风土人情，向读者展示了一幅幅美好的阿尔卑斯山的风情画卷，令人回味无穷。

【设计理念】

1. 指导学生读一整本书。导读课，不仅要导读一篇篇文章，而且要逐步导读整本书。根据建构主义思想，本课例着力建立一种导读整本书的“支架”式导读模式。

2. 指导学生读书的思想方法。导读课，不仅要导读文章的内容情节，而且要加强读书思想方法的渗透。根据现代教学论思想，本课例着力于指导学生学会阅读整本书的习惯和方法。

【导读目标】

1. 在阅读《海蒂》中学会读整本书的一般模式。

2. 在阅读中，学会交流、分享、思考与摘记（笔记），培养阅读的习惯和方法。

【课前准备】

1．课前师生阅读《海蒂》。2．人手一册《海蒂》书。3．读书摘记卡。4．多媒体课件。

【导读过程】

一、聊读：导入读书课堂

出示课件：读一本完整的书

1．读者。今天有几位读者？（板书：读者）（学生是读者，老师也是读者。）

2．书。

出示课件：《海蒂》

3．读书的要求。我们一起读书，一起交流读书的体会。

点评1：在导读课里，教师和学生共读一本书，教师也是读者。简洁明快的师生对话既营造了一个宽松、愉悦的读书氛围，又传递着师生平等的教学理念。

二、翻阅：引发阅读期待

拿到一本书后，你是怎样读的？

（一）读封面。

师：拿到一本书，仔细看看，封面带给我们哪些信息？

书名：《海蒂》　出版社：上海人民美术出版社

你还读到了什么？猜猜她是谁。（是一个可爱的小女孩；是一个善良的小女孩；海蒂）。

1．书名。书名就是以海蒂的名字命名的。从封面你还会想到些什么？

2．类别。这是文学类或是非文学类的书吗？你是怎么知道的？（世界文学名著宝库）

3．版本。简略说明《海蒂》的多种版本、出版社。（注音彩绘本、青少版……）

4．作者。这本书的作者是谁呢？（见书脊）原作者是瑞士的约翰娜·斯必丽，这本书是巍然改写的（补充：外国作品，需要翻译的还要注上译者，这本书是巍然改写的）

（1）读作者姓名。（2）听老师简介作者。（瑞士女作家约翰娜·斯必丽〈1827—1901年〉她很喜欢给孩子们写故事，《海蒂》是她的一部经典之作。书出版至今已过百年，以35种语言在50多个国家印刷发行了5000多万册，先后被拍成电影和电视剧，制作成动画片。）

5．封2：介绍了故事的主要内容，有的书介绍作者。

（二）读封底。

看看，你又发现了什么？

（预设：推荐世界文学名著109本书目，《海蒂》是其中的一本。如果你读完了《海蒂》这本书，还想读其他的，就可以从书目里挑选一本，可方便了。）

小结：当我们信手捧起一本好书的时候，先不要急于打开它，应该先美美地翻阅书的封面与封底上的内容，获得一些相关信息，再打开书的时候，你的阅读心情和期待就不同了。（出示：读一本书应先读封面和封底）

点评2：指导读一本书，先不要急于打开书，而是先翻阅封面与封底，一是了解一本书完整的构成，二是查阅封面与封底呈现的与书的内容有关的信息。这是阅读一本完整的书所必不可少的。当然，在具体指导的过程中，指导的内容可以根据不同的书籍以及不同年龄的学生有所侧重。指导的方法还可以灵活、生动、有趣味些。

三、浏览：了解书的相关体例

1．浏览扉页。打开封面，印着书名、作者等内容的这一页叫扉页。

2．浏览前言。前言（序），一般是编者的话。有的是编者或作者写的，有的是编者请人写的。猜猜看，编者一般会告诉我们些什么呢？（书的主要内容和推荐给读者阅读的话。）

3．浏览目录。了解编排体系和思路。

师：你曾浏览过书的目录吗？目录有什么用？（出示：目录）

一　回到阿尔姆叔叔身边

二　在爷爷家里

三　在牧场上

四　离开了爷爷

五　到了埃斯曼先生的家里

……

师：从目录中你会挑选自己最感兴趣的内容，有时候对这部分内容可以先读为快。

小结：浏览前言和目录，小朋友可以了解整本书的主要内容、故事的排列等等，这对读整本书很有好处。（出示：读一本书要读前言和目录）

点评3：前言和目录是一本书的组成部分。前言是一本书主要内容的概述，目录是一本书的章节标题。教师引导学生运用浏览的方法进行阅读，能迅速了解作者的写作意图和书的内容梗概，对学生阅读主体内容有帮助，起提纲挈领的作用。

四、速读：与文本对话

出示：读一本书要有方法：速读和笔记

1．选读。快速阅读（内容推荐：第123~125页，海蒂从埃斯曼先生家重返阿尔姆叔叔身边的情景。）

速读要领提示：要用眼睛读，不要用嘴巴读；要整句话整段文字读，不要一个字一个词读；眼停的次数要少，注意力不要分散。时间：3分钟。

点评4：在课前阅读的基础上，选取师生印象最深刻的部分内容，指导学生快速阅读。特别是速读训练时提示“三要三不要”的方法要领，并保证速读的时间，这样的指导扎实、有效。

2．读后交流。你感受到海蒂的开心了吗？（回到爷爷身边、回到美丽的牧场、回到热爱着的大自然，流淌着浓浓的亲情、乡情）

3．摘记卡交流。老师还要求小朋友们边读边做摘记，你是怎么做笔记的？（指名介绍做笔记方法）

点击课件：读书卡的制作（结合学生制作的摘记卡，展示交流）

点评5：导读课重在方法指导。适时安排读书摘记卡的展示交流，重在欣赏同伴的优秀做法，取长补短，相互学习。这里，教师传递给学生一个重要的信号：读书不仅要眼读、耳读，还要笔读。

五、赏读：促进阅读感悟

师：一个人读书和很多人在一起读书，味道是不一样的。这不同的味道就在于读书之后与人分享交流的快乐。这就是老师还要告诉小朋友们的。（出示：读一本书要学会与人分享）

1．竞猜游戏。老师说书中人物的特点，请小朋友猜猜他是谁。

①阿尔姆大叔（爷爷） ②彼得 ③克拉拉 ④女管家罗丹梅尔 ⑤埃斯曼奶奶 ⑥海蒂

2．印象点击。我最感动的事件——

师：《海蒂》是一个与阿尔卑斯山同样美丽的故事。一个自幼失去父母的小女孩被姨妈送到了阿尔卑斯山上的爷爷家。她的纯真、善良柔化了爷爷孤僻冷漠的心，她的热情、开朗温暖了彼得家破旧寒冷的小屋……一个个感人至深、耐人寻味的故事在书中闪现，在我们心中激荡。让我们一起来分享交流。

预设：

①在老奶奶家里：海蒂去彼得家做客、看望老奶奶，回家后央求爷爷给彼得家修房子。

②在埃斯曼家为老奶奶藏面包。

③小小年纪的海蒂为了不被人说自己忘恩负义，强忍着不把渴望回家的心思告诉任何人。

④痛苦地想着家乡的亲人——爷爷、老奶奶……以至于得了思乡病。

⑤回到家乡看望彼得老奶奶，给奶奶带了好多新鲜的面包。

⑥爷爷被海蒂感化了，一同去教堂做祈祷。

⑦海蒂很有耐心也很有办法地教彼得读书记字母。

⑧海蒂的爷爷悉心照顾克拉拉，使克拉拉奇迹般地站起来行走了。

……

3．精彩回放。我喜欢的片段——

（1）有趣（有意思）的描写。

（2）感动的描写。

点评6：交流与分享读书热情、乐趣、心得、困惑以及相关联的信息是学生最感兴趣的，也是符合小学生阅读心理需求的。教师善于搭建平台，让学生积极参与讨论、分享、展示，以激发学生的阅读热情。

4．教师展示。

老师朗读最喜欢的一段描写（配乐）——选自第三章“在牧场上”，描写阿尔卑斯山上花草的美丽，展现海蒂热情、活泼、热爱生活的性情。

点评7：教师既是导师又是读者。教师参与其中，给学生作了读书示范，起到“此时无声胜有声”的作用。

师：书中这样的笔触、这样的描写很多，描绘了阿尔卑斯山多姿多彩的自然风光，向我们展现了一幅幅美丽的画卷。这也是《海蒂》这本书的另一个特点。

《海蒂》的感染力实在太强了，如果你没有读完这本书，希望课外继续美美地阅读它、感受它。

5．总结方法。让学生总结回顾读一本书的方法。

读一本书的方法
读一本书要读封面和封底
读一本书要读前言和目录
读一本书要有方法：速读和笔记
读一本书要学会与人分享

点评8：结课时，将本节课的读书方法进行回顾强化，授人以鱼，不如授人以渔，意在让学生在课后的自主阅读中加以运用，养成良好的读书习惯。

板书：

翻阅　读者

浏览　作者

速读　编者

笔读　译者

赏读　改写者

……

点评9：在板书中提示学生读书方法，且是多种方法；书是作者等创作、劳动的结果，好书需要读者用心去读。

【总评】

《义务教育语文课程标准》明确提出要指导学生读一本完整的书。这是新时期提出的新要求。这个课例为整本书的导读课提供了一个很好的范例。

1．这是一堂学生自己读书的课。读书课要把学生投入“读书”的海洋之中。在本课例中，从课前布置自主阅读《海蒂》并做摘记（笔记），课始的翻阅猜读相关信息，课中浏览、速读印象深刻的内容片段，生生、师生讨论、分享、交流书中有趣的情节、语言和人物等，学生书在手中、爱不释手，认书、猜书、读书、想书、聊书、听书贯穿始终，尽情地展现了学生自己读书的活动过程。

2. 这是一堂指导读书方法的课。本课的设计采用“支架式”结构，用读书的方法提示读一本完整的书“应先读封面与封底”“要读前言与目录”“要有方法：速度与笔记”“要学会与人分享”。很好地构建了导读课的整体框架，呈现了导读课的基本轨迹，凸显了读书思想方法的指导。

3. 这是一堂教师指导学生读书的课。在导读课上，老师不是将读书方法一味地灌输给学生，而是让学生从读书的体验中获得，从读书的实践中体会，从富有情趣、情感意味的师生共读一本书的活动中提炼并运用，很好地发挥了教师在指导学生读书过程中“导”的作用。更为可贵的是，教师自始至终作为一个读者参与整本书的阅读过程之中，与学生一起读，与学生一起成长，师生共读，读导结合，课堂成为一个民主、和谐、愉悦的“读书场”。这是一种新型的“学习共同体”。

重点研讨

1. **如何体现群文阅读的比较能力？**
2. **如何落实绘本阅读的读图能力？**
3. **如何提高非连续性文本的信息整合能力？**

第十二章 作业设计

内容提要

基于学生核心素养和语文实践性的思想，对“双减”政策下语文作业设计的六大趋势进行了初步分析，包括作业目标、作业主体、作业类型、作业时机、作业效益和作业评改，为语文作业的新设计和实施进行了一些学理思考，并提出了具体的教学建议。

2021年7月国家出台的“双减”政策，不仅是对教育体制和结构的重大改革，而且是对学生学习负担和作业设计的一种调整。作业改革始终是“减负”政策的核心要点，我们很有必要重新认识和审视作业。在“双减”政策下，语文作业必须进行适应性的治理和变化，其设计方向和实施行为应该有新的转向。

一、作业目标：从知识技能转向核心素养

在整个小学语文教学中，作业是一个重要的教学环节。传统的教学观把作业看作是巩固知识的一种重要手段，认为通过作业可以有效地对课文和知识进行预习和复习。现在的小学生除了配套作业本之外，主要还有“预习、抄词、听写、周记、日记”等相关作业，作业模式是“题型+套路+大量重复练习”。由于作业是与预习、知识、套路、练习联系在一起的，这是一种“知识作业观”，它窄化了作业的功能。而在“双减”政策下，作业应该是提升学生核心素养的重要途径和平台，它与学生的全面发展、全程发展、可持续发展具有密切的联系。让作业成为学生成长的阶梯，发挥作业的育人功能。这是一种“素养作业观”。

（一）从知识内容转向语言文字

以往的作业较多的是检查学生对课文情节和内容的理解。这是不完善的，也是不深刻的。众所周知，语文课程和教学的本质是语言运用，这是质的规定性。所以，作业要指向语言，这也是一种基于语文本质的思维方式。

指向语言的作业具体表现为：语言的感知、理解、巩固和运用。其中，语言的理解和运用是最为核心的。例如，教学二年级上册《黄山奇石》一文的首句是“中外闻名的黄山风景区在我国安徽省南部”，可以设计以下作业让学生练习句子中词组

的变序。

※读通句子。这是一个长句子，朗读要进行停顿的指导，重点是三个词组的停顿训练。

※定标词语。分别把“中外闻名”“黄山风景区”“我国安徽省南部”三个词组标识为 A、B、C。

※变换语序。课文是 A→B→C，也可以稍做修改为 B→C→A 或 C→B→A。

这是指向语言理解和运用的一个典型作业练习。这样的作业设计意义有三：一是使学生形成词组意识，学会用固定词组表达。二是理解和掌握句子的灵活表达方法。三是有利于学生思维灵活性的培养。真可谓一举多得！

（二）从知识结果转向思维训练

过去的作业多为了应付考试，更多的关注是知识的结果。为课文的知识而学，为知识而练，为知识而做的现象普遍存在。例如，一些为检查课文情节和内容而进行的“填空类作业”，一些低级、琐碎、重复的“同质性作业”，几乎没有思维价值。有时甚至出现一些偏题、怪题、错题等。为了减轻学生的作业负担，就要设计具有思维含量的作业，促使学生语言和思维同步发展。另外，不仅要关注一份作业不同问题之间的思维层次，更要关注学生在完成作业过程中思维能力的呈现。

这里推荐利用思维导图进行作业练习的精心设计。统编教材中首次出现思维导图，是在一年级上册“语文园地三”。

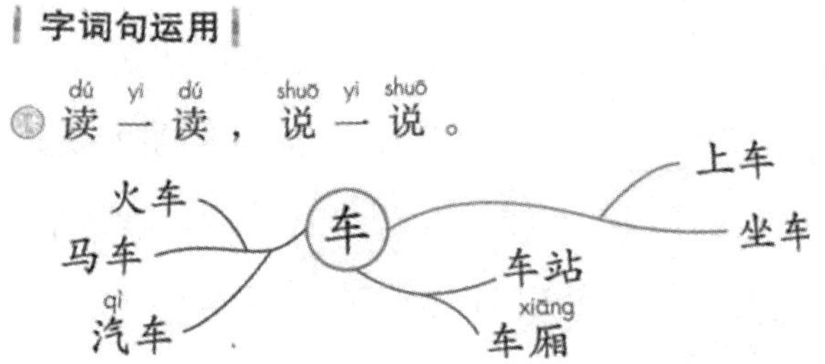

这个看似极其简单的作业其实极具教学意义：一为学生呈现了一种延伸线条式的图形。这是一种可视化思维的样式。对于小学生来说，图式比文字更有学习兴趣。二是初步构建了一个与“车”有关的知识体系。由“车”引发，各个词语之间又有某种联系。这是一种系统思维的方法。三是对“车”进行了分类，有车的类型，有车的位置，还有乘车的样子，还可以进一步设计与“车”有关的其他项目和词语。这是一种发散思维的训练。

同时，值得关注的是：语文课程是一个相互关联的知识体系，而不是一个个知识散点。因此，教师在设计作业时不能只针对某一课的学习，而应基于学科内不同知识的内在关联，通过作业实现学科内前后知识之间的综合运用。这是更为有价值的。而且，要实施“跨学科作业”，因为割裂的各学科作业无疑会加重学生负担，教师可以通过彼此之间的合作共同研究设计跨学科作业。

（三）从知识训练转向审美意识

作业历来被看成是知识训练的手段，几乎把“作业”作为“训练”的同义词。所以，作业都是做做、说说、读读、练练、写写……这样，学生很容易把作业看作是非常枯燥乏味的事。作业越多，就越容易失去语文的学习兴趣。如果作业的设计具有艺术性和美感，让作业成为感受美、审视美和创造美的学习活动，这样的语文学习和作业活动就会更美。

利用艺术表达方式设计作业是一种不错的选择。比如，利用音乐的节奏，训练学生朗读的语气和语感，利用美术的造型艺术培养学生的结构意识。利用戏剧表演进行课本剧作业……

对识字教学设计汉字画的作业，既新颖又有效，不妨一试。汉字画，基于汉字，依于图画。把汉字的字形与图画的形式结合起来，既符合汉字形声字的造型特点，又对学生进行立意、构图、关联的审美熏陶。

又如，统编版语文五年级上册第三单元《牛郎织女（二）》的阅读提示给语文与美术创造了一次完美的融合机会：“说说如果给《牛郎织女》绘制连环画，你打算画哪些内容？每幅图画配什么文字？”学生尝试做了这个作业，结果画的画栩栩如生，配的文字言简意赅，恰当地表现了画上的内容，字也工整了，每幅图旁边还有个小标题。由于语文和美术的完美融合，带来了美的创意和欣赏。

（四）从知识实体转向文化渗透

在传统的教育观念里，作业的目标是获得课文中的实体知识，如字音和字义、词的含义、句的意思、段的大意、文章的内容等。这本身没有错，问题是不能为了训练实体性知识而掩盖了其背后的文化意蕴。

例如，布置写“美”字的作业，如果只是指导学生把其中的四横写平、写好，就是一种实用的功能性练习。其实要把实体性知识的掌握和文化渗透结合起来，进行作业的文化设计：从汉字的字源看，羊大为美；从汉字的结构看，“美”字为上下结构；从楷书的书写要求看，“美”字的上面三横几乎一样长，而下面“大”字中的一横要长一些，这样才能把“美”字托起来。

作业应该成为教师精心设计送给学生的一份礼物，作业也应该是有情有义、具有学习趣味和人文意蕴的。如果教师设计了一组单元检测作业，能不能在作业题目前写这么一段话：“同学们，这个单元我们已经学完了。下面是一些检测题目，请你尝试做一下。如果能做出来，我对你表示祝贺。如果你暂时做不出来，也没有关系。当然我只能对你表示遗憾。不过，你要尽快完成，祝你成功！你们的老师×××。”这是不是对作业的一种文化思考？

所以，要从培养学生核心素养的高度设计和管理语文作业。这是当前语文教育治理的一个重要组成部分。

二、作业主体：从被动接受转向自主作业

传统的语文作业往往是教师布置，学生完成。这样，教师处于主体地位，学生的学习状态是被动接受。于是乎，教师布置什么作业，学生做什么作业，教师要求怎么做，学生就那样做，教师评价好就是做得好。要减轻学生的学业负担，就要把作业的过程变成学生自主学习、个性化学习、深度学习的过程。同时，要尽可能把作业的整个过程还给学生。要让学生主导整个作业过程，并体会到过程的快乐和完成后的满足感。

（一）作业的自主习惯

首先，学生应该准备“课堂练习本”和“正式作业本”。正式作业是一种规范的、严肃的学习方式，有其基本要求。如在写作业之前让学生先读读课文或整理笔记，复习今日所学，再规范地做作业。做作业时不翻书、不翻笔记，像对待考试一样规范书写。检查是做作业的重要一环，作业不检查等于作业未做完，让孩子养成“不检查不上交”的好习惯。规定作业要限时完成等。

（二）作业的自主解题

作业从题目开始。要完成作业首先要指导学生自主审题、解题。如果审题不准、解题不清、任务不明，势必影响作业的完成，甚至无法下手。

如二年级上册《坐井观天》的课后思考题是：“分角色朗读课文，读好下面的句子……”这个题目不是一个练习内容，而是两个练习内容：一是“分角色朗读课文”，二是“读好下面的句子”。这个对于二年级学生来说未必清楚、明白。

（三）作业的自主完成

学生要自主完成作业，依赖于主观和客观两个因素。主观因素是学生需要具备作业的“三个力”：（1）较强的自控力；（2）良好的记忆力；（3）一定的思维力。这需要逐步培养和提高。客观因素是作业的内容、场地和时间。内容的多少和难易要适量，场地的环境和条件要和谐、适度，时间的长短和集散要适时。

（四）作业的自主评价

评价是一种正误是非的判断和推理，是一种反思性的“元认知”能力，是对认知的认知，是一种高阶思维，因而对提高作业质量是弥足珍贵的。所以，作业做好后，应该引导学生主动仔细检查，对自己和别人的作业能自主发表意见，进行合理的评价。要构建语文“学教评”一体化体系，使评价成为作业的一种常态性习惯。

（五）作业的自主修改

“作文是改出来的”“作业是改好的”……这说明了修改的重要性。但是，作业的批改，是老师头痛的事。往往事与愿违，达不到预想的效果。而从教师的批改转向师生共改、学生自主修改，才是更为有效的。例如，教师检查语文作业，发现错别字，只在下面画个小圆点，由学生自己纠正。这样才能培养学生对自己负责任、认真仔细的学习品质。

（六）作业的自主设计

创造条件，尝试让高年级学生自主设计作业。在学习了六年级上册《只有一个地球》一文后，浙江嘉兴徐炎明老师让学生自己设计作业。有的学生说：“这篇课文很适合朗诵，打算选一段音乐，设计配乐朗诵。”有的学生说：“可以多找点相应的资料，写一份保护地球的倡议书。”有的学生说：“可以写几条保护地球或珍惜资源的公益广告。”学生自己给自己设计作业、布置作业，体现的是学习的主动性和创造性，激发的是对作业的热情和兴趣。

实践证明，很有意义的作业方式是“纠错”。错误是很重要的学习资料，要使学生的学习真实发生，必须特别关注作业中的这些错误。提升学习的过程其实就是改正错误的过程，就是避免错误的过程。可以说，学生对作业中的错误真正纠正了，学习也就进步了！当然，凡是布置给学生的作业，教师一定要自己先会做，这样才能发现学生的错误并及时纠正。

三、作业类型：从单一类型转向组合作业

小学语文要努力构建“1＋X”的作业体系：“1”是语文本体性作业，“X”是语文拓展性作业。两者的比例以8∶2为宜。

（一）本体性作业

1. 倾听类作业。这是基本的作业类型，以培养学生良好倾听能力为目的。可以教师读学生听，也可以放录音学生听。听后要安排复述，或提出问题，或回答问题。这主要适用于第一学段。

2. 交流类作业。这类作业需要设计情境、倾听、理解和应对等环节，是一种适应现实生活的作业方式。其难点在于“应对”。

3. 阅读类作业。《义务教育语文课程标准》明确提出：“少做题，多读书，好读书，读好书，读整本的书。”“双减”后，应该让阅读成为最重要的语文作业方式。包括阅读习惯的培养、阅读数量的增加、阅读过程的指导和阅读策略的掌握等。目前要强化对散文、文言文、非连续性文本、绘本的阅读以及课外整本书的阅读。

4. 写作类作业。包括写字、听写、抄写词句、写片段和写完整的文章。“写”是语文知识的集中反映，是良好语文水平的客观标志。小学读与写的作业比例总体控制在7∶3为宜。

如学习了五年级上册《圆明园的毁灭》一文后，学生对侵略者的野蛮行径无比愤慨，课后，老师可以让学生写一份对英法联军的控诉书。

犯罪时间：1860年10月6日

犯罪成员：英法联军，共3000余人

控诉词：……

这一作业把传统的“写感想”改成“写控诉词”，有利于激发学生的表达热情。

（二）拓展性作业

拓展性作业对学生综合素养的培养颇有意义。可以安排在课内，也可适当安排在课外，可以由单人完成，也可以多人合作完成。其主要类型有：主题拓展类作业、内容拓展类作业、形式拓展类作业和综合拓展类作业。手抄报作业是综合拓展性作业较为有效的方法。它对于资料的收集和选择，培养排版、美编、手工等技能都起到了很好的作用，值得推广。

目前常见的作业有：交流型作业、辩论型作业、展示型作业和项目型作业等。在此，特别推荐三种作业设计。

※融学拓展性作业。作业设计要加强语文与其他领域的融合。例如，五年级上册《四季之美》是一篇意境优美的散文。课堂上，老师可以引导学生想象画面，诵读美文。但对于文学品鉴来说，如果课后能让学生在理解的基础上把想象到的画面画出来，会取得更好的效果。这是语文与美术的融学。

※生活拓展性作业。作业设计要与学生的现实生活结合起来，在真实情境中解决问题，才能让学生更好地运用所学，实现知识的巩固、迁移和创意。

※网络拓展性作业。作业要重视信息技术的应用，精准分析，打破时空界限，让作业发挥更大作用。倡导探索设计智能作业，以网络学习空间为纽带构建智慧学堂，优化作业推送和批改，让数字化赋能“双减”政策。可以设计线上线下融合性作业。可以适量地通过微信、钉钉群等打卡提交作业。

四、作业时机：从随性作业转向分阶作业

随性作业表现为盲目随意布置作业。这是造成作业“题海战”的重要原因。要加强作业与备课、上课、辅导、评价等教学环节的系统设计，将作业作为学习活动的一部分。语文学习的整个过程就是一个作业的过程。布置作业的时机要有“生态意识”，进行精心的“过程设计”，呈现分阶、分层作业的态势。

1. 课始的预习性作业。可以通过课内预习单完成。这可以预测学生学习的已有状态，为后续学习奠定基础。这时的预测是一种对学情的把握，只是了解有关信息，不必太在意作业质量的高低。这时的作业不必一一订正。

要说明的是，预习性作业一般不要安排在课外，应该尽可能挤进课堂，让预习性作业在课内真正发生和落实。

2. 课中的理解性作业。课堂过程中的学习主要是理解和运用的活动，需要一定思维的参与。课中应该布置理解性作业，为深度学习赋能。下面是根据建构主义心理学关于“理解”的指标，相应提出的理解性作业的类型：

	“理解”的指标	作业类型
1	用自己的话表述所学的知识	表述性作业
2	运用所学的知识解释相关的现象和问题	解释性作业
3	概括地把握知识的真正含义，运用所学知识解决变式问题	变式性作业
4	对知识进行整合，综合运用相关的知识解决某一个问题	整合性作业
5	把所学的知识广泛而灵活地迁移到实际生活之中	迁移性作业

布置理解性作业的时机是：

时机一：以牵一发而动全身的语言现象为作业设计点。这些语言现象往往是课堂教学的重点和难点，具有鲜明的示范性，如课文中的中心词、中心句，体现文章中心的重点段，牵动上下文的过渡句、过渡段等。

时机二：以带有规律性的新的语言现象为作业设计点。这种新的语言现象，既适应学生的语言发展水平，又可以概括、类化和迁移，学生学了可以举一反三地运用，如新的句式、段式等。

时机三：以接近学生最近发展区的语言现象为作业设计点。这种语言现象往往是学生在阅读时最容易激发思维火花的爆点、最感兴趣的疑点和最容易忽略的盲点。

3. 课末的巩固性作业。作业的一个重要功能是巩固所学新知识。这方面作业设计的努力方向是：

（1）学习整理知识。课堂上可设计整理性作业，初步构建知识体系，使知识得到较好的巩固。

（2）提高思维含量。在作业中要不断提高思维含量。思维具有问题性、间接性和概括性的特点。所以，作业的设计要有问题意识、间接性学习和抽象过程。

（3）发现学习规律。作业是手段，目的是发现知识和学习的特点、规律。

4. 课外的拓展性作业。有关主题作业、项目作业、资料性作业、综合性作业、研究性作业等可放长时间，安排在课外进行，进行“长作业”设计，可在数天、数周后完成。这种作业对于学习能力、研究能力的培养是大有裨益的。例如，“项目化阅读作业”的设计，以“了解学习基础、解读核心主题、完成阅读任务、进行项目实践、展示项目成果”为模式进行阅读作业的项目设计和实施。如以“鲁迅”为主题的统编六年级上册第八单元，可设计“我认识的鲁迅”作为课外项目化作业。国外这种作业较多，我们不妨一试。

课外的拓展性作业可以设计基础卷、发展卷和提升卷。这既考虑到学生基础知识的掌握，又顾及了部分学生“吃不饱”的情况，体现了“因材施教”的原则。基础卷是全体学生都需要完成的，而发展卷和提升卷并不要求全体学生完成，可以自主选择。

五、作业效益：从课外作业转向课内作业

减轻学生的学业负担，主要是减少学生的课外作业。课外作业，不仅加重了学生的负担，而且加重了家长和教师的负担，真是一件吃力不讨好的事。学生语文学习需要一定量的作业，这个作业应该尽可能在课内完成，并提高课内作业的效益。所以说，“减”掉作业时间，但是要保持“作业质量”，“减”掉课外作业，但是要增加课内作业。“课内增负、课外减负”。要唾弃那种“减负就是躺平”“减负等于减责”的观念，树立“减负不减质”“减负担，提效益”的观念。

1. 课内作业的时间。作业时间是一个数量，是枯燥的，但是，如果精心设计，它又是灵动而有效力的。作业时间有长短之分，集散之别。一般来说，一次课内作业以 5~8 分钟为宜，过短过长都不合适。课内作业一般应采用分散布置，分层练习，逐步达标。

课内作业有“第一作业时间”“第二作业时间”之分。“第一作业时间”指的是学生完成作业所需的实际时间。“第二作业时间”指的是学生检查、修改作业的时间。提供并保证“第二作业时间”，有利于提升作业质量。

2. 课内作业的效益。根据作业精准性的要求，课内作业的结果有效果、效率和效益之分。语文作业追求的不仅是语文学习的效果和效率，更是语文学习的高效益。

效果只是一个客观的、单纯的学习结果，它不考虑作业的时间和精力。其实，机械的、重复性的作业也能取得较好的学习效果，但是所消耗的时间和精力太多，不可持久。利用题海战术，虽然考得了一个好成绩，但是身体累垮了，得不偿失。

效率是有关作业时间和学习效果关系的一个结果，它以特定作业时间取得的学习效果为判断指标。就是说，在较少的作业时间里取得了较多、较好的学习效果，这是较为理想的作业设计。

而效益是对作业过程的全面优化分析。学生作业的过程是有益于培养语文学科核心素养和促进学生全面发展的过程，这样的作业安排是高效的。效益领先，就是要实现作业设计、实施和结果的最优化、最大化的作业体系。

3. 课内作业的设计。作业包括作业设计、作业布置、作业批改、作业讲评、统计分析、讲评辅导等各个环节，这些要素相互支撑，循环发展。其中，提升作业设计质量是减轻作业负担、实现减负增效的关键前提。

课内作业设计要求有单元组合意识。以单元为基本单位进行整体考虑，同时按

照一定的步骤完成四项核心的关键任务，即整体规划单元学习、研制单元作业目标、依据作业目标设计单元作业、调整完善作业体系。

课内作业设计要求具有进阶性。布置的作业要有如下基本特征：在内容上具有衔接性，在水平上具有进阶性，在要求上具有差异性，等等。例如，同一个单元内不同课时之间或者不同单元之间，对于同一个能力要求，在不同课时里需要有一定的差异和进阶特征。如学了《古诗三首》后，根据学习能力的差异，A 层次的学生可以有感情地朗读课文，背诵三首古诗，并能大致理解诗的意思。B 层次的学生可以在 A 层次的基础上说说诗的大意，并再积累两首描写相关内容的诗。C 层次的学生可以在 B 层次的基础上，根据诗的意境，把其中一首诗改写成一篇现代文。

课内作业设计要求难易适度。过难、过深、过高的知识内容都不应是作业设计所要求的。对于小学生，难的作业不易解，深的作业不易做，高的作业不易取。超越学生认知能力、难度过高并且不可实施的作业设计不仅会导致学生失去学习自信，还容易带来抄袭、弄虚作假等道德问题。

六、作业评改：从教师评改转向作业展评

教师评改学生的作业，尽管专业性强、评改水平高，但是效果不尽如人意。一个重要的问题是：它是外因的，而且是内隐的。一部分学生对老师修改的作业很少问津，甚至视而不见，因而其作用不大。作业评改既要发现学生在知识体系上的漏洞，又要分析学生思维方法上的不足，还要把握学生学习的态度。因此采用“作业展评”是理智的选择。“作业展评”是内因的、外显的，作业起到了“教学”与“评价”结合支撑点的作用，而且展示又使思维可视化，因而具有良好的评改效果。

“作业展评”有三个主要特征：一是作业样本是可视的，能更好地展示作业的直观可感性。二是评改标准是公开的，更利于学生对照标准进行有效的评改。三是评价的主体是学生，使评改的过程变成学生合作学习、“元认知”的学习过程。可以“师批生改”。作业也可以向家长展示，征求家长意见，家长起监督作用，但不是让家长评改作业。作业展评是学生更为高效的一种学习，其作用不可低估。

“作业展评”体现了“作业、评价与展示”一体化的设计理念和执行策略，以展促学，以评促优，因而弥足珍贵。作业展评的方式是灵活多样的。

1. 先做后展。学生先做完作业，再展示作业。这时的作业是一个作品或展品。当把作业看成一个展品时，学习的任务驱动就发生了。

2. 先展后评。先让学生展示作业，再引导学生进行点评。展示式作业为点评提供了丰富的资料。

3. 边做边展。学生可以一边做作业，一边展示作业。这要求作业的分量要少，时间要短，便于快速展示。

4. 边展边评。对于学生的作业，也可以一边展示，一边进行评价。这是一种展览式的学习活动。

重点研讨

1. **如何设计课始的预习性作业？**
2. **如何设计课中的理解性作业？**
3. **如何设计课末的巩固性作业？**

第三部分 课堂执行

课堂执行是小学语文教师学科素养、教学能力的综合体现，可以概括为课堂“三力”：课堂组织力、课堂表达力和课堂指导力。课堂执行是语文课堂教学取得实效的关键所在。小学语文教师应立足课堂，走课堂成长之路，不断提升课堂执行力。

第十三章 特殊栏目

内容提要

统编教材的创意之一是设置了多个以前教材没有的特殊栏目。这些新的栏目，为学生的语文学习搭建了一个很好的平台，对学生的语文素养发展具有很重要的实践意义。对此应积极应对，精心设计，认真教学。

本章对统编教材编排的特殊栏目进行解读、设计和说明。主要的特殊栏目有拼音前的识字、写字指导、“和大人一起读”“我爱阅读”“词句段运用”“快乐读书吧”和名著导读。

一、拼音前的识字

以统编教材一年级上册第一篇识字课文《天地人》为例，尝试进行文本特点的解读，并提出初步的教学设计思路，以引发对统编教材更多、更深入的学理研讨。

（一）文本特点

1. 首篇课文。《天地人》是小学语文统编教材一年级上册识字教材的第一篇课文。作为小学生人生第一次学习的第一篇识字课文，首先要引导学生初步了解“课文”的基本概念，让学生具体、形象地了解课文的基本构成元素，如：

※课文的序号和题目。“1”是序号，表示本册教材的第一篇课文。每篇课文都有一个题目，“天地人”是本课的题目。

※课文的主体内容。“天、地、人、你、我、他”是本课要认识的字，是本课教学的核心内容。

※课文的生字。课文下方双蓝线中的一行字“天、地、人、你、我、他”是本课的生字，这是要全部学会的。

※课文的插图。这是配合课文内容和语文学习的图形或图画，用以创设良好的学习背景图。教学时要图文结合，以图表境，以图示义，以图解文。本课的插图是一幅典雅的水墨国画，以此突出中国文化的特点，以配合汉字学习。

※本课要写的汉字。课文后还有田字格，田字格里的字是要写的字。

※本课要做的作业。如朗读课文、背诵课文。

以上六个基本元素构成了一篇完整的课文。在小学生的语文学习之始，引导学生了解课文的这些信息是十分必要的，这对今后的语文学习是颇有益处的。

2. 始见汉字。

（1）中国字是方块图形。汉字方正端庄，又富有画面感，它不同于西方的纯拼音文字，也不同于日本的平假名和片假名等。应指导学生对中西文字有一个相互比较的活动，使学生初步了解汉字形状的特点。

（2）中国字以形表义。大部分汉字可以从字形上推测它的大致含义。如从字的演化看，手和脚组成一个“人”字。这种形和义的联系，也是其他国家的文字所不具有的特点。

本课六个字的字形演变如下：

（3）中国字形音脱节。学生看到一个汉字是读不出声音的，必须要借助汉语拼音或日常的语言积累，但是此时学生没有学过汉语拼音字母。所以，如何让学生读准本课汉字的读音是需要进行精心思考和设计的。

3. 初次识字。从学理看，识字的基本要求有五个：观形、读音、释义、组词和书写。

（1）观形。汉字是由笔画、偏旁、部首、结构组成的。在本课六个字“天、地、人、你、我、他”中，涉及的笔画：横、撇、捺、竖、提、横折钩、竖弯钩、横钩、竖钩、点、斜钩。涉及的偏旁：提土旁、单人旁。本课汉字的结构主要是独体字（“人”“我”“天”）和左右结构（“地”“你”“他”）。当然，第一次识字不必全教，只是初步了解。

（2）读音。读准汉字的字音，是识字的最基本要求。特别是对于前鼻音、后鼻音和多音字，更应该有所注意。在没有汉语拼音的注音的条件下，要识读本课汉字的字音，需要采取以下方法：第一，先让学生认读，在念错时及时纠正。第二，让识字多的学生担任“小老师”进行示范读音。第三，老师读其音，让学生跟读，这是一种传统的读音教学方法。本课汉字的标准读音如下：

天：tiān　地：dì　人：rén
你：nǐ　我：wǒ　他：tā

以上六个字的读音中，人（rén）是最难读的，应引起注意。

（3）释义。小学识字对字义提出“了解字义”的要求，就是说不必进行“微言大义”的分析。字义有本义和引申义之分，一年级的识字要求初步了解本义，不必进行过多的引申义分析。“天、地、人、你、我、他”都是学生口语中常见的汉字，其义是大概明了的。

（4）组词。一年级识字教学中的“组词”，其实是一种汉字的初步运用。给汉字组词，既是汉字的运用，又是汉字的积累，应开展经常性的训练。例如本课的“天、地、人”三个字的组词如下：

“天”：春天、冬天、雨天（字在右）、天上、天空、天气（字在左）

“地”：大地、土地、田地（字在右）、地方、地区、地下（字在左）

“人”：工人、大人、小人（字在右）、人才、人口、人名（字在左）

（5）书写。本课没有明确的写字要求，但是适当进行写字的前期准备是必要的。例如：引导学生认识田字格，练习写字姿势和执笔方法，适时进行“横竖撇捺”基本笔画的练习等都是十分必要的，这为下一节课的正式写字打好基础。

4. 试探文化。汉字，是中华民族文化的化石，是历史的载体，是前人智慧的结晶。汉字，有着浓郁的文化意蕴、独特的文化魅力和深厚的民族情结。本课六个汉字“天、地、人、你、我、他”的文化解读如下：

（1）“天圆地方”的认识。中华优秀传统文化博大精深，阴阳学说乃其核心和精髓。阴阳学说具有朴素的辩证法色彩，是古人认识世界的思维方式，几千年的社会实践证明了它的正确性，“天圆地方”是这种学说的一种具体体现。古人讲“天圆”，是以此描述时间的周而复始。同时古人讲方位时用“四面八方”来描述，也叫“地方”。“天圆地方”讲的是时间和空间的特点，也就是在描述整个宇宙的现象。

（2）“天地人合一”的观念。“天”时而表示具体的人的头顶，时而表示抽象的“上天”。“天”字一身二人根源于古代中国人“天地人”合一的观念。在有着深厚农耕文明的中国人心中，“天时”“地利”“人和”三者的关系构成了社会的基本关系。

（3）“你我他和谐”的思想。“人”是“你我他”的一个集合。“人际和谐”包括“你、我、他”三者之间的自由、平等、和善的人际关系。大千世界，人海茫茫，要善待自己，善解你意，敬重他人。

当然，这只是一种对汉字的文化解读，并不代表在人生第一次识字时就要掌握这些字的文化内涵。文化是一种渗透、渐进的过程，是逐步积淀而成的。我们常说的识字教学要有“文化自觉”“文化意识”“文化观照”，就是这个意思。

（二）教学思考

本课的内容看似很简单，但其教学设计和实施并不简单。下面提出本课教学的一些思考。

1. 教学特点的把握。当下新入学的孩子不可能没有见过汉字，也不可能不认识汉字，尽管认识的汉字有多有少。但是以正规的学习任务和要求看，这是第一次“正规”的汉字学习，所以要有“起始教学”意识，创设一种学习的“仪式感”。这是本课教学的明显特点和基本定位。

（1）正规的课堂。通过特定口令、手势指示和押韵儿歌等，初步培养课堂的正规纪律和规范要求，为逐步形成课堂的“神圣感”打下基础。

（2）正规的姿势。包括坐的姿势、站的姿势、拿书的姿势、说话的姿势等。

（3）正规的学法。包括倾听、读书和交流的基本方法。例如：认真倾听别人的说和读、读准字音、不拖音、不变调、乐意与别人交谈等。

2. 教学目标的确定。根据以上文本解读、一年级上册教学目标要求和小学一年级新生的身心特点、知识基础，提出本课的教学目标。

（1）通过课文结构、汉字样子的推介，初步形成学生的语文学习态度和意识。

（2）通过六个汉字的教学，初步引导学生读准字音、认清字形、了解字义，并灵活组词。

（3）通过汉字字源、汉字演化和汉字故事的微课和歌曲，初步引导学生感知与本课六个汉字有关的汉字文化。

教学目标是课堂教学的出发点、调节者和终极标准，决定着教师教的方向，制约着学生学的水平，它是课堂教学的总纲，纲举目张。特别是对于小学语文第一学段的教学，抓紧教学目标这一主线显得尤为必要，这是防止课堂教学杂乱和低效的重要保证。

3. 教学内容的选择。根据上述教学目标，可以有选择地确定本课的教学内容。

（1）课文样子的认识、汉字的样子及主要特点。

（2）课文六个汉字音、形、义及“天、地、人”的组词。

（3）几个重要字的字源、汉字演化和汉字故事和歌曲。可以选择“人”“天”两个字，介绍字源；可以选择“天”或“你、我、他”中的两个字，介绍汉字演化；教师讲解“天圆地方”的故事；欣赏歌曲《天时地利人和》等。

以上这些内容在两课时内完成。

4. 教学策略的使用。如何针对小学第一篇识字课文采取有效的教学策略？笔者认为有三个基本思路。

（1）关注语文学习态度。态度是小学语文学习的基石，所以从小培养良好的语文学习态度极其重要。本课教学可以从以下几个方面关注语文学习态度的培养。

自主学习的态度。尽管一年级学生年龄小，但是自主学习的意识要从小开始培养，从入小学第一天开始培养，从第一节课开始培养。为此，本课从多方面引导学生自主听、自主认、自主说。

仔细读书的态度。主要体现在对“课文”的初步认识、对“汉字”的初步了解和对课文六个字不同形式的朗读上。

认真倾听的态度。在整堂课上都要经常关注倾听的习惯，提示倾听的方法，检查倾听的结果。

（2）聚焦汉字基本元素。汉字是小学语文学习的核心，本课更是如此。要把主要时间和精力放在汉字音、形、义的感知、理解和记忆上，并适时适量进行组词等文字运用。

（3）初步感受汉字文化。文化是小学语文学习的重要依托。知识是短暂的，能力是长久的，文化是永恒的。本课的六个字看似简单，却拥有丰富的文化内涵，渗透文化意识是十分必要的，如：

了解中国字的文化特点。特别是初步感受中国方块汉字与西方拼音文字的不同形态。

关注汉字字源、汉字演化、汉字自画像等文化现象。受课堂教学时间的限制，建议举例说明典型字即可。

感受“天圆地方”“天地人合一”“你我他和谐”的文化观念。

例如，“天地人合一”观：大地厚土，承载万物。万物生长在大地的怀抱里，效法着大地传递给世间的种种美德，水行于地，利万物而不争，海纳百川成其深广，厚德载物利益四方。珍惜土地，就是珍惜我们的母亲。我们的每一寸皮肤上都粘有土粒，这是大地母亲的气息，我们都是土地的族系，立足厚土，要有感恩之心。

天地运行，自然大道与四时更替，演绎着万物成长的过程。自古以来先祖们都有祭天祀地的活动，并满怀虔诚地写下“天地君亲师”的牌位，这是多么深沉的敬重和感恩。

对这些文化观念，不必讲大道理，主要通过画面、故事和微课让学生有所了解即可。

（三）教学板块

根据对本课的文本解读、教学目标的确定和教学内容的选择，特设计本课二课时的教学板块及主要环节。

板块一　课文信息、汉字样子

1. 看书听介绍。让学生把教材翻到第6页，在教师的介绍下找出一篇完整课文的相关信息，如课文序号、课文标题、课文内容、要新学的生字等。

［设计意图］倾听是一种基本的学习方式。在倾听中初识课文信息。

2. 看书说信息。让学生上讲台，在投影仪上边指点边介绍以上课文的信息。

［设计意图］通过练习，熟悉和巩固课文信息。

3. 看课件说文字。教师出示英文、德文、俄文和中文的三个字：天、地、人。让学生观察不同的文字。

英文：Heaven，Earth，Person

德文：Himmel，Erde，Mensch

俄文：Небо，Земля，Человек

中文：天、地、人

［设计意图］比较是一种简易而有效的学习方式。让学生在比较中发现中西文字的差异。

4. 看汉字说特点。在教师带领下说说汉字的主要特点，如方块汉字、以形表义、笔画组成、汉字结构等。

［设计意图］通过师生交流，学生了解汉字的主要特点。

板块二 读准字音、认清字形

1．学生尝试读音，教师及时纠正。由于学生没有汉语拼音的基础，只能让学生依靠生活积累尝试读课题和课文。(1) 记号。让学生先用笔对不会读的字在左上方做记号 (×)。(2) 学生尝试读音。对于读不准的字，教师给予纠正，并反复朗读。

［设计意图］安排学生尝试学习，体现“先学后教”的学本课堂思想。

2．学生自由读字，教师抽查读音。(1) 读的顺序。可以顺着读（天→地→人→你→我→他），也可以倒着读（他→我→你→人→地→天）；可以上下读（天→你→地→我→人→他），也可以下上读（你→天→我→地→他→人）。(2) 随意抽查读。特别注意“人”的读音。

［设计意图］多种形式的读有助于学生巩固读音。

3．教师说笔画，学生数笔画。教师说一个笔画，学生指书一个笔画。以“天”字为例。

［设计意图］在说写活动中，学生大概了解汉字“横”“撇”“捺”的笔画概念。

4．学生说笔画，教师写汉字。以“人”和“天”为例，让学生了解“撇”“捺”“横”三种基本笔画及先左后右、先上后下的笔顺规则。

［设计意图］通过教师板书，学生初步了解汉字的笔画和笔顺的规则。

板块三 了解字义、学习组词

1．学生说字义，教师及时鼓励。如果学生说对了，教师要及时鼓励和表扬。(贴五角星、得分、奖品)

［设计意图］一年级新生激励措施少不了。鼓励学生大胆猜测和说话。

2．教师画简笔画，构建情境图。把课文六个字构成一幅“天地合一”“人间和谐”的画面（画面构思：上有天，下有地，地上有三个人）。

［设计意图］创设情境图，一是形成知识体系，二是激发学生的学习兴趣。

3．课文字与课文字的组词。两个字组成一个词。如天地、你我、他人。

［设计意图］先课内后课外分层组词，由易到难，体现分层教学思想。

4．课文字与另外字的组词。一个字与一个新字组成一个词，例如：

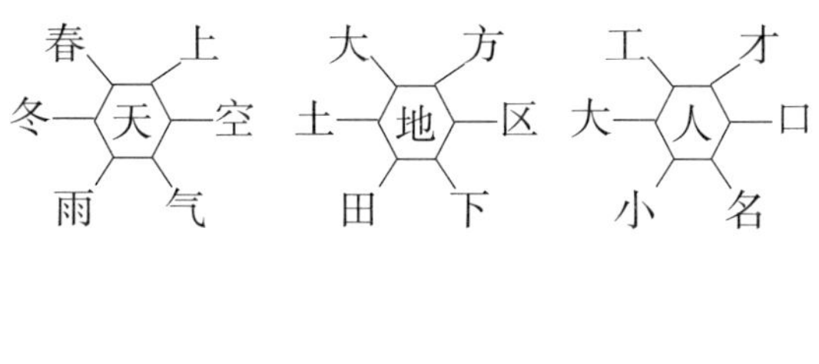

［设计意图］鼓励学生多组词，加强语言积累，而且字在词中前后不同位置有变化，有利于学习语言的多样性。

5．创设“你、我、他”的交际情境。让三位学生上讲台进行“姓名介绍”。如“我的名字叫……他的名字叫……你叫什么名字呀？”

［设计意图］通过情境学习，引导学生在口语交际中运用汉字。

板块四　汉字演化、传承文化

1．微课和图片展示汉字的字理。选择“人”与“天”两个字重点讲解。

【“人”的字理】

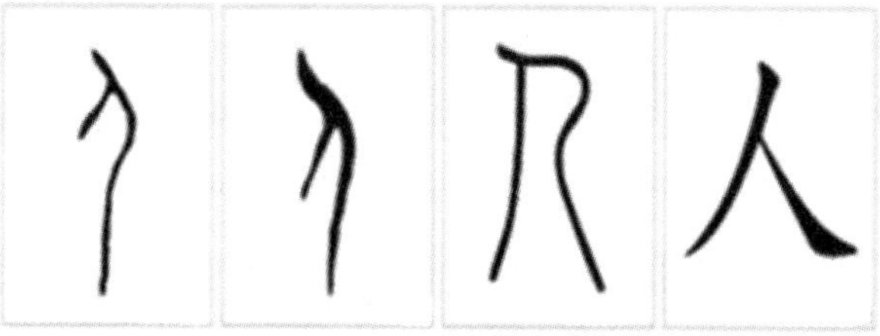

甲骨文　金文　小篆　楷体

人，肢体站立，反映了人类祖先从猿到人的演化过程；精神站立，人的精神要上可达于天，下可立于地，要成为具有独立人格的生命。人生在世，要始终保持一个姿势“挺身站立为人，顶天立地做人”。

【“天”的字理】

人们头顶上面就是天空，所以在“人”字上加一横借以表示“天”字，意味着“天”大于“人”。“天”的自画像如下：

［设计意图］“人”和“天”的字理组合设计，旨在引领学生了解汉字的来源。

2．多媒体呈现字的演化。选择“天”字重点讲解。

（甲骨文）→（金文）→（小篆）→天（楷书）

也可以从“地”字或“你、我、他”三个字中选择一两个字即可。

［设计意图］展示汉字的演变过程，既有趣味性，又有文化味。

3．教师讲解“天圆地方”的古代传说。

在中国的古代存在一种“天圆如张盖，地方如棋局”的盖天说。意思是说，蓝天就像是一个半球状的圆盖，大地则像一块四方的棋盘，并认为蓝天与大海相连。当然，也有人认为在地的四角八方都有一根擎天柱支撑着蓝天。按照这个宇宙图式，天是一个穹形，地也是一个穹形，就如同心球穹，两个穹形的间距是八万里。北极是“盖笠”状的天穹的中央，日月星辰绕之旋转不息。

盖天说认为，日月星辰的出没，并非真的出没，而只是离远了就看不见，离得近了，就看见它们照耀。这种“天圆地方”的盖天说在中国古代一直占有主导地位，并且流传极广，直到今天我们还可以看到这种认识的影响。例如：北京天坛的建筑是圆的，地坛则是方的，就是这种思想的反映。

［设计意图］在故事中了解相关文化。

4．欣赏歌曲《天时地利人和》（电视剧《水浒传》片尾曲）。

［设计意图］在歌曲中了解相关文化。

二、写字指导

统编教材非常重视写字教学：直指写字现状，直接写字指导，直面写字素养。

下面对统编教材第一学段写字教学进行初步分析，包括写字起点分析、写字难点分析和写字特点分析。通过“点对点”的分析，为写字教学实践提供一些必要的学理支持和学理解释。

（一）写字起点分析

著名心理学家维果茨基的“最近发展区理论”认为，学生有二级水平：一是学生自主能达到的“现有水平”，二是经过教学后达到的“最近水平”，两者之间的距离叫“最近发展区”。教学就是基于“现有水平”，达到“最近水平”，不断扩大“最近发展区”的活动。据此，对“现有水平”这个学习起点详细分析的重要意义可见一斑。“学起于基”，学习是基于学习起点的连续性活动，有效的学习必然是建立在了解学习起点的基础之上的。对第一学段写字教学中学生的现有水平的“写字起点”可做以下分析。

1. 学习起程。从幼儿园到小学，是人生的一个转折和飞跃。初入学的小学生具有特殊的、矛盾的心理状态，语文教学必须给予关注，写字教学也必须给予考虑。

（1）有学习需求但力不从心。初入学的小学生对任何事物都有好奇心，有一种天然的探究欲望，但是他们年龄小，生理和心理的发育有众多局限，尚不能满足日益变化的学习需求。从人的身心发展看，手指的生理发育是最缓慢的，水平也是最低的。初入学的小学生的手指发育更不成熟，写字的操作性和准确性都较差。所以，初入学的小学生很想把字写好，但又很难写好，这是由小学生的生理发展特点决定的。

（2）有活动能量但不合规范。小学生活泼好动，充满活力，但是做事随意，缺少基本的规范要求。从写字看，他们喜欢依样画葫芦，匆匆起笔，快快运笔，草草收笔，快速写成，而对写字姿势、执笔方法、写字顺序不屑一顾，置之不理。如果对写字规范不加注意和重视，长此以往，学生就会形成不良的写字习惯。

（3）有成就感但缺乏意志力。小学生有很强的成就感和荣誉感，但性情急躁，急于求成，缺乏耐心和意志力。“字无百日功”，说的是没有一百天以上的坚持是写不好字的。写字教学是一个培养意志力的活动。写字贵在坚持，贵在有毅力。

2. 识字起初。在很大程度上，统编教材第一学段的写字教学是与识字教学同期、同步进行的。妥帖处理好识字与写字的关系，就很有必要了。下面着重分析与识字教学有关的写字教学的三个命题。

（1）写字教学的基础。识字和写字是两种不同的学习活动，目标各异，要求不同。但是，识字是写字的基础，没有识字，则写字就无从谈起，没有写字，则识字不完整，也得不到落实。所以，要对识字教学进行“基础研究”，诸如：识字的量、识字的种、识字的形，为写字打好基础。如不同的识字字形，其涉及的写字结构是不同的。这种对应关系，说明了写字对识字的依赖性。

（2）写字教学的功能。小学写字教学具有多种重要功能，除了文化的、审美的、哲学的、心理学的意义外，其最大的作用在于巩固所学字的字形，为运用汉字（写词、造句、写文）打好基础。所以，在识字起初，写字教学与识字教学就紧密联系在一起了。从学习过程看，一个汉字的学习要经历“读准字音→了解词义→认清字形→正确书写→学习运用”五个阶段，其中“正确书写”是汉字从感知、理解到巩固、运用的关键环节。如果汉字不会书写，识字就无法巩固，也就无法在书面语言中进行运用。

（3）写字教学的课型。小学写字课有两种课型：一种是“识字型写字课”。这种课型一般为语文课堂教学的一个环节，称为微课。主要是在识字后的一个巩固环节。通过书写进一步巩固、落实所学的汉字，这是识字意义上的写字。另一种是“书法型写字课”。这种课型一般为单独的一节完整课，常被称为“书法课”。其目的主要是把字写得美观，有艺术性，它讲究书法的一些特质要求。第一学段的写字教学当然是一种“识字型写字课”。

3. 写字起步。写字教学有本身的特点和要求，从学习起点看，要引导学生走好写字起步的“三部曲”。

第一步，用好写字格。统编教材在学生第一次写字时就明确地呈现了“认识田字格”栏目，见一年级上册第 8 页。指导学生认识田字格，认识横中线与竖中线，并注意笔画在田字格中的位置。认识田字格、用好田字格是小学生开始学习写字必然要经历的第一步。只有这样，才能逐步掌握汉字的整体布局和结构框架。

第二步，学好新笔画。如果说“认识田字格”是为了写好字的整体结构，那么“练好新笔画”就是写好字的局部细节。汉字是由各种各样的笔画组成的，写好笔画是写字的基本功，要在第一学段正确认识，并逐一熟练掌握。

※集中呈现基本笔画。统编教材把“点、横、竖、撇、捺、提、折、钩”这八种最基本的笔画提前集中放置到第一个识字单元里。就是说，在学生学写字之初就将笔画集中呈现。这就把写字与学习笔画紧密联系起来了，有利于写字基本功的培养。

※红色标注新学笔画。在统编教材中改变了新学笔画的呈现方式。每逢新笔画，都会在相应字田字格的左上方出现，不再像过去教材那样占用田字格，而且用红色将顺序、笔画标注出来。用醒目的红色标注的顺序笔画能够帮助刚入学的学生

清晰地观察笔顺，便于按笔顺规范写字。

※增加一种新的笔画。相对于以前教材的笔画要求，统编教材增加了对“斜钩”的认识和掌握。

第三步，练好笔顺和字样。有关心理学研究表明：掌握笔顺有助于提高写字的速度和效果，特别是为以后学习行书、草书等字体打好基础。为此，统编教材在一年级“语文园地”中专设“书写提示”栏目，一年级上册、一年级下册主要是提示写字笔顺，各 3 次。二年级上册主要是汉字结构的提示，也安排了 3 次。

都说“人有人样，字有字样”。这里的“字样”包括写字姿势、执笔方法和汉字样式。一年级上册“语文园地一”在“书写提示”中就第一次提出了“坐端正，握好笔”的要求，实际上就是明确对坐姿与握姿做出了要求。二年级上册“语文园地一”在“书写提示”中再次提出了“写字时要保持正确的坐姿和执笔姿势”。汉字是长方体字型，笔画横平竖直，要写得有模有样。

（二）写字难点分析

根据笔者的观察发现，小学生识字过程中认识字形是难点，而写字又是难中之难。如何突破写字这一难题，值得深入研究。

1. 写字的核心素养。关于写字的核心素养的确定就是一大难题。根据笔者关于小学生语文核心素养内涵的解读（详见《小学教学研究》2017 年第 4 期），可以尝试把小学写字的核心素养规定为：

核心素养	主要指标	具体表现
态度素养	积极的写字态度	写字姿势、写字习惯、写字兴趣
语言素养	初步的写字知识	1. 写字工具：手指、硬笔、田字格 2. 写字对象：笔画、部件、结构 3. 写字练习：笔法、笔顺、构形
文化素养	基本的写字文化	汉字文化、写字精神、书法文化

2. 写字的教学内容。关于写字的教学内容的选择和确定也是难题之一。语文课程标准明文规定了“300 基本字表”。先认先写“300 基本字表”，就能逐步发展识字、写字能力。统编教材一年级上、下册，要求用硬笔书写的 300 字中有 225 个都是“300 基本字表”中的字，剩下的 75 个字绝大部分的部件也是在“字表”中出现过的。统编教材第一学段要求能按笔顺规则用硬笔写 800 个左右的常用汉字。

第一学段写字的教学内容

写字量	一年级300个，二年级500个，累计800个
笔画	点、横、竖、撇、捺、提、折、钩8种
汉字结构	1. 田字格 2. 独体字、左右结构、上下结构、半包围结构、全包围结构
笔顺规则（一年级上册、一年级下册）	1. 从上到下，先横后竖（一年级上册第16页） 2. 从左到右，先撇后捺（一年级上册第77页） 3. 先外后内，先中间后两边（一年级上册第113页） 4. 先外后内再封口（一年级下册第13页） 5. 点在正上方或左上方，先写点；点在右上方，后写点（一年级下册第52页） 6. 左上包围和右上包围的字先外后内（一年级下册第99页）
写字要求	1. 写字姿势：放正本、坐端正、握好笔 2. 写字标准：规范、端正、整洁 3. 写字习惯：看着写、专心写、经常写

纵观现有教材的写字教学内容，建议适时、适量、适度地增加字形结构形状、写字运笔图例、书法文化欣赏等方面的内容。

3. 写字的学习难点。明确写字的学习难点，有助于加强写字教学的针对性，提高学习效率。

（1）写字姿势的形成。一般人总认为：写字技能是硬任务，而写字姿势是软任务，在写字教学中很容易忽视对写字姿势的关注和培养。这就使得当下的语文课堂上学生的写字姿势令人不满意：坐姿东倒西歪者有之，执笔乱七八糟者有之，写字本破烂不堪者有之……写字姿势直接影响写字水平，姿势往往影响写字效果。更为严重的是，不良的姿势长久保持，会影响人的一生。所以，写字姿势不是小事，应引起我们的高度重视。

（2）汉字结构的掌握。汉字由笔画、部件和结构组成。从总体上看，汉字结构是写字的难点。形态结构的把握需要学生的整体感知、立体思维和审美能力，而这些小学生都是缺少的，因而成为书写汉字的难关。

字的形体结构由简单到复杂，包括独体字、左右结构、上下结构、半包围结构、全包围结构等。在这些结构中，左右结构的字是书写的难点，很多错别字都是出现在左右结构的错误上。建议教材“语文园地”适时展示汉字结构组合的块状图形，便于学生形象感知。

（3）写字习惯的培养。“书，心画也。”写字不只是一种技能，还是一种心态、一种习惯。所以，写字能与人的心态联系在一起，所谓“字如其人”。培养良好的写字习惯起于规范，贵在坚持，而这也是刚入学的小学生所缺乏的。所以，二年级上册教材在“语文园地八”的“书写指导”中就提出“先看后写，才能减少修改次数，保持页面整洁”，“先看后写”就是一种良好的写字习惯。

（三）写字特点分析

因为有此特点，才分门别类有其事物类型。写字教学也要依特点而教，依特点而学，在教材特点、教学特点、学习特点上下功夫。下面分析统编教材第一学段的教学特点。

1. 多认少写。本套教材对于识字写字的安排遵循课程标准提出的“低年级阶段学生‘会认’与‘会写’的字量要求有所不同，在教学过程中要‘多认少写’，要求学生会认的字不一定同时要求会写”。这就是统编教材著名的“认写分开，多认少写”的教学策略。

这个策略有生理学、心理学上的依据。从生理学上看，初入学的小学生手指发育水平缓慢，不易控制手指的精细活动，很难长时间进行书写活动。从心理学上看，识字、写字分别遵循不同的认知规律。一般来说，识字的难度与笔画的多少基本无关，有时甚至由于笔画较多的汉字可以提供更多的信息，从而使其更易识记，而写字则与之高度相关。再从认字、写字与阅读的关系来看，“多认少写”可以促使学生在不加重负担的情况下大量认字，尽早阅读，体会阅读的快乐和兴趣。

（1）减少一年级的写字量。统编教材一年级上册要求学生会写 100 字，下册要求会写 200 字，比过去教材的 350 字少了 50 字。

（2）减少重复书写的次数。统编教材对每个字重复练写的次数都是 3 次，一年级上册描红 2 遍，独立练习 1 遍。而过去教材重复练写的次数最多高达 7 次之多。一年级下册描红 1 遍，独立练习 2 遍，这与过去教材是一致的。

（3）减少描写印刷体。硬笔写字的目的主要是个体在书面语言表达中进行实际书写运用。小学生硬笔写字具有较强的生活性、应用性。所以，小学生写字要从描写印刷体起步，但要减少描写印刷体，逐步过渡到描写手写体。建议从二年级开始，在教材的“书写提示”栏目中编入著名书法家的楷书的手写体，提供给学生进行描红练习。

2. 写字指导。第一学段的学生写字刚刚起步，既没有常识，又缺乏经验，教师对他们的写字指导很有必要。所以，此时学生的书写活动不应是随意写，而应该呈现教师“导写”的态势。

（1）“书写提示”栏目。统编教材在“语文园地”中设置了专门的“书写提示”栏目，这在小学语文教材编写史上是第一次，旨在让学生每一次学习一种汉字笔顺书写规则，为学生写字提供操作规则要求。“书写提示”主要是笔顺规则的重点提示，其中一年级上册教材 3 次，一年级下册教材 3 次。“无规矩不成方圆”“先入为主”，所以，在学生写字初期对其进行“书写提示”是很有指向意义的。

（2）“小贴士”要求。统编教材把学生要达成的书写目标具体地用“小贴士”的形式呈现。一年级上册、一年级下册教材各出现 3 次写字“小贴士”。例如，一年级上册第 8 页对汉字在田字格中所居的位置，第 16 页对坐姿、握姿，“从上到下、先横后竖”的笔顺规则，第 77 页“从左到右、先撇后捺”的笔顺规则。一年级下册第 13 页“先外后内再封口”的笔顺规则，第 52 页“点在正上方或左上方，先写点，点在右上方，后写点”的笔顺规则，第 99 页“左上包围和右上包围的字先外后内”的笔顺规则。二年级上册教材也安排了 3 次写字“小贴士”。

（3）教师示范写字。学生写字之始，其形必陋，这就需要教师细心指导、循循善诱。一是教师的“范写”。对于第一次出现的笔画、部件和结构，需要教师范写，为学生做出示范。二是教师的“改写”。对于学生写错、写不规范的地方，需要教师用红笔对此加以纠正和调整。三是教师的“导写”。对于写字初步的知识和要求，如执笔姿势、汉字构形、运笔法则等，教师要提出具体的指导性建议和方法。

3. 技能训练。“好字是练出来的。”因为写字是一种技能，需要进行操作技能和智力技能的专项的、长期的训练，才能使技能达到熟练化、自动化程度，进而形成写字技巧。当写字成为技巧后才能快速组词、造句和写文。所以，写字技巧才是书面语言运用的坚强基础和真实保证。

（1）操作技能训练。写字的操作技能涉及众多具体因素，这里只探讨三个问题：

※练习的“时”

这里有三个时间指标：一是语文课堂的写字练习时间。《义务教育语文课程标准》明确规定：第一、第二、第三学段要在每天的语文课中安排 10 分钟在教师的指导下随堂练习，做到天天练。二是集中练习还是分散练习。根据相关研究，分散时间对于写字练习效果较好。就是说每天练习 10 分钟比一周上一节写字课效果要好。

三是业余写字练习的时间。教师和家长要鼓励学生校外多练习写字。“拿笔即是练字时”，应成为写字练习的常态。

※练习的“序”

程序是学习内容和过程的先后排列。不同的写字练习程序，就有不同的练习效果。例如，正式学写汉字笔画之前应该先学识图形和画线条，学习合体字之前应该先学独体字，学习左右结构的字之前要先学上下结构的字。写字课的写字程序也要精心设计。重庆市开州区教师进修学校何小兵老师曾提出写字课堂的三种程序：①导→练→展→评。②练→导→展→评。③练→评→展→导。这可以作为写字练习时的参考。

※练习的“度”

对写字学习跨度、坡度、速度的设计很有必要，但也很有难度。一年级上册教材第一次写字的内容是“一、二、三、上”，但第二次要求写“口、目、耳、手”，第三次写的是“日、田、禾、火”。从“一、二、三、上”直接就跳到了“口、目、耳、手”“日、田、禾、火”，横都写不平，马上过渡到了横折、弯钩，这样安排似乎跨度太大，坡度过陡。符合学理的安排应该是：写好“一、二、三、上”后，再写“木、禾、土”这些字，再慢慢过渡到横折为好。如何科学地设计写字的“度”是一个亟待研究的重要课题。

（2）智力技能训练。如果学生写字时注意、思维、想象参与了，就能把字写好。要一边写一边想，一边想一边写。最好的方法是进行比较学习，特别是形近笔画的对比。学生在书写过程中对于形近笔画的掌握是书写的难点之一，为此，统编教材在形近笔画的对比方面做了积极努力：一是及时对比。例如一年级上册第 13 页，“云”字中的笔画“撇折”与“山”字中的笔画“竖折”的对比。二是延时对比。如一年级上册第 73 页的“卧钩”与第 81 页的“斜钩”的对比。之所以有及时与延时之分，全由难度大小而定。“撇折”与“竖折”书写难度小，可以同时比较。“卧钩”与“斜钩”书写的难度大，要间隔一段时间，等学生掌握以后再进行比较效果更好。笔者建议：从二年级开始，对学生一次练写的多个字要尽可能按偏旁归类分组，便于比较和鉴别，从写好一个字到写好一类字。

当小学生写字能够初步协调与智力、情绪、审美、生理变化等之间的关系时，就是写字效果、效率、效益提高之日了。这就是一种写字的“整合效应”。

中直对正

（二年级写字课）

执教者：杭州绿城育华小学　倪海燕

点评者：浙江外国语学院教育学院　汪潮教授

【教学目标】

1．通过观察、书写“卡、卓、番、霄”4个字，让学生体会汉字“中直对正”的结构特点，掌握“中直对正”的书写要领。

2．巧用“书写宝典”以及多种评价方式，激发学生写字的兴趣，并使学生养成认真、正确、规范地书写汉字的习惯。

3．了解书法名家练字故事，培养刻苦练字的精神。

4．初步了解汉字的演变，感受祖国文字的博大精神，激活热爱本民族文化的情感。

点评1：从知识与能力、过程与方法、情感态度价值观三个维度预设教学目标，很好地体现了写字课教学的方向。特别是对“中直对正”结构特点和书写要领的关注，使得写字课具有写字本色的追求和方法指导的意义。

【教学过程】

一、激趣导入，初步感知

1．中国古代的汉字和现在的汉字是不一样的，今天老师带来了几个，请同学们猜一猜，看看它们是什么字。（依次出示“卡、卓、霄、番”4个篆书字体的字。根据学生的回答，随机穿插介绍一些关于书法的知识。）

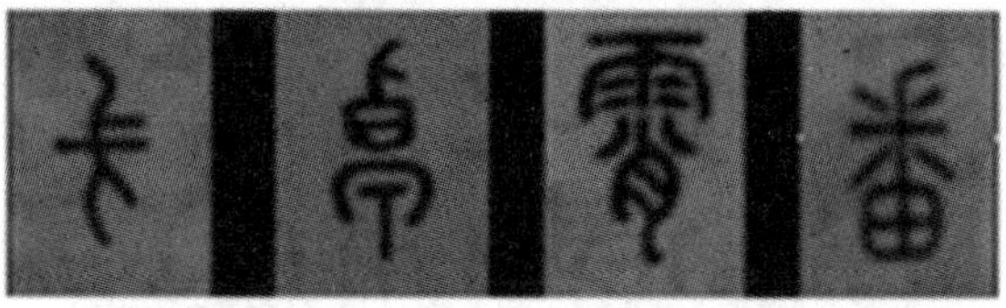

点评2：通过猜字，学生了解中国古代的汉字和现在的汉字是不一样的，从中有机渗透了汉字演变的文化和书法文化。具有文化气息的课堂是丰满而有活力的。

2．同学们观察这4个字，有什么共同点？（①上下结构。②中间竖画垂直对齐）

3．这就是今天要学的内容：书法结构之——中直对正。“中”是指中间的竖画，“直”是垂直、笔直的意思，“对正”就是上下竖画要对齐。大家齐读一遍，把它牢牢记在心里。

点评3：写字课主要是技能训练，而技能训练的第一步就是明确训练要求。本课之始，让学生了解“中直对正”的含义及特点，有助于学生明确学习方向，有事半功倍之效。

二、欣赏游戏，深入理解

1.“中直对正”不仅是汉字中的一个结构特点，在游戏中我们还能发现这样的现象呢！——

你们瞧：丁丁和他的动物朋友们最喜欢玩一种游戏——叠罗汉。第一次他们成功了吗？这样叠罗汉结果怎样？为什么呢？（课件出示图1：歪着叠，没有对正）

是啊，第一次他们没有成功，倒了下来。听取了小朋友们的建议，他们重来了一次。瞧，这一次结果如何？为什么？（课件出示图2：上下对齐）

图1

图2

图3

看来，不管是在游戏中还是汉字中，“中直对正”都很重要啊。（课件出示图3）

2．老师还为此编了一个顺口溜，你能读懂吗？（课件出示顺口溜：“一个字有上下竖，考虑是否要对齐。应该对齐不对齐，如同罗锅腰残疾。”理解“罗锅”的意思。）

3．一个字的上下竖该对齐却没有对齐，就像一个人的背驼着，多难看啊。你看这些字就生病了，想请你们当当小医生治治病呢！（课件出示上下竖没对齐的4个汉字，如下图。根据学生的发言，修正汉字。）

点评4：把游戏引进课堂是低年级教学的重要策略。把写字与游戏结合起来，既能培养学生的兴趣，又能降低学生理解的难度，真可谓一举两得！建议把这个环节置前，先玩游戏后讲字形，呈现的是一个从形象到抽象的过程，更符合学生的认知规律。

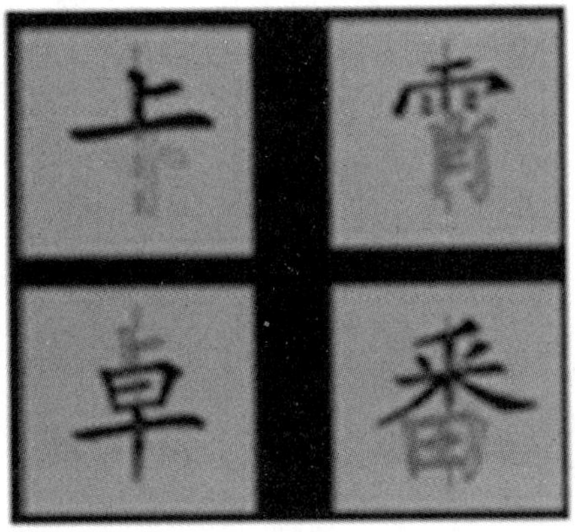

三、巧用宝典，书写汉字

同学们真能干，现在这4个字个个精神十足了，真要感谢你们！等会儿你们一定也能把字写漂亮。

（一）指导“卡”字

1．观察，交流书写要点。根据同学们的回答归纳，出示书写宝典：

两竖直对，上短下长。

上点短平，下点右下。

长横略斜，起笔中线。

2．倪老师在课外也写了这个字，同学们仔细看看我有没有按照“书写宝典”去写。（观看老师的书写视频，交流感受）

3．学生练写。（要求3~4个）

4．老师评价。评价标准：（1）按“书写宝典”逐条评。（2）发展性评价原则。

5．学生相互评价。请学生对照“书写宝典”，看看自己有哪些地方写得好，有哪些地方没写到位。

6．在自我评价基础上再次练写。

点评5：关于“卡”字的书写指导，有三处有意义的亮点：一是注意引导学生对学习方法“书写宝典”的归纳。根据同学的观察、交流进行归纳，这种从学生中来的做法值得提倡。二是对一个字安排2次练写。在课堂上，精讲多练有实效。三是练后评改，师生之间共同评价，使师生成为一种“学习共同体”。

（二）指导“卓”字

1．观察，交流书写要点。根据同学们的回答归纳，出示书写宝典：

两竖直对，上短下长。

日字略扁，两竖内缩。

上紧下松，横画略斜。

2．学生上台范写。

3．交流评价。（引导对照“书写宝典”评评优点与不足）

4．学生练写。

5．老师评价。（标准：一个字的每个笔画都按“书写宝典”书写，即可得星）

6．生生互评。（方法：给同学的字打星，并悄悄告诉他你认为他哪些地方写得好，哪些地方需要改进。）

点评6：这节写字课充满了浓浓的写字味、讲评味。特别是“生生互评”，既是合作学习习惯的培养，又是一种学习责任心的引领。

（三）学写“霄”“番”

1．学生自主观察汉字，自学“书写宝典”内容。

2．交流自学成果。

3．观看老师书写的视频。

4．学生练写。

5．自我评价。自己给自己打星。

点评7：学写“霄”“番”的过程体现的是一种由“扶”到“放”的态势。在这个过程中巧妙地安排了教师书写的视频，很好地发挥了多媒体在写字教学中的辅助作用。

四、总结拓展，强化兴趣

1．回顾本课学习内容。

今天我们的书写内容是“中直对正”的字，你们知道还有哪些字属于“中直对正”的吗？通过今天的练习，相信你们一定能写好这类字。（根据学生的回答出示：南、常、尘、堂……）

点评8：这是学习的一个回顾小结环节。从几“个”到一“类”，这是一种知识规律性的揭示，有助于知识的巩固和方法的迁移。所以，学习对知识、技能的整理很重要。

2．介绍书法家勤学故事。

今天同学们的字写得很漂亮，坐姿也特别端正，老师真为你们骄傲。其实中国有许多了不起的书法家，他们的故事非常值得我们学习。（介绍书法家勤练字的故事：王献之练完十八缸水；欧阳询下马观碑三天三夜；怀素写穿木板等）

点评9：介绍书法家勤学故事，本身非常有意义，但此时引入故事很唐突，与本课教学目标和教学内容没有紧密联系。建议删除，使课堂更加简约。

3．正因为他们勤学苦练，才有了自己的风格，最终成为书法名家。（欣赏名家作品。）

点评10：欣赏名家作品毫无疑问，但小学写字课要更关注学生的写字作品。建议删除欣赏名家作品这一环节，改为学生写字作品的欣赏，这样的课堂更有亲近感，学生更有成功感。

4．老师从你们的眼神中、你们的赞叹声中读到了佩服与羡慕。只要你们努力，你们也可以成为“小小书法家”。

【总评】

1．这是一节学习任务明确的课。课始、课中、课末都能紧扣“中直对正”的结构特点和书写要领，整节课以此为中心展开教学，使本节课主线明确、结构清晰、层次合理。

2．这是一节学习重点突出的课。二年级学生写字的难点是字的间架结构。本课以“中直对正”的结构特点为突破口，讲、练、评、改相结合，精讲多练，本节课具有良好的教学实效。

3．这是一节学习趣味浓厚的课。课中采用猜字、叠罗汉游戏、顺口溜等有趣的教学方式。课中渗透着浓浓的汉字文化、书法文化、师生交流文化等，使练字与育人结合了起来。

两个建议：一是让“错误”来自学生真实的学习中。本课“写歪的字”不应是教师设计的，可以是学生作业本上写歪的字，最好是学生现场写歪的字。二是知识应是一种组织体系。本课中预设要重点指导写的几个字最好是有联系、有意义的一个词组。这样既写了字，又记了词，整体更加优化。

三、“和大人一起读”

“和大人一起读”是统编小学语文教材“语文园地”中一个新设的学习栏目。这个栏目只设置了简短的一篇文章，教学可以灵活设计和实施，正如本套教材总主编温儒敏教授所言，它直面读书，主攻课外阅读。笔者认为，“和大人一起读”有三层意思：一是“读”的对象，可以是各种文体的文章和书籍，当然主体是短文。二是“读”的方式，可以是各种灵活的阅读方式，可以略读、选读、精读，也可以朗读、唱读、默读。三是“读”的类型，它是相对于学生个人读和学生小组读而言的，是一种学生与大人之间进行合作阅读的新类型。

（一）栏目设置的背景

作为一个新设置的学习栏目，它是基于目前我国人民的读书现状，并针对中国小学生读书时弊而设置的。

1. 中国人读书量少。根据一个研究机构的调查，2013 年中国国民人均纸质图书的阅读量仅为 4.77 本，比韩国、法国、日本要少得多。虽然这个调查数据时间已久，也不一定准确，但是在一定程度上反映了我国人均阅读量较少的现实。

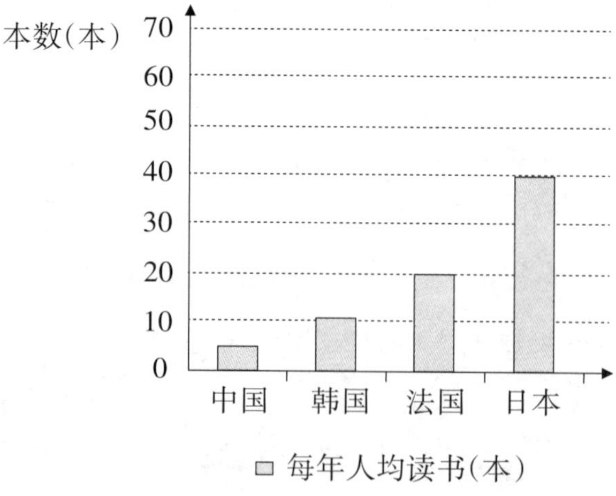

“一个人的发展史是他的读书史。”读书的多少和质量直接制约人的综合素养和

发展方向。要解决国民读书量少的问题，最根本的是从小学生的读书开始。从娃娃读书开始，从课堂读书起步，从课外读书抓起。从这个意义上说，“和大人一起读”不只是一个小学生语文学习栏目设置的小问题，还是促进和提升中华民族读书质量的一个大问题，具有重要的社会和历史意义，真可谓“小栏目大作用”。

2. 全社会读书缺陷。现在社会上的读书问题颇多：不读书者有之，不买书者有之，不交流者有之。特别是读书人之间缺少读书交流，导致读书人互不往来或“独往独来”。古人讲：“一日不读书，则语言无味，面目可憎。”一个不读书的人是没有前途的，一个不读书的民族也是没有前途的。联合国教科文组织基于生活节奏加快、人类读书时间呈整体性下滑等现状，为鼓励人们多读书，从 1995 年起把 4 月 23 日定为“世界读书日”。从某种意义上说，设置专栏“和大人一起读”，也是对“世界读书日”的一种积极回应和莫大支持。

3. 小学生读书苦恼。小学起始阶段的孩子初识汉字，正规性学习也刚起步，学习习惯没有养成，学习方法尚没有掌握。如果一个人读书，孤身作战，必然困难重重，知难而退。此时需要大人进行鼓励、支持和指导。“和大人一起读”是衔接幼儿园和小学学习的有效方式。幼儿园以听读故事为主，进入小学，开始学习汉字，通过“和大人一起读”栏目，熟悉的故事变成了书面文字。对小学生来说，这是一种新的方式，可以实现从口头故事到书面文字的过渡和衔接，进而逐步培养小学生阅读汉字的兴趣和习惯。可以说，“和大人一起读”是小孩子读书生涯中必须经历的、不可跨越的一个环节，也是符合小学生学习规律和特点的一种学习方式。

（二）栏目设置的价值

从形式上看，“和大人一起读”呈现的不是完整的课文样式，只是提供了一篇短文，既没有像以前略读课文教学一样的课前“阅读提示”，又没有课文后的“生字新词”和“思考题”等，也没有插图，甚至没有课时长短的要求。对此，有人认为没有教研的必要，也有人认为没有学习的必要，其实不然。下面分析该栏目设置的教学价值，具体表现在课外读书的价值、读书引导的价值和合作读书的价值。

1. 课外读书的价值。学生的阅读包括“课内阅读”和“课外阅读”。对于小学生的阅读能力发展，两者相辅相成、缺一不可。得法于课内，得益于课外，这是最基本的判断。“和大人一起读”作为“语文园地”的一个板块，主要体现的是一种扩大学生课外阅读的思想。读书并非为了眼前的功利目的，而是自我发展、自我完善的需要，所以读书不应有过多的场地和时间限制。课内当然要读书，课外读书也不能少。语文大师吕叔湘先生曾形象地说过，课内阅读和课外阅读的作用大概是三七开。就是说，课外阅读对提高学生的语文水平起到 70% 的作用。所以，课外阅读意义重大，绝不是可有可无的。

所以，统编教材新设置“和大人一起读”这个栏目是在传递一种新的学习理念，播种一种新的学习方式和习惯。就是让学生从一年级就明白：读书不仅仅是课堂的事，更要利用一切可利用的时间和空间来阅读。

可以说，“和大人一起读”构建了“课内阅读和课外阅读相结合”的阅读新体系，把课外阅读引入课程，使课外阅读课程化。本栏目的设置可以有效推进并逐步实现从少读书到多读书，从一个人读到一起读，从课内读到课外读，逐步促使学生生活的读书全覆盖，进而为实现“全阅读”创造条件，使读书成为学生的生活常态。“和大人一起读”旨在从小培养一个“读书人”，其意义深远。

2. 读书引导的价值。初入学的学生年龄小、心智低，读文尚有困难，需要大人的帮助和指导，这是一种客观的需要。“和大人一起读”的原本意图就是阅读从家庭读书开始，“大手拉小手”。在大人的指导下，帮助和促使学生多读书、读好书、好读书。

在小学生的读书活动中，“大人”所起的作用就是陪伴、互读和引导。陪伴是一种读书的心理支持，互读是读书的信息交流，引导是读书的方法引领。从引导看，大人的作用主要体现在以下 6 个方面，并渗透到每一册教材的八个单元中。

“和大人一起读”“大人”引导的内容

序号	内容	第一单元	第二单元	……	第八单元
1	读书姿势				
2	读准字音				
3	内容理解				
4	流利朗读				
5	初步复述				
6	质疑问难				

3. 合作读书的价值。笔者认为：“和大人一起读”编写的核心理念就是在大人的陪伴下进行合作性读书。所以，“和大人一起读”能促进亲子阅读、全民阅读风气

的形成。不仅使学生明白读书的重要性，还使大人明确孩子阅读能力培养的过程就是大人牵着孩子的手不断前行的过程。孩子阅读能力的培养需要经年累月的积累和沉淀，孩子阅读能力培养的过程是大人和孩子共同成长的过程。大人要和孩子一起读书，一起学习；一起思考，一起质疑；一起聊天，一起讲述；一起感悟，一起表演。你看：孩子依傍着大人，和大人一起拿着同一本书，目对同一篇文章，嘴念同一行文字，那种“和你在一起”的感觉，让孩子和大人拥有了共同的读书记忆。这是何等温馨而又难忘的情境啊！

教师需要考虑为学生指定“大人”，共同完成共读任务。办法可以有：一是发挥家庭大人的作用，带领孩子一起读书。二是发挥教师的作用，让教师承担“大人”的角色，利用课堂教学时间，师生一起读书。三是借助高年级学生的力量，选择一些品学兼优的高年级学生，按就近原则，与低年级学生结成对子，适时帮助低年级学生学习，完成“和大人一起读”的任务。

可见，此处的“大人”主要是孩子的父母，也可以是孩子的其他家人，或孩子的老师、高年级同学，只要是比孩子的年龄大，可以和孩子一起阅读的人，都属于“大人”范畴。

从合作类型看，“和大人一起读”包括 4 种类型：“与父辈一起读”“与兄长一起读”“与老师一起读”和“与同学（模拟大人）一起读”。

从合作方式看，“和大人一起读”包括 3 种方式：“学生读，大人听和评”“大人读，学生听和评”和“大人与学生一起互动式读和评”。

为了使“和大人一起读”栏目的教学更有效，可以设计如下记录表。

“和大人一起读”记录表

一、阅读者

二、陪伴者

三、阅读日期：　　年　月　日

四、阅读题目

五、阅读用时

3~5 分钟（　　）

5~10 分钟（　　）

10~20 分钟（　　）

20~30 分钟（　　）

30 分钟以上（　　）

六、阅读形式

1. 父/母/其他大人读给孩子听（　　）

2. 孩子读给父/母/其他大人听（　　）

3. 父/母/其他大人和孩子一起读（　　）

七、阅读表现

（大人记录孩子表现）

1. 读书姿势。

2. 读准字音。

3. 内容理解。

4. 流利朗读。

5. 初步复述。

6. 质疑问难。

（三）栏目教学的课型

从统编教材一年级看，“和大人一起读”的选文如下：

一年级上册 8 篇：《小白兔和小灰兔》《剪窗花》《小鸟念书》《小松鼠找花生》《拔萝卜》《谁会飞》《猴子捞月亮》《春节童谣》

一年级下册 8 篇：《谁和谁好》《阳光》《胖乎乎的小手》《妞妞赶牛》《狐狸和乌鸦》《夏夜多美》《孙悟空打妖怪》《小熊住山洞》

以上文章多为童话、寓言类故事。应该根据不同的选文构建不同的课型，而不同的课型反映了不同的阅读思想，体现了不同的阅读策略，能获得不同的阅读效果。所以，目前很有必要探讨“和大人一起读”的不同课型。

1. 读的指导课。包括对家长的指导和对学生的指导。“和大人一起读”首先要培训家长，对家长进行有关读书的指导，这样才能使家长有效地指导孩子的读书。从这个意义上说，读书的外延拓展了，这是一种家庭教育范畴。读书指导的内容多种多样，但最重要的是读书习惯指导和读书方式的指导。

从读书的习惯指导看，可以是坐姿的习惯、拿书的习惯、看书的习惯、读书的习惯、思考的习惯、质疑的习惯、复述的习惯、批注的习惯等。

从读书的方式指导看，可以有：

（1）通读。即对文章从头到尾阅读，通览一遍，意在读懂、读通，了解全貌，以求一个完整的印象，取得“鸟瞰全景”的效果。

（2）速读。这是一种快速读书的方法。它不求甚解，采用“扫描法”，一目十行，对文章迅速浏览一遍，只了解文章大意即可。这种方法可以加快阅读速度，扩大阅读量。

（3）略读。这是一种粗略读书的方法。阅读时可以随便翻翻，略观大意；也可以只抓住文章的关键性词句，弄清主要观点，了解主要事实或典型事例。而这一部分内容常常在文章的开头或结尾，所以重点看标题、导语或结尾，就可大致了解，达到获取信息的目的。

2. 读的自学课。“和大人一起读”表现为一种与他人的共读，其实它的最终目标还是一种自主读书。读书是学生的一种自觉、自主、自能的活动，是大人们所无法简单取代的。所以，运用学习单，指导学生进行自主阅读、批注、质疑等阅读活动是很有必要的。例如，一年级上册第六单元“和大人一起读”《谁会飞》一课，有一位老师印发了这样的“学习单”。

<table><tr><td>
学习单

我与大人一起读了3遍，我能正确选择以下答案。
尾巴　　脚　　翅膀
鸟儿用（　　）在天上飞。马儿用（　　）在草原上奔跑。鱼儿用（　　）在水里游来游去。
鱼　马　鸟　地上　天上　水里
（　　）会在（　　　）飞。
（　　）会在（　　　）跑。
（　　）会在（　　　）游。
潜水艇　　人造卫星　　鲸鱼　　长颈鹿　　飞机
我还知道了（　　　　）也会在山上跑。
（　　　　）和（　　　　）也会在空中飞。
（　　　　）和（　　　　）也会在海里游。
</td></tr></table>

填写“学习单”的步骤可以是：第一步，与大人一起读，大声朗读，边读书边思考，把书的内容读懂。第二步，让学生独立填写“学习单”，不认识的字词可以向大人请教，填不出的话，可以再看看书，如果还是填不出，则请教大人。第三步，填好后，再朗读一遍。教师可以安排学生在班上进行交流、讨论和评比。

3. 读的交流课。包括与家长交流、与教师交流和与同学交流。交流有助于各种信息的畅通，有助于众多观点的分享，还有助于思维的碰撞，所以说，交流是一种语文学习的“生产力”。一年级上册“语文园地八”中的“和大人一起读”的内容是《春节童谣》。本课可以邀请家长（父亲或母亲）到校，采用教师、家长和孩子同室上课的教学形式。其教学目标可以确定为：（1）指导家长在“和大人一起读”时，学会和孩子交流，积极营造和谐的亲子读书氛围。（2）学生通过多种方式和父母一起读，和父母交流读后的感受，培养孩子读书的兴趣。（3）通过补充资料，激起父母和孩子对中华优秀传统文化的兴趣。浙江省衢州市新世纪学校江永芬老师把此课的教学过程设计如下：

《春节童谣》教学设计

一、听读童谣

1. 孩子读一读。碰到不会读的字，借助拼音读一读，也可以让身边的父母教一教。

2. 和父母说一说。读熟后，和父母说说你从童谣里知道了什么。

3. 多种形式接读童谣。(1) 一行一行接。(2) 自由接龙读。(3) 展示接龙读。(4) 拍手接龙读。(5) 提问接龙读。

4. 父母提问，孩子回答。

二、畅谈童谣

1. 父母与孩子一起读一读。

2. 父母与孩子一起说一说。

3. 父母与孩子一起评一评。(教师指导家长评议方法)

三、创编童谣

1. 走进生活编童谣。(1) 说一说，写一写。(2) 贴一贴，编一编。(3) 夸一夸，读一读。

2. 拓展节日读童谣。

3. 父母畅谈与孩子一起读书的收获。

以上设计聚焦“童谣”，展示“交流”：有父母和孩子之间、教师与父母之间、教师与孩子之间广泛的交流。这种学校课堂的交流方式，必将为家庭中父母与孩子之间的读书交流提供基本的样式。这种从课堂到家庭的迁移效应就显得尤为重要了。

为了便于比较，可以把以上三种课型列简表如下：

课型	场地	目的	形式
读的指导课	课外、课内	指导读书方法	对家长的指导 对学生的指导
读的自学课	课外、课内	经历读书过程	依据学单自学
读的交流课	课外、课内	交流读书成果	与家长交流 与教师交流 与同学交流

四、"我爱阅读"

"我爱阅读"是统编教材中"语文园地"新开设的一个学习栏目。这个栏目只设置了一篇短文或一首短诗。笔者认为，"我爱阅读"这个栏目有三层含义：从"读"的对象看，读的是各种儿歌和故事，适合相应年龄阶段学生进行阅读。从"读"的方式看，可用各种灵活的阅读方式，可以略读、选读、精读，也可以朗读、唱读、表演读。从"读"的类型看，它可以是学生自主读，也可以与同学交流分享读，甚至可以在家和大人一起读。当然主要是学生"我"的自主阅读。

（一）栏目设置的价值

从形式上看，"我爱阅读"呈现的不是完整的课文样式，它只是提供了一篇短文或儿歌，既没有像以前略读课文教学一样的课前"阅读提示"，又没有课文后的"生字新词"和"思考题"等，也没有插图，甚至没有课时长短的要求。对此，有人认为没有解读的必要，也有人认为没有学习的必要，其实不然。下面分析该栏目设置的教学价值，具体表现在大量阅读、拓展阅读和兴趣阅读的价值。

1. 大量阅读的价值。"我爱阅读"栏目的价值追求是引导学生"大量阅读"。《义务教育语文课程标准》是编写小学语文教材最重要的依据之一，它指出：小学生语文素养的培养最重要的途径是读书，认为语文课程应注重引导学生多读书，多积累，提出让学生多读多写，日积月累，在大量的语文实践中体会、把握运用语文规律，提倡少做题，多读书，好读书，读好书，读整本的书。据此，统编教材全心致力于提高学生读书能力这一编写的主导思想，正如教材总主编、北京大学中文系温儒敏教授所说：本套教材主攻少读书的时弊！

读书非常重要，读书的过程、读书的积累、读书的兴趣和习惯的养成，本身就是语文。小学语文教学的发展方向是降低难度，增加广度、宽度。读书首先要在"量"上做文章，以"量"取胜，提倡"海量阅读"的新方向。课文当然是学生读书的最主要对象。除此之外，教材还编排了"阅读链接""资料袋"，"语文园地"里的"日积月累"以及新的栏目"和大人一起读"（1~2 册）、"我爱阅读"（3~4 册）和新的板块"快乐读书吧"（1~12 册）等，就为"大量阅读"提供了比以前各套教材更多的读书机会和路径。

2. 拓展阅读的价值。阅读是小学语文教学的生命和灵魂。学生的阅读包括课内阅读和课外阅读。课内阅读又包括"课文阅读"和"拓展阅读"。对于二年级小学生的阅读能力发展，两者相辅相成、缺一不可。得法于课文，得益于拓展，这是最基本的认识和判断。“我爱阅读”作为“语文园地”的一个栏目，主要体现的是一种自主、扩展，提升学生阅读的思想。读书并非为了眼前的功利目的，而是自我发展、自我完善的需要，所以读书不应有过多的场地和时间限制。课文当然要好好读，拓展文章也不能少。

所以，统编教材新设置“我爱阅读”这个栏目是在传递一种新的学习理念，播种一种新的学习方式和习惯，就是让学生从二年级进一步明白：读书不仅仅是课堂、课文的事，更要利用一切可利用的资源进行阅读。

可以说，“我爱阅读”构建了“课文阅读和拓展阅读相结合”的阅读新体系，把拓展阅读引入课程，使拓展阅读课程化。本栏目的设置可以有效推进并逐步实现从少读书到多读书，从读课文到读拓展资料，从课内读到课外读，逐步促使学生生活的读书全覆盖，进而为实现“全阅读”创造条件，使读书成为一种学生的学习常态和生活常态。“我爱阅读”旨在从小培养一个“读书人”，其意义深远。

3. 兴趣阅读的价值。人格心理学家阿尔波特认为人类有一种“自主性功能”，就是兴趣。兴趣是感情状态，处于动机的最深水平，它可以驱策人去行动。兴趣是人认识某种事物或从事某种活动的心理倾向，它是以认识和探索外界事物的需要为基础的，是推动人认识事物、探索真理的重要动机。兴趣是一种无形的动力，当我们阅读时，就会很投入，而且心驰神往，印象深刻。阅读兴趣有直接的，也有间接的。阅读兴趣有个体在生活中长期形成的，也有在一定情景下由某一事物偶然激发出来的。

兴趣阅读有 4 种品质，包括：（1）兴趣阅读的倾向。指阅读兴趣所指向的内容。是指向情节内容，还是指向文章的人文精神，抑或指向语言表达形式。（2）兴趣阅读的广度。指阅读的范围大小。有人兴趣广泛，有人兴趣狭窄。一般来说，兴趣广泛的人能获得广博的知识。（3）兴趣阅读的深度。指兴趣长时间保持在阅读上。只有具备了稳定性，学生才可能在兴趣广泛的背景上形成中心兴趣，使兴趣具有深度。（4）兴趣阅读的效能。是指兴趣对活动发生作用的大小。凡是对阅读发生的作用大的兴趣其效能作用也大，反之，对阅读发生作用小的其兴趣的效能作用也小。

任何一种兴趣都是由于获得这方面的知识或参与这种活动而使人体验到情绪上的满足而产生的。例如，一个人对阅读感兴趣，他就会主动、积极地寻找机会去阅读，而且在阅读时感到愉悦、放松和有乐趣，表现出积极而自觉的心理状态。可见，

“知之者不如好之者，好之者不如乐之者”。

兴趣也是与个人的认识和情感密切联系的。如果一个人对某项事物不认识，也就不会产生情感，因而也就不会对它产生兴趣。相反，认识越深刻，情感越丰富，兴趣也就越浓厚。例如阅读，有的人对此很入迷，认为既有学习价值，又有审美价值，它既能丰富知识，又能陶冶情操，而且读得越多、越丰富，就越投入，越情感专注，越有兴趣，于是就会发展成为一种爱好。兴趣是爱好的前提，爱好是兴趣的发展和行动，爱好不仅是对事物优先注意和向往的心情，而且表现出某种实际行动。例如，对文章阅读感兴趣，而且由喜欢欣赏发展到自己学写文章，那么对阅读和写作就有了爱好。

对此，《义务教育语文课程标准》也明确指出，“喜欢学习汉字”“对学习汉字有浓厚的兴趣”“喜欢阅读，感受阅读的乐趣”“对写话有兴趣”“乐于书面表达”“对周围事物有好奇心”等，对学习兴趣提出了一系列要求。

（二）栏目设置的特点

1. 连续性。教材编写具有系统性和连续性，这在统编教材栏目设置上也得到了体现。发现知识的连续性，将有助于构建知识的组块和教学的整体结构。统编教材在一年级上册、一年级下册设有一个新栏目，叫“和大人一起读”，到了二年级，这个栏目改为“我爱阅读”，供二年级上册、二年级下册教材使用。这个栏目不是新设的，而是在一年级“和大人一起读”栏目基础上的连续、发展和深化。所以，要以整体系统、前后连续的视角考察二年级“我爱阅读”栏目的编排特点和教学要求，既要体现一年级“和大人一起读”中“大手拉小手”的基本要求，又要逐步培养二年级学生自主阅读的态度和方法。

2. 过渡性。教材中处在不同位置的知识，其知识结构和要求是不同的。教材中有的知识是起始的，有的知识是过渡的，也有的知识是总结的。从统编教材的整体系统看，“我爱阅读”是一个过渡性栏目，它承上启下，是一座阅读之“桥”。它上承一年级“和大人一起读”的理念，下启三年级课文后的“阅读链接”和“快乐读书吧”。从统编教材的编写理念看，“我爱阅读”是从课内阅读引向课外阅读的“桥”。它是教材上“语文园地”规定的一个栏目，属于课内阅读范畴，但它强调自然阅读、自由阅读和自主阅读，引领学生进行拓展性阅读和课外阅读。

3. 拓展性。为了构建和谐有效的阅读群，统编教材把二年级的阅读分为课文的主体阅读和“我爱阅读”短文的拓展阅读。这个栏目给出了具体的阅读材料，如儿歌、童话、儿童故事、寓言、儿童诗、科普故事、人物故事等，这为拓展阅读提供了可能。一是这些文章与本单元的主题有关联，有助于深化理解本单元的主题思想。二是这些文章大都短小精悍、通俗易懂，便于学生自主阅读。三是这些文章大都是叙事性的，而且富有情趣，有利于培养学生的阅读兴趣，激发对阅读的喜爱之情。如《企鹅寄冰》《刻舟求剑》《手影戏》《月亮姑娘做衣裳》就是顺应单元主题、文质兼美、难易适中的拓展阅读好文章。

（三）栏目的教学样式

1. 基于“自主”的阅读。如果从系统观看，小学语文的精读课文是教读，略读课文是导读，那么，“我爱阅读”栏目则是学生自读，强调的是学生的自主性、主动性和创造性。“我爱阅读”这个栏目的本意就是强调“我”，是一种基于学生自主的阅读。这就要求教师树立“让读”的意识和思路：让学生成为阅读的主人，让学生自主参与阅读的整个过程，让阅读真正在学生中发生。具体表现为：阅读要求尽可能让学生明确；阅读内容尽可能让学生理解；阅读难点尽可能让学生解答；阅读策略尽可能让学生确定；阅读方法尽可能让学生选择；阅读效果尽可能让学生评价。

真正有效的阅读都是基于学生的自主阅读。这就要求教师“避让”“退让”。教师果断、机智的“谦让”，让出了阅读的大格局，让出了学生的聪明才智，也让出了阅读的时间和空间。一石三鸟，何乐而不为？

2. 基于“情趣”的阅读。众所周知，培养小学生良好的阅读情趣非常重要。兴趣—情趣—志趣，这是阅读的基础力和推动力，只有阅读有趣，才能使小学生的阅读现实发生，并促进阅读不断向纵深方向发展。所以，教材总主编温儒敏教授指出，把培养读书兴趣作为小学语文的头等大事。

兴趣可分为直接兴趣和间接兴趣。对于小学二年级学生来说，直接兴趣更为必要。直接兴趣是人对事物或活动本身的外部特征发生的兴趣，表现为学生对新鲜的事物或内容在感官上产生的一种新异的刺激，这种刺激反应表现强烈但比较短暂。直接兴趣是对活动本身感兴趣，因而要培养这种直接兴趣，应使活动本身丰富而有趣。从直接兴趣过渡到间接兴趣是有一个过程的，其就是学生真正阅读的过程。当学生利用了他掌握的阅读方法去获得阅读成功的快感，感受阅读的无穷魅力，他就能对阅读意义产生认知，就能使直接兴趣和间接兴趣发生迁移，学生的兴趣也就真正建立了起来。

要使学生的阅读具有情趣，让学生喜爱阅读，语文老师必须做“读书种子”。

如果老师自己不是“读书种子”，所教的学生就很少可能会喜欢读书。所以，语文老师当“读书种子”，是一种理想、一种责任，是一种“职业阅读”。

3. 基于“拓展”的阅读。不同的阅读目的，所选择的阅读内容和阅读策略是不同的。同理，不同的阅读内容反映的阅读目的也是不同的。“我爱阅读”是结合单元课文主题的阅读拓展，其目的在于加强、深化、巩固单元主题。如果把课文比作一棵树的主干，那么，“我爱阅读”中的拓展性阅读材料则是树枝和树叶。

二年级上册的“我爱阅读”篇目

所在单元	单元主题	“我爱阅读”篇目	作者	类型
第一单元	自然的秘密	《企鹅寄冰》	冰波	故事
第二单元	识字	《十二月花名歌》	/	民间歌谣
第三单元	儿童生活	《王二小》	方冰	故事
第四单元	热爱家乡	《画家乡》	冯寿鹤	散文
第五单元	看问题的方法	《刻舟求剑》	/	故事
第六单元	杰出人物	《大禹治水》	/	民间故事
第七单元	热爱大自然	《分不清是鸭还是霞》	阮居平	儿歌
第八单元	以诚待人	《称赞》	张秋生	故事

二年级下册的“我爱阅读”篇目

所在单元	单元主题	“我爱阅读”篇目	作者	类型
第一单元	春天里的发现	《笋芽儿》	倪树根	散文
第二单元	优秀品质	《一株紫丁香》	滕毓旭	儿歌
第三单元	传统文化	《小柳树和小枣树》	孙幼军	故事
第四单元	童话	《手影戏》	张彦	故事
第五单元	小故事大道理	《好天气和坏天气》	冰波	故事
第六单元	奇妙大自然	《最大的“书”》	远舟	故事
第七单元	有趣的故事	《月亮姑娘做衣裳》	/	民间故事
第八单元	神奇的世界	《李时珍》	张慧剑	故事

从上面表格可见：“我爱阅读”栏目中的文章与本单元的主题是存在相关性的，

形成了“主题+”的态势。这些文章的阅读可以采取以下策略。

（1）连续读。在学习单元课文过程或学完单元课文后，引导学生自主阅读“我爱阅读”中的文章。它的主要作用在于扩大阅读量，增加与主题有关的信息。

（2）对比读。在学习单元过程中，把课文与“我爱阅读”中的文章进行对比，以加深对单元主题的理解。它的作用在于在比较中深化理解。

（3）提升读。在学完本单元课文后，利用“我爱阅读”中的文章进行进一步的思考、梳理和提升。它的作用是练习与巩固知识。

“我爱阅读”栏目的设置给我们提供了一个信号：语文课型要实行重点转移，要由教师的讲授为中心转变为以学生的读书为中心，由以讨论交流为主转变为以学生静心读书为主，由单纯布置做习题的学习方式转变为“阅读+习题”或“习题+阅读”的学习方式。

五、“词句段运用”

统编教材以单元组文，在每个单元后设置一个综合性练习的平台“语文园地”。

第一学段“语文园地”的栏目有：识字加油站、字词句运用、书写提示、展示台、我的发现、查字典、日积月累、和大人一起读、我爱阅读、写话（汉语拼音单元还有“用拼音”）。不同单元有不同的栏目组合。

第二学段“语文园地”的栏目有：交流平台、识字加油站、词句段运用、书写提示、日积月累。不同单元有不同的栏目组合。

第三学段“语文园地”的栏目有：交流平台、词句段运用、书写提示、日积月累。不同单元有不同的栏目组合。

可见，字词句运用（第二、三学段为“词句段运用”）、书写提示、日积月累这三个栏目是三个学段都有的，是贯穿整个小学阶段的。

“语文园地”是一个操练的场地，而不是一个孤立的高地。“语文园地”的练习从横向看，要注意栏目与本单元内课文之间的联系，栏目与本单元内口语交际、习作之间的联系，以及栏目与栏目之间的联系。从纵向看，要注意一个栏目在不同学段、不同年级中要求的不同和前后的递进变化。

要特别确保栏目“词句段运用”的任务落实。这个栏目对于落实语文课程的本质特征“语言性”，对学生语言表达、语文素养的提升都具有重要意义。落实的建议有四：一是明确词、句、段表达的基本含义，使学生了解其表达特点。二是联系已学课文的表达样式，使学生学习有样可依、有法可循。三是进行必要的运用练习，巩固和内化知识的内在规律。四是进行初步的整理和提升，使其成为一种法则。

为了践行语文课程的性质

——四年级上册第六单元“词句段运用”栏目的设计与点评

设计者：宁波市海曙区广济中心小学　楼叶菲

点评者：浙江外国语学院教育学院　汪潮教授

【教材解读】

四年级上册第六单元的“词句段运用”安排了两项内容：第一项呈现了“打头阵、挑大梁”等词语。这些词语都是动宾结构的三字惯用语，言简意赅，内涵丰富，具有明显的口语色彩，在日常生活中使用频率较高。第二项是根据提供的范例，使用动作描写来表现“害怕、快乐、着急”等心情。本单元的语文要素是：学习通过人物的动作体会人物的心情。在学习的基础上，让学生练习在写作时通过动作表现心情。

点评1：关联的教材解读。把“语文园地”中“词句段运用”栏目与本单元的“语文要素”联系起来进行思考，是一种整体、联系的思想，这样就把“语文园地”中的一个栏目置于单元整体学习环境中，体现了单元“一体化”的教学思路。

【学情分析】

教学目标和要求的设定应从学生的实际情况出发，以教材的保底目标为基准，教学过程的展开力求朴实、扎实。通过适当拓展惯用语和尝试借助思维导图写句子等环节，培养学生主动积累的意识，提升学生的思维水平和语用能力。

点评2：妥帖的学情分析。对“词句段运用”栏目的教学进行了较为详细的学情分析，可见其用心、用意、用情之所在。这里值得借鉴的有两点：一是出发点，努力从学生的实际情况出发。二是思考点，关注对学生思维水平和语用能力的思考。

【教学目标】

1．通过联系生活、创设情境等方法，理解惯用语的意思，并能在语境中准确运用。

2．结合本单元课文中通过人物动作表现其心情的句子，引导学生学习作者的表达方法。

3．学生自主选择一种心情，借助思维导图回想与这种心情相关的情景以及当时的动作，写成连贯通顺的句子。

点评3：合理的目标确定。其合理性在于借助一定的途径和手段，努力达成教学目标：（1）通过一定的方法理解所学知识。（2）通过复习、回顾已学内容，使新旧知识之间形成一种联系。（3）通过特定情境和思维导图，训练和落实所学内容。

【教学重点】

1．准确理解、运用惯用语，培养学生在生活中关注特殊语言现象的意识。

2．借助思维导图学写通过人物动作表现其心情的句子。

【教学过程】

第一部分　学习惯用语

板块一　回顾课文，谈话导入

1．引出主题。这个单元我们跟随课文的脚步，学习了用批注的方法阅读，还学习了通过人物的动作、语言、神态体会人物的心情。这节课，我们来学习课文中出现的一些特殊的词语和句子。

2．出示样句。课文《陀螺》中的一个句子："赛陀螺每次都是体重个大的一方占上风。"

3．理解词语。这个句子中藏着一个特殊的词语，一起读——"占上风"。"占上风"是什么意思呢？请选择正确的选项。

A．指占据上面的风口处。

B．指占据有利地位、处于优势。

4．形成概念。像这一类跟表面意思不一样，含义很丰富的，习惯上经常在用的词语，我们称为惯用语。

点评4：简练的课堂导入。回顾所学课文，引发对特殊词语、句子表达的关注，进而直面惯用语。这样的新课导入，简单易行，不遥远、不烦琐。建议这里增加一个关于有无惯用语的句子比较环节，引导学生初步感受使用惯用语的好处，这是一种价值引领。

板块二 读准字音，理解意思

（出示：打头阵　挑大梁　占上风　破天荒　栽跟头　敲边鼓　开绿灯　碰钉子）

1．读准字音。重点点拨“挑大梁”的“挑”读第三声，“栽跟头”的“头”读轻声。（小老师带读，“开火车”读，齐读）

2．读出结构。读着读着，你发现了这些词语有什么特点？

都由三个字组成，第一个字表示动作（男女生合作读：打——头阵；挑——大梁……）

3．读懂意思。在这些惯用语中，你觉得哪一个比较难理解？

预设：

（1）“敲边鼓”（结合语境）

小明：爸爸，给我买双新鞋子吧！

爸爸：你的鞋子还能穿，不要买了。

妈妈：孩子的脚长得快，旧的快穿不下了，还是给他买一双吧！

谁在敲边鼓呀？对，像妈妈这样，在旁边帮着小明说话，为他助势的行为就是——“敲边鼓”。

（2）“开绿灯”（联系生活）

路口的交通灯亮起绿灯时，车辆是否可以通过路口？“开绿灯”时，允许车辆通行。允许别人做某件事时，就可以用“开绿灯”这个词语。

（3）“栽跟头”（借助词典）

出示《现代汉语词典》中的义项：比喻失败或出丑。

（4）“破天荒”（音频出示典故）

“天荒”指的是荒凉而落后的地区。相传唐代时，荆州每年送举人去考进士都考不中，当时称天荒（天荒：从未开垦过的土地），后来，有个叫刘蜕的人考中了，称为破天荒。现在，人们形容以前从没有过，第一次出现的事情，会用上“破天荒”。

4．适时练习。完成学习单第一题：为惯用语找到正确的意思，连一连。

点评5：展开的理解环节。学生理解新知识是一个过程，要设计多个环节循序渐进，逐步把握。这里很好地展开了学习环节，如读词语、说结构、谈难点、讲方法等。值得称赞的还有：在理解过程中渗透了学习方法，而且展示了理解不同词语应采取不同方法。

板块三 运用积累，拓展延伸

1．语境中运用。

（1）该交语文作业啦，可是小华昨天生病了，没能及时完成。于是，老师给他（ ），让他明天一定补交。

（2）参加围棋比赛，一开始都是我（ ），就在我暗自得意的时候，对手一连吃掉我五颗棋子，最后我输掉了整盘棋。妈妈语重心长地说：“不要骄傲自满，否则就会像这次一样（ ）。”

（3）今天大扫除，卫生委员（ ），带领大家一起干。小明做事总不积极，今天竟然（ ）地要求承担最脏最累的活。他怕老师不同意，会（ ），请小红一起找老师请战。老师答应让他在本次大扫除中（ ）。

2．生活中运用。

生活中，你会在什么情况下使用它们？挑选其中的一个或者两个惯用语来说句子。(重点关注学生说完整，用词准确)

3．拓展运用。像这样的惯用语，你还知道哪些？生活中的惯用语，既有三个字为主的固定格式，又有四个字的、五个字的，还有字数更多的。

（1）出示：打退堂鼓　恨铁不成钢　不管三七二十一……

（2）师生口头情境问答。

小明想参加跑步比赛，但是担心自己跑得不够快，又有点想退缩，就会在心里——打退堂鼓。

小明很贪玩，只要能跑出去玩，他什么都不管不顾。这不，小伙伴来叫他玩了，虽然作业没做完，妈妈交代的家务也没做完，他——不管三七二十一就跑出去玩了。

老师多次找小明谈话，希望他能端正学习态度。可是小明还是懒懒散散，上课不好好听，下课不认真做作业。老师生气了，狠狠地批评了他一顿，真是——恨铁不成钢啊！

4．学习整理。惯用语能帮我们更加准确、生动地表达情感和思想，我们在平时的学习生活中要多积累、多运用。

点评6：语用的学习活动。“词句段运用”栏目理应特别重视语言的运用，在这个设计中努力做到了。先是语境中的运用，再是生活中的运用，还有灵活性的运用。安排“学习整理”环节很有必要，但是要放手让学生自己整理，让他们自己去体验和发现知识的规律，获得成功感。

第二部分 学习动作描写

板块一 品读例句，发现特点

1．讨论例句一。课文《牛和鹅》中的句子：“我们马上都不说话了，贴着墙壁，悄悄地走过去。我的心里很害怕，怕它们看见了会追过来。”

（1）轻声读屏幕上的句子，说说描写的是什么时候的场景，从中你能感受到人物什么样的心情？

（2）交流并板画思维导图。

（3）从哪些词句中感受到作者害怕的心情？

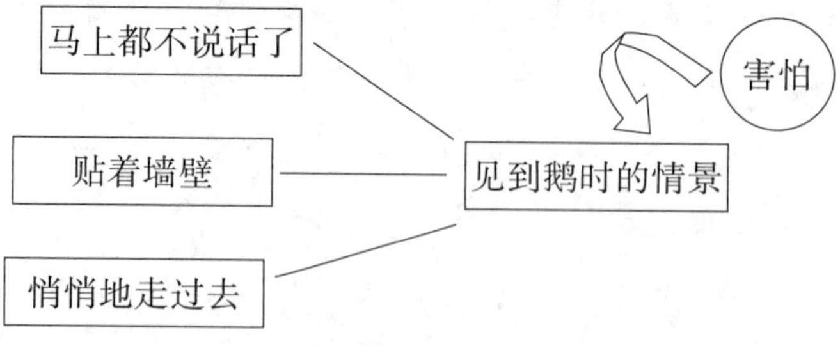

（4）作者是通过什么描写来表现人物心情的？（动作描写）

2．讨论例句二。“妈妈一走，我就把屋里所有的灯都打开，然后钻进被窝，蒙上头，大气都不敢喘。”

（1）再来读读这个句子，描写的是什么时候的场景？从中你能感受到人物什么样的心情？又是从哪些词句中感受到的呢？

（2）学生自主品读。

（3）交流汇报，师生随机合作完成导图。

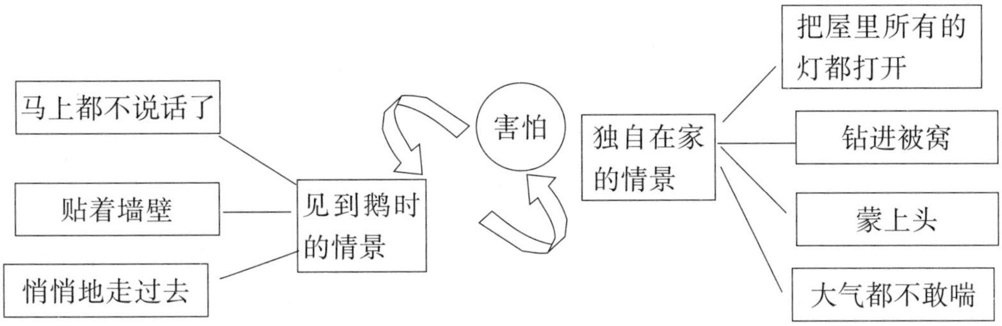

3．比较其写法。这两个句子都是通过动作描写来表现人物心情的，它们在表达上又有什么不同呢？（第一句，写害怕有“害怕”；第二句，写害怕无“害怕”。）

点评7：比较的学习方式。这个环节是基于两个例句比较的案例教学。句子有故事，有情节，也有语言，为比较教学提供了丰富的感性材料和符号信息。这比对语言现象进行抽象的解释和教师的直接讲授效果要好。比较是很有效的思维方式，值得经常使用。

板块二　迁移写法，表达心情

1．学习拓展。我们不仅可以用动作描写表达“害怕”的心情，还可以表达各种各样的心情，比如：

生气　自豪　快乐　着急　伤心　……

2．适时练习。请你选择一种心情，先回想与这种心情相关的情景，再想一想当时的动作，完成学习单第二题。（动作描写的分支可以写三个、四个或者更多。）

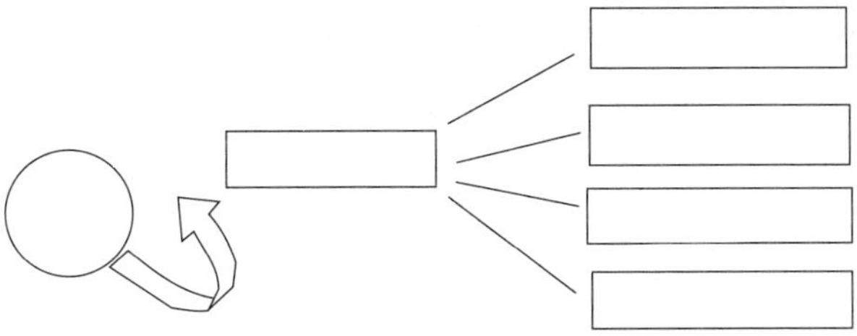

3．交流导图。重点关注动作描写是否能表达心情。

4．运用语言。根据自己所画的思维导图，用一句或者几句话恰当地表现一种心情。

5．学生练写。教师巡视指导。

6．互动点评。

※动作恰当地表现出了某种心情。

※句子通顺，有条理。

※不写错别字，标点正确。

7．学习整理。动作描写可以表达各种不同的心情，同一种心情也可以有不同的动作描写。

点评8：图式的学习支架。学生的学习需要一定的协助和促进，而思维导图就是一种很好的支架。思维导图既展示结构体系，又有思考方向，还有重点词语，对学生的思维方式、语言表达都很有帮助，是颇为有效的学习工具。

板块三　学生小结，形成联系

1．畅谈收获。通过这节课的学习，你有哪些收获？

2．形成线索。心情→事情→动作

3．概括规则。

词：惯用语。

句：用动作描写表现心情。

让表达更生动的办法：一是使用惯用语（简单、生动），二是运用动作描写（详细、生动）。

点评9：规则的学习结果。看似很简单的结课，却有很好的教学效果和学理依据。它不像一般的课堂，说说、演演就下课了。这里的精彩之处在于两个节点：形成线索和概括规则。特别是对规则的概括，把本课两部分内容和要求联系在一起，突出“表达生动”的主题，显示了特有的教学价值。

“词句段运用”学习单

姓名______________

一、为惯用语找到正确的意思，连一连。

占上风	比喻失败或出丑
挑大梁	比喻冲在前边带头干
开绿灯	比喻事情第一次出现
敲边鼓	比喻遭到拒绝或受到斥责
碰钉子	比喻从旁帮腔，从旁助势
栽跟头	指占据有利地位，处于优势
打头阵	承担重要的、起支柱作用的工作
破天荒	比喻准许做某事

二、请你选择一种心情，先回想与这种心情相关的情景，再想一想当时的动作，完成思维导图。

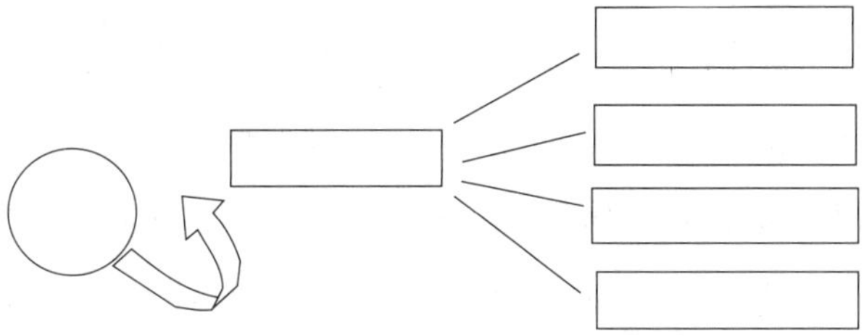

三、根据自己所画的思维导图，用动作描写表现一种心情。

____

【总评】

都说：阅读课难上，作文课更难上，“语文园地”的课最难上。可见，“语文园地”的教学之困难。楼叶菲老师知难而上，精心设计，而且上出了特色。2019 年 11 月 25 日下午我身临其境，观摩了她的课堂，领略了她的“特色”风采。下面是我即兴发表的听课感言。

1．“特”在课的整体布局上。从总体看，这节课的整体构架层次分明，简洁大气。先学习惯用语，后学习用动词描写心情，再两者联系，形成表达更生动的规则。令人欣赏的是第三步，把前面两个部分组成一个知识结构，使课堂教学呈现出整体态势。整体决定成败，这是此课成功的重要原因。

2．“特”在课的纵横联系上。从纵向看，本课既联系了第六单元的“语文要素”：通过人物动作体会人物心情，又联系了本单元第18课《牛和鹅》、第20课《陀螺》文中的语句。从横向看，在教学过程中，把说话、思考、画图、动作等有机结合起来。整堂课纵横相连、有机融合，使课中的各个元素都较好地发挥了相互照应的作用。

3．“特”在课的语言学习上。语文课要致力于语言学习。语言学习遵循“语言感知→语言理解→语言积累→语言运用”的推进路径。这节课方向正确，程序合理，在语言运用上下足了功夫。先创设语境运用，再联系生活运用，最后灵活运用。既实现了“语文园地”中“词句段运用”的教学核心目标，又符合语文课程的本质要求。所以，我想提升这节课的高度，并把对本课点评的总主题确定为“为了践行语文课程的性质”。虽不能至，心向往之。然而这种栏目、这种设计显得很有必要！

六、“快乐读书吧”

“快乐读书吧”是统编小学语文教材设置的一个新板块。每册教材设置一个，一般安排在每册教材的前几个学习单元的“语文园地”之后。从字面意义上看，“快乐读书吧”有快乐的、读书的、休闲的三个含义。从实质上看，“快乐读书吧”旨在课外阅读课程化、阅读形式吧台化、阅读方法指向文体化。下面对“快乐读书吧”进行课程的、课型的和课堂的学理分析。

（一）课程的定位

从定位看，“快乐读书吧”是统编教材设置的一个新板块。它不是课本上的识字课、阅读课，不是口语交际课和习作课，甚至也不是“语文园地”中的一个栏目，而是一个独特的板块。它的独特性在于课外阅读课程化。这是一个试图通过课堂教学推进学生课外阅读的新要求和设计，是一种“课内外阅读一体化”的新的课程思想。所以，既要从课程角度用课程理念和意识审视“快乐读书吧”的课程内容设置的必要性，又要基于课程的定位，从课程学理出发分析“快乐读书吧”的课型要求和课堂实施方法。

1. 课程目标。统编教材除了“教读课文”“自读课文”，还把课外阅读整本书编进教材，纳入课程，设置“快乐读书吧”，其目的就是语文课程和教材要聚焦整本书阅读。“快乐读书吧”的课程目标有三：一是通过课外阅读课程化，构建课内外阅读一体化的课程体系。这样，指导学生课外阅读就成了教师分内的职责和教学内容、目标。二是通过整本书的阅读，培养学生“多读书、读好书、好读书”的良好习惯。三是通过文体样式渗透，学生接触更多的名家名篇，初步形成不同文体的不同的读书方法。在某种意义上说，“快乐读书吧”的教学视野不仅指向课内阅读，而且指向课外整本书的阅读。所以，有的教学目标就不可能在一节课内完成，需要课外阅读和活动的支撑，经历一段时间后才能达成。教师可以借助“快乐读书吧”的栏目，组织学生制订一段时间或一学期的主题阅读计划。可见，“快乐读书吧”有比一般课文更为宽广和深刻的课程目标，这也正是它的价值之所在。

2. 课程内容。在小学阶段，“快乐读书吧”每册一个，其主要内容是：

第一册：《读书真快乐》

第二册：《读读童谣和儿歌》（童谣）

第三册：《读读童话故事》（童话）

第四册：《读读儿童故事》（故事）

第五册：《在那奇妙的王国里》（童话）

第六册：《小故事大道理》（寓言）

第七册：《很久很久以前》（神话）

第八册：《十万个为什么》（科普）

第九册：《从前有座山》（民间故事）

第十册：《读古典名著，品百味人生》（古典名著）

第十一册：《笑与泪，经历与成长》（小说）

第十二册：《漫步世界名著花园》（世界名著）

从中可以看出，“快乐读书吧”的课程内容主要指向儿童文学作品和古今中外文学名著。这是一个继承、传播、弘扬文学的场所和平台，对于从小培养学生的文学素养具有重要意义。

3. 课程评价。尽管“快乐读书吧”是一个新板块，教学经验不足，评价指标不明，但我们还是尝试从课程角度提出一些基本的评价标准。

"快乐读书吧"的评价标准（满分 100 分）

	要素	具体指标	得分
1	自然的读书氛围	没有固定场所，没有统一座位，没有指定作业	10
2	自律的读书时间	有充足的读书时间	20
3	自守的读书方法	有良好的读书习惯和方法	20
4	自主的读书思考	有自主确定读书讨论的问题和方法	10
5	自由的读书活动	有自由参与的表演等游戏环节	10
6	自愿的读书交流	有读书互动交流活动	10
7	自觉的读书习惯	有课外自觉读书的意愿和行动	20
总分			100

（二）课型的选择

课型泛指课的类型或模型，是课堂教学最具有操作性的教学结构和教学程序。现代教学理论认为，教学过程结构是课型分类的主要依据之一，特定的课型必然有特定的教学过程结构。

"快乐读书吧"中的"吧"有书吧、网吧、茶吧、陶吧、氧吧之意，是一种随性、随和、随意的休闲场所，参与泡吧者是吧主和吧友，其主要功能是聚会、聊天和交流。顾名思义，"快乐读书吧"是读书聚会、交流的场所，这种场所活动的展开有其特殊的结构和样式，称之为"茶馆式教学"。

茶馆式教学是指在宽松的环境里进行师生交流，形成一种独特的话语场，注重教学的随意性，有人称之为"读读、议议、练练、讲讲"教学法，把这种方法应用于小学语文教学中，可以把"练练"具体化为"演演"。

1. 读读。就是在课堂教学过程中，教师引导学生自由读书，它是茶馆式教学的基础，这是一种"素读"。无拘无束、自由自在的读书，没有要求的读书，不带问题读书。

2. 议议。就是提倡学生自觉议论，主动探讨问题，这是茶馆式教学的关键。问题由学生提出，并通过学生与学生之间的议论，积极寻找解决问题的方法。可谓"知无不言，言无不尽"。

3. 演演。就是创设情境，指导学生把读到的内容形象地表演出来。通过表演激发学生读书的兴趣，加深对文章内容的理解，使课堂阅读情境化、可视化、活动化。表演是学生学习知识、巩固知识和形成技能的一条重要途径。

4. 讲讲。就是讲解、解惑，可由教师讲，也可由学生讲，变“一言堂”为“群言堂”，目的是培养学生整理知识的能力和自学能力。

茶馆式教学是一种“聊书”的活动，所以不规定“读、议、演、讲”的教学顺序，不确定“读、议、演、讲”的教学用时，也不拘泥“读、议、演、讲”的完整性。让学生在轻松自由的氛围中“读、议、演、讲”，彼此启发，互相切磋，时有补充，时有异议，时有创见。

“快乐读书吧”采用茶馆式教学，其主要课型分两大类：

一是读书指导课型。根据阅读的目标和要求的不同，其类型也是各异的。主要有以下几种：

※读物推荐课。主要是向学生介绍课外读物，提供学生选择。可以是书刊的推荐，中外经典名著的推荐、现当代优秀儿童文学的推荐及内容介绍。推荐方法，可以是教师推荐和学生推荐相结合、统一推荐和个别推荐相结合。

※读书方法指导课。引导学生读书时注意运用以下方法：其一，合理使用工具书；其二，学习精读、泛读、浏览、速读四种常用的阅读方法；其三，注意力的培养，提高学生阅读速度；其四，培养学生“不动笔墨不读书”的习惯，学会做读书笔记等。还要落实各个“快乐读书吧”的特殊读书方法。

※读书交流课。这是教师指导学生读书的重要环节。可以围绕一本书或一个专题，组织学生交流课外阅读的收获、体会，对所读书刊进行评论。组织学生进行专题汇报会，对作品中的人物进行评议。

※读书笔记指导课。学生读完一本书后，可以练写书籍评价，可以简单地介绍书的内容或写出对这本书的看法以及读后感等。一般主要向学生介绍摘抄型、提纲型、感想型、评价型等几种读书笔记的写法。

※班级读书会。是以班级为单位，有计划地开展读书活动，进行多种形式的阅读、讨论和交流。根据不同的实施方式，比如：以“阅读指导”为重点；配合“阅读课”做延伸教材的；采用“学习单”形态运作；转型或仿照“成人读书会”模式；以“相关活动”为主要诉求；混合一、二类活动进行的……形成各式各样的班级读书会的类型：大声读给孩子听、绘本阅读、名著导读、阅读全记录、读写结合、比较阅读、读书推荐会、小组聊书活动等。

二是读书展示课型。读书的效果应通过一定的手段、途径进行检测、评价，以进一步促进读书方法的改进与成效的提升。

※读书课展示。学生的阅读积累、好书推荐、读书成果交流等需要教师提供平台予以展示。阅读课是在教师精心组织下进行的，这既是学生的展示，又是教师读书方法指导的展示。例如，读了《三国演义》，教师可以上一堂主题为“漫游三国”的阅读展示课。通过“畅游知识园”“走进故事王国”“慧眼识英雄”“逛妙语佳句城”等环节检测学生对小说中主要故事情节的了解程度，对小说中主要人物形象的感受。

※读书作品展示。学生在广泛阅读的基础上自然会产生展现个人阅读成果和独特感受的需要，教师要充分利用黑板报、学习园地、校刊、展板等媒体，展示学生的读后感、读书笔记、摘录卡、读书心得、手抄报、书签设计作品，为学生提供展示的机会，满足学生的心理需求。

通过作品展示评价学生的阅读成果，不仅能体现个性差异，而且能使更多的学生感受到阅读的乐趣，享受到成功及与他人分享成功的快乐，还能达到资源共享的目的。

※读书活动展示。广泛的阅读使学生获取了许多信息，产生了急于告诉他人的愿望。因此，每隔一段时间，教师就应举行一次有意义的读书成果展示活动。如读书成果交流、读书知识竞赛、演讲比赛、故事大王、阅读之星等评选活动。

通过成果检测、评价，学生的表达欲望得到满足，读书成果得到充分展示。他人赞赏和羡慕的目光、赞美和充满激励性的语言、支持和鼓励的掌声，都会使学生感受到成功的快乐，读书的积极性和阅读质量会进一步提高。

（三）课堂的执行

1. 基于“读书共同体”。“学习共同体”或称之“学习社区”，是支撑以知识建构与意义协商为内涵的学习平台。它是指一个由学习者及其助学者（包括教师、专家、辅导者等）共同构成的团体，他们经常在学习过程中进行沟通、交流，分享各种学习资源，共同完成一定的学习任务，因而在成员之间形成了相互影响、相互促进的人际联系。它与传统教学班和教学组织的主要区别在于强调人际心理相容与沟通，在学习中发挥群体动力作用。

“读书共同体”是以班级授课制为形式的基层读书组织，是按照一定的读书目的、任务和形式而加以编制的。其特征有：（1）组织目的性。它以完成共同读书任务为目的。（2）组织系统性。组织的要素必须构成一定的结构层次。（3）组织适应性。表现为：一是组织活动的平衡性，权力分配和责任分工平衡。二是组织活动的协调性，经常协调各方面的关系，使组织成为有序状态。三是组织活动的程序性。

“读书共同体”是在共享性的、协作性的读书活动中形成和发展起来的。为促进师生之间的协作、交流，要尽量选择一些开放的、具有一定复杂性的、真实性的任务。(1) 使学习者感受到问题的意义及挑战性，激发他们参与读书活动的兴趣。(2) 不同读书者可能会对问题有不同的观点和思路，从而具有讨论交流的必要。(3) 可以将任务分成若干侧面，组织小组进行合作读书活动。

要明确的是教师在“读书共同体”中的作用：

(1) 教师是“读书共同体”里的观察者。当学生进行自主的讨论、学习时，教师并不是清闲的，而是到处走走转转，积极地看、积极地听，身临其境地感受学生的所作所为、所思所想，随时掌握或处理各种偶发情况。学生力所能及的，教师避之；学生力所难及的，教师助之；学生力所不及的，教师为之，这样才能使学生全身心地投入自主学习活动中。

(2) 教师是“读书共同体”里的协调人。“读书共同体”并不是禁止教师进行控制，让学生在课堂上自由、活跃，也并不是一味地给学生更多的自由而造成散漫的课堂，而是用各种适当的方式教育学生遵守纪律，懂得与他人合作，给学生以心理上的安全感或精神上的鼓舞，使学生的思维更加活跃，探索热情更加高涨。在学生回答问题出现错误时，教师不是责备，而是理解和鼓励，教师要成为学生最可信赖的心理支持源。

(3) 教师是“读书共同体”里的服务员。为学生的学习尽可能地提供资源，提供各种便利，为学生的阅读服务。建立接纳的、支持性的、宽松的学习环境，与学生分享自己的情感和思想，和学生一道寻找真理，确保学生的思维在读书过程中始终处于活跃状态。

2. 基于“自主读书”。美国缅因州国家实验室关于“学习金字塔理论”的研究结果：在教师讲授情形下，学生对所教内容两周以后记住的平均率为：学生教别人：90%，学生实践：75%，学生讨论：50%，教师演示：30%，视听并用：20%，阅读：10%，讲授：5%。

这说明了自主学习的重要性。自主性指的是学生有独立行使、支配自己权利的特性。自主性表现为自尊、自立、自决、自强等自我意识以及符合实际的自我评价、积极的自我体验、主动的自我调控等能力。有了自主性，主体性就能充分体现出来。

如果主体不能自主，那就丧失了发挥主体性的可能。围绕学生的自主性这个中心，师生双边活动就会主动、积极、有序、高效地运转起来。

“自主读书”是一种自由、放松、快乐的读书。为了做到“快乐读书”，就要减少课堂里的各种规则和要求。只有教师放手了，学生的心情放松了，学生的读书才是真正快乐的。

为了做到“快乐读书”，就要开放课堂时空。时空不仅仅是物质的，它还有特定的社会文化意义。第一，教学时间的开放。课堂教学时间要向学生开放，为学生留出充足的自学时间、思考时间、操练时间和休闲时间。第二，教学空间的开放。拓宽学习空间，使学生从狭小的空间地带走向广阔的发展天地，营造宽松、多样、立体的学习氛围。笔者 2018 年 10 月所见台湾亚美学校的“双层楼”家庭教室是阁楼跃层式的，学生在其中分组读书，可坐、可蹲、可爬、可躺，开心极了。第三，思维空间的开放。思维从问题开始，要创设质疑问难的情境，挖掘读书内容中有利于学生思维发展的问题。

台湾亚美学校的“双层楼”家庭教室

3. 基于“不同文体”。我们对统编版教材 12 个“快乐读书吧”进行了文体及例文统计，列表如下：

	学期	所在单元	课题	文体	提示与文本
1	一年级上册	识字单元	《读书真快乐》	绘本	读书提示
2	一年级下册	识字单元	《读读童谣和儿歌》	童谣 儿歌	读书提示： 《摇摇船》 《小刺猬理发》
3	二年级上册	第一单元	《读读童话故事》	童话	读书提示： 《小鲤鱼跳龙门》等
4	二年级下册	第一单元	《读读儿童故事》	故事	读书提示： 《神笔马良》 《七色花》等
5	三年级上册	第三单元	《在那奇妙的王国里》	童话	读书提示： 《安徒生童话》 《稻草人》 《格林童话》
6	三年级下册	第二单元	《小故事大道理》	寓言	读书提示： 中国古代寓言 伊索寓言 克雷洛夫寓言
7	四年级上册	第四单元	《很久很久以前》	神话	读书提示： 山海经 中国古代神话 希腊神话故事
8	四年级下册	第二单元	《十万个为什么》	科普	读书提示： 《十万个为什么》等
9	五年级上册	第三单元	《从前有座山》	民间 故事	读书提示： 中国民间故事
10	五年级下册	第二单元	《读古典名著，品百味人生》	古典 名著	读书提示： 《西游记》 《三国演义》 《水浒传》 《红楼梦》
11	六年级上册	第四单元	《笑与泪，经历与成长》	小说	读书提示： 《童年》 《小英雄雨来》 《爱的教育》
12	六年级下册	第二单元	《漫步世界名著花园》	世界 名著	读书提示： 《鲁滨逊漂流记》 《骑鹅旅行记》等

由此可见，“快乐读书吧”的文体主要涉及叙事类的童话、寓言、神话、民间故事和古典名著以及世界名著等。以上构成了小学阶段需要初步掌握的文体样式。可以说，“快乐读书吧”是对小学阅读文体的一次系统梳理和归类。

这样安排是有学理依据的。因为不同年龄学生的阅读兴趣与读物的性质有密切的关系。据调查，儿童阅读兴趣的发展可分为五个时期：（1）4~6 岁是神话传说期。对于没有时间、空间限制的空想世界所出现的生活与生物的神话传说发生兴趣。（2）6~8 岁是寓言故事期。对于人类生活的法则寓于传说故事中的寓言故事发生兴趣。（3）8~10 岁是童话故事期。对以现实生活为题材，经由想象所构成的故事发生兴趣。（4）10~13 岁是传记及传奇故事期。对于人类的谋求生存，征服及开发大自然的紧张冒险故事或传记故事发生兴趣。（5）13~15 岁起始于文学期。开始对与情感发展有关系的爱情故事发生兴趣。日本教育家舆水实认为，课外阅读时，应让学生“任意选择自己爱好的书籍，按自己的步调阅读”，“从而使他们体会到自由阅读的乐趣”。教师应注意给予学生自由选择的充分余地。

以三年级下册第二单元“快乐读书吧”《小故事大道理》为例说明寓言教学的建议：（1）学情。这个单元是寓言主题，已学过几篇寓言和“语文园地”中的“交流平台”中关于寓言的专题讨论。所以，在“快乐读书吧”中要避免重复教学。（2）重点。寓言教学的重点是理解寓意。必须指导学生进行判断、推理、分析、综合等思维活动。（3）难点。联系生活，更深入地理解其中的道理。（4）设计。可以设计为一节导读课，可以设计为一节交流课，也可以设计为一个微型课程群。（5）层次。先集中讲中国古代寓言中的一个小故事，后学习伊索寓言和克雷洛夫寓言中的小故事。

4. 基于“读书方法”。我们对统编版教材各年级关于“快乐读书吧”的读书习惯、方法及文本学习情境进行了统计，如下表：

	学期	课题	读书习惯和方法	学习情境
1	一年级上册	《读书真快乐》	常读书	图文并茂
2	一年级下册	《读读童谣和儿歌》	换书看	对话情境
3	二年级上册	《读读童话故事》	阅读书的封面	对话情境
4	二年级下册	《读读儿童故事》	阅读书的目录	

（续表）

5	三年级上册	《在那奇妙的王国里》	多读书	图文并茂
6	三年级下册	《小故事大道理》	理解道理	图文并茂
7	四年级上册	《很久很久以前》	激发想象	图文并茂
8	四年级下册	《十万个为什么》	理解科学道理	图文并茂
9	五年级上册	《从前有座山》	学习口头语言	图文并茂
10	五年级下册	《读古典名著，品百味人生》	学习章回体小说	图文并茂
11	六年级上册	《笑与泪，经历与成长》	理解人物与情节	
12	六年级下册	《漫步世界名著花园》	做读书笔记	对话情境

可见，整个小学阶段“快乐读书吧”涉及的读书习惯和方法主要有12个，它们是：常读书、换书看、阅读书的封面、阅读书的目录、多读书、理解道理、激发想象、理解科学道理、学习口头语言、学习章回体小说、理解人物与情节、做读书笔记。这些读书习惯和方法的培养是基于图文并茂、对话情境两种主要学习情境进行的。前者是虚拟情境，后者是现实情境。

下面重点分析一年级上册、一年级下册、二年级上册的“快乐读书吧”设置情形：

一年级上册“快乐读书吧”的主题是“读书真快乐”，由一个页面、四幅情景图、四句导语组成。导语提示孩子们课外阅读可以和谁一起读、什么时候读、到哪里读、读完以后可以怎样和他人交流，最后还激发孩子学习拼音的热情和兴趣——学了拼音，就可以认更多的字，读更多的书了。一年级下册“快乐读书吧”的主题是“读读童谣和儿歌”，内容是经典童谣《摇摇船》和鲁兵先生的儿歌《小刺猬理发》。三个泡泡里的提示语告诉小朋友，专门辑录儿歌和童谣的书籍有很多，大家可以交换着看。看完书后，还可以把自己喜欢的童谣和儿歌背给小伙伴听。二年级上册的“快乐读书吧”的主题是“读读童话故事”。泡泡里的两则提示语提醒看书要看封面、作者和书名。在看书的过程中，要注意爱护书籍，读完及时收好，不要弄脏。可见，这是三次读书基础训练，旨在初步培养学生的读书习惯。从二年级下册开始在“快乐读书吧”才提出课外读整本书的方法要求。

七、名著导读

名著的　阅读的　交流的

——名著《老人与海》班级阅读交流课的设计与点评

执教者：杭州绿城育华小学　胡妙

点评者：浙江外国语学院教育学院　汪潮教授

【教学目标】

1．通过交流、小组合作完成以阅读单的形式梳理故事最精彩部分“老人与鲨鱼搏斗的情节”的内容，提高文本阅读的信息梳理能力。

2．通过发现、讨论等方式，探究老人永不言败的硬汉精神，初步了解著作的语言特点。

3．学会以写推荐词的形式向身边人推荐文学作品。

点评1：名著阅读交流课的教学目标如何确定？名著阅读交流课的教学目标不但要考虑一般阅读课共性的目标要求，而且要关注名著阅读交流课本身具有的个性教学目标，如“名著”“名”在哪些地方？“阅读”哪些内容？“交流”哪些问题？这也是名著阅读交流课的教学重点。

【教学重难点】

探究老人永不言败的硬汉精神，初步了解著作的语言特点。

【教学准备】

课前学生认真阅读《老人与海》。

【教学过程】

点评2：名著阅读交流课如何安排课的教学过程？名著阅读交流课属课外阅读的范畴，它的教学过程要比一般课内阅读课更大气、开放。本课设计了三个板块：聊读、赏读、享读。这是一种立足整体观照的板块设计，避免了从头至尾层层讲解的流水线做法。

一、聊读

说说故事梗概，交流读后感受。

［设计意图］说故事梗概既可以回顾故事的内容，又可以借这个过程梳理故事的主要内容。之后再进行读后感受的交流，拉近了学生和文本之间的距离，也营造了读书分享课轻松的交流氛围。

点评3：名著阅读交流课如何导课？本课设计了“聊读”环节，聊聊故事梗概，聊聊读后感受。这样的导课是随性的、开放的、轻松的。但是“随性”不是“随意”，简约的导课更需要精心设计。本课的“聊读”活动过于简略。建议有二：一是要标明具体教学环节，展示学习过程。二是教师要采用适当的指导策略，不然会面临“草草走过场”或“放得开却收不回”的困境。

二、赏读

（一）赏读故事情节

1．课前调查呈现，学生说发现，交流喜欢的理由。

最喜欢的情节	人数
桑迪亚哥与鲨鱼搏斗的情景	19
桑迪亚哥捕捉大马林鱼的场面	7
描写海景的片段	2
老人最后带鱼骨头回来的画面	1
老人和力气最大的黑人比手劲儿的情景	1

［设计意图］基于对学生阅读感受的尊重，课前对学生的阅读状况就最喜欢的情节这一内容做了调查。课前调查的客观呈现体现了学生的阅读兴趣点。抓住学生的兴趣点展开教学，能更好地激发学生参与课堂学习的热情。

点评4：名著阅读交流课如何确定教学的起点？最有效的教学活动是建立在对学情充分了解的基础上的。教学起始于学生的“学”，是一种“学本课堂”的新理念。本课的“课前调查”及其呈现是有积极教学意义的。

2．小组合作填写学习单，交流反馈。

（1）PPT呈现阅读单。

	第一次	第二次	第三次	第四次	第五次
攻击者					
攻击者数量					
老人作战工具					
结局					

学生观察阅读单，回忆书中情节或翻开书静静地阅读相关情节。

［设计意图］阅读单呈现后，让学生静静地回忆书中情景，是希望学生能静下心来走进文本，静下心来好好梳理精彩的故事情节。同时，一节读书课，应该有静静阅读的时间，有好好沉浸于书中的时间。阅读单的设计是根据故事最受学生喜欢的精彩情节“老人和鲨鱼搏斗的情景”的内容而设计的，意在通过学习单的填写梳理这一精彩情节的主要内容，在梳理的过程中学会阅读的方法，培养提取信息、梳理信息的能力。

（2）小组合作完成阅读单。

［设计意图］阅读单的填写有些复杂，需要一定的信息搜索能力及概括能力，采用小组合作的形式可以降低难度，同时又加强了小组成员间的协作、互助。

点评5：名著阅读交流课如何选择交流活动的方式？本课采用小组合作完成阅读单的方式，是值得称赞的。赞一：阅读单是根据故事最受学生喜欢的精彩情节“老人和鲨鱼搏斗的情景”的内容设计的。赞二：阅读单是在学生自主阅读和小组交流后完成的，不是一项简单的机械作业。赞三：以阅读单为凭借的学习，有助于培养学生的信息搜索能力和内容概括能力，使学生的交流落到了实处。

（3）小组派代表发言。

3．借助阅读单，发现感悟。

（1）观察阅读单，说发现。根据学生发言，适时板书。

预设：①鲨鱼的攻击力越来越强，鲨鱼的数量也越来越多。

②老人的作战工具越来越少了，也越来越差了。

③老人的体力越来越差，作战能力越来越弱。

④老人的收获越来越少，到最后只剩下鱼骨头。

［设计意图］填完阅读单引导学生交流发现，是为了激发学生对文本的探究。梳理内容之后，只有进一步探究，才能激发学生进行思考，才能引导学生真正走进

人物形象的内心世界。

点评6：名著阅读交流课如何促进交流活动的深入？如果交流只是为了获得一个结果，那么必定是为交流而交流的形式主义。本课中，在填完阅读单后再次引导学生交流发现，探究更有价值的东西意义非凡！这是一种有效的“推动教学”思想：推动学生进一步思考，推动学习的不断增量。

（2）谈感受。

预设（学生回答的关键词）：永不言败、勇敢、证明自己……

（3）故事的结尾，你喜欢吗？说理由。

预设：①不喜欢。有付出就应该有收获，桑迪亚哥那么辛苦甚至差点搭上了自己的命，却还是一无所获，这样的结局一点不美好。如果我是作者，我会设计美满的结局，让老人满载而归，这才对得起他的辛苦付出。

②喜欢。桑迪亚哥虽然没有满载而归，虽然那么辛苦只带回一个鱼骨头，可是他证明了自己，证明自己还是有能力捕获大鱼的，证明了自己还是最棒的渔夫。这个过程体现了老人永不放弃、永不言败的精神。对于老人来说，这是一次值得骄傲的经历，这也是收获。

[设计意图] 设计关于故事结尾的讨论，是为了激发学生创造性的阅读体验，交流个体的阅读感受，同时也是对人物形象的再认识。学生通过讨论交流明白故事中的老人是个胜利的失败者，是个失败的英雄。

点评7：名著阅读交流课如何呈现交流的主问题？主问题是讨论交流的基本话题，没有主问题，阅读交流课就犹如散沙。这里设计的关于故事结尾的讨论固然是有意义的，但是主问题的呈现太突兀。课中教师只是一句：“故事的结尾，你喜欢吗？说理由。”没有情境，缺乏设计。课堂教学中的“主问题”是需要精心而又创意地设计和呈现的。

（二）赏读作品语言

预设：①书中有不少哲理性语言，如：“一个人并不是生来要给打败的，你尽可以把他消灭掉，可就是打不败他。”“不过话得说回来，没有一桩事是容易的。”……

②书中老人为排解孤独，为鼓励自己，经常和自己说话。有大量内心独白。

[设计意图] 一部优秀的作品往往不仅有精彩的故事情节，还有独具特色的、充满魅力的语言。希望学生在阅读文学作品时，做到既赏内容又赏语言。而本书是

经典中的经典，获得了诺贝尔文学奖，感悟作品语言的特点意义重大。

点评8：名著阅读交流课如何选择交流的内容？之所以成为名著，是因为“名”在吸引人的情节上，“名”在深刻的哲理上，“名”在语言表达上。如果以“三名”为线索选择和确定交流的内容，那么名著阅读交流课就呈现了独特的精彩。本课还有必要在交流“内心独白”的语言表达上花时间、下功夫，这是名著欣赏之重点，也是阅读之本质。

三、享读

1．交流如何推荐本书。

预设：可以通过情节、语言、深刻内涵等方面推荐本书。

2．写推荐词，师生同交流。

［设计意图］好书应该是大家共读共享的，为一本喜欢的作品写推荐词是件很有意思的事。交流如何推荐，可以让学生再次回顾作品，再次感受作品的特点。教师的推荐可以为学生提供写作范本，生生之间的作品交流可以促进学生之间相互学习、共同提升。

点评9：名著阅读交流课如何设计课的结尾？应该在“交流”上做文章。本课以“推荐”作结，是一种“总结式”的思维方式。积极倡导和努力追求“开放式”的课堂结尾，把学生的学习视野引向更为宽广的远方：从作品到作者，从作者的作品到作者的风格，从一“个”作品到一“类”作品，从文本作品到现实生活……

【总评】

本课的设计引发了对名著阅读交流课设计和实施的进一步思考：

1．“名著”的文本解读。名著阅读交流课的前提是教师对名著文本的深入解读，对“名著”的文本解读有特殊要求：(1) 要经历一个复杂的解读过程。善待文本、细读文本、读透文本、超越文本。(2) 要全面欣赏名著的文、道、质。“文”就是文本表现或反映客观事物的语言文字，“道”就是文本的思想内容，“质”就是连接“文”与“道”的成文法则、表达方式。就一篇名著而言，必须从文入手悟道，从质入手解析文，再从道入手把握文，从文入手把握质。(3) 要科学把握文本解读的思维方式。要注意两种倾向：一种认为应尊重名著的文本价值，要站在历史的角度审视文本。另一种认为历史是发展的，文本的解读是读者个性阅读的过程，可以突破历史的界限，用现代意识或生活观来重新审视名著文本。

2．“阅读”的前置设计。名著阅读交流课的基础是“学生的自主阅读”。只有学生对名著充分地自主阅读，才能确保名著阅读交流课目标的达成和教学任务的完成。所以，课前安排“学生的自主阅读”显得非常有必要，要精心设计：(1) 要确保学生课前有充分的、自由的时间阅读名著。(2) 要进行阅读方法的指导。把课堂教学中学到的阅读方法主动迁移到名著的阅读中。(3) 要有学习任务驱动。设计阅读导学单，让学生课前自主完成，就是一种有效的阅读方式。

3．“交流”的执行策略。名著阅读交流课的主体是“交流活动”。名著阅读交流的三个策略：(1) 交流的内容有名著的故事情节概况、深刻的哲理启示、语言的理解和表达。根据名著文本的不同特点，选择和确定交流的最主要内容。要保证最主要内容（如语言的理解和表达）的交流机会和时间。(2) 交流的方式有师生交流、生生交流。不仅要有师生交流，而且要有生生交流。通过小组合作学习的方式，充分发挥班级中生生交流的积极性和群体优势。(3) 交流的类型有信息交流、知识交流、情节交流、情感交流、方法交流、思维交流等，要突出学习名著的方法交流和思维交流。把名著阅读交流课上成集知识、方法与能力于一体的名著欣赏课，这是我们应当努力的。

重点研讨

1. **如何在学习汉语拼音前进行识字教学？**
2. **如何理解识字教学中的“多认少写”？**
3. **如何培养学生自主读书的兴趣和习惯？**

第十四章　语文思维

内容提要

2022 年版语文课标中提到“思维”共有 30 处，十分重视思维和思辨，使“语文思维”获得了应有的地位和作用，并以此作为教学方式转变的主要方向。这是新的语文课程标准的一个重大举措，值得特别关注和探讨。

在以往的语文教学大纲和语文课程标准中，也有“思维”这一概念，但表述笼统，不够深入。2022 年版语文课标中对“思维”进了系统阐述。本章从三个层次，基于课标新精神和统编教材的课例提出语文思维的一些建议。

一、语文课程目标的“思维”

2022 年版语文课标在“课程目标”中提出思维能力是学生核心素养的重要内涵之一，明确指出：“思维能力是指学生在语文学习过程中的联想想象、分析比较、归纳判断等认知表现，主要包括直觉思维、形象思维、逻辑思维、辩证思维和创造思维。思维具有一定的敏捷性、灵活性、深刻性、独创性、批判性。有好奇心、求知欲，崇尚真知，勇于探索创新，养成积极思考的习惯。”这是基于课程目标关于语文思维的一个经典阐述。其中有四层含义：

1. 思维的方式。从课标的阐述看，思维方式主要有三种：

（1）联想想象。联想和想象是两个不同的概念。其共同点是：两者都是一种特殊的思维方式；两者都是人在头脑里对已储存的表象进行加工改造形成新形象的一个过程；两者都可以表现为非逻辑形式；两者都属于形象思维的范畴，都可以借助于形象展开；两者可互为起点，相互促进。其不同点是：一是性质不同。联想是一种心理活动的方式，也是一种重要的构思方式。想象是一种有目的、创造性的思维活动。二是参照物不同。联想必须是从一个现有的事物出发，例如看到“天”这个词，学生会想到天空、太阳、月亮、彩虹、乌云等。统编教材中的“猜字谜”“对韵歌”大都属于联想。而想象可以没有任何参照物。三是意思不同。联想指由于某人或某事物而想起其他相关的人或事物，而想象指想出不在眼前的具体形象。小学语文的重要学习方式即是联想和想象。二年级下册《当世界年纪还小的时候》一文就是训练扩展联想、奇妙想象的好课文。三年级上册第三单元则是学习童话“想象”的专题单元，其中的想象精彩纷呈，不同寻常。三年级下册第五单元又是训练“想象”的习作单元，最终指导学生写成习作《奇妙的想象》一文。

（2）分析比较。分析和比较也是两个不同的概念。分析是将事物的整体分为各个部分、方面、因素和层次，并分别加以考察的认识活动。分析的意义在于细致地寻找能够解决问题的主线，并以此解决问题。把事物、现象、概念分门别类，离析出本质及其内在联系。分析是透过现象看本质的过程。一年级下册《动物王国开大会》是一篇文质兼美、语言和思维有机结合的好课文，既有“通知”的规范性学习，又有对不同因素进行分析的思维过程。

比较是根据一定的标准，把有某些联系的两种或两种以上的事物加以对照，确定它们之间的异同及其相互关系，形成对事物的认识。比较既可同中求异，也可异中求同。人们常从看似相同或相似的事物中找出不同点，从不同的事物中找出相同点。比较既可横向比较，也可纵向比较。统编教材中编排了众多的“读一读，比一比”或“比一比，读一读”的练习题，都是具有思维意义的训练方式。四年级下册《母鸡》一课课后对学生提出思考要求：“《猫》和《母鸡》都是老舍先生的作品。比一比，说说两篇课文在表达上有哪些相同和不同之处。”四年级下册《白鹅》一课课后还安排了“阅读链接”（俄国叶·诺索夫《白公鹅》的短文），要求进行两文相同点比较。可见，既可以是同一作者不同的文章比较，也可以是不同作者同一主题的文章比较。

（3）归纳判断。概念逻辑有三种：归纳判断、推论判断和实践判断。归纳是经验综合的概念判断，推论是抽象分析的概念判断，实践是更高统一的概念判断。归纳判断的基本原理是，它是经验综合的概念判断，它受制于经验，不能超越经验，任何一个归纳判断，都是不能承受经验例外的。如汉字是由形、音、义三要素组成的，汉字读音四声等等的归纳判断，只要出现一个经验例外就会产生混乱。

2. 思维的类型。2022 年版语文课标中提到五种思维类型，简介如下：

（1）直觉思维。直觉思维也称非逻辑思维。直觉是不可言传的预感，有人称之为“第六感觉”。直觉出现的时机，是在大脑功能处于最佳状态的时候，形成大脑皮质的优势兴奋中心，使出现的种种自然联想顺利而迅速地接通。

直觉思维是一种没有完整的分析过程与逻辑程序，依靠灵感或顿悟迅速理解并做出判断和结论的思维。这是一种直接的领悟性的思维，具有直接性、敏捷性、简缩性、跳跃性等特点，可以认为它是逻辑思维的凝聚或简缩，如语感、数感、乐感等。二年级上册《场景歌》的教学目标是学习“量词”，也是训练学生直觉判断的好机会。六年级下册教材最后编排的“古诗词诵读”，其实也与直觉思维密切相关。诵读的过程也是语感形成的过程。

直觉思维是对思维对象从整体上考察，调动自己的全部知识经验，通过丰富的想象做出的敏锐而迅速的假设、猜想或判断，它省去了一步一步分析推理的中间环节，而采取了“跳跃式”的形式。它是一瞬间的思维火花，是长期积累的一种升华，是思维者的灵感和顿悟，是思维过程的高度简化。

直觉不是靠“机遇”，直觉的获得虽然具有偶然性，但绝不是无缘无故的凭空臆想，而是以扎实的知识为基础。若没有深厚的功底，是不会迸发出思维的火花的。有的教师经常讲的一句话：“跟着感觉走”，其实这已蕴涵着直觉思维的萌芽，只不过没有把它上升为一种思维观念。

（2）形象思维。形象思维所反映的对象是事物的形象，思维形式是意象、直感、想象等形象性的观念，其表达的工具和手段是能为感官所感知的图形、图像、图式和形象性的符号。语文课程和教学主要培养学生的是形象思维。所以，语文教学中情境的创设、微课的使用、课堂演示、借图说话与写话等形象性活动都是必要的。例如，统编教材中的“ɑ、o、e”等拼音字母教学及四声的编排都配上美丽的插图，富有形象感染力。一年级上册《青蛙写诗》《雪地里的小画家》，一年级下册《荷叶圆圆》等课文，都是培养学生形象思维的好教材。三年级下册《荷花》一课中的“冒”字形象的意境，既精准又传神，令人拍案赞美！四年级上册《西门豹治邺》的选做题“课本剧”，也是基于形象思维的情景剧的表演活动。

形象思维不像抽象（逻辑）思维那样，对信息的加工一步一步、首尾相接地、线性地进行，而是可以调用许多形象性材料，一下子合在一起形成新的形象，或由一个形象跳跃到另一个形象。它对信息的加工过程不是系列加工，而是平行加工，是面性的或立体性的。它可以使思维主体迅速从整体上把握住问题，形象思维是或然性或似真性的思维，思维的结果有待逻辑的证明或实践的检验。

想象是思维主体运用已有的形象形成新形象的过程。形象思维并不满足于对已有形象的再现，它更致力于对已有形象的加工，而获得新形象产品的输出。所以，形象性使形象思维具有创造性的优点。富有创造力的人通常都具有极强的想象力。

（3）逻辑思维。逻辑思维指的是在认识过程中借助于概念、判断、推理等思维形式能动地反映客观现实的理性认识过程，又称理论思维。只有经过逻辑思维，学生才能达到对具体对象本质规定的把握，进而认识客观事物。它是人的认识的高级阶段，即理性认识阶段。同形象思维不同，它以抽象为特征，通过对感性材料的分析思考，撇开事物的具体形象和个别属性，揭示出物质的本质特征，形成概念并运用概念进行判断和推理来概括地、间接地反映现实。统编教材中的很多思考题都旨在引导学生“发现”某种语言特点和规律，还有“语文园地”中设置的“我的发现”栏目，就是一种抽象的逻辑思维活动。三年级下册第二单元是寓言主题，从具体的小事例推导出抽象的大道理，有利于培养学生的逻辑思维能力。五年级下册《跳水》更是培养学生逻辑思维的绝佳文本。

逻辑思维是人脑对客观事物间接概括的反映，它凭借科学的抽象揭示事物的本质，具有自觉性、过程性、间接性和必然性的特点。逻辑思维的基本形式是概念、判断、推理。逻辑思维方法主要有归纳和演绎、分析和综合以及从抽象上升到具体等。

这提示语文课程中认识“概念”的重要性。概念是一种对事物本质的认识，它是逻辑思维的最基本单元和形式。没有概念便无法进行逻辑思维。概念是反映事物本质属性的思维产物。一个概念所反映的事物的本质属性的总和，也就是概念的内容。

（4）辩证思维。辩证，辩为正反，证是求证。辩证思维是指以变化发展视角认识事物的思维方式，通常被认为是与逻辑思维相对立的一种思维方式。在逻辑思维中，事物一般是“非此即彼”“非真即假”，而在辩证思维中，事物可以在同一时间里“亦此亦彼”“亦真亦假”，而无碍思维活动的正常进行。一年级上册课文《大小多少》《大还是小》，一年级下册《小公鸡和小鸭子》《棉花姑娘》《小壁虎借尾巴》，二年级上册《小蝌蚪找妈妈》《坐井观天》，二年级下册《画杨桃》《小马过河》等课文，内容都很简单，但是文中具有初步辩证思维的端倪，值得关注。五年级上册《落花生》、六年级下册《两小儿辩日》更是学习思辨的好文章。

辩证思维其实是一种世界观。世间万物之间是互相联系、互相影响的，而辩证思维正是以世间万物之间的客观联系为基础而进行的对世界进一步的认识和感知，并在思考的过程中感受人与自然的关系，进而得到某种结论的一种思维。辩证思维模式要求观察问题和分析问题时，以动态发展的眼光来看问题。

辩证思维是唯物辩证法在思维中的运用，唯物辩证法的范畴、观点、规律完全适用于辩证思维。辩证思维是客观辩证法在思维中的反映，联系、发展的观点也是辩证思维的基本观点。对立统一规律、质量互变规律和否定之否定规律是唯物辩证法的基本规律，也是辩证思维的基本规律，即对立统一思维法、质量互变思维法和否定之否定思维法。

（5）创造思维。创造思维是指思维不仅能反映客观事物的本质及内在联系，而且能在此基础上产生新颖的、具有社会价值的前所未有的思维成果。二年级上册《玲玲的画》中“画小花狗”就是一种初步创造思维的雏形。这一画，使坏事变成了好事。到了五年级上册第三单元提出了“创造性地复述故事”的高要求，为创造思维的形成奠定了基础。

创造思维其实是一种发散性思维。学生使用这种思维方式，遇到问题时，能从多角度、多侧面、多层次、多结构去思考、去寻找答案。既不受现有知识的限制，也不受传统方法的束缚。其思维路线是开放性、扩散性的。它解决问题的方法更不是单一的，而是在多种方案、多种途径中去探索、选择。创造思维是创新人才的智力结构的核心，是社会乃至个人都不可或缺的要素。创造思维是人类独有的高级心理活动过程。人类所创造的成果，就是创造思维的外化与物化。创造思维是在一般思维基础上发展起来的，是人类思维的最高形式，是以新的方式解决问题的思维活动。

创造思维具有三个主要特征：（1）流畅性。指的是面对问题情境时，在规定的单位时间内产生的不同观念的数量的多少。产生的数量越多，则流畅性越好。（2）变通性。又称为灵活性，指面对问题情境时，能够灵活处理，随机应变，不墨守成规。思维在发散方向上所表现出的变化和灵活，变通性的特征强调对于同一个问题想出不同类型的答案越多，变通性越好。（3）独创性。指思维发散的新颖、新奇、独特的程度。面对问题情境时，能够独具匠心，想出不寻常的、超越自己和前辈的独特想法。对同一个问题提出的想法越新奇独特，说明独创性越高。思考问题的角度是别人没有说出的、新异的、独特的，说明具有独创性。独创性是在流畅性和灵活性基础上形成的高层次的发散思维能力。

3. 思维的品质。人有人品，语言有语言的品质，思维也有自身的品质要求。2022 年版语文课标中提到的思维的品质主要是以下五个：

（1）敏捷性。是指善于迅速地发现和解决问题的思维特征。敏捷性是指思维活动的速度，它反映了智力的敏锐程度。有了思维敏捷性，在处理问题和解决问题的过程中，能够适应变化的情况来积极地思维，周密地考虑，正确地判断和迅速地得出结论。主要表现在用词的流畅性、观念的流畅性、表达的流畅性和联想的流畅性等方面。具有思维敏捷性的学生表现出如下特点：多谋善断，反应迅速，应变果断，即使在某种紧急情况下，也能积极地进行思维，周密地考虑，正确地判断，迅速地做出决定。所以，学习需要一定的速度。五年级上册第二单元就为提高阅读速度单元，提出了不要随意停读、不回读、不要一个字一个字读等要求。这既是阅读方法的指导，也是思维的敏捷性的培养。

思维的敏捷性与思维轻率性是对立的。思维轻率的人，表现为遇到问题急躁而不宁静，草率而不周密。因此，思维轻率性是一种有害的思维品质，不利于语文学习。思维的敏捷性是以思维的广阔性与深刻性、思维的独立性与批判性、思维的灵活性等品质为前提的。只有具备了高度发展的灵活而又广阔的思维，才能在思考问题时周密而迅速地得出结论。

（2）灵活性。是指善于根据客观实际情况的变化及时改变原来解决问题的思路，并提出新的符合实际情况的思路和方案的思维特征。思维的灵活性是一种很重要的品质，因为客观事物总是处于不断运动、变化之中。一切都以时间、地点和条件为转移。思维的灵活性表现为：不囿于过时的方案，而善于根据实际情况的变化灵活地改变原有的方案，采用新的方法、途径去解决问题。一年级下册《四个太阳》一课，为不同季节画不同颜色的太阳，其思维是灵活多样的，也是颇有趣味的。

思维的灵活性取决于高级神经活动过程的灵活性，但这种灵活性不是固定不变的，而是能够通过教育或自我教育，得到发展或发生变化的。思维的灵活性也受制于个体已有的定型。如有的学生在学习中总是反复使用一种固定不变的方式去理解问题，便会形成某种定型，阻碍思维灵活性的发挥。“因地制宜”“量体裁衣”是思维灵活性的表现，而“削足适履”“按图索骥”则是思维缺乏灵活性的表现。思维的灵活性与思维的深刻性相结合，就表现为机智、敏锐、富有独创性。

（3）深刻性。是指思维活动的抽象程度和逻辑水平，涉及思维活动的广度、深度和难度。人类的思维主要指语言思维，是抽象理性的认识。在感性材料的基础上，去粗取精、去伪存真，由此及彼、由表及里，进而抓住事物的本质与内在联系，认识事物的规律性。学生在这个过程中，表现出深刻性的差异。思维的深刻性集中表现为在智力活动中深入思考问题，善于概括归类，逻辑抽象性强，善于抓住事物的本质和规律，开展系统的理解活动，善于预见事物的发展进程。语文的深度学习就是直指思维活动的深刻性。二年级下册《青蛙卖泥塘》一文中，青蛙为了出卖泥塘做了很多努力，但最后想了想，又不再卖泥塘了。这其中就有较深远的生活意义的考虑。

（4）独创性。这是一种思维活动的创造性。在实践中，除善于发现问题、思考问题外，更重要的是要创造性地解决问题。语文学习，要有所发明、有所发现、有所创新，就离不开思维的独创性品质。独创性源于学生对知识经验或思维材料高度概括后集中而系统的迁移，进行新颖的组合分析，找出新异的层次和交结点。概括性越高，知识系统性越强，伸缩性越大，迁移性越灵活，注意力越集中，则独创性就越突出。例如，五年级下册的《草船借箭》《刷子李》《田忌赛马》《跳水》《金字塔》《杨氏之子》等课文中都有明显的独创性元素，值得挖掘和发扬。

（5）批判性。指的是思维活动中独立发现和批判的程度。是循规蹈矩、人云亦云，还是独立思考、善于发问，这是思维过程中一个很重要的品质。思维的批判性品质，来自对思维活动各个环节、各个方面进行调整、校正的自我意识。它具有分析性、策略性、全面性、独立性和正确性等特点。正是有了批判性，学生才能够对思维本身加以自我认识，也就是不仅能够认识客体，而且也能够认识主体，并且在改造客观世界的过程中改造主观世界，其意义深远。三年级下册口语交际“该不该实行班干部轮流制”的话题的讨论，就有利于学生独立思考能力的发展。六年级上册《我的伯父鲁迅先生》中的鲁迅就是革命批判者的代表。六年级上册《书戴嵩画牛》中小牧童的批判精神也难能可贵。

4. 思维的习惯。习惯成自然，习惯出效果。2022年版语文课标提出培养学生“有好奇心、求知欲，崇尚真知，勇于探索创新，养成积极思考的习惯。”具体展开为：

（1）学生的好奇心、求知欲习惯。好奇心和求知欲是形成良好思维的非智力因素。好奇心是由新奇刺激所引起的一种朝向、注视、接近、探索心理和行为动机。它是人类行为的最强烈动机之一。其强弱与外界刺激的新奇性与复杂性密切相关，刺激愈复杂愈新奇，则个体的好奇心便愈强。求知欲是一种认识世界、渴望获得语文知识和不断探究真理而带有情绪色彩的意向活动。学生在语文实践活动中，感到自己缺乏相应知识，就产生了探究新知或者扩大、加深已有知识的认识倾向。这种情境多次反复，认识倾向就逐渐转化为学生内在的语文求知欲。为此，统编教材在三年级上册特别将第四单元设置为预测单元，适应学生的探索心理需求。六年级下册《金色的鱼钩》一文可以进行重拟课题的训练：如果此文以思想主题命题，题目应该是________，以事件命题，题目应该是________，以人物命题，题目应该是________……（答案提示：舍己为人；长征路上；老班长）这就有利于激发学生的好奇心和求知欲。

（2）学生崇尚真知、勇于探索创新的习惯。逐步养成学生实事求是、崇尚真知的科学态度，初步掌握科学的思想方法。“作了茧的蚕，是不会看到茧壳以外的世界的。”这提示语文课程和语文教学创新、创生、创造的重要性。不能人云亦云，不必囿于标准答案，应为追求语文真知而思维，为语文创新而思维。为此，统编教材在四年级上册特别将第二单元设置为提问单元，以“问题清单”为学习支架，指导学生质疑问难，崇尚真理。四年级下册第二单元的语文要素是“阅读时能提出不懂的问题，并试着解决”，为的是培养学生求索和求实的精神。

（3）学生主动、积极的思维习惯。思维是大脑神经的活动，需要学生的主动参与和积极行动。我们都说：大思则大得，小思则小得，不思则不得。“主动”和“积极”是有区别的：积极说明你是自愿的，你是内心自愿想要进行语文学习；主动只是你在思想上希望且不得不这样做。可见，积极比主动更高一层。主动、积极的思维是学生按照自己规定或设置的目标行动，而不依赖外力推动的行为品质，由学生的需要、动机、理想、抱负和价值观等推动。统编教材在众多课文后的思考题里编排了“选做题”，既是尊重学生差异提出分层要求，更是培养学生主动积极的进取态度。“批注”也是积极思维的具体体现，所以，四年级上册第六单元，专门安排了一个学习用批注方式阅读的专项训练单元。六年级上册第三单元为“有目的地阅读单元”，也有浓郁的主动选择、任务驱动要求。所以，要让主动、积极的思维成为学生语文学习的一种习惯和常态，并伴随学生的一生。

二、语文课程内容的“思维”

2022 年版语文课标关于课程内容从两个方面表述：一是“主题与载体形式”；二是“内容组织与呈现方式”。后者使用了六个“学习任务群”，其中第四个学习任务群是“思辨性阅读与表达”。

在表述学习任务群“思辨性阅读与表达”总体要求时提出：“本学习任务群旨在引导学生在语文实践活动中，通过阅读、比较、推断、质疑、讨论等方式，梳理观点、事实与材料及其关系；辨析态度与立场，辨别是非、善恶、美丑，保持好奇心和求知欲，养成勤学好问的习惯；负责任、有中心、有条理、重证据地表达，培养理性思维和理性精神。”

可见其主旨是：“理性思维”，其基点是“语文实践活动”，其要点有三：

1. 培养思辨习惯。“思辨”是由“思考”和“辩论”组成。

思考是判断、推理、比较、质疑等的思维过程，而辩论是说明是非或争论优劣。从学理看，学生的认知结构是由“感性→知性→理性”三个层次构成的。阅读教学的“感性”和“知性”是需要的，但“理性”也不能缺少，否则就是不彻底和不完善的。哲学家笛卡尔说过：“我思故我在。”教育家杜威更是有针对性地指出：“不断改进教学方法唯一直接的途径，就是把学生置于必须思考、促进思考和考验思考的情境之中。”可见，需要关注理性阅读态度和习惯的培养。

态度决定人生。可见，态度对阅读教学意义重大。当然，这里指的态度不只是意向、兴趣、习惯等，更重要的是思维态度和思维方式。所以，语文教学要关注思辨。

统编教材六年级下册文言文《两小儿辩日》，从确认“辩题”，到确定两方观点，再到辩论技巧和策略，这短短 119 个字，为学生做了一次完整辩论的展示。课后思考题也有要求：“两个小孩的观点分别是什么？他们是怎样说明自己的观点的？”这篇课文的内容和教学要求都指向辩论，是培养学生思辨的好文本。因此可以较好地设计“跟着古人学习辩论”的活动。

所以，要在阅读教学过程中留出“弹性区间”，使阅读成为一种有意义建构的动态过程。在这里，不仅是教学内容的重构，更是教学态度和教学设计的重构。而教师是阅读教学过程的重组者，是思辨性阅读的积极推进者。

日常的阅读教学，过多地关注甚至夸大文本情节、内容和情感的感悟。我们常看到这样的现象：教师出示有关的字词句段，指名读、齐读、默读、开火车读、男女生读、师生对读……各种形式交替进行，看似形式多样，但是，这样的阅读教学仅仅停留在读“音”阶段，对语言的特点、规律未加指导和理解，更别说其中的思维了。显然，这只是一个初步的感性认识。这种阅读不利于理性精神的启蒙，不利于学生理性思维的发展。

2. 展开思辨过程。从培养学生思维的角度看，思辨过程比思辨结果更重要。思辨过程是思维的主题推进和动态展开。统编教材五年级下册第六单元是思维训练单元。单元的文化要求是“思维的火花跨越时空，照亮昨天、今天和明天”。语文要素之一是“了解人物的思维过程，加深对课文内容的理解”。这个单元的三篇课文

《自相矛盾》（文言文）、《田忌赛马》《跳水》都是培养学生思维能力的好文章。这个单元可以进行思辨性研讨的重要问题可以有：

（1）“不可陷之盾与无不陷之矛”，两者为什么说是自相矛盾的？写出具体思维过程。

（2）田忌和齐威王赛马，田忌赢了齐威王的思维过程是怎样的？画出思维导图。

（3）在那个危急时刻，船长是怎么想的？他的办法好在哪里？在文章上批注出来。

3. 增进理性精神。思辨性阅读是一种理性阅读，倡导的是“理”。“理”是“思辨”的前提，无“理”不能“思”，更无法“辨”。“思辨”贵在辩理。

思辨性阅读培养的是思辨能力。而思辨能力是一种抽象思维能力，是一种辩证分析能力，它典型表现为各种关系的分析：现象与本质分析、内容与形式分析、普遍性与特殊性分析、原因与结果分析、必然性与偶然性分析、可能性与现实性分析、内因与外因分析……

思辨性阅读，提倡边阅读边评价，边接受边质疑，边沉浸边反省。这是一种独立的阅读姿态。所以阅读中的质疑精神，就是强调阅读者独立的姿态、不同的视角和求异的思维。可见，思辨性阅读，需要学生在质疑的基础上寻找支持新发现或新问题的“依据”。思辨性阅读旨在培养学生的实证能力、推理能力、辨别能力和批判能力。

例如，统编教材三年级上册《司马光》（文言文）学习的不只是遇事果断冷静，更重要的是其价值判断（救人重要还是缸重要）和思维方式（人离开水的“顺向思维”、水离开人的“逆向思维”）。这些都需要学生通过反思、比较、质疑的“思辨”去完成。

三、语文课程实施的“思维”

从课程实施层面看“思维”，至少可以发现以下三个“结合”的观点：

1. 学习与思维结合。2022 年版《义务教育课程方案》指出：“突出学科思想方法和探究方式的学习，加强知行合一、学思结合……”在学习过程中，如果对学习的知识只知道死记硬背，而不去思考，那么，所学到的内容充其量只是一些文字堆积起来的符号而已。这种得自书本与老师的知识，如果长期不用，也不加以思考，就难以在大脑中形成稳固的知识结构，很容易忘记。就是说：学习离不开思考，思考也不能脱离学习，二者相辅相成，缺一不可。这就是“学而不思则罔（迷惘），思而不学则殆（疑惑）”。

（1）思维方法。课标中先后三次提到思维方法问题。“初步掌握比较、分析、概括、推理等思维方法，辩证地思考问题。”“体会猜想、验证、推理等思维方法。”“阅读哲人故事、寓言故事、成语故事等，感受其中的智慧，学习其中的思维方法。”这为语文思维的落地提出了可借鉴的具体建议。

（2）思维导图。“学习记笔记、列大纲、写脚本、画思维导图等整理和呈现信息的方法。”2022年版语文课标中先后四次提出画思维导图的建议。思维导图具有整体梳理、形象呈现、无限扩展等优势，是语文学习的思维支架。统编教材中在练习题、习作提纲中已经多次引进了思维导图。通过思维导图，可以把学习语文和培养思维有机统一起来。这对语文教师提出了思维导图设计和实施的高要求。

（3）思维方式。“课堂互动中，教师要关注学生知识基础、认知过程、思维方式、态度情感等方面的表现，深入分析这些表现及其影响因素，及时给予有针对性的指导。”这里提出了“思维方式”的概念，它不同于思维方法。

思维方法是学生通过思维活动为了实现特定思维目的所凭借的途径、手段或办法，也就是思维过程中所运用的工具和手段。思维方法属于思维方式范畴，是思维方式的一个侧面，是思维方式具体的体现。思维方式不同于思维方法，它是一种理性的认识方式，偏重于思想方法；是一种相对稳定的、定型化的思维样式。如多元智能创始人加德纳提出的九种智能：言语—语言智能、逻辑—数学智能、视觉—空间智能、身体—运动智能、音乐—节奏智能、人际交往智能、内省智能、自然探索智能和存在智能。

2. 语言与思维结合。2022年版语文课标明确指出：“语言是重要的交际工具和思维工具，语言发展的过程也是思维发展的过程，二者相互促进。”可见，语文教学中的思维是一种语言水平上的思维。这时的思维以语言为凭借，以语言为转移，以语言为指标。

例如，统编教材三年级下册叶圣陶先生的《荷花》中有这样一句话：“白荷花在这些大圆盘之间冒出来。”学生感知和理解这句话并不难，但是要深入理解一个“冒”字就不容易了。“冒”字的使用是一个拟人的修辞方法，有隐约的味道，体现的是一种文学描写的意境。此处教学可以采用比较法：教材上写的“冒”，同学口中说的“长”，老师板书的“冲”，对三者进行深度比较、判断、分析。这样，对学生语言表达的精准性是颇有益处的。

3. 过程与结果结合。从思维依据看，“应根据学生思维发展的特点，在不同学段创设适宜的学习主题和学习情境”。例如，对语文实践活动提出：“具有内在逻辑关联的语文实践活动”“连贯的语文实践活动”。如统编教材非常重视“复述”这一语文实践活动，进行了循序渐进的学习安排：二年级安排了借助图片复述故事，三年级安排了详细复述，四年级安排了简要复述，五年级安排了创造性复述。从二年级 3 篇课文的课后复述安排也可见其系统性：《小蝌蚪找妈妈》课后连接图片后复述故事，《小马过河》根据提供的 4 组关键词复述故事，《羿射九日》根据表格内容复述故事。

从思维过程看，“注重考察学生的语言文字运用能力、思维过程、审美情趣和价值立场，关注学生学习过程和学习进步”。

从思维结果看，在“课程性质”中提出“发展思维能力，提升思维品质”。可见，不但要关注思维的类型和思维的方法，而且要基于思维能力和思维品质的角度，重新审视语文课程和语文教学问题。这就为语文思维提出了更大的要求和挑战！

重点研讨

1. **用典型事例说明：学习与思维的关系。**
2. **用典型事例说明：语言与思维的关系。**
3. **用典型事例说明：过程与结果的关系。**

第十五章　语文实践

内容提要

在以往的语文教学大纲和语文课程标准中，没有“学科实践”的概念，也较少使用“语文实践”的表述。2022年版语文课标十分重视社会实践、学科实践、语言实践，使“语文实践”获得了应有的地位和作用，并以此作为教学方式转变的主要方向。

众所周知：实践出真知，实践是检验真理的唯一标准。这说明了实践的重要意义。2022年版语文课标首次提出“语文实践”的概念，并提出了具体的操作建议。本章从实践的育人功能、科学设计实践活动、语文实践活动主线三个方面加以阐述。

一、实践的育人功能

1. 强化课程实践性。2022年版《义务教育课程方案》（简称“2022年版课程方案”）指出：“义务教育课程应遵循的基本原则之一是：变革育人方式，突出实践。”“加强课程与生产劳动、社会实践的结合，充分发挥实践的独特育人功能。突出学科思想方法和探究方式的学习，加强知行合一、学思结合，倡导‘做中学’‘用中学’‘创中学’。”2022年版语文课标在前言中也明确指出：“强化课程综合性和实践性，推动育人方式变革，着力发展学生核心素养。”还提出：“增强课程实施的情境性和实践性，促进学习方式变革。”这些重要阐述，都把“实践”和“育人”“学习方式”联系起来了，并认为“实践”具有特有的育人功能，把实践提到了独特的地位。这是继承和发扬了中国教育家王阳明、陶行知的“知行合一”思想和美国教育家杜威的“做中学”观点。

对此最为标志性的事件是：2022年版语文课标对语文课程的性质做出规定：“语文课程是一门学习国家通用语言文字运用的综合性、实践性课程。”这里有三层含义：一是语文课程的一个关键——运用，这是一个语言文字的实践过程；二是语文课程的两个特质——综合性和实践性。在综合情境下实践，又在实践中学会综合。三是语文课程的三个实践路径——学习、综合和运用。在学习后实践，在综合中提升。所以，从根本上说，语文课程和教学带给学生的主要不是研究语言文字，也不只是学习语言文字，而是在实践中主动运用语言文字。这是由语文学科的实践性课程性质决定的。

2. 强化实践性要求。2022年版课程方案提出："设立跨学科主题学习活动，加强学科间相互关联，带动课程综合化实施，强化实践性要求。"这个"实践性要求"包括三个内容：

（1）实践的类型。梳理2022年版课程方案和2022年版语文课标的有关内容，从学生角度看，语文实践有三个主要维度：社会实践、学科实践和语言实践。语文实践有四种主要类型：识字与写字、阅读与鉴赏、表达与交流、梳理与探究等。以此取代了以前的"字词句段篇、听说读习写"的学习要求。2022年版语文课标对义务教育四个学段都逐条提出了语文实践这四种类型的系统而详细的条目式要求，为开展语文实践提供了具体的操作性建议。如第一学段的"识字与写字"的实践要求是：①认识常用汉字1600个左右。②学会汉语拼音。③按基本的笔顺规则用硬笔写字。④学习独立识字。又如：第三学段的"梳理与探究"的实践要求是：①分类整理学过的字词。②初步运用多种方法整理和呈现信息。③初步了解查找资料、运用资料的基本方法。④策划简单的校园活动和社会活动。

（2）实践的机会。2022年版语文课标提出要求："创设学习情境，教师应利用无时不有、无处不在的语文学习资源与实践机会，引导学生关注家庭生活、校园生活、社会生活等相关经验，增强在各种场合学语文、用语文的意识，建设开放的语文学习空间，激发学生探究问题、解决问题的兴趣和热情，引导学生在多样的日常生活场景和社会实践活动中学习语言文字运用。"实践机会无时不有、无处不在，对此教师要有明确的实践意识，指导学生在各种具体的实践活动中学习和运用语言文字。

（3）实践的能力。2022年版语文课标从培养学生能力角度，对语文教学提出："培养学生求真创新的精神、实践能力和合作交流能力。""发展交流、合作、探究等实践能力。"实践知识必不可少，而实践能力更有价值，这些实践能力是当代社会学生所不可或缺的。

在"教材编写"时也有促进学生实践的要求："要有助于激发学生学习兴趣，培养创新精神，发展实践能力，形成健全人格。"

在"教学研究"部分还对语文教师提出了"实践"的要求："立足教学实践，提高教研水平。"要求语文教学研究与语文教学实践结合起来。

3. 强化学科实践。2022年版课程方案首次提出“学科实践”这一概念，要求：“强化学科实践。注重‘做中学’，引导学生参与学科探究活动，经历发现问题、解决问题、建构知识、运用知识的过程，体会学科思想方法。加强知识学习与学生经验、现实生活、社会实践之间的联系，注重真实情境的创设，增强学生认识真实世界、解决真实问题的能力。”

“学科实践”既是一种教学理念，也是一种学习方式。它包含并超越了以前所说的“自主学习”“合作学习”和“探究学习”等，是学习方式的一个大概念，它的包容性更大，也更为概括。从本质上说，以上三种学习方式也是一种实践方式。所以，“学科实践”是学习方式变革的一个新信号和发展方向，因而显得弥足珍贵。

“学科实践”是一个复合词，包括“学科”和“实践”。它既注重学科知识，也注重实践活动。学科实践要求学生在真实的学科实践中获取、理解、巩固和运用学科知识，体会学科思想方法，提高学科的实践能力。这是对“实践出真知”这一理念的最好实践。本次课标的修订，提示建构“源于实践、在实践中、为了实践”的语文课程和教学体系的时代的到来。

特别要关注语文课程特有的学科实践：“语言实践”。2022年版语文课标深刻指出：“语文课程应引导学生热爱国家通用语言文字，在真实的语言运用情境中，通过积极的语言实践，积累语言经验，体会语言文字的特点和运用规律，培养语言文字运用能力。”这段话连用六个“语言”，要求致力于语言运用的语言实践，可谓一语中的、言简意赅、语重心长。

二、科学设计实践活动

2022年版课程方案指出：“合理规划和科学设计实践活动，注重让学生经历活动过程，强化情感价值体验，提出素养导向、切实可行的教学建议。”众所周知，实践活动不会自然而然自发发生，也不能随心所欲随意发生，必须顶层规划、系统设计，以利于实践活动的顺利开展。

首先从构建语文素养型课程目标体系看：“以识字与写字、阅读与鉴赏、表达与交流、梳理与探究等语文实践活动为主线，综合构建素养型课程目标体系。”这揭示了语文实践活动和课程目标体系的关系：实践活动是课程目标体系综合构建的重要线索，为课程目标体系奠定了实践基础，从而保证了课程目标体系的有效实施和顺利落地。

从以学习任务群为形式的语文课程内容看："以生活为基础，以语文实践活动为主线，以学习主题为引领，以学习任务为载体，整合学习内容、情境、方法和资源等要素， 设计语文学习任务群。"这说明了语文实践活动对设计语文学习任务群的重要作用。所以，在六大学习任务群的宗旨中都有"本学习任务群旨在引导学生在语文实践活动中……"的表述。例如对第一个"语言文字积累与梳理"指明："本学习任务群旨在引导学生在语文实践活动中，积累语言材料和语言经验，形成良好语感；通过观察、分析、整理，发现汉字的构字组词特点，掌握语言文字运用规范，感受汉字的文化内涵，奠定语文基础。"其语文实践活动主要分两大类：一是积累语言材料和语言经验，二是开展语言实践，如观察、分析、整理语言文字。

从语文课程学业质量标准看："语文课程学业质量标准是以核心素养为主要维度，结合课程内容，对学生语文学业成就具体表现特征的整体刻画。"这个"具体表现特征"不仅是认识层面的，而且也是实践层面的，是可以被具体活动表现出来的。所以，2022 年版语文课标提出要"依据义务教育四个学段，按照日常生活、文学体验、跨学科学习三类语言文字运用情境，整合识字与写字、阅读与鉴赏、表达与交流、梳理与探究等语文实践活动，描述学生语文学业成就的关键表现，体现学段结束时学生核心素养应达到的水平。"这就把语文情境和语文实践活动作为了语文学业质量标准的关键表现依据。

从课程的过程性评价看："评价要真实、完整地记录学生参与语文实践活动的整体表现，关注学生在活动中表现出来的沟通、合作和创新能力。""过程性评价要拓宽评价视野，倡导学科融合。把学生参与社会实践、志愿服务和跨学科主题活动的表现纳入评价范畴。"这就启示我们：课程的过程性评价要从认识性表现过渡到实践性表现，包括语文实践活动和社会实践活动。

再从命题考查看，提出的命题原则是："以核心素养为考查目标，通过识字与写字、阅读与鉴赏、表达与交流、梳理与探究等语文实践活动，全面考查学生核心素养的发展水平。"命题还提出了"生活场景中的语言实践"的具体要求："日常生活情境指向真实具体的社会生活，关注学生在生活场景中的语言实践，凸显语言交际活动的对象、目的和表述方式。"把语文考查与现实的社会生活联系在一起，体现生活语文的思想。

三、语文实践活动主线

从落实语文学习任务群的要求看，2022 年版语文课标提出要“致力于学生核心素养的整体提升，以学生生活为基础，以语文实践活动为主线，创设丰富多样的学习情境，设计有意义的学习任务，引导学生自主学习、主动积累和积极探究”。这里明确了要“以语文实践活动为主线”展开语文教学活动。语文实践活动的主要要求是：

1. 积极的语文实践活动。2022 年版语文课标提出：“义务教育语文课程培养的核心素养，是学生在积极的语文实践活动中积累、建构并在真实的语言运用情境中表现出来的，是文化自信和语言运用、思维能力、审美创造的综合体现。”这里提出了“积极的语文实践活动”的实践态度问题，即：“引导学生自主学习、主动积累和积极探究”。又进一步提出语言实践的主动性问题：“语言运用是指学生在丰富的语言实践中，通过主动的积累、梳理和整合，初步具有良好语感。”还提出了语言实践的反思意识：“能从作品中找出值得借鉴的地方，对照他人的语言表达反思自己的语言实践。”

2. 连贯的语文实践活动。“设计语文学习任务，要围绕特定学习主题，确定具有内在逻辑关联的语文实践活动。语文学习任务群由相互关联的系列学习任务组成，共同指向学生的核心素养发展，具有情境性、实践性、综合性。”“教师要明确学习任务群的定位和功能，准确理解每个学习任务群的学习内容和教学提示。在此基础上，综合考虑教材内容和学生情况，设计不同类型的学习任务，依托学习任务整合学习情境、学习内容、学习方法和学习资源，安排连贯的语文实践活动。”这里提出的“具有内在逻辑关联的语文实践活动”“连贯的语文实践活动”对语文实践活动提出了系统性、逻辑性的要求。

3. 综合的语文实践活动。2022 年版语文课标还对课程资源提出了有利于组织和实施语文实践活动的综合性要求：“要从核心素养形成和发展的内在规律出发，紧密结合语文教材内容，选择有利于组织和实施综合性语文实践活动的优质资源，构建开放多元的教学资源体系。”甚至还提出了创设学习情境的实践性思考：“创设真实而富有意义的学习情境，凸显语文学习的实践性。”

2022 年版语文课标在多处明确提出了“综合性学习”的要求和建议。统编教材也非常重视综合的语文实践活动，在第二、三学段安排了 4 次“综合性学习”：三年级下册的《中华传统节日》（小综合），四年级下册的《轻叩诗歌大门》（小综合），五年级下册的《遨游汉字王国》（大综合），六年级下册的《难忘小学生活》（大综合）。当然，除了这 4 次综合性学习的系列设计，教材和教学中还有多处采用基于综合性情境下的语文实践活动，便于较好地落实课标提出的综合性、实践性要求。

4. 特色的语文实践活动。在教材编写方面："要根据六个学习任务群的特点，通过目标取向、文本选择、学习实践活动方式等体现不同学习任务群的特色。"在课程资源方面："学校要整合区域和地方特色资源，设计具有学校特色、区域特色的语文实践活动。"这些建议的提出，在建设有特色的语文课程和教学征途上迈出了坚实的一步。

重点研讨

1. **语言实践的认识论。**
2. **语言实践的设计论。**
3. **语言实践的活动论。**

第十六章　语文梳理

内容提要

对 2022 年版语文课标中“语文梳理”有关阐述进行初步梳理和解读，并提出一些实施建议。主要是语文课标中的“梳理”、学生核心素养中的“梳理”、语文实践活动中的“梳理”、语文学习任务群中的“梳理”和学业质量中的“梳理”。

2022 年版语文课标的颁布，是一个具有里程碑的事件，有众多新意和创意。“语文梳理”就是其中之一。它是课标特别重视和关注的一个概念，是语文实践活动的重要组成部分。本章对其进行系统梳理，为新课标的实施落地提供一些帮助。

一、语文课标中的“梳理”

1. 语文课程体系的梳理。2022 年版语文课标洋洋洒洒 36036 个字，比 2011 年版的语文课标的字数多出一半以上的字数。从语文课程的角度对语文课标的主要内容进行了梳理，构建了语文课标的完整结构。我们可以认为，这是目前为止最为权威、完整和系统的语文课标框架。

义务教育语文课程标准文本框架

<table>
<tr><td colspan="2">一、课程性质</td></tr>
<tr><td colspan="2">二、课程理念</td></tr>
<tr><td rowspan="3">三、课程目标</td><td>核心素养内涵</td></tr>
<tr><td>总目标</td></tr>
<tr><td>学段要求</td></tr>
<tr><td rowspan="2">四、课程内容</td><td>主题与载体形式</td></tr>
<tr><td>内容组织与呈现方式</td></tr>
<tr><td rowspan="2">五、学业质量</td><td>学业质量内涵</td></tr>
<tr><td>学业质量描述</td></tr>
<tr><td>六、课程实施</td><td>教学建议
评价建议
教材编写建议
课程资源开发与利用
教学研究与教师培训</td></tr>
</table>

语文课标六个部分的主要内容是：

（1）课程性质。对语文课程的性质、特点和基础意义进行了梳理和确定。与2011年版语文课标不同的是，新课标在课程性质的表述中增加了“国家通用语言文字”的字样，其意思是：要强调国家推广的普通话和当代使用的简体字和现代文的学习。

（2）课程理念。2022年版语文课标修正了以往的课程理念，提出了五个新的课程理念。通过梳理发现，这五个理念是从课程目标、学习任务群、课程内容、课程实施、课程评价的角度提出的。可见，这五个新的课程理念是有其内在联系的。

（3）课程目标。从抽象到具体、从高到低规定了课程的总目标和学段要求。例如：从对“核心素养内涵”的表述看，其梳理是有逻辑关系的，从概念扩展到四个具体内涵再到整体要求。又如：“学段要求”是从四种语文实践活动分四个学段条目式提出的具体要求。

（4）课程内容。改变了过去没有课程内容阐述的做法。现行课标关于课程内容的表述占了大量篇幅。从“主题与载体形式”和“内容组织与呈现方式”两个方面介绍课程内容。前者是基于文化主题的，后者是基于学习任务群的。

（5）学业质量。从“学业质量内涵”“学业质量描述”两个方面做了阐述。后者提出了四个学段的具体要求，但是这些要求如何与学段目标形成对应联系，有待进一步研究。

（6）课程实施。从“教学建议”“评价建议”“教材编写建议”“课程资源开发与利用”“教学研究与教师培训”五个角度提出了课程实施的具体建议。其中“评价建议”和“教学研究与教师培训”两部分是新增加的内容。

2. 语文内容的梳理。2022年版语文课标的正文后有五个附录，对语文内容进行了具体梳理。主要是：

（1）优秀诗文背诵推荐篇目。1~6年级75篇，7~9年级60篇（段）。

（2）关于课内外读物的建议。包括国内外的童话、寓言、故事、诗歌散文、长篇名著、科普科幻作品等。

（3）关于语法修辞知识的说明。罗列了所学的六种语法修辞知识。

（4）识字、写字教学基本字表。梳理出需先学习的300个基本字。

（5）义务教育语文课程常用字表。分两个字表：字表一2500个字，是较常用的字。字表二1000个字，是次常用的字。

江苏特级教师高子阳用30天时间研读了2022年版语文课标，写了30篇体会文章。在梳理时，他发现课标全文共有“能”字266个。2011年版有153个，2001年版是136个。这个“能”是对学生和老师提出的能动和能力要求。

有意思的是，有人对“课程目标”部分的首句“语文课程围绕核心素养，体现课程性质，反映课程理念，确立课程目标”进行了表达上的梳理。笔名湘里仁嘉老师经语法结构的逻辑整理后建议修正为“语文课程应该紧密围绕核心素养，在领会课程性质、把握课程理念的前提下，来确立课程目标”。又有人建议修改为“语文课程目标的确立，应紧密围绕核心素养，全面体现课程性质，充分反映课程理念”。课标尚且如此，何况一般文章。这亦说明了树立梳理意识，提高梳理能力的重要性。

二、学生核心素养中的“梳理”

2022年版语文课标提出的新理念是：以语文实践活动为主线，综合构建素养型课程目标体系。“梳理”作为一种语文实践活动，是促进学生核心素养联系发展的重要手段之一。在“课程目标”中明确提出：“语言运用是指学生在丰富的语言实践中，通过主动的积累、梳理和整合，初步具有良好语感。”这是对“梳理”的地位和作用的一个重要阐述。这个阐述有三个含义。

1.“梳理”是学生的语言实践活动方式。首先，梳理是学生的学习活动方式。它的主体是学生，而不是教师，这体现的是学生参与活动的主体性。因而，这是一个体现“生本思想”的概念。其次，梳理是一种实践活动方式，是实用而具体的，体现的是实践的状态、过程和结果。在课标中，含有梳理意思的词语还有：讲述、复述、转述、记录、整理、归纳、概括、总结等。梳理的方式主要有：图表、提纲、流程图、思维导图等。最后，梳理是一种语言实践活动方式。强调的是语言状态下的语言情境和语言关系。

2.“梳理”和“积累”“整合”联系在一起。基于语言实践活动的情境进行的语言学习，要经历积累、梳理和整合的一系列过程。在这个过程中，积累是基础，只有丰富的语言积累，才能为梳理提供语言素材。梳理是对语言素材的判断、推理、整理、比较、分析、系统化的活动，为后续的整合提供条件。整合则是一个更高层次的抽象和概括的活动。可见，梳理是中流砥柱，起到承上启下的作用。

3.“梳理”指向语言运用和语感培养。在语言实践活动情境中的梳理，有其特殊的语文学习意义。一是它指向语言文字。梳理的对象和内容主要是语言和文字，是一种对语言材料和语言经验的梳理活动，而并非是非语言行为。二是它指向语言运用。根据学理，语言学习的一般过程包括语言感知、语言理解、语言巩固和语言运用。在这一过程的每一个环节都离不开对语言的梳理工作。特别是“语言运用”这一核心素养，是基于对语言特点和规律的把握来梳理的。只有通过语言梳理，语言运用才得以保证，也只有通过语言梳理，语感的培养才得以提升。

三、语文实践活动中的“梳理”

2022年版语文课标在“课程理念”中指出：“义务教育语文课程……以促进学生核心素养发展为目的，以识字与写字、阅读与鉴赏、表达与交流、梳理与探究等语文实践活动为主线，综合构建素养型课程目标体系。”所以，在各教学目标的“学段要求”中从四种语文实践活动的角度分别提出了各学段的具体要求。下面对课程中四个学段的“梳理与探究”的有关内容和要求梳理如下。

第一学段：（1）梳理学过的字，感知汉字与生活的联系。（2）结合语文学习，用口头或图文等方式整理、表达自己在活动中的见闻和想法。

第二学段：（1）尝试分类整理学过的字词。（2）尝试发现所学汉字形、音、义和书写的特点，帮助自己识字、写字。

第三学段：（1）分类整理学过的字词，发现所学汉字形、音、义和书写的特点，发展独立识字能力和写字能力。（2）初步运用多种方法整理和呈现信息。

第四学段：（1）按照一定的标准分类整理学过的字词句篇等语言材料。（2）梳理、反思自己语文学习的经验，努力提高语言文字运用能力，增强表达效果。

再将以上信息整理如下表：

	梳理的内容	梳理的目的或方式
第一学段	学过的字	感知汉字与生活的联系
	自己在活动中的见闻和想法	用口头或图文等方式整理、表达
第二学段	学过的字词	
	汉字形、音、义和书写的特点	帮助自己识字、写字。
第三学段	学过的字词	分类整理 汉字形、音、义和书写的特点 独立识字能力和写字能力
	整理和呈现信息	初步运用多种方法
第四学段	学过的字词句篇等语言材料	按照一定的标准分类整理
	自己语文学习的经验	提高语言文字运用能力，增强表达效果

从上表可得出如下重点：第一，梳理和整理是同义词。一般来说，整理比梳理要求更高。第二，梳理的内容主要是语言材料、学生的语言经验和有关信息。第三，梳理讲究科学的方法。第四，梳理是一个从简单到复杂、从低级到高级、从客体到主体的发展过程。

在“评价建议”中，对“梳理与探究”的实践活动提出了思维能力上的评价要求：“梳理与探究类问题或任务要从具体的文本材料出发，拟定有育人价值和探究空间的活动，考查学生提取信息、筛选分类、比较概括、归纳总结等思维能力。”这就把语文实践活动与思维能力培养联系起来了，这是更为有意义的实践，能规避为实践而实践的形式主义做法。

四、语文学习任务群中的“梳理”

2022年版语文课标首次提出：“义务教育语文课程内容主要以学习任务群组织与呈现。”语文课程按照内容整合程度不断提升，分三个层面（基础型学习任务群、发展型学习任务群和拓展型学习任务群）设置六个学习任务群。根据学段特点，学习任务群安排可有所侧重。

基础型学习任务群设置了唯一的“语言文字积累与梳理”。现对其解读如下：

1．“语言文字积累与梳理”任务群的文本结构。从主旨要点、学习内容、教学建议三个方面进行阐述。既有教学要求、教学内容，也有教学建议，对这一学习任务群的设计和教学进行具体指导，使其实施有了操作性，为其落地提供了方向和可能性。

2．“语言文字积累与梳理”任务群的主旨和要点。2022年版语文课标指出：“本学习任务群旨在引导学生在语文实践活动中，积累语言材料和语言经验，形成良好语感；通过观察、分析、整理，发现汉字的构字组词特点，掌握语言文字运用规范，感受汉字的文化内涵，奠定语文基础。”

通过梳理，可见其主旨是：奠定语文基础。其要点有三：（1）积累语言材料和语言经验，形成良好语感。（2）发现汉字的构字组词特点，掌握语言文字运用规范。（3）感受汉字的文化内涵。

3．“语言文字积累与梳理”任务群的学习内容。只从“语言文字梳理”的角度整理各学段学习内容如下：

第一学段：初步学习分类整理课内外认识的字。诵读、记录课内外学到的成语、谚语、格言警句、儿歌、短小的古诗等，感受中华优秀传统文化。

第二学段：初步梳理常用汉字形、音、义之间的联系。关注校园内外汉字和标点符号的正确使用情况，整理自己的发现。诵读、积累成语典故、中华文化名言、短小的古诗词和新鲜词语、精彩句段等，丰富自己的词汇，分类整理、交流。

第三学段：按照汉字字形结构等规律梳理学过的汉字。分主题梳理自己积累的成语典故、格言警句、对联等语言材料。

第四学段：梳理学过的语言现象。学习按照词类梳理字词。学习整理典型的语法、修辞应用实例。分类整理、欣赏、交流所积累的词语、名句、诗文等。

4．“语言文字积累与梳理”任务群的教学提示。这里也只从“语言文字梳理”的角度整理其主要的教学提示：

（1）重视梳理习惯的培养。“诵读、积累与梳理，重在培养兴趣、语感和习惯。”习惯成自然，习惯产生学习效益。可以说，学生形成梳理习惯之日，便是语文核心素养提升之时。

（2）梳理自己积累的语言材料。“引导学生借助信息技术等多种方式汇总、梳理自己积累的语言材料，建立自己的创意语言资料库，并能学以致用。”语言材料的积累与梳理对于语言表达具有重要意义，特别是本人积累的语言材料和语言经验。“建立自己的语言资料库”的提议更是富有创意。

（3）梳理与体认文化相结合。“注意将语言积累、梳理与体认社会主义先进文化、革命文化、中华优秀传统文化相结合。”这旨在语言积累、梳理的活动中感受众多文化的滋润和体验，从而达到以文化人的效果。

（4）梳理与运用相结合。“引导学生增强语言积累和梳理的意识，教给学生语言积累和梳理的方法，注重积累、梳理与运用相结合。”语言的积累、梳理与运用是一个完整的语言学习过程。积累和梳理是语言的内化过程，而运用语言是语言的外化过程。前者是吸收，后者是表达。没有吸收，无从表达；没有表达，吸收也失去更大的意义。

在其他学习任务群中也都有梳理或整理的要求。例如在“实用性阅读与交流”学习任务群第三学段学习内容中要求“学习记笔记、列大纲、写脚本、画思维导图等整理和呈现信息的方法”。在“文学阅读与创意表达”学习任务群第三学段学习内容中要求“复述印象深刻的故事情节”。复述也是一种梳理方式。在“思辨性阅读与表达”学习任务群的主旨要点中，也提出了梳理要求：“梳理观点、事实与材料及其关系”，第二学段学习内容中要求“主动记录、整理、交流自己发现的问题和思考”。在“整本书阅读”学习任务群第三学段学习内容中要求“学习梳理作品的基本内容”“梳理、反思小学阶段的阅读生活”。在“跨学科学习”任务群的主旨要点中，也提到要“开展阅读、梳理、探究、交流等活动”。由此可见，梳理是一个贯穿六大学习任务群的核心概念和重要思想。

五、学业质量中的“梳理”

2022 年版语文课标不仅第一次设置“学业质量”板块，而且在“学业质量描述”中较全面地阐述了“梳理”问题，至今前所未闻。其中提到的梳理活动内容有：

第一学段主要关注学生梳理的意向：有意识地梳理在日常生活中学习的汉字、词语，并尝试进行分类；愿意整理自己的学习成果，并向他人展示；能借助关键词句复述自己读过的故事或其他内容。

第二学段主要关注学生梳理的分类：注意积累和梳理语言材料，能把具有相同或相似特征的汉字进行分类，愿意与他人交流分类的理由；能分类梳理日常生活中学到的词句，愿意用自己喜欢的方式整理学习成果；能按照一定的顺序讲述见闻；能复述读过的故事；能用自己喜欢的形式记录阅读感受与生活体验。

第三学段主要关注学生梳理的主动性和梳理方法：在学习中，能发现富有表现力的词句和段落，自觉记录、整理；用多种方式有条理地记录学习活动过程，表达参与活动的感受；能用文字、结构图等方式梳理作品的行文思路。能够围绕发现的问题，搜集资料、整理相关的观点与看法；能主动梳理、记录可供借鉴的语言运用实例。

第四学段主要关注学生梳理的效果和水平：复述、转述完整准确，要点突出。能用流程图、文字等形式呈现活动设计方案；能理清行文思路，用多种形式介绍所读作品的基本脉络；能分类整理富有表现力的词语、精彩段落和经典诗文名句；能通过对阅读过程的梳理、反思，总结不同类型文学作品的阅读经验和方法；能概括文学作品中的典型形象特征和典型事件，并归纳总结出一些文化现象；能通过梳理、分析材料提炼出自己的看法；能有条理地列出提纲。

在学业质量描述中提出详细的梳理、整理要求，为语文教学、教材编写、学业评价等提供了一个新思路，因而显示出它的必要性。

重点研讨

1. 梳理新语文课程标准的文本框架。
2. 梳理核心素养的要素及内容体系。
3. 梳理语文实践活动的类型及要求。
4. 梳理语文学习任务群的层次结构。
5. 梳理学业质量的内容及具体要求。

第十七章　项目学习

内容提要

语文项目学习是一种综合性学习方式，其设计是一个复杂的系统工程。初步阐述语文项目学习的整个过程的设计思路，包括项目主题、项目分析、项目设计、项目执行、项目作品、项目评价等六个方面的设计。

项目学习，又称“项目化学习”“项目式学习”“基于项目的学习”等，虽然用词有差异，但均源于 Project-Based Learning（简称 PBL）。项目学习是一种围绕某一个项目展开的主题性、综合性、探究性学习样式。语文项目是一个有意义的主题，学生为了完成项目任务、实现目标，需要参与项目的总体设计和项目的探究过程，最终以陈述或交付实际作品的展评方式完成项目。所以，经典的语文项目学习，一般要经过“项目主题→项目分析→项目设计→项目执行→项目作品→项目评价”六个阶段。

一、项目主题

语文项目学习，项目主题的选择和确定至关重要。首先要明确的是，项目学习是借用了管理学中的“项目”概念。两者既有联系也有区别。共性在于都指向真实的任务、真实的实践活动和真实的产品。区别在于其目的不同，管理学中的项目是为了完成某项任务，比如建一栋教学大楼，设计一支笔等，其目的是产品。而语文项目学习中的项目则是语文学习的媒介或手段，其主要目的在于语文学习。

1. 主题的双线性。语文项目学习要根据小学阶段的育人目标来确定项目。教师能够自己或者和学生一起选择好的项目，是新时期教师的教学基本功之一。项目学习有学科内项目学习和跨学科项目学习两大领域。这里主要探讨语文学科的项目学习。

从顶层思考，语文项目学习要基于最新版的语文课程标准（2022 年版）、统编教材的教学内容和学生已有学习经验进行整体规划，要充分考虑和聚焦语文学科的核心素养，承载语文学科的思维方式。同时，还要体现语文学科中的关键知识和跨学科素养的融合。所以，项目学习的主题设计基于两个价值取向，一个是语文学科的核心素养和关键能力，如听、说、读、写；一个是跨学科的学习和综合素养的培养，如合作与沟通、问题解决、批判性思维等。这种双线并进的项目学习设计可用简图表示。

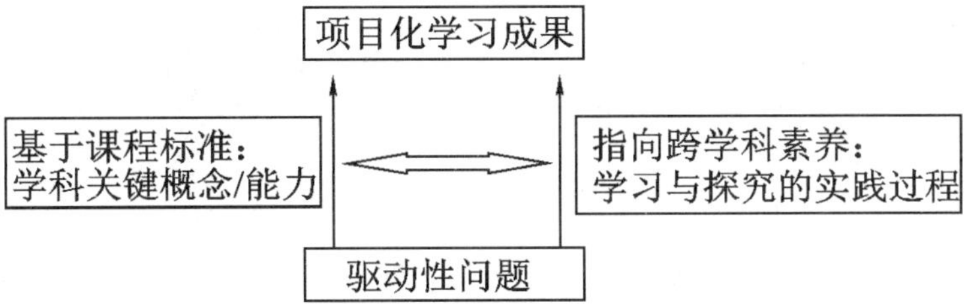

双线并进的学科项目学习设计

2. 主题的问题性。设计一个好的语文项目主题，要直面真实问题。项目的主题如果与真实世界密切联系，学生的学习会更加具有针对性和实用性。这需要学生具有提出问题的意识和能力，能提出有研究价值和实践意义的问题，并在若干问题中选择和确定一个好的“主问题”，然后再把这个主问题转化成一系列驱动性的问题。

有一本书叫《大地的诱惑》(*Pull of the Earth*)，介绍了一次极端的教学改革。为了帮助一所问题小学进行教学改革，教育研究人员洛瑞・索普带着她的研究助理和该校师生员工共同开展种植活动，把学校变成了一个花园。学生在种植过程中把各个学科的知识融为一体，并运用到这项活动中。在这个活动中，需要解决的是实际问题，这个问题未必只是单纯的语文问题或是单纯的数学问题、科学问题，而是真实的问题。

语文项目学习的名称和主题应该来源于学生的学习和生活实际，可从学生个体、家庭、社区、地区、国家等面临的语文实际问题中进行选择和确立。如绘本学拼音、绘画汉字、街上的错别字、认识繁体字、汉字变异、学习方言、汉语声律、走近鲁迅人物单元等都是可选择的语文项目学习主题。

3. 主题的语文性。语文项目学习的总体目的是让学生拥有解决真实问题的语文核心素养：语言建构与运用、思维发展与提升、审美鉴赏与创造、文化传承与理解。语文学科核心素养的这四个方面是一个整体。语言是重要的交际工具，也是重要的思维工具。语言的发展与思维的发展相互依存，相辅相成。语言文字是文化的载体，又是文化的重要组成部分，学习语言文字的过程也是文化获得的过程。语言文字作品是人类重要的审美对象，语文学习也是学生审美能力和审美品质发展的重要途径。语言建构与运用是语文学科核心素养的基础，在语文课程中，学生的思维发展与提升、审美鉴赏与创造、文化传承与理解，都是以语言的建构与运用为基础，并在学生个体语言经验发展过程中得以实现的。

从语言的建构与运用的角度，可以更清楚地确定语文项目学习的主题。

线索	项目意图	语文项目学习的主题
语言文字	补充	方言、姓氏、繁体字、汉字画、书法、成语、韵语、歇后语、对联……
语言文章	认识	绘本阅读、亲子阅读、整本书阅读、小论文、语文游戏……
语言文学	感受	主持节目、播音、诗词歌赋、文学导读、课本剧、戏剧表演……
语言文化	渗透	汉字文化、经典古诗文、故事会、班级读书会……

二、项目分析

项目的下位概念是任务。学习任务既是项目学习的起点，通过项目的情境、目标、活动等引导学生的学习行为，学习任务又是项目学习的终点，通过项目过程、结果、评价等检验学生的学习目标达成情况。一个项目是由一个或多个任务群和具体任务组成的。有必要对任务群和单个任务进行进一步分析。

1. 六大任务群。《义务教育语文课程标准》（2022 年版）第一次明确提出语文的六大“学习任务群”：语言文字积累和梳理、实用性阅读与交流、文学阅读与创意表达、思辨性阅读与表达、整本书阅读、跨学科学习。其中的第 2、3、4 个学习任务群，基本对应过去的应用文、记叙文、议论文的学习。“学习任务群”概念的提出为语文项目学习提供了一种契合的基础。

2. 真实的任务。真实性是项目学习的一个重要特征。所谓“真实”，指的是学习情境对学生而言是真实的，是他们在继续学习的过程中和今后生活中能够遇到的，也就是能引起他们联想，积累必要的资源，丰富语言文字运用的经验。真实性指的是项目接近于“现实世界”情境中的学习或工作，类似于社会职场的历练。之所以强调项目的真实性，是因为真实的情境、真实的研究、真实的评价、真实的人员能激发学生的学习动机，保证最终作品的质量水准。

可以认为真实的项目是指学生解决这个问题的思路可以迁移到现实生活中。即使在一个虚构的情境中学生也能体验到真实，学生在其中的思考方式和解决问题的方式与真实情境类似。项目学习更强调这种思维的真实。只有在真实情境下运用某种或多种知识完成特定的任务，才能评估关键能力、必备品格与价值观念。

如一位教师上五年级拓展课《生活中的提示语》，从学生的生活实践入手，努力拓展语文学习外延，设计如下真实情境和问题：

各小组搜集生活中不同场所出现的提示语。

小组之间探究提示语写法上的异同，交流感受。

各小组尝试着改写提示语，使之亲切委婉又能给人以启示。

各小组尝试着为生活中的不同场合写提示语。

以上设计并非要求学生只是单一查找资料，而是在搜集信息的基础上学会整理运用并加以分析比较，使语文综合能力得到检测与提升。

需要注意的是真实情境并非就是要布置一个与主题或课文相关的外部环境，如讲《黄山奇石》就要上黄山，讲《富饶的西沙群岛》就要下海……显然不是这个意思。其实，真实情境贯穿每一个学习环节，让语文学习在课堂里真实发生、发展。

3. 任务分析。根据学生的认知发展水平，可以对语文项目进行适当拆解，设计大任务、小活动，合理安排课时。要特别关注课时之间的逻辑关系。要引导学生小组合理分工，针对任务自主设计学习方案，解决问题，获得作品。对项目任务要进行必要的预测和需求分析。如：

任务的整体概况。什么是已知的，什么是需要知道的，以及如何找到答案来回答这个问题。

完成任务的主要步骤。

完成任务的主要策略。

完成任务中可能出现的问题。

完成任务中可能用到的资料。

…………

例如，在学习六年级上册《只有一个地球》这一课时，教师没有多讲，而是给出三个需要解决的任务：（1）我们生活的地球是怎样的？（2）人类的哪些行为是对地球毁灭性的破坏？（3）怎样保护地球？让学生自主选择感兴趣的一个问题与有相同兴趣的同学组成学习小组进行学习。这种设计，就是一种语文项目学习。有主题，有目标，有情境，也有任务。这里提出的问题就是一种学习任务。

三、项目设计

语文项目学习的实施方案主要有两个设计思路，一个是基于内容的，一个是基于程序的。

1. 基于内容的项目设计。语文项目学习实施方案的内容设计主要有项目主题、项目依据、项目任务、项目内容、项目资源、项目实施、项目作品、项目评价、注意事项等。

小学语文项目学习实施方案（框架）

1	项目主题	汉字画
2	项目依据	1. 汉字是一种方块图形。 2. 绘画是一种良好的学法。
3	项目任务	1. 通过汉字的绘画，加深对汉字形、义的理解和把握。 2. 通过绘画和认识字形，提高学生的形象思维能力和综合素养。
4	项目内容	1. 汉字字形、字义、字音的有关知识。 2. 汉字的形体及其文化。 3. 图形构建的部件、结构及其美学原理。
5	项目资源	1. 课标规定的3489个汉字。 2. 汉字的演化图谱。 3. 日本、韩国等地的汉字画创造。
6	项目实施	年级：1~6年级 课时：每年级每周一课时指导课 活动场地：教室 活动组织形式：自由报名、小班教学 活动方式：定期分年级展示、评奖 前期准备：购买汉字画册、校园张贴汉字画……
7	项目作品	汉字画
8	项目评价	1. 造型（40分） 2. 含义（20分） 3. 美观（40分）
9	注意事项	1. 指导课的指导和平时练习相结合。 2. 班级计分和个体计分相结合。 3. 展示和评奖相结合。

2. 基于程序的项目设计。如果以每个学习任务群为设计单元，则要细化任务群的目标要求，形成若干学习项目，并依据项目内容设计学习专题，再依据每个专题设计学习议题，形成“任务群→项目→专题→议题”这样一个递进程序：

<table>
<tr><th>任务群目标</th><th>学习项目</th><th>学习专题</th><th>学习议题</th></tr>
<tr><td rowspan="9">目标内容1
……
目标内容X</td><td rowspan="6">项目1</td><td rowspan="3">专题1</td><td>议题1</td></tr>
<tr><td>议题2</td></tr>
<tr><td>议题3</td></tr>
<tr><td rowspan="3">专题2</td><td>议题1</td></tr>
<tr><td>议题2</td></tr>
<tr><td>议题3</td></tr>
<tr><td>项目2</td><td>专题X</td><td>议题X</td></tr>
<tr><td>项目3</td><td>……</td><td>……</td></tr>
<tr><td>项目X</td><td>……</td><td>……</td></tr>
</table>

如果有能力，可以设计一个项目实施路线图，则更为完美。

四、项目执行

项目的执行是完成项目任务最关键的一环，因而显得更为重要。

1. 执行的要求。在学习状态上，语文项目学习要求学生从被动的接受者转向积极的探索者，从被动参与到主动参与，真正激发学生的内源性动机。

在学习内容上，语文项目学习的价值在于围绕一个富有挑战性的主题，整合学科内甚至是跨学科的学习内容，促进学生综合理解，实现学生的综合发展。

在学习方式上，语文项目学习要求改变以往以知识传授为主线的教学方式，用更真实、更综合的项目引导学生展开学习，让学生在问题解决中实现学用合一。

在学习结果上，语文项目学习强调学生的实践创新，让学生在探究与创作中形成一定的作品，例如建立模型、设计方案、创编话剧等。

2. 执行的类型。根据项目执行方式，语文项目学习可以分为调研类、实验类、设计类以及实作类四种类型。

调研类项目要求学生运用各种调查方式搜集客观信息，并对客观信息进行研究与分析，从表层调查到深究内因。例如，让学生调查学习语文的兴趣状况、作业中形成错误的主要原因、汉字使用频率等。

实验类项目旨在让学生运用所学知识检验某种科学理论或假设，进而探索其存在的合理性。例如，让学生验证曹冲称象的合理性、探索太阳与人类生活的关系等。

设计类项目要求学生按照一定的目的制定方案、模型等。例如，让学生设计竹节人的制作方案、故宫旅游路线方案、建立汉字的简易结构模型图谱等。

实作类项目强调学生的操作和动手能力，让学生在实践中创生作品。例如，让学生制作一个简易的汉字魔方、汉字扑克，创编成语接龙操等。

以上四种项目学习类型并非简单的并列组合，而是一种层级不断加深，对学生的综合素养要求不断提高的关系，力求让学生实现从简单的知识运用到实践创生，从单一的知识建构到社会身份建构的过渡。

3. 执行的路径。语文项目学习的具体执行是一个庞大的系统，涉及众多具体事项。在此只做三点说明如下：

（1）语文项目学习的主要途径是课堂教学。如果这个问题不解决好，项目学习就会走向浮躁，学生不好好念书，都出去搞活动了。不能因迁就学生不喜欢读书而去搞与语文关系不大的课外活动。如果每一个项目都以课外活动为主，不但老师的指导无法实现，还会冲击到其他课程，影响整个教学的全面运转。那种把学习中的实践活动泛化的做法是不妥当的。

（2）语文项目学习的主要捷径是语文实践。以学生的语文实践为主线设计的项目学习，是极为有意义的。学生的主要学习活动是：阅读与鉴赏、表达与交流、梳理与探究。关于“语文实践”的表述是通过阅读与鉴赏、表达与交流、梳理与探究等语文实践，积累言语经验，把握语文运用的规律，学会语文运用的方法，有效地提高语文能力，并在学习语言文字运用的过程中促进方法、习惯及情感、态度与价值观的综合发展。

阅读与鉴赏、表达与交流、梳理与探究，并不完全等同于常说的听、说、读、写，可以说是听、说、读、写在核心素养时代的升级版。每个项目的学习，都离不开这三种语文实践，或者是单独使用某一种方式，或者是三种方式的灵活运用、综合运用。

语文项目学习以学生的语文实践为主线，这就从教学内容设计走向了教学行为设计与教学内容设计的结合，而且是以行为设计为主线牵动内容设计的变革。语文项目学习是学生在教科书和教师引领下的自主的语言文字运用实践，活动内容直指学习语言文字运用的任务和语文核心素养。

（3）语文项目学习的主要路径是跨界学习。跨界学习意味着学校学习不再是唯一的语文学习场所，还包括家庭学习、社会学习乃至自然界的学习。

跨界学习意味着语文老师不再是唯一的语文科任教师，还包括其他学科老师、家长乃至社会人士。跨界学习意味着语文课本不再是唯一的课程资源，还包括互联网、自然风景乃至文化娱乐活动。项目实施过程中的人员组合、文献资料、项目模板、学习技术、挑战性任务、学习支架、头脑风暴、构建假设、网络平台、实时记录、独立学习、概括总结等也都是很值得思考和精心设计的。

总之，每个语文项目学习都像一个巨大的泳池，会有一个切入点，能引得学生纵身一跃，潜入泳池深处，从而学会自己游泳。

五、项目作品

语文项目学习与其他类型的语文学习最主要的区别在于，项目学习最终要有一个成果，并且学生要能够公开介绍和展示自己的成果。

1. 作品的匹配性。表现为项目学习的成果作品至关重要。项目学习的最终成果是“产品”或“作品”，它可以是物质的，也可以是精神的，可以是可视的，也可以是观念的。其本质是学生构建出对某一项目的主题、任务的较全面的、深入的理解。项目作品需要与最初的学习主题、任务、目标相匹配，甚至可以从学习目标倒推来决定最终作品与阶段性作品的形式。

项目学习最终要形成公开有质量的成果。这些成果涉及对概念、情境中的背景知识、限制条件的综合分析、推理、再设计与创造过程。项目学习的特征之一是“以作品为导向”。这里的作品可以是一份报告、一件实物，是能体现学生学习成果的作品。教师需要思考的是最终要学生呈现什么样的作品？需要指出的是，以作品为导向并不意味着学生只是要做一个作品，他们同时需要明确作品背后要达成的目标是什么，以及为什么要以这种形式制作作品，同时教师可以通过学生呈现的项目成果等来判断学生在项目学习中对知识、概念的掌握情况以及思维能力、创造能力的发展状况。

2. 作品的社会性。语文项目学习最终凝结作品成果的形式可以帮助学生解决语文学习中或社会中的实际问题，具有一定的现实意义和社会效益。同时，项目实施活动所给予学生的，除了语文知识技能的培养外，可能就是学生将来所要从事工作的本身。就是说，在公开共享后，这些产品能够为语文学习、社会发展服务，还可以产生一定的社会效益。

3. 作品的多样性。实施完一个项目，基本上每个学生都能拥有自己的作品，一个与众不同的作品，而不再是千篇一律的模仿老师的作品。

项目学习的最终作品可以是研究方案、思维结构图、研究论文、调研报告、多媒体演示、演讲与陈述、成果展览等。为了保证最终作品的质量，学生还应该有阶段性作品，可以是作品草稿、产品原型、访谈计划书、视频作品、大事记、作品评论、实地调查指南、项目进展小结、日志、笔记等。可见，项目学习区别于一般学习活动的重要特征是形成学习作品和产品制作。

六、项目评价

1. 项目评价的逆向设计。项目学习的评价贯穿整个过程，从初始活动一直到公开成果都需要加以评价，这足以看出评价的重要性。所以，项目评价方案的设计应该放在项目实施活动设计之前。语文项目学习的评价设计具有逆向的特点，并贯穿项目始终。在产生驱动性问题和成果之后，就要进行项目学习活动评价的设计，然后再进行项目执行设计。在实际进行项目设计的时候，对成果的评价部分应与成果一并设计，而对实践的评价部分则是与流程一并设计。

2. 项目评价的真实过程。要设计针对语文核心素养、语文学习任务群实现情况的评价工具。项目学习的评价内容、评价方式与常规评价有本质差别。

从过程来看，要评价学生学习的投入程度，包括专注度、参与的深度和广度。

从合作来看，要评价学生小组内分工、合作的水平，对团队的贡献程度。

在传统的学习中，教师常会告诉学生："×点钟上课，学习如下××内容，达成××教学目标。"而在项目性学习中应该这样阐述："这个项目由你们四个人去做，我们来给你们分别打分，小组在一起也会打分。打分不仅要考量这一项目的学术含量，也要根据你们相互之间的关系打分。"

从结果来看，要评价学生阶段性收获、成果和继续学习的愿望。学习过程决定实际获得，过程性评价是项目学习的主要评价方式。

在语文项目学习中，有些学习内容只呈现过程并没有最终的作品，如讨论、辩论等。有些学习内容会通过研究论文、报告、海报、多媒体演示、演讲、展览等呈现出来。无论是针对前者还是后者，教师都应开发评价工具，既评价学生的口头表达能力、书面表达能力、思维能力、创造能力等，又评价学生的团队协作、人际沟通等非认知能力，突出情感、态度、价值观等在语文学习中的重要性。

对于一个完整的项目学习来说，最终产品的获得并不是学习的结束，很有必要对学习成果进行评价。对最终产品和活动过程进行评价并提供反馈，会为学生的学习带来更多支持。

例如，可以为项目的执行情况设计一个评价表。

评价	目的和过程评价
头脑风暴	学生根据选题、学习目标要求，用头脑风暴的方法讨论，需要哪些方面的知识，以及建构新的知识。
学情调查表	在项目开始前，教师了解学习需求，学生填写好学情调查表，教师利用这些制订教学计划。
观察日记	在项目学习的全程中，用观察日记记录教师捕捉到的学生的学习情况，监控进展、提供反馈，并及时调整教学策略。
日志	学生在遇到项目学习的相关问题时，所学到的知识全部反映到日志中，教师可以全程掌握学生对知识的理解程度和思维的过程。
合作检查清单	学生可以利用项目学习检查清单随时了解自己的合作、沟通、互助的能力，在小组会上，教师会同学生温习和理解其清单，以便他们随时能够理解。
小组讨论会	教师参加所有小组的讨论会，了解他们的需求以及所面临的困难，并提供给他们一些指导性的意见，回答一些问题，了解他们每个人的进度。
项目计划检查清单	学生可利用检查清单，评估其项目计划，并做相应的调整。
反思	在项目学习结束时，反思自己的学习过程、收获、问题解决和体验，反思自己是否达到目标要求，为下一个目标学习设定目标。

3. 项目评价的学生主体。项目学习并不只是教师才可以进行成果的评价，教师在进行最终的评价前，也可以引导学生先对自己的成果或者是同伴的成果进行分析评价，这也可以增进学生的反思能力。

学生在完成某个语文项目学习后，形成了很多不同形式的作品，可以请学生自行设计一个展览活动。此时，学生就需要拟定展览项目的评价标准、制订展览方案、选择丰富多样的展品、评价他人或自己的展品等。在这个过程中，学生成为积极的自我评价者，并通过自我评价来规划和整理自身的学习。

重点研讨

1. **如何确立和分析语文项目学习主题？**
2. **如何设计和论证语文项目学习方案？**
3. **如何验收和反思语文项目学习活动？**

第十八章　课堂展评

内容提要

2022 年版语文课标理念是指导语文教学实践的主要依据。从语文课程的性质、学生的核心素养、语文学习任务群和语文的实践活动四个方面的新理念对两节文言文课进行初步点评，以探索语文课标理念在课堂教学中的落实，真正实现从课程走向课堂。

小学文言文教学历来是有变数、有争议的一个话题。统编教材的 14 篇正式文言文（不包括“语文园地”中“日积月累”模块的文言句段）的教学实践应逐步统一到 2022 年版语文课标的有关课程理念上，这是一件当务之急的事。下面基于 2022 年版语文课标的主要理念，对绍兴市金近小学特级、正高级教师何夏寿 2022 年 3 月执教的统编教材五年级下册《杨氏之子》，杭州市海曙小学特级、正高级教师闫学 2022 年 4 月执教的统编教材六年级下册《学弈》的两堂文言文课教学实录进行初步研讨。

一、课堂展示

（一）《杨氏之子》课堂实录

1. 趣味开课，读好课文。

师：初次见面，我给大家带来了一份见面礼，是什么呢？请竖起你的耳朵，准备你的掌声。

（用戏词演唱：九岁儿郎小杨氏，妙语巧对孔夫人，如若杨梅我家果，孔雀岂非君家禽。）

生：（掌声不绝）

师：我唱得有那么好吗？谢谢大家了。介绍一下我自己吧——演唱者：何氏之子。听懂了吗？

生：老师何姓。

师：你能用这样的方式介绍一下自己吗？

生 1：我是严氏之子。

生 2：我乃邵氏之女。

师：好一个邵氏之女。听你这么很文雅的一说，一下子把我们拉进这篇文言文当中去了。好，下面请大家打开课文，用自己喜欢的方式读读课文。

生：（读课文）

师：下面，我们一起来读读课文（大屏展示）。

生：（齐读）

师：不错，这里有两个生字，有两个多音字（标示）。我们再来读一遍，注意念到位。我请一个同学来读读。

师：听你们一读，我也特别想试试，可以吗？

梁国/杨氏子/九岁，甚/聪惠。孔君平/诣/其父，父/不在，乃/呼儿出。为/设果，果/有杨梅。孔/指以示儿/曰："此/是/君家果。"儿/应声/答曰："未闻孔雀/是/夫子家/禽。"

师：老师读得好吗？我介绍一下经验，主要是读出了句读。请大家也按照这样的标注，再来读一遍。

2. 创意讲述，感受"聪慧"。

师：为了奖励朗读出色者，我请大家"三讲故事"。怎么叫"三讲"呢？一讲，是自己看着注释自己试一遍；二讲，是同桌之间讲一遍；三讲么，就是当着全班同学讲一遍。会吗？

生：会。

师：这就对了，我们五年级同学已读过不少文言文，回忆一下，理解文言文的意思，之前我们学过哪几招？

生：看注释，看插图，联系上下文，补充句子内容……

师：就这些吧，够用了。现在请大家运用这些方法，先完成前面"二讲"。

生：（自学，自讲，同桌互讲）

师：我看到刚才大家都完成了前"二讲"，接下来我们进行最后一讲——哪一对同桌自告奋勇，当着全班同学的面，展示你们的故事才艺。要奋斗，千万不要躺平哦！

生：（讲故事大意。师相机讲解注释中的重点词语，"诣""示""乃"等）

师：讲得不错。下面我们变换一种讲法，不知大家还愿不愿意参与。（幻灯出示）

小杨氏：当天晚上，杨氏之父回来了，小杨氏对父亲说："老爸……"

孔君平：第二天，孔君平见到了杨氏之父，他说："老杨啊……"

对了，就是请你玩穿越，化身其中一位大神，给我们讲讲故事。

生：（争相举手）

师：（选择一生）请问你是何人呀？

生 1：我是孔氏君平。

师：好，有请孔夫子开讲《杨氏之子》。

生 1：老杨啊，你那个儿子简直就是聪明绝顶了。昨天我去拜访你，你外出了。我就叫你儿子出来。你儿子看到我，很是热情。不但请我坐，还拿出一盘杨梅招待我。我指着杨梅对他说，这是你家果子。小家伙不但听出我是拿他的姓氏开玩笑，而且立马回应我，我可没有听说孔雀是先生您家的鸟雀哦！绝了绝了，真是绝了。虎父无犬子，虎父无犬子啊！

生：（众生笑）

师：请问你姓啥？

生 1：吾姓王。

师：果然是王门出王子啊！（生笑）你的故事，不但讲清楚了原文，而且在此基础上，添加了好多自己的想法。比如，你儿子看到我，很是热情。不但请我坐，还拿出一盘杨梅招待我。再比如，这小家伙不但听出我是拿他的姓氏开玩笑，这句话一加，让杨氏子为何这样回应找到了立论基础。这样很有创意地一讲，故事就显得生动有趣。还有最后"虎父无犬子"的夸赞，显得很自然很应景，因为这毕竟是当着小杨氏的爸爸讲，总得附带表扬一下老爸。好，我们用掌声表扬一下王氏君平，并隆重欢迎你重返课堂。

生：（掌声，笑声）

师：有没有人愿意化作男一号小杨氏，学王氏君平的样子，有创意地讲讲你的故事。

（生举手）

生 2：老爸，我给您讲一件很好笑的事。今天，孔君平孔先生来看您。您不是外出了吗？我见到孔先生，给他搬椅子，倒茶水，还拿出杨梅招待他。您说孔先生怎么着，先生指着杨梅笑着说："这个是你家果子。"我知道他的意思是我姓杨，杨梅的杨，所以说这个是我们杨家的果子。我本来想说，那你姓孔，孔雀的孔，照您这么说，孔雀是您家的鸟雀喽。但一想，不能这么说，他是长辈，我这么直说，显得多不礼貌。于是，我就改成这么说："我可没有听说过孔雀是您孔先生家里的鸟雀哦！"老爸，你说我说得好不好？

师：好，非常好。儿子，你这么添油加醋、绘声绘色地说，真让我颜面朝天啊！（众笑）

3. 感悟机智，再品"聪慧"。

师："三讲"故事下来，你觉得杨氏之子是一个什么样的人？

生：非常聪明的人。

师：从课文中哪里可以看出来？

生：从小杨氏回答孔君平的句子"未闻孔雀是夫子家禽"中可以看出来。

师：（板书：未闻孔雀是夫子家禽）一般我们会怎样回答？

生：孔雀君家禽。（板书：孔雀君家禽。）

师：比较一下，与原文相比，小杨氏的回答变动了什么？

生：多了"未闻"，将"君"改为"夫子"。

师：从这两处变化中，你体会到什么？

生：从"未闻"两字中，我感到他说话很婉转；从"夫子"两字我感觉到他很尊重长辈。

师：你还可以从哪里感受到他的有礼貌？

生："为设果，果有杨梅。"这句话是说小杨氏替父招待孔君平，显得很有礼貌，很得体。我觉得杨氏子的情商很高。

师：哈，好一个情商很高！我们再来看提示语——"儿应声答曰"是什么意思，你又读出了什么？

生：就是立马说，顺着他的声音说。说明小杨氏很聪慧。

师：如果设果招待主要体现小杨氏的情商高，那么巧对孔君平的调侃便属于——

生：智商高。

师：没错没错。这是个情商和智慧齐头并进的孩子。大家设想一下，如果对方不是孔君平，而是马君平、李君平呢？杨氏子会怎么作答？

生3：如果是熊君平，我想小杨氏会这样说：未闻小熊是夫子家禽。

师：小熊是家禽吗？

生：应该是家——畜——。未闻小熊是夫子家畜。

生 4：我来说李君平。小杨氏会这么说——未闻李子是夫子家果。

师：好，好。我听明白了，不管是马君平还是李君平，或者熊君平还是梅君平，你们要将小杨氏的聪慧进行到底了。

生：（笑）

师：课文中有直接评价杨氏之子的语言吗？（出示：梁国杨氏子九岁，甚聪惠。）

师：是的。这篇课文写法很有特点，全文就是围绕这个句子来展开。这个句子叫总起句。这么好的故事，我们真该再好好地读读。

师：（大屏出示无标点的全文）你们肯定知道，古人写文章的时候是不用标点符号的，就这样，你还能读吗？

师：（大屏出示竖排的全文）当然古人写的文章也不是横着写的，没错，是竖着的，就这样，你会读吗？

师：（大屏出示小篆的全文）当然古人的字跟我们今天的字也不一样，看着这样的字，你还会读吗？

师：你们真认识这些字吗？

生：不认识。我们是背出来的。

师：（大屏出示空白幻灯片）那估计你也会读这样的字了。

生：（笑着背诵课文）。

4. 引入资源，升华“聪慧”。

师：高雅的玩笑，是风趣，是智慧，也是艺术，深受百姓喜爱。老师看过一个戏曲，叫九斤姑娘。说古时候，乡间有个叫九斤的小女孩，才八岁，聪明过人。有个财主半信半疑，决定找机会去试试。有一天，他打听到小女孩家长不在，便一个人来到小女孩家，并敲响了她家的门。

小女孩隔着门问：“外面敲门的是谁？”

“是我！”

“你叫什么名字？”

“我的名字要用算盘算的！”

“你报来我算算。”

于是财主就自报家门（大屏出示）：一斗半，两斗半，三斗五升四斗半，我是连名连姓在里头，请姑娘自己算。特别提醒，这里的几斗几升是数学连加题，这里的“斗”和“升”是我国古代数量单位，一斗为十升。

财主话音刚落，小女孩就说："我知道，你叫石二。"小女孩说了理由，财主听后大为惊讶，他问小女孩："小姑娘，你叫什么名字呢？"小女孩知道这个石二在戏弄自己，但灵机一动，说："我的名字也要算的。"接着她说："一斤半，二斤半，二十四两三斤半，我是连名连姓在秤杆，石二先生自己算。"这里的"斤"和"两"是古代数量单位，一斤为十六两。

生：加起来是九斤。

师：你说说，这两个故事有哪些共同之处？

生 1：都是一问一答。

生 2：都是反映智慧的。

生 3：都是拿姓氏来调侃的。

生 4：都是小孩子和大人之间的问答，都是表现小孩子的智慧。而且都是古人，说明我们的祖先很伟大。

师：一样的孩子，一样的主题，都反映聪慧；一样的题材，都是拿姓氏做文章。这类故事有人把它们称作"机智故事"。这类故事自古就有，历史悠久，深受百姓喜爱。这类故事跟听相声一样，风趣、幽默。比如《阿凡提的故事》《徐文长的故事》，大家课后可以去找找看看，保证你喜欢！今天这节课就上到这里，下课！

（二）《学弈》课堂实录

1. 启读故事。

师：今天，闫老师要和同学们一起来学习一个关于学习的故事。通过预习，你知道这是关于学习什么的故事？

生：是关于学下棋的故事。

师：你是怎么知道的？

生：题目中"弈"的意思是下棋，学弈就是学下棋。

师：说得真好！大家一起读课文题目。（生齐读课文题目）

师：这是一篇关于学习下棋的故事，同学们，你们有人会下棋吗？

生 1：我会下象棋和围棋。

生 2：我会下五子棋。

师：棋类是我们中华民族非常古老的一项益智活动。大家有没有注意到本文出自哪里，请关注一下课文的注释。

生：本文出自《孟子·告子上》。

师：是的，《学弈》这个题目其实是后人所加，原来是没有题目的，在我们中华民族最古老的这些文献记载当中，都有记载一些学生跟着师父学下棋的故事。在本篇文言文里，你知道这个老师叫什么名字吗？

生：这个老师名字叫“秋”，大家都叫他“弈秋”。

师：我们能不能叫他“弈老师”，就像你们叫我“闫老师”一样？

生：不能，因为“弈秋”的“弈”是善于下棋的意思，他非常善于下棋，所以人们才管他叫“弈秋”。

师：“秋”怎么解释？

生：“秋”是这位老师的名字。

师：是啊，“秋”是老师的名字，因为他特别善于下棋，全国都有名，所以人家就叫他“弈秋”。这个名字也是赞美他的一种称呼。如果他特别善于书法，我们可以叫这个老师——

生：书秋。

师：如果他特别善于射箭，可以叫他什么？

生：射秋。

师：看来，我们可以给特别善于某一项技能的人送一个赞美的称呼，把技能放在前头，把名字放在后头，这样就可以组合成一个赞美他人的称呼。

师：同学们请看图，这个弈秋老师脸拉得有点长，看上去似乎有点不高兴。是什么让他不开心？看看他的两个学生又是怎样的表情呢？

生：右边那个学生专心致志地听弈秋讲课，但是左边那个学生却看着天空，没有认真听讲。

师：是啊，当一个老师站在讲台上，发现有的同学没有认真听讲，对老师来说那是一件不太开心的事情。就像你们，上课是多么全神贯注，多么专心致志！闫老师站在这里就很开心，所以你们看到我脸上的笑容了吗？

2. 读通故事。

让我们一起走进这篇古文，看一看这两位学生学得怎么样？同学们先自由读这篇文章。（生自由朗读）

师：大家朗读的声音特别响亮，请一位学生来读。（生读课文）

师：除了有一个句子稍微有一点点不太顺畅，其他地方都读得特别准确，为这个同学点赞！在闫老师还没有教大家读的情况下，你就有这样的水平了，所以很厉害。

师：同学们，我知道我们六（4）班的同学读了非常多的国学文章、小古文，请大家想一想、说一说，在平时学习文言文这种体裁的文章的时候，我们可以用哪些学习方法？

生 1：我认为可以通过查看注释的方法来帮助我们理解一些难懂的句子。

生 2：还有查阅背景资料的方法，因为一篇文章创作的背景可能会对理解这篇文章有启发。

师：这要求我们有足够的阅读视野，你们说的有道理。

生 1：遇到那种不认识的字，我们可以借助上下文来理解它的意思。

生 2：可以逐字逐句地翻译，然后把它们连起来，这样就可以理解整篇文章的意思。

师（小结）：大家说得都不错，但遗忘了一个特别重要的学习方法，就是熟读文章，它不仅是学习现代白话文的重要方法，更是学习文言文需要的方法。其实同学们已经做到了，刚才课前你们是不是已经在读了，只是你们大家没有意识到而已。除此之外，借助生活经验也是一个好方法。现在大家已经六年级了，我们完全可以借助已有的生活经验来帮助理解文言文难点，以后大家可以试试看。（师出示文言文学习方法）

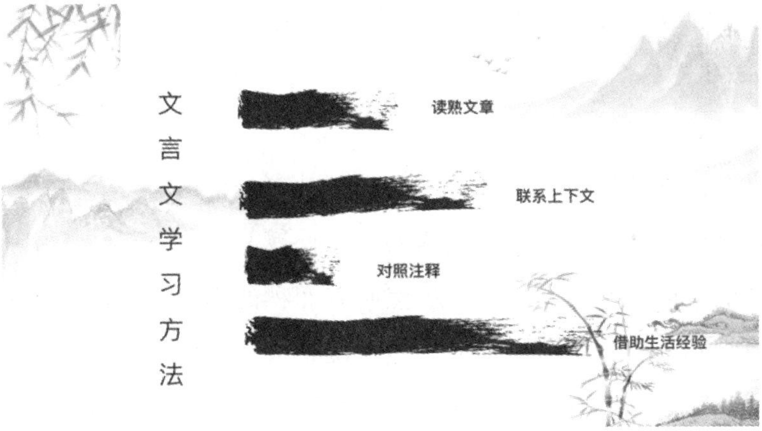

当然，学习方法有千万种。不同学生的学习方法也会有所不同，闫老师在这里讲的其实只是其中的几种而已。

3. 读熟课文。

这篇文言文，它的篇幅并不是特别长，用简洁的语言讲了这样一个完整的故事，刚才已经有一个同学读了一遍，现在啊，我要提高一点要求，我们不仅要读准确，还要把自己对这篇文章的理解融入你的朗读当中，同时注意感受文言文的节奏和韵味。

生 1：（朗读课文）

师：我注意到这位同学在书本上画了断句符号，所以他读的时候有意识地读出了这些断句的地方，读出了这篇文言文的节奏，也辅助了我们对课文的理解。在诵读时，我们不仅可以读出一定的节奏，同学们还可以把自己的理解通过不同的语调进一步体现出来。（师示范朗读第一句）

师：你发现我朗读的秘密了吗？

生：闫老师在朗读时强调了“善”字。

师：是啊，我强调了他是一个特别善于下棋的人，所以读到“善”字时，我的语调不一样了，其他的句子你也可以这样试一试。当然，不同的句子语调、音调，强调的地方是不一样的。你自己试一试可以吗？（生练习读课文，展示朗读）

师：其实，除了强调“鸿鹄将至”之外，有的句子读的音调还可以不一样，你听听我怎么读，你就会找到感觉。（师示范朗读，生读句子）

师：最难的、最长的几个句子都读好了，现在我们把它们放在整篇课文里连起来读，大家试试看。我来起个头。（生读全文）

师：读得真好，书读百遍，其义自现。学习文言文还有很多不同的方法，这节课我们就运用多种方法来学习这个故事，并且尝试用自己的语言来讲述故事。

4. 读懂故事。

（1）读故事，说理解。

师：同学们，请你用自己的语言，逐字逐句来说一说这篇文章讲了一个什么故事？

生 1：弈秋是全国非常善于下棋的人。弈秋教两个人下棋，其中一个人专心致志，只听弈秋的教诲。然而另一个人虽然听着弈秋的话，却一心认为有天鹅、大雁一类的鸟将要来到，想着拉弓射鸟。虽然这两个人一起向弈秋学习，但是这个人学得并不如另一个专心致志的人。是因为他的智力没有另一个人好吗？并不是这样的。

师：这位同学用顺畅的语言把这个故事讲出来了，并且在句与句之间加入了连接词。比如，他在讲两个学生学习的不同状态的时候，用了一个词来连接：然而。这样就让整个故事更加完整，更加富有逻辑。在我们汉语当中，同样一个意思其实可以有不同的表达方法的，所以讲这个故事的时候，我们也可以和他人略有不同，但整体意思不变，谁能试一试？

生 2：弈秋是全国上下最善于下棋的人。有一天，弈秋教两个人下棋。其中一个人专心致志地听讲，只听弈秋的教诲。可是另一个人，他虽然在听弈秋的话，但是心里却想着将会有天鹅、大雁一类的鸟飞来，想着拉弓引弦射下它们。虽然他们两个人一起学习下棋，但是第二个人的棋艺却没有第一个人的好，是因为他的智慧不如另一个人吗？答案是：不是这样的。

师：你看，这位同学和刚才那位同学很多地方的表达方法是不是不太一样了？但是意思没有变，而且故事讲得很准确，我也要为这个同学点赞。大家借助注释、联系上下文等方法用自己的语言把这个故事讲出来了，这样我们就扫除了对这个故事理解上的一个障碍。

（2）学习“之”，破难点。

师：现在，大家已经初步理解了这篇课文，其实我们除了可以关注故事本身，还可以关注故事之外的文言文语言现象——“之乎者也”。这篇文章，“之乎者也”当中有一个词用的次数很多，这个词是哪个词？一共出现了几次？

生：“之”，共出现了六次。

师：“之”是文言文学习当中一个非常重要的语言要素。我们来看这个“之”字。在这么短短的一篇文章中就出现了六次。同学们思考一下，每一个“之”的意思一样吗？你能读懂哪一个“之”？与大家交流。

生 1：我读懂了“思援弓缴而射之”中的“之”指代鸿鹄。

生 2：“通国之善弈者也”中的“之”是“的”的意思。

生 3：“虽与之俱学”中的“之”，指学习上专心致志的学生。

师：“弗若之矣”中“之”字也指专心致志的学生，还有两个“之”字没解决。

生 4：“一人虽听之”中“之”字指代弈秋的教诲、弈秋老师说的话。

师：还剩最后一个“惟弈秋之为听”的“之”怎么解释呢？

生 1：“惟弈秋之为听”的“之”是“的”的意思。

生 2：我认为这里的“之”是没有实义。

师：有不同意见，我们一起来看看“惟弈秋之为听”这句话。如果我们用自己的语言来解释这个句子，你会怎么说？

生：只听弈秋的教诲。

师：当我们用现代白话文来解释的时候，哪一个词提到前头来了？

生：听。

师：“听”这个动词提到前面来了，这是文言文中一种特殊的句式叫倒装句，那么这个“之”，其实它提示我们这个句子是语言成分的倒装。所以，对这个“之”字的理解，就像刚才那个同学所说，它并没有实际的意思，只是在这里起到一个提示的作用。这个句子就是用倒装来把这种特殊的语言现象呈现在我们的眼前，它让文言文变得更加有节奏。大家一起再来读读这个句子。（生读句子）

（师小结“之”字用法，梳理如图）

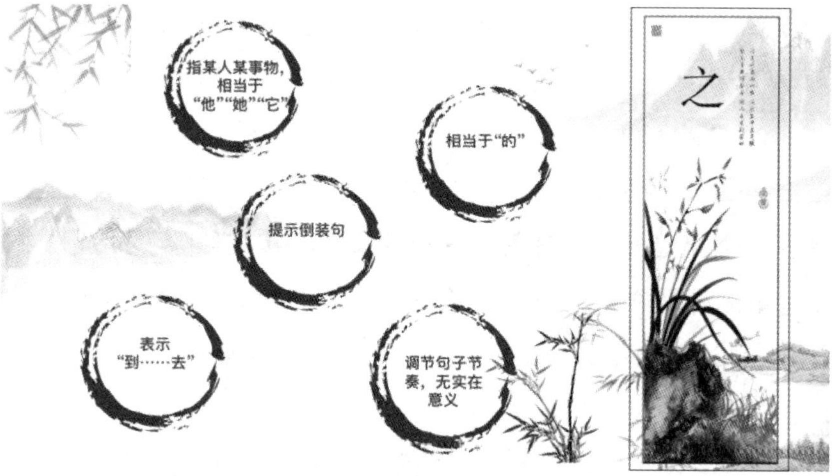

5. 表演故事。

师：读了这个故事，你想表扬谁，批评谁？

生：我会批评那个下棋时看着天空，以为有大雁、天鹅一类的鸟飞过来的那个学生，表扬那个专心致志学习的人。

师：是啊，我也是个老师，我肯定也会表扬专心致志的学生，批评那个三心二意的学生。

师：那么，如果现在你就是这个老师弈秋，你会分别用什么样的话来教育这两个学生呢？

生 1：我会对不认真听讲的那个学生说，听课要好好听，不然学习没什么效果。

师：教育得有说服力。是的，不好好听你就学不到什么东西。对待那个专心致志的学生，你会怎么说？

生 2：你继续好好学习，以后下棋下得一定会和我一样好。

师：如果你就是其中一个学生，你会对你的老师“弈秋”说些什么？大家分角色体验。(生角色扮演)

师：在有趣的表演过程中，我们知道了两位学生在学习的过程中不同的表现，以及弈秋老师内心的想法。

6. 改写故事。

（1）转变思维，讨论故事。

师：如果我们换一个角度去思考问题，有些事情也许会变得不一样。这个学下棋时想射杀鸿鹄的学生真的不可救药了吗？他是不是无论学习什么都是这么三心二意呢？那个学棋时专心致志的学生，是不是无论学什么都是这么专心致志呢？

生 1：我觉得是这样的，那个学棋时想着射杀鸿鹄的学生，做任何事情都是三心二意的。相反，学棋认真的那位学生做其他事情也是专心致志的。

师：这位同学说的这种情况，要求学生一定要特别自律。不管怎样，始终对自己严格要求，这种学生简直太难得了，闫老师到现在还没遇到过一两个。有不同意见的吗？

生 2：我觉得他们对自己喜欢的事情会格外专心，会投入到这件事情中去。因为人学习每样东西的时候，可能会对自己喜欢的事物多留个心眼，多专注一点。

师：也就是说喜欢的东西、感兴趣的东西就容易专心致志，容易学得好。像第一位同学说的情况这种学生有，但不太多。

师：现在我们换一个视角看问题，看看答案有什么不同。这个学棋时一心想着去射杀鸿鹄的学生，当他在学习什么的时候他可能是专心致志的？

生 3：我觉得他在学习射箭的时候会专心致志，因为他喜欢射箭。

师：那位学棋专心的学生，他在学习什么的时候可能不那么专心了？为什么？

生 4：我觉得他可能在学习射箭的时候就不那么专心，因为他不喜欢射箭，他喜欢下棋。

师：此时此刻，我们换了一个思维视角看问题。如果大家就是其中的一位学生，刚才老师因为你不够专心致志，批评了你，因为你非常专心致志而表扬了你，你可能又会对弈秋老师说些什么呢？还和刚才一样那么说吗？

生 1：我会说，老师，我并不是很喜欢下棋，我比较喜欢射箭，也许我在学习射箭的时候会很专注的啊。

师：你可以为自己的行为做出解释。

生 2：老师，我十分喜欢下棋，我希望您能多教我一点啊，多教我一点我都不嫌烦。

师（小结）：当我们换一个思维视角看问题时，我们会发现事情不太一样了。所谓好或者所谓不太好，都是相对的概念。但是我们也明白了专心致志很重要，兴趣也同样重要。当我们学习自己喜欢的东西时，专心地学，付出努力就一定能够学有所成。我希望同学们都能够在自己喜欢的东西方面发挥自己最大的能量，能够学有所成。

（2）付诸笔端，改写故事。

师：同学们，你们知道古代有“六艺”吗？“六艺”就是六种技能，你知道具体指哪六种技能吗？

生 1：我知道其中的一部分，古时候有射箭、下棋、弹古琴、画画、击剑一类技能。

师：古有“六艺”——礼、乐、射、御、书、数。其中“礼”指的是礼仪，就是人从小要学礼；“射”指的就是射箭；“御”是驾驶马车；“书”指的就是识字，也可能指的是书法；“数”指的就是计算，就是现在的数学；“乐”指的就是音乐，实际上就是弹琴，懂音乐。

师：假如有一位擅长射箭、名为“秋”的老师——“射秋”，来教这两个学生射箭，又是一番怎样的情景呢？请同学们用文言文把这个故事写出来。

出示：射秋，________________。使射秋________________，其一人专心致志；恰有鸿鹄将至，遂________________。一人虽听之，一心只思________________。虽与之俱学，________________。________________？曰：________________。（学生配乐练写）

生 1：分享文言文作品：

射秋，通国之善射者也。使射秋诲二人射，其一人专心致志；恰有鸿鹄将至，遂援弓缴而射之。一人虽听之，一心只思弈也。虽与之俱学，弗若之矣。为是其智弗若与？曰：非然也。

师：这个同学用文言文写了个学射的故事，有没有和她的写作不一样的地方？

生 2：分享文言作品：

射秋，通国之善射者也。使射秋诲二人射，其一人专心致志；恰有鸿鹄将至，遂援弓缴而射之。一人虽听之，一心只思对弈于桌侧。虽与之俱学，弗若之矣。为是其智弗若与？曰：非然也。

师：有一个地方不一样，第一位同学是“一心只思弈也”，这位同学写的是“一心只思对弈于桌侧”，加了地点，不仅说了“一心”做什么，还强调了“一心”在哪里做，还有其他地方和这两位同学不一样的吗？

生 3：我写的是“一心只思还而弈也”，“还”在这里的意思是“回去”。

师：回家下棋。哇，好棒。你呢？

生 4：我结尾写得和他们不同。曰：所好不同也。

师：这位同学了不起。同样的文言文故事，大致的意思其实写的都一样，用文言文表达时有所不同，有的同学还表达了更加丰富的意思，为你们点赞。（师展示改写，合作诵读）

（出示：射秋，通国之善射者也。使射秋诲二人射，其一人专心致志；恰有鸿鹄将至，遂援弓缴而射之。一人虽听之，一心只思学弈。虽与之俱学，弗若之矣。为是其智弗若与？曰：非然也。）

师（总结）：学了本篇课文，我们深深地懂得了学习其实是有很多规律的，而且每个人的学习状态也可能是不一样的。但是在学习某一项技能时，我们都要记住，专心致志很重要，兴趣也同样重要。我们要争取去多学习一些自己喜欢的东西，然后我们一定要专心致志，付出努力，就一定能够学有所成，这也是闫老师对我们六（4）班同学们的衷心祝愿。下课。

二、课堂点评

（一）语文课程的性质

2022 年版语文课标明确指出：“语文课程是一门学习国家通用语言文字运用的综合性、实践性课程。工具性与人文性的统一，是语文课程的基本特点。”这是对语文课程性质和特点的定位，是制定语文课程目标、课程内容、学业质量评价的重要出发点，也是语文课程实施的重要依据。下面分三个方面做说明。

1. 语文课程的性质：综合性和实践性。这说明语文课程是一个综合体，呈现多种因素的整合，又说明它是一种母语，与学生的当今生活和社会现实密切联系。这要求语文教学要树立综合的、实践的思维方式，积极倡导用综合的方式解决语文教学问题，用实践的方式解决语文教学问题。这启示我们：对课文要尽可能减少过细的肢解，课堂教学要尽可能减少过繁的分析讲解。当然，对文言文有特殊的教学要求：用古代的手段解决文言文教学问题。文言文反映的是古代的内容，与今日生活实际相差甚远。这需要打通时间隧道，通过文言文教学，学生了解古代生活样式和思维方式。这是文言文这种文体的题中之义。小学生学习文言文，要有初心，要有"古味"。这在这两节课中表现得不明显，都有进一步加强的必要。

用文言的手段解决文言文教学问题。文言文是中国语文的祖先，它文字深奥，词句精练，有自身的表达格式。通过文言文教学，学生逐步熟悉文言文的特点，产生对文言文的语感，初步学习文言文的表达方式。这两节课都关注了文言的特点，渗透了相应的文言知识，其中第二节课里文言的意识更为明确，对文言的学习也更为扎实。

用积累的手段解决文言文教学问题。文言文早已有之，源远流长，而且语言精练，章法考究，已形成固定语段。通过文言文教学，学生逐步感受和积累文言知识。2022 年版语文课标也明确提出："重视古代诗文的诵读积累。"所以，文言文教学的常规三部曲是：朗读→翻译→背诵。"背诵"这一文言文的积累手段，是小学阶段的重要学习目标。这两篇课文后也都提出了"背诵课文"的作业要求。这两节课进行了很有效的朗读指导和内容理解，但是忽视了"背诵"环节的设计，在课堂上没有很好地落实背诵，留下了遗憾。

2. 学习内容特点：学习国家通用语言文字运用。这有三个要点：一是国家通用的，主要是现行的普通话和汉字。二是语言文字的，包括口头语言和书面语言。三是运用为重的。语文学习包括感知、理解、积累，最终是迁移性运用。

值得注意的是，文言文不是国家通用语言文字，也没有"运用"的高要求。这对小学语文统编教材中的文言文教学提出了新的目标要求：(1) 正确、流利地朗读文言文。(2) 用多种方法翻译文言文。(3) 背诵和积累文言文。(4) 感受文言文中的中华传统文化思想，培养文言文的学习兴趣，增强文化自信。为此，要特别注意的是小学文言文教学的"程度""高度""效度"问题。一般不要随意增加学习资源，文言文的课堂教学不宜采用群文阅读或互文阅读。不要人为拔高学习要求，不宜将其上升到哲学思辨高度。不要过分追求学习效率，小学教给学生的只是一种文言样式和学习兴趣，不宜将其上成像初中、高中那样高规格的"文言课"。有人称小学的文言文为"小古文"，是颇有道理的。

3. 语文课程特点：工具性与人文性的统一。众所周知，语文教学中这两者统一的重要性。如果忽视了工具性，人文性便成了空中楼阁。如果忽视了人文性，工具性也成了阁中之术。两者的辩证统一关系，正是“综合性”这一语文课程性质的具体表现。

从工具性与人文性统一的角度审视文言文教学，我们可以发现其中的奥秘：一是文言文一字值千金。这是从工具性层面说的。例如“杨氏之子”一词，按常规的理解，其义是“杨氏人家的儿子”。其实，它可能是“杨家的女儿”，也可能是“杨大妈的儿子”等。二是文言文博大精深。这主要是从人文性角度讲的。例如：《杨氏之子》一课中对杨氏子的评价是多元而深远的：礼貌、聪明、敏捷、情商高……其实，本课放在五年级下册第八单元，要特别突出杨氏子“风趣的语言”。因为这恰当地体现了本单元篇章页上的人文主题“风趣和幽默是智慧的闪现”。

（二）学生的核心素养

2022 年版语文课标深刻地指出：“语文课程致力于全体学生核心素养的形成与发展”“以促进学生核心素养发展为目的”。又明确提出：“核心素养是学生通过课程学习逐步形成的正确价值观、必备品格和关键能力，是课程育人价值的集中体现。”下面尝试从培养学生核心素养的角度看小学文言文的教学。

1. 文化自信。“文化自信是指学生认同中华文化，对中华文化的生命力有坚定信心。通过语文学习，热爱国家通用语言文字，热爱中华文化，继承和弘扬中华优秀传统文化……初步了解和借鉴人类文明优秀成果，具有比较开阔的文化视野和一定的文化底蕴。”2022 年版语文课标正文有 36036 个字，前后出现与文化有关的不同“文化词汇”30 个，出现频率 115 次。这充分说明了“文化”在 2022 年版语文课标中的地位极其重要。

文言文立体呈现着中国传统文化，暗含着中国传统的理性思维方式。文言文学习传承的正是中华民族优秀传统文化基因。所以，文言文教学是“中华传统文化”的重要路径和载体。从学生核心素养的培养看，小学生学习文言文既是初步感知文言的文体样式和表达特点，更是一种培养学生文化自信的重要途径，对于学生热爱中华文化，继承和弘扬中华优秀传统文化具有重要意义。例如：《杨氏之子》中的儿童智慧文化、风趣的语言文化等，《学弈》中的学习文化、专注文化、六艺文化等，都是值得特别关注和弘扬的。这两节课有很强的文化意识，两位老师对此进行了专题设计，并展开了具体的教学过程，使课堂充满了浓浓的文化味。

2. 语言运用。“语言运用是指学生在丰富的语言实践中，通过主动的积累、梳理和整合，初步具有良好语感；了解国家通用语言文字的特点和运用规律，形成个体语言经验；具有正确、规范运用语言文字的意识和能力，能在具体语言情境中有效交流沟通；感受语言文字的丰富内涵，对国家通用语言文字具有深厚感情。”这说明了语言，特别是语言运用在小学语文教学中的作用。

语言运用是基于对语言的理解。语言的理解包括语言内容和语言形式。文言文教学之所以有难度，就是因为它不仅有对语言内容的理解，而且有对语言形式的理解，而且与现代文教学相比，文言文在这两者上都有相当的难度。文言文最大的特点就是语言的凝练性，有时一字值千金。所以文言文教学应比现代文教学更关注重点字词，特别是虚词。《学弈》这节课在文言文表达形式上做了更多、更好的尝试，对六个虚词“之”字不同表达的含义理解进行了梳理，特别是对“之”的倒装表达形式的指导，是课堂的一个增量和亮点。这提示我们：文言文教学要抓反复出现的词。这种出现频率较高的常用词汇，大多不止一个意思，而字义往往又受时代限制，不能用现代的字义去理解，因而有独特的教学价值。

3. 思维能力。“思维能力是指学生在语文学习过程中的联想想象、分析比较、归纳判断等认知表现，主要包括直觉思维、形象思维、逻辑思维、辩证思维和创造思维。思维具有一定的敏捷性、灵活性、深刻性、独创性、批判性。有好奇心、求知欲，崇尚真知，勇于探索创新，养成积极思考的习惯。”这里，提出了语文学习中思维形式、思维类型、思维品质和思考习惯的要求。

文言文用词精准，结构清晰，文章简明扼要。从思维的角度看，文章是思维的成果。文言文更多体现的是归纳的思维过程，是一种逻辑思维。这对于学生养成积极思考的习惯和培养学生思维的敏捷性、灵活性、深刻性、独创性等品质都是大有好处的。例如《杨氏之子》一课中对“杨氏之子”的仿说、“对话”情境的创设以及调换角色应对说话的设计，都带有深深的思维训练的印迹。《学弈》后半节课提出的三个挑战性问题，尽管是教师直接提出的，也有一定难度，但具有思辨价值。课末对“专心重要，兴趣也很重要”这一观点的提炼，尽管有拔高之嫌，但也不妨一试。

4. 审美创造。“审美创造是指学生通过感受、理解、欣赏、评价语言文字及作品，获得较为丰富的审美经验，具有初步的感受美、发现美和运用语言文字表现美、创造美的能力；涵养高雅情趣，具备健康的审美意识和正确的审美观念。”从目前的语文课堂教学看，审美意识较为淡薄，落实者更为少见。

文学作品是审美创造的结果，文言文也是如此。可以说文言文是中华民族的文化瑰宝，其简约之美、笔法之美、韵律之美、哲思之美是各种文学文体中少见的。小学阶段的文言文，短小精巧，文质兼美，是丰富学生审美经验，培养学生健康的审美意识和正确的审美观念的重要途径。《杨氏之子》一课在品味文学美感方面做得更胜一筹，课堂也更灵动一些。其中最为典型的是“变换角色讲故事”和把绍兴地方戏曲融入文言文教学中，不仅使学生在语文综合实践活动中学习文言文，还使学生初步形成了感受美、发现美、表现美和创造美的良好意识。

综观两节文言文课的课型，第一节课较为感性，审美意识较浓，第二节课较为理性，思维培养较好。这都对学生的核心素养的形成起到了积极的促进作用。这种不同的定位是精准的，既符合不同文章体裁和不同单元主题的要求，也反映了两位名师不同的教学理念和不同的教学风格。

（三）语文学习任务群

根据 2022 年版语文课标的精神，语文教学构建了一个新系列：核心素养（课程目标）→学习主题、学习任务群（课程内容结构）→单元篇章页（教材体系：文化要求、语文要素）→课堂教学（教学具体要求）。在这个系列中，语文学习任务群作为课程内容结构形式，起到了承上启下的作用。2022 年版语文课标提出了六个语文学习任务群。其中三个发展型学习任务群之一是：“文学阅读与创意表达”。这两节课就隶属于这个学习任务群。

“本学习任务群旨在引导学生在语文实践活动中，通过整体感知、联想想象，感受文学语言和形象的独特魅力，获得个性化的审美体验；了解文学作品的基本特点，欣赏和评价语言文字作品，提高审美品位；观察、感受自然与社会，表达自己独特的体验与思考，尝试创作文学作品。”这里，说明了这一学习任务群的实施路径是“语文实践活动”，实施的四个层次：整体感知→联想想象→感受文学语言和形象的独特魅力→个性化的审美体验。实施的目标有三个：一是感受文学语言和形象的独特魅力，获得个性化的审美体验；二是提高审美品位；三是表达自己独特的体验与思考。其中第一点是最为基础的，也是最值得在教学中落实的。

“文学阅读与创意表达”的“教学提示”特别提出如下建议：“注意整合听说读写，引导学生综合运用朗读、默读、诵读、复述、评述等方法学习作品。重视古代诗文的诵读积累，感受文学作品语言、形象、情感等方面的独特魅力和思想内涵，提升审美能力和审美品位；鼓励学生在口头交流和书面创作中，运用多样的形式呈现作品，发挥自己的创造性；引导学生成长为主动的阅读者、积极的分享者和有创意的表达者。”这给文学的阅读和创意表达提出了明确的指向，特别是使学生成长为“主动的阅读者、积极的分享者和有创意的表达者”的远景目标无限美好。

这里，重点分析文学的创意表达和文学创作。文学代表一个民族艺术和智慧的创意表达。所以，文学阅读，创意表达优先。这在《杨氏之子》教学中表现得更为明显，文学味更浓，创意更具特色。如将绍兴地方戏曲纳入课堂、选择不同角色讲故事以及与《九斤姑娘》的互文对比阅读。其中的“演唱者是何氏之子”一语更是一语双关，创意无限。

学习文言文也要有“趣”的创意思考：(1) 学习文言文要有理趣。文言文作为一种文体，有自身的文体特点和规律，也有自身特殊的学习样式和方法。文言文要尽可能用古代的、文言的等方式进行学习，减少使用现代时髦的学习方式。这是一种对文体的理性思考。(2) 学习文言文要有情趣。文言文常常是文质兼美，颇有趣味的。学习文言文离不开良好的情境、语境和心境。因为只有情有所感，才能理有所悟。所以，小学生学习文言文离不开各种情境的支持。(3) 学习文言文要有智趣。文言文的内容和形式一般都较深奥难懂，需要一定智力活动的参与。教师通过一些具体化、可视化、比较化等手段，就可以突出重点、突破难点，为小学生学好文言文提供了智力保证。

文学创作主要借助读写互动的机制来完成。文学创作能力是由文学想象能力、语言表达能力和思维能力等多种因素综合而成的。文学创作能力的高低，反映出学生的文学修养和综合素养水平。文学作品教学中应有文学创作的启蒙指导。文学是一种特殊的语言组织。从语言表达范式上看，文言具有独特的、精妙的古代书面语特征，值得学习借鉴。《学弈》教学中教师用填空方式，设计了文学创作《学射》的环节，使学生从读、学、写中进行初步迁移运用。当然，小学的文学创作是初步的，其主要形式是对文学性文章的改写、续写、模仿、自主创作和初步评价等。

（四）语文的实践活动

2022 年版语文课标特别重视语文实践活动，明确提出“以识字与写字、阅读与鉴赏、表达与交流、梳理与探究等语文实践活动为主线，综合构建素养型课程目标体系”。与 2011 年版语文课标不同，不再用“识字与写字”“口语交际”“阅读”“习作”“综合性学习”的提法，改为四种语文实践活动。结合这两篇文言文教学，评述如下：

1. 识字与写字。这是最基本的语文实践活动。它既是第一学段语文教学的重心，也是其他学段的重点之一，还是文言文教学的重要内容。语文教学要强化“字本位”意识。从教学实践看，《杨氏之子》一课对“诣”“禽”两个生字的落实较到位。《学弈》一课没有生字学习要求。两篇课文都有三个字要写，但是两节课上都没有安排写字的环节。当然，第三学段的语文教学没有必要堂堂写字、课课练字。

2. 阅读与鉴赏。阅读教学重在阅读与鉴赏。文言文教学要结合它本身的文体特征，释放它所蕴含的现代价值。所以，文言文阅读的三个重点是：朗读课文、翻译文句、感受文意。对此，这两节课都做出了积极努力，并初见成效。从朗读看，《杨氏之子》的读设计了有停止符号地读、取消标点地读、竖排地读、读用小篆写的文章等方式。《学弈》一课也对其中的两个难读句子进行了重点朗读指导。两节课都通过讲故事了解情节内容，也都有文学欣赏的意识，有针对性地指导学生对重点字词、重点句子进行体会、比较和鉴赏。《学弈》一课还有意识地引导学生观赏课文插图。学生对文意也基本把握了。

3. 表达与交流。这里包括口语表达、书面语表达和互动交流。这两节课都是在互动交流中进行口语表达、书面语表达的实践活动，以此不断推进课堂教学深度学习的发生。在这两节课中都有“根据课文内容讲故事”的设计和实践，这就为学生较好地创设了一个文言文学习的“场”。从观课看，《学弈》一课教师牵引得较多，如果教师放手，更多地引导学生主动表达与交流，那就更完美了。要充分相信六年级学生已具有较好的表达能力和交流水平，在课堂上基本能应对自如了。

4. 梳理与探究。这旨在培养学生的系统思想和探索精神，弥足珍贵。通过梳理，学生掌握了文言文的一般特点；通过探究，学生发现了文言文的基本规律。如《杨氏之子》一课中对文言文学习方法的梳理以及对杨氏子评价的梳理，《学弈》一课中对文言文学习方法的梳理以及对六个“之”字不同意思的梳理，都是颇有成效的，这为第三学段的文言文教学提供了一个很好的“梳理”样式。

特别要关注语言实践活动。“语文课程应引导学生热爱国家通用语言文字，在真实的语言运用情境中，通过积极的语言实践，积累语言经验，体会语言文字的特点和运用规律，培养语言文字运用能力。”2022 年版语文课标的这段阐述，直指语言实践，强化语言经验，关注语言特点，颇为精辟。我们从这两节课中寻找其实践的真迹：

真实的语言运用情境。尽管在这两节课中未见有与学生生活、社会现实有关的真实学习情境的创设，但是其探索是积极的。如《杨氏之子》一课中对角色变换说话情境的创设，又如《学弈》一课中对《学射》填空式语境的创设，是一种虚拟的情境，不是真实的语言运用情境，但都是有一定客观、现实依据的。

积极的语言实践。在这两节课上，到处可见学生积极学习的表现。教师都在努力促进学生积极参与语言实践活动，在听说读写中学习、理解和巩固所学文言文。

积累语言经验。有效的语文学习是建立在已有的语言经验上的。在这两节课中都不断提示学生运用已经积累的语言经验，引导学生基于已有语言经验进行新的学习，又在学习中不断积累语言经验。从方法角度看，这两节课都在积极引导学生在已有经验的基础上进行多种学习方法的综合运用。

体会语言文字的特点和运用规律。“为特点而教，为特点而学”的理念同样适合文言文教学，要在文言文的特点处用力。《学弈》一课中对“惟弈秋之为听”一句中“之”字的倒装句式的体会，既突出了文言文特点，又突破了学习的难点。

培养语言文字运用能力。这主要是对学习国家通用语言文字而言的。学习文言文没有运用的要求。《杨氏之子》一课通过模仿说，《学弈》一课通过模仿写，初步培养学生语言文字运用的意识。文言文中的语言运用，“路虽远行则将至”矣。

重点研讨

1. 如何从课程性质的角度审视语文课堂教学目标的确定？
2. 如何从学生核心素养的角度审视语文课堂教学的真实效果？
3. 如何从语文学习任务群的角度审视语文课堂教学设计的优劣？
4. 如何从语文实践活动的角度审视语文课堂教学过程的展开？

【延伸阅读书目】

1. 王伯方，陆路，蒋雪琴. 小学生读书知识手册［M］. 长春：北方妇女儿童出版社，1986.

2. 张景义，钱芹书等. 小学生读书方法［M］. 哈尔滨：黑龙江教育出版社，1988.

3.“单元学习与指导”丛书小学编写组. 小学语文单元学习与指导［M］. 福州：福建人民出版社，1993.

4. 汪潮，盛春荣. 语文思维训练的理论与实践［M］. 杭州：杭州大学出版社，1999.

5. 王相文，韩雪屏，王松泉. 语文教材研究［M］. 北京：高等教育出版社，1999.

6. 麦曦. 小学语文教学设计［M］. 广州：新世纪出版社，1999.

7. 周一贯. 小学语文尝试教学设计［M］. 北京：教育科学出版社，2000.

8. 杨九俊，姚烺强. 小学语文教材概说［M］. 南京：南京大学出版社，2000.

9. 朱良志. 小学语文拓展性快速阅读［M］. 合肥：安徽教育出版社，2000.

10. 李维鼎. 语文教材别论［M］. 杭州：浙江教育出版社，2004.

11. 曹文轩. 小学语文快乐分级阅读丛书［M］. 北京：北京燕山出版社，2010.

12. 陈跃红. 小学语文体验教学［M］. 南京：江苏教育出版社，2012.

13. 彭春芝. 义务教育课程标准（2011 年版）示范课例：小学语文识字与写字教学（3DVD）. 北京：电化教育电子音像出版社，2012.

14. 杨树喆，樊中元. 名著导读［M］. 桂林：广西师范大学出版社，2012.

15. 汪潮. 语文学理［M］. 杭州：浙江大学出版社，2013.

16. 张志公. 传统语文教育教材论［M］. 北京：中华书局，2013.

17. 方亮辉，赵培敏 . 小学语文略读课文教学研究［M］. 杭州：浙江大学出版社，2013.

18. 方素珍. 绘本阅读时代［M］. 杭州：浙江少年儿童出版社，2013.

19. 王荣生. 阅读教学设计的要诀［M］. 北京：中国轻工业出版社，2014.

20. 王阔，刘学江 . 在主题单元结构教学中优化语文课程［M］. 北京：同心出版社，2014.

21. 曹鸿飞 . 略读有道：小学语文略读课文教学研究［M］. 杭州：浙江教育出版社，2014.

22. 汪潮. 小学语文教材研读［M］. 上海：华东师范大学出版社，2015.

23. 毕英春 . 双主题整合教学的智慧［M］. 北京：现代教育出版社，2015.

24. 马晓 . 非连续性文本阅读［M］. 郑州：河南人民出版社，2015.

25. 汪潮. 不同文体教学［M］. 上海：上海交通大学出版社，2016.

26. 林乐珍. 基于“助学稿”的小学语文“学习设计”［M］. 上海：华东师范大学出版社，2016.

27. 汪潮. 小学语文课例［M］. 上海：华东师范大学出版社，2016.

28. 蒋军晶. 让学生学会阅读：群文阅读这样做［M］. 北京：中国人民大学出版社，2016.

29. 罗刚淮. 课外专项阅读：非连续性文本阅读（小学版）［M］. 南京：南京大学出版社，2017.

30. 徐凤玲. 小学语文教学法单元主题研究［M］. 呼和浩特：内蒙古大学出版社，2017.

31. 上海市教育委员会教学研究室. 小学语文单元教学设计指南［M］. 北京：人民教育出版社，2018.

32. 汪潮. 语文拓展性课程设计［M］. 北京：中国文联出版社，2018.

33. 祝响响. 小学语文互文阅读［M］. 上海：上海交通大学出版社，2018.

34. 武金英. 小学语文对话课微格教学设计［M］. 北京：首都师范大学出版社，2018.

35. 汪潮. 统编教材的“阅读策略单元”［M］. 福州：福建教育出版社，2020.

后记

我编写过多本书，但撰写《小学语文统编教材教学原理》这本书，有它的特殊性。正如张老先生在序中所说，这是一本应景之作、应需之作、应急之作。急匆匆的东西，正如“初始之物，其形必陋”，还望大家海涵。

谢谢我书中收录有关资料的研究人员，感谢为本书提供教学设计和实录的老师们。详细教例收入本书的弟子有：郭玉洁、徐俊、朱振超、缪志木、孙忠心、李碧、陈贤彬、徐宏燕、方建兰、倪海燕、江永芬、楼叶菲、胡妙、吴敏、陈明亮、李萍、曾水清等，还有特级教师：何夏寿、闫学、鲍海淞、洪志明、倪静川、章锡军、张幼琴，在此鸣谢。还要特别感谢我的太太方建兰女士给予我多方面的大力支持。

如果我的这本书能给统编教材的执教者带来一些启示，那我就心有释怀和满足了。

不忘语文教育的初心，牢记语文研究的使命。在 2022 年语文课标颁布之时留下此书，记录在案，略作纪念。

汪　潮

2022 年 8 月 1 日于杭州